KOMZI
Verlags GmbH

Hans Walden

Wie geschmiert

Rüstungsproduktion und Waffenhandel im Raum Hamburg

Ein Schwarzbuch

Die Deutsche Bibliothek – CIP-Einheitsaufnahme

Walden, Hans:
Wie geschmiert : Rüstungsproduktion und Waffenhandel im Raum Hamburg ; ein Schwarzbuch / Hans Walden. Hg.: Informationskreis Rüstungsgeschäfte in Hamburg. – Idstein : Komzi-Verl., 1997
(Tatort)
ISBN 3-929522-49-7

Impressum

Hans Walden
Wie geschmiert
Rüstungsproduktion und Waffenhandel
im Raum Hamburg

Herausgeber
Informationskreis Rüstungsgeschäfte in Hamburg
Hartmut Ring, c/o GEW Hamburg, Ausschuß für Friedenserziehung
Rothenbaumchaussee 15, 20148 Hamburg

Druck
Elektra GmbH, Niedernhausen

Buchbinderei
Diehl und Co. GmbH, Wiesbaden

Gesamtherstellung und Verlag
KOMZI Verlags GmbH
Magdeburgstraße 11 • 65510 Idstein
Tel.: 06126/3603 • Fax: 06126/3350

ISBN 3-929522-49-7
29,80 DM

Eine erweiterte Form dieses Buches ist als CD-ROM erhältlich: siehe Seite 355

Inhaltsverzeichnis

Blohm + Voss

DIE HAMBURGER RÜSTUNGSSZENE – DAS FIRMENREGISTER

ANHANG

Danksagung

Die vorliegende Dokumentation konnte nur erstellt werden, weil mehrere Organisationen sich zur finanziellen Unterstützung bereit erklärt haben. Zu danken ist:

- dem Ausschuß für Entwicklungsbezogene Bildung und Publizistik (ABP) in der Arbeitsgemeinschaft Kirchlicher Entwicklungsdienst (AGKED),
- dem Ausschuß für Kirchliche Weltdienste der Nordelbischen Evangelisch-Lutherischen Kirche Ammersbek,
- der Gewerkschaft Erziehung und Wissenschaft (GEW), Hamburg,
- der Gewerkschaft Öffentliche Dienste, Transport und Verkehr (ÖTV), Hamburg,
- der Gewerkschaft Handel, Banken und Versicherungen (HBV), Hamburg,
- der GAL-Fraktion in der Hamburgischen Bürgerschaft,
- dem Internationalen Solidaritätsfonds Bündnis 90 / Die Grünen,
- dem Solidaritätsfonds der Partei des Demokratischen Sozialismus (PDS),
- dem archiv aktiv – Auswertungen und Anregungen für gewaltfreie Bewegungen Hamburg,
- der Firma ETA-SOFT Gesellschaft für Microcomputeranwendungen mbH, Hamburg,
- den FreundInnen und KollegInnen, die uns mit Rat und Hinweisen geholfen haben, dieses Projekt fertigzustellen,
- den auskunftsbereiten Vertrauensleuten und Betriebsräten.

Vorwort

Hamburgbücher vermitteln uns die Schönheit dieser Stadt, die bunte Vielfalt seiner Bevölkerung und geben viel von dem Charme wieder, den das ›Tor zur Welt‹ hat.

Der vorliegende Band hat nicht nur hinter die Fassaden geschaut, er bringt die Ergebnisse sorgfältiger langer Beobachtung des Wirtschaftssektors, der an Rüstungsproduktion und Rüstungsexport verdient.

Weithin wird darüber geschwiegen. Wird ein Krisengebiet zum Kriegsgebiet und deutsche Waffen werden erkennbar eingesetzt, dann versprechen ›betroffene‹ Politiker Änderungen.

Wo aber bleiben die Taten, die diese politischen und wirtschaftlichen Strukturen verändern? Wann mutet die Wirtschaft Menschen endlich nicht mehr zu, durch Waffenproduktion ihren Unterhalt verdienen zu müssen?

Die Informationen dieses Buches sind unerläßlich, erschreckend die Kontinuität von Firmen, die heute wie damals an Rüstung beteiligt sind.

Oft begegnen mir Menschen, die behaupten, während der NS-Zeit habe Hamburg sich seine Liberalität bewahrt. Neuengamme lehrt anderes, ebenso die Erforschung einzelner Stadtteile.

Wer sich der Vergangenheit verpflichtet weiß, der wird die Gegenwart realistisch sehen wollen. Dieses Buch verhilft dazu. Er wird denen, die seit Jahren aufklären, z.B. der BUKO-Kampagne ›Stoppt den Rüstungsexport‹ und der Kampagne ›Produzieren für das Leben – Rüstungsexport stoppen‹, dankbar sein. Mein Dank gilt auch Hans Walden, dessen Arbeit uns verpflichtet zu Protest und Widerstand.

Liberalität und Demokratie ohne Humanität gibt es nicht. Wer Waffen in andere Länder liefert, Gewalt unterstützt und dann auch noch diejenigen ausweist, die durch Krieg gezwungen werden zu fliehen, muß sich fragen lassen, wo sein demokratisches Verständnis bleibt.

Ich wünsche dem Buch weite Verbreitung und der Leserin und dem Leser, Mut zur Ablehnung einer Politik, die menschenverachtend ist.

Gisela Wiese (Pax Christi)

Einleitung

»Die Rüstungsindustrie oder die Rüstungsgüter spielen für Hamburg überhaupt keine Rolle.«

Dies sagte Bausenator Eugen Wagner 1991 vor dem Hamburger Landesparlament.[1] Seine Aussage steht stellvertretend für eine in Kreisen der politisch und wirtschaftlich Verantwortlichen verbreitete Haltung: Hamburg hat ein friedliches Image, und dabei soll es bleiben. Jedes kritische Wort zu diesem Thema ist ein Wort zuviel.

Wir meinen dagegen, daß die Bedeutung dieses Stadtraums für die Rüstungswirtschaft nicht länger beschönigt und unter den Tisch gekehrt werden darf. Unser Grundgedanke ist: Wenn aus dem kriegerischen Irrsinn des 20. Jahrhunderts eine Lektion abzuleiten ist, dann sicherlich diese: Entwicklung, Produktion und Verkauf von Waffen und Kriegsgerät sind keine Selbstverständlichkeit. Eine Gesellschaft, die der Rüstungslobby mit ihren Scheinargumenten und ihrer beschönigenden Sprache auf den Leim geht und darauf verzichtet, hinter die Kulissen zu blicken, lebt gefährlich. In einer Zeit, in der die Bewältigung großer sozialer und ökologischer Probleme im nationalen wie globalen Maßstab alle Energien erfordert, kann es nicht sinnvoll sein, weiter technische Kreativität, Arbeitskraft und Steuergelder in Milliardenhöhe auf den Krieg auszurichten.

Die Idee zu dieser Dokumentation ist im ›Informationskreis Rüstungsgeschäfte in Hamburg‹ entstanden, einer unabhängigen Gruppe, die nach dem Golfkrieg von 1991 gegründet wurde und seitdem Öffentlichkeitsarbeit zu diesem Thema leistet. Drei Beobachtungen haben uns in dem Entschluß bestärkt, eine umfassende Informationssammlung und Dokumentation zu erarbeiten:

1. In der offiziellen Landespolitik wird das Thema Rüstungsproduktion und Waffenhandel weitgehend ignoriert. Der Hamburger Senat verweigert Informationen oder schützt Unwissen vor. In Hamburg ist von ernsthaften Konversionsbemühungen in den letzten Jahren noch weniger zu spüren gewesen als anderswo.

2. Die Berichterstattung der meisten regionalen wie überregionalen Medien zum genannten Thema ist sehr selektiv, vielfach ungenau und unkritisch. Zwei Grundmuster der Berichterstattung lassen sich unterscheiden: Illegale oder halblegale Rüstungsexporte in Länder wie Irak, Iran oder Libyen kommen in unregelmäßigen Abständen als empörende und skandalöse Einzelfälle in die Schlagzeilen; geraten

meist jedoch schnell in Vergessenheit. Die ›normalen‹ und legalen Rüstungsgeschäfte mit der Bundeswehr, NATO-Staaten und ›befreundeten‹ Ländern werden entweder gar nicht erwähnt oder unter dem Aspekt der Arbeitsplatzsicherung positiv bewertet.

3. Der Stand der wissenschaftlichen Forschung zu Bedeutung, Entwicklung und Hintergründen der rüstungswirtschaftlichen Aktivitäten im Hamburger Raum war bisher unbefriedigend.

Die vorliegende Studie beschränkt sich nicht allein auf Rüstungsexporte, sondern bezieht die Geschäfte mit der Bundeswehr mit ein. So soll mit dieser Untersuchung nicht zuletzt auf die weitgehend unbeachtete Tatsache hingewiesen werden, daß Deutschland speziell im Marinebereich aufrüstet, ohne von außen bedroht zu sein. Zu beachten ist aber auch der starke, gerade in der Werftindustrie deutlich werdende Zusammenhang zwischen Bundeswehraufträgen und Rüstungsexporten. Unternehmen wie Blohm + Voss wollen mit Bundeswehraufträgen ihre Rüstungskapazitäten auslasten, solange keine Aufträge aus dem Ausland eingehen. Umgekehrt stehen Bundesregierung und Bundeswehr Rüstungsexporten auch deswegen im Grunde positiv gegenüber, weil sie mit ihnen die ›nationalen Mindestkapazitäten‹ glauben erhalten zu können.

Gegenstand der Untersuchung ist der Zeitraum seit etwa 1980. Insofern hat die Arbeit nicht nur den Charakter eines aktuellen Nachschlagewerks, sondern auch den einer Bilanz. Dabei wird Wert darauf gelegt,

- die vielfältigen Veränderungen nachvollziehbar zu machen, die in den letzten Jahren in der Hamburger Rüstungsszene stattgefunden haben (Konkurse, Neugründungen, Besitzerwechsel),
- an Kritik und Aktionen zu erinnern, mit denen in Hamburg gegen Rüstungsgeschäfte protestiert wurde,
- nach dem Erfolg etwaiger Konversionsbemühungen zu fragen.

Darüber hinaus wird bei einer Reihe von Firmen auf Kontinuitätslinien in der Rüstungsproduktion hingewiesen, die bis in die NS-Zeit, teilweise in noch frühere Zeiten zurückreichen.

Woher stammen die Informationen dieser Dokumentation? Es bedarf tatsächlich längerer Beobachtung und aufwendiger Recherche, um etwas Licht in das Dunkel der hiesigen Rüstungsgeschäfte zu bringen, zumal sich Senat und Handelskammer zu diesem ›sensiblen‹ Bereich äußerst bedeckt halten. Die Auskunftsbereitschaft der Firmen ist begrenzt. Die wichtigste Möglichkeit, den Rüstungsfirmen auf die Spur zu kommen, ist die systematische Durchsicht von militärischen und rüstungsbezogenen Zeitschriften bzw. Spezialpublikationen, die eigentlich nur für Insider bestimmt sind. Für diese Untersuchung waren vor allem folgende Zeitschriften von Bedeutung: ›Wehrtechnik‹, ›Soldat und Technik‹, ›Naval Forces‹, ›Marineforum‹ und der ›Griephan Brief Wehrdienst‹. Als fast unerschöpfliche Informationsquelle wurden daneben die dickleibigen Publikationen des britischen Militärverlags Jane's genutzt, der zu jedem wichtigen Rüstungssektor regelmäßig ein Verzeichnis von Produkten und Herstellern herausgibt. Eine große Fülle von Zeitungsberichten, Drucksachen und Protokollen aus Bundestag und Bürgerschaft, Firmenfestschriften, Firmenprospekten und regional- und militärgeschichtlicher Literatur ist ebenfalls für diese Arbeit ausgewertet worden. Ausdrücklich danken möchte ich den Betriebsratsmitgliedern verschiedener Firmen, die zu Informationsgesprächen bereit waren.

Blohm + Voss

Blohm + Voss (B + V) ist sicherlich Hamburgs bekanntestes Unternehmen, und viele Hamburger sehen in ihm ein maritimes Wahrzeichen der Stadt. Eigentlich gibt es wenig Anlaß, auf den Schiff- und Maschinenbaukomplex schräg gegenüber den Landungsbrücken besonders stolz zu sein. B + V konstruiert und baut die teuersten Waffensysteme, die überhaupt in Deutschland hergestellt werden (Fregatten), und der Vorstand sucht unverändert sein Heil im Militärsektor. Bevor die Rüstungsgeschäfte von B + V im Einzelnen dargestellt und auf ihre Hintergründe untersucht werden, soll die Unternehmensentwicklung der letzten Jahre beschrieben, aber auch an die kriegerische Tradition erinnert werden, die mit dem Firmennamen verbunden ist.

1. Die alte und die neue Unternehmensstruktur

Bis 1995 war B+V eine Aktiengesellschaft mit den drei Unternehmensbereichen Schiffbau, Schiffsreparatur und Maschinenbau. Auf Betreiben des Mutterkonzerns Thyssen wurde die AG 1995/96 in drei mittelständische GmbHs aufgespalten: die Blohm + Voss GmbH (Schiffsneubau), Blohm + Voss Repair GmbH (Schiffsreparatur) und Blohm + Voss Industrie GmbH (Maschinenbau).
Im Jahr 1982 sahen die Kapital- und Beteiligungsverhältnisse bei B+V wie folgt aus:

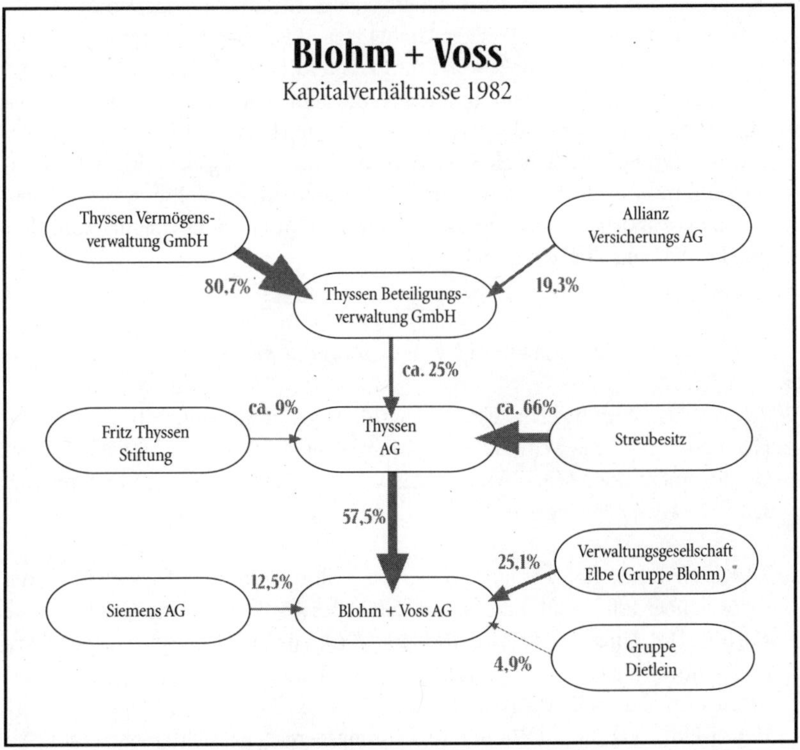

Die Thyssen AG konnte durch verschiedene finanzielle Transaktionen 1985 bis 1987 ihren Anteil am B + V-Kapital auf 74,1 Prozent erhöhen, während der Anteil der und anderer Einzelaktionäre auf 13,4 Prozent absank. Zwar hatte Thyssen schon bisher die Geschäftspolitik von B + V kontrolliert, doch war nach der Kündigung des bisher geltenden Konsortialvertrags seit dem 1. Januar 1988 auch eine formal-unternehmensrechtliche Abhängigkeit vom Mehrheitsaktionär gegeben.[2]

Große Veränderungen brachte das Jahr 1995: Die Siemens AG stieg aus der B + V AG aus und verkaufte ihr 12,5-Prozent-Paket an Thyssen. Die Thyssen AG übertrug ihren damit auf 86,6 Prozent gestiegenen Mehrheitsanteil auf den Tochterkonzern Thyssen Industrie AG. Kurz darauf begann die Zerschlagung der B + V AG. Durch den Spaltungs- und Übernahmevertrag vom 12. September 1995 wurden zunächst die Teilbetriebe Werft und Maschinenbau voneinander getrennt; aus ihnen wurden die Blohm + Voss GmbH und die Blohm + Voss Industrie GmbH. Während die B + V GmbH zusammen mit der Emdener Schwesterwerft Thyssen Nordseewerke (TNSW) unter das Dach der Thyssen Werften GmbH (seit 1996 mit Sitz in Hamburg) kam, wurde die B + V Industrie GmbH dem zum 1. Oktober 1996 neugeschaffenen Thyssen-Geschäftsbereich Anlagentechnik zugeordnet (zu dem übrigens auch die Transrapid-Gesellschaft gehört).[3] Bei der Werft B + V GmbH kam es 1996 zu einer weiteren Ausgliederung: Der Bereich Schiffsreparatur wurde bei gleichzeitigem Zusammenschluß mit der Tochterfirma Barthels & Lüders in die Blohm + Voss Repair GmbH umgewandelt. Die bisherige B + V AG existiert nur noch als Holding, d. h. ohne eigene Produktionstätigkeit, weiter.

Erläuterungen zum Schaubild auf S. 23

1 *Thyssen AG*, Duisburg/Düsseldorf: einer der größten deutschen Industrie- und Handelskonzerne mit weltweit über 300 Firmen und 120.000 Beschäftigten (1996). Grundkapital: 1.565 Mio. DM, Umsatz: 38,7 Mrd. DM (1995/96). Vorstandschef seit 1996: Dieter H. Vogel.

2 *Thyssen Industrie AG*, Essen: bedeutendes Teilimperium der Thyssen-Welt mit weltweit über 100 Tochterfirmen und 42.000 Beschäftigten (1996). Grundkapital: 470 Mio. DM, Umsatz: 8,85 Mrd. DM (1995/96). Vorstandschef seit 1991: Eckhard Rohkamm (früher B + V). Im Aufsichtsrat sind u.a. folgende Unternehmen vertreten: Commerzbank AG, Bayerische Landesbank, Bankhaus Sal. Oppenheim jr., Hapag-Lloyd AG (Bernd Wrede). Im Rüstungsbereich hat sich Thyssen Industrie

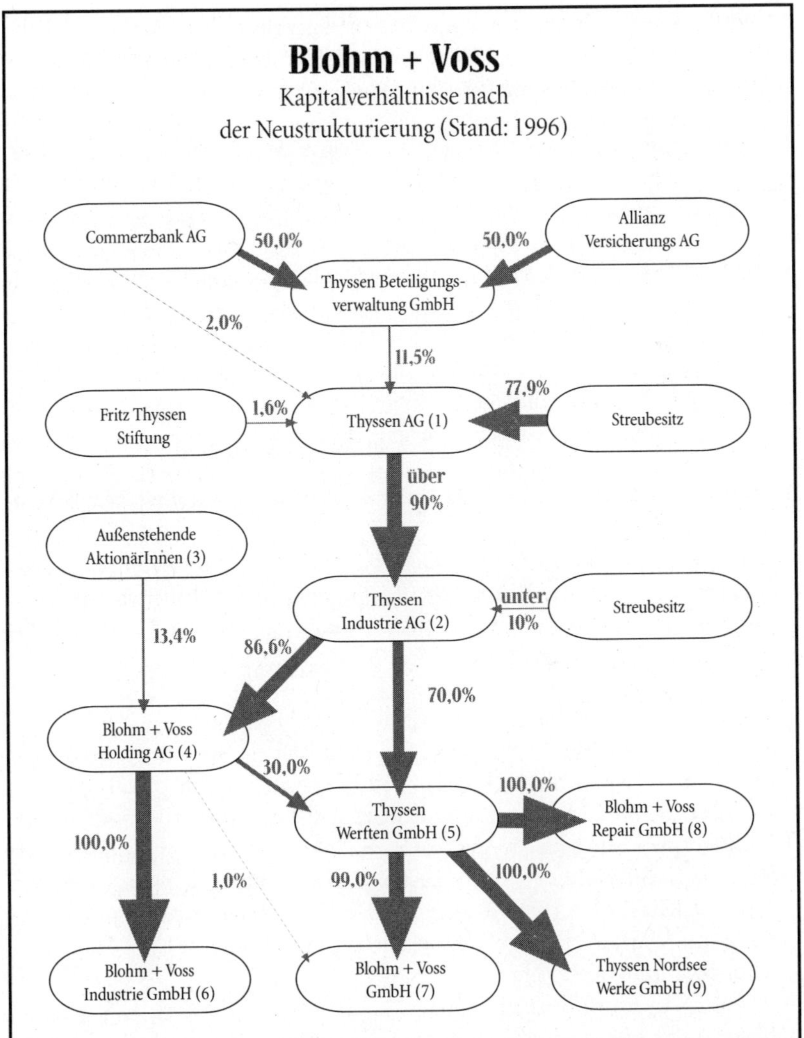

inzwischen auf den Kriegsschiffbau konzentriert; der Panzerbau der Thyssen Henschel, Kassel, ist mit Wirkung vom 1. Januar 1997 an den IWKA-Konzern, Karlsruhe, verkauft worden.

3 *Außenstehende Aktionäre*: Hierbei handelt es sich hauptsächlich um die Erben der Familie Blohm. Die höchsten Anteile halten Freifrau von Werthern (Hamburg) und Brita Freifrau von Freyberg (Allmendingen).

4 *Blohm + Voss Holding AG*, Hamburg: Überbleibsel der Blohm + Voss AG ohne eigenes operatives Geschäft. Grundkapital: 95 Mio. DM. Vorstandsvorsitzender seit 1.1.1996: Herbert von Nitzsch.

5 *Thyssen Werften GmbH*, Hamburg: zuständig für die Koordinierung aller Schiffbauaktivitäten innerhalb des Thyssen-Industrie-Konzerns. Bei den Firmen der Thyssen-Werften-Gruppe arbeiteten am 30.9.1996 insgesamt noch 5.109 Personen. Stammkapital: 50 Mio. DM, Umsatz der Firmengruppe: 2,376 Mrd. DM (Geschäftsjahr 1995/96). Auftragsbestand im Kriegsschiffbau: 4,2 Mrd. DM (Ende 1996). Vorsitzender der Geschäftsführung: Herbert von Nitzsch.

6 *Blohm + Voss Industrie GmbH*, Hamburg: Produktion von Kraftwerken, Dampfturbinen, Anlagen für den Schiffbau (Stabilisatoren, Entöler u.a.) sowie von Panzerteilen. Die Belegschaft wird von rund 800 (Ende 1996) auf ca. 730 Beschäftigte reduziert. Stammkapital: 10 Mio. DM. Vorsitzender der Geschäftsführung: Dieter Röschmann. Tochterfirmen: → Noske-Kaeser GmbH (Hamburg), B + V Maschinen + Service GmbH (Hamburg, früher WUPA Nettetal).

7 *Blohm + Voss GmbH*, Hamburg: Konstruktion und Bau von Kriegsschiffen, gelegentlich auch Handelsschiffen und großen Luxusjachten. Die Zahl der Beschäftigten – Ende 1996 waren es noch 1.211 – wird 1997 auf ca. 1.000 gesenkt. Stammkapital: 17,5 Mio. DM. Vorsitzender der Geschäftsführung: Herbert von Nitzsch. Tochterfirmen/Beteiligungen (Auswahl): → Blohm + Voss International GmbH (Hamburg), BIS Blohm + Voss Inspection Service GmbH (Hamburg), Blohm + Voss Australia Pty Ltd. (Canberra), → MTG Marinetechnik GmbH (Hamburg), → Hamburgische Schiffbauversuchsanstalt GmbH (Hamburg), → GKSS Forschungszentrum Geesthacht.

8 *Blohm + Voss Repair GmbH*, Hamburg: Reparatur von Handels- und Kriegsschiffen, Offshoregeräten, Maschinen sowie Umbau von Schiffen. Die Zahl der Beschäftigten belief sich Ende 1996 auf 511, wird 1997 auf ca. 370 reduziert. Stammkapital: 5 Mio. DM. Geschäftsführer: Klaus-Peter Führmann, Helmut Nadler.

9 *Thyssen Nordseewerke GmbH*, Emden: Bau von Kriegs- und Handelsschiffen. Ein Schwerpunkt liegt in der Produktion von U-Booten. Wegen der Verkleinerung der Kapazitäten im Handelsschiffbau wurde 1996 der Abbau von über 300 der bisher 1.750 Arbeitsplätze angekündigt.

Die Belegschaft

Die vergangenen zwei Jahrzehnte sind bei B+V durch ständige ›Kapazitätsanpassungen‹, d.h. durch einen gewaltigen Arbeitsplatzverlust, gekennzeichnet. Die Zahl der Mitarbeiterinnen und Mitarbeiter der B+V AG (nicht des B+V-Konzerns) veränderte sich in 5-Jahres-Abständen wie folgt:

31.12.1975:	6.737
31.12.1980:	5.952
31.12.1985:	4.590
30.9.1990:	4.738
30.9.1995:	3.474

Daß die Belegschaft zwischen 1985 und 1990 leicht zunahm, war nicht Ausdruck der Schaffung neuer Arbeitsplätze. Im Gegenteil: Im Februar 1986 übernahm B+V das HDW-Werk Ross, in dem 1985 noch etwa 2.200 Personen beschäftigt waren. Der B+V-Vorstand setzte die Schließung dieses Werks bis Ende 1988 durch, was für die meisten ehemaligen HDW-Beschäftigten den Verlust ihres Arbeitsplatzes bedeutete. B+V hat im Ergebnis zwischen 1985 und 1990 rund 2.000 Arbeitsplätze abgebaut. Nach der Aufgliederung der B+V AG ist die rigide Personalreduzierung gegen den Widerstand der Betriebsvertretungen fortgesetzt worden. Ende 1996 standen bei den drei B+V-Gesellschaften noch rund 2.500 Beschäftigte in Lohn und Brot.

Die Umsätze

Die B+V AG ist in den sieben Geschäftsjahren 1988/89 bis 1994/95 auf einen durchschnittlichen Jahresumsatz von 1,05 Mrd. DM gekommen. Von diesem entfielen im Durchschnitt auf den Schiffsneubau (mit Consulting) fast 44 Prozent, auf die Schiffsreparatur 29 Prozent und den Maschinenbau gut 27 Prozent. Die größten Schwankungen wies dabei der Umsatz im Schiffsneubau auf, was hauptsächlich auf die Abrechnung von Kriegsschiffsaufträgen zurückzuführen ist.

Jahresumsätze in Mio. DM:[4]

	AG gesamt	Schiffbau	Reparatur	Maschinenbau	Versch.
1988/89	823	176	324	346	-23
1989/90	848	323	324	210	-9
1990/91	1.142	502	374	291	-25
1991/92	743	169	361	239	-26
1992/93	1.013	492	254	273	-6
1993/94	1.227	708	235	295	-11
1994/95	1.550	886	269	394	1

Das Management

19 männliche Vorstandsmitglieder haben von 1970 bis 1996 die Entwicklung des Unternehmens bestimmt, an ihrer Spitze Werner Bartels, Michael Budczies, Eckhard Rohkamm, Peter Beer und Herbert von Nitzsch. Mit Dr.-Ing. Werner Bartels (geb. 1930) und dem Juristen Dr. Michael Budczies (geb. 1933) bestellte Thyssen 1970 zwei bisher in anderen Konzernbereichen tätige Manager zum Vorstand des Hamburger Unternehmens. Unter ihnen vollzog B+V die Umstellung vom Handels- auf den Kriegsschiffbau. Bartels war bis Ende 1979 Vorsitzender des B+V-Vorstands und stieg dann zum Chef der Thyssen Industrie AG in Essen auf. Für ihn übernahm ab 1980 Budczies unter der Bezeichnung ›kaufmännischer Sprecher‹ die Führungsrolle bei B+V. Bartels ›kontrollierte‹ die Geschäftspolitik seitdem als Vorsitzender des B+V-Aufsichtsrats. Im Herbst 1986 kam es – unter dem Vorzeichen roter Zahlen – zu einer Führungskrise, die damit endete, daß Budczies seinen Posten aufgab und Werner Bartels für ein gutes Jahr auf den Chefsessel bei B+V zurückkehrte. Bartels zweite Amtszeit als B+V-Vorstandsvorsitzender (bis Ende 1987) war durch harte Sanierungsmaßnahmen, vor allem durch die Schließung des von HDW übernommenen Werkes Ross, geprägt.

Am 1. Januar 1988 nahm Dr.-Ing. Eckhard Rohkamm (geb. 1942) das Zepter bei B+V in die Hand. Seine Vorliebe für das Militärisch-Maritime[5] hat Rohkamms beruflichen Werdegang von Anfang an geprägt. Als ehemaliger Offizier der Bundesmarine und als Reservist (um 1990 wurde er zum Kapitän zur See der Reserve befördert) verhalf ihm bei B + V der Kriegsschiffbau ab 1978 zu einer rasanten Karriere. Bereits 1980 wurde er zum Direktor und Leiter des Bereichs ›Wehrtechnik See‹ berufen, seit 1983 war er Mitglied des B+V-Vorstands, von 1988 bis 1991 dessen Vorsitzender. 1991 übertrug man ihm die Führung der Thyssen Industrie AG in Essen. Auf das Geschehen bei B + V hat er seit 1991 als Vorsitzender des Aufsichtsrats und des Verwaltungsrats weiter persönlichen Einfluß ausgeübt.

Der Chefposten bei B + V wurde 1991 zum ersten Mal mit einem Manager aus einem anderen Großkonzern besetzt. Dr. Peter Beer war bis dahin Vertriebsgeschäftsführer bei der Daimler-Benz-Tochter MTU, Friedrichshafen, einem Weltmarktführer auf dem Gebiet der (Kriegs-) Schiffsmotoren. Knapp fünf Jahre blieb Beer Vorstandschef, dann ging er nach Verschlechterung der Geschäftsergebnisse ab 1993 und nach interner Kritik wegen angeblicher Führungsschwäche Ende 1995 in den vorgezogenen Ruhestand. Seit dem 1. Januar 1996 hat Dipl.-Ing Herbert von Nitzsch das Sagen: Er ist zugleich Chef der Thyssen Werften GmbH, der Blohm + Voss GmbH und der Blohm + Voss Holding AG. Wie Rohkamm ist er dem Kriegsschiffbau in besonderer Weise verbunden. Bereits Anfang der 80er Jahre war von Nitzsch bei B + V mit der Abwicklung von Kriegsschiffsexporten und dem damit in Zusammenhang stehenden Technologietransfer befaßt.[6] Seit 1988 gehörte er dem B+V-Vorstand an. In den 90er Jahren berief die Essener Konzernzentrale ihn außerdem zum Vorsitzenden der Geschäftsführung bei den Thyssen Nordseewerken in Emden.

Die Zukunftsperspektive – zwischen Gewinnerwartungen und Schliessungsgerüchten

Bescheidenheit gehört nicht zu den Tugenden der Thyssen-Verantwortlichen. Man will nicht einfach nur Gewinne, sondern fette Gewinne. Der Thyssen-AG-Vorstand forderte 1996 für den Gesamtkonzern eine Kapitalrendite von mindestens 12,5 Prozent. Vorstandschef Rohkamm erklärte bei der Hauptversammlung seines Konzerns am 7. März 1997 sogar: »*Kurzfristig streben wir eine Verzinsung des eingesetzten Kapitals mit mehr als 20 % an. ... Mittelfristig soll die Verzinsung des eingesetzten Kapitals mehr als 30 % betragen.*«[7] Wird Thyssen die zusammengestutzten B+V-Nachfolgefirmen ganz im Stich lassen, wenn die Gewinnziele nicht erreicht werden? Weder der Werftenbereich noch der Bereich Anlagentechnik gehören zu den vom Thyssen-Industrie-Vorstand definierten Kerngeschäftsfeldern.

In den vergangenen Jahren hat Thyssen Industrie mit der Preussag (Hannover) als Eigentümerin der Kieler Werft HDW über eine Vertiefung der – im Kriegsschiffbau bereits seit Jahren bestehenden – Kooperation verhandelt. Ein Denkmodell sah die Fusion der Thyssen-Werften und von HDW zu einer Deutschen Werft AG vor. Von HDW-Seite wurde zu verstehen gegeben, daß auch eine solche Werftenkombination nur dann Chancen auf dem Weltmarkt habe, wenn ihr kontinuierlich Rüstungsaufträge erteilt würden. Daher würden *»Auftragsgarantien vom Bund«* erwartet.[8]

Die Verhandlungen von Thyssen und Preussag haben vorerst zu keiner Verständigung geführt. Ende 1996 mehrten sich die Anzeichen, daß Thyssen den Schiffbaustandort Hamburg bald ganz schließen wolle. Entsprechende Hinweise kamen von Frank Teichmüller (IG Metall Küste) und dem schleswig-holsteinischen Wirtschaftsminister Peer Steinbrück.[9] Von Thyssen wurden jedoch derartige Schließungsabsichten scharf dementiert. B + V sei, so konstatierte Rohkamm, auf *»ein lebensfähiges Maß zurückgeschnitten«* worden.[10] Im Januar 1997 klangen seine Worte schon nicht mehr so eindeutig: Grundsätzlich wolle man an den Werften in Hamburg und Emden festhalten, doch wenn die vorhandenen Strukturprobleme (zu hohe Kosten im Handelsschiffbau und in der Schiffsreparatur) nicht gelöst würden, *»müssen wir schließen«*.

Im Juli 1997 wurden die Gespräche mit der Preussag wieder aufgenommen. Einige Branchenkenner schließen nicht aus, daß Thyssen bei einem Rückzug aus der Werftindustrie den gesamten Kriegsschiffssektor von B + V und TNSW an Preussag/HDW verkaufen könnte. Andere halten dies für unwahrscheinlich und glauben nicht, daß Thyssen auf die Profite und die überdurchschnittlich hohen Anzahlungen aus dem Kriegsschiffbau verzichten will. Die latente Drohung mit der Schließung von B + V kann jedenfalls auch als Druckmittel eingesetzt werden, um die Entscheidungsträger in Politik und Rüstungsbürokratie zur Vergabe neuer Rüstungsaufträge mit großzügig bemessenen Gewinnmargen zu drängen.

2. Zur Geschichte einer Traditionswerft

Die Werft wurde 1877 durch den Lübecker Kaufmann Hermann Blohm und den aus der Nähe von Rendsburg stammenden Ingenieur Ernst Voss gegründet.[11] Der Hamburger Senat verpachtete ihnen ein Betriebsgelände auf der bis dahin unbebauten Elbinsel Kuhwerder. Nach bescheidenen Anfängen auf handwerklicher Basis ließ der Bau von Fracht- und Passagierschiffen für den Überseeverkehr die Werft innerhalb der ersten beiden Jahrzehnte ihres Bestehens zu einem bedeutenden Industrieunternehmen mit fast 4.000 Beschäftigten aufsteigen.

Hermann Blohm erwies sich bald als die beherrschende Gestalt (Ernst Voss schied 1910 aus der Firmenleitung aus). Blohm hatte ein ausgeprägtes Gespür für etwas, was für das Unternehmen bis heute kennzeichnend ist: überdurchschnittlich gute Beziehungen zur politischen Macht. 1880 heiratete er in die einflußreiche Hamburger Senatorenfamilie Westphal ein. Sein Schwager, Senator Otto E. Westphal, saß viele Jahre im Aufsichtsrat von B+V. Von größtem Wert war die Tatsache, daß das Unternehmen sich das deutsche Kaiserhaus frühzeitig geneigt machen konnte: Im Dezember 1895 verzeichnete B+V den ersten Besuch von Kaiser Wilhelm II. Hermann Blohm war zugleich als führender Vertreter diverser Arbeitgeber- und Industrieverbände ein unerbittlicher Gegner der Arbeiterbewegung. Nach den Worten des Historikers Hans-Joachim Bieber tat er sich als *»kompromißloser Scharfmacher«* hervor.[12] Gerne hätte er der aufstrebenden Sozialdemokratie *»einen vernichtenden Schlag«*[13] beigebracht (was 1977 den SPD-geführten Hamburger Senat nicht hindern sollte, die Straße ›Grevendamm‹ in ›Hermann-Blohm-Straße‹ umzubenennen).

2.1 Die Aufrüstung vor 1914

Der Kriegsschiffbau spielte im ersten Jahrzehnt der Unternehmensgeschichte überhaupt keine, im zweiten nur eine untergeordnete Rolle. Unter den ersten 130 Baunummern befand sich ein einziges Kriegsschiff: der Kleine Kreuzer ›Condor‹ (1892), mit dem das Deutsche Kaiserreich seine Kolonien absichern wollte. Erst die Verabschiedung der Flottengesetze von 1898 und 1900 bescherte B+V kontinuierlich Rüstungsaufträge – Investitionen in den Ersten Weltkrieg. *»Bitter not ist uns* *eine starke deutsche Flotte«*, tönte Kaiser Wilhelm II. im Hamburger Rathaus, als am 18. Oktober 1899 das erste Großkampfschiff bei B + V (›Kaiser Karl der Große‹) vom Stapel lief. Der Kriegsschiffbau entwickelte sich nun zu einem Fertigungsschwerpunkt, der höhere Gewinne abwarf als die zivile Produktion.[14] Auch bewahrte er die Werft, als die Überkapazitäten 1907-09 zu einer schweren Krise im Handelsschiffbau führten, erstmals vor dem Aus. Die Kaiserliche Marine unter Tirpitz bestellte damals kurz nacheinander drei große Schlachtkreuzer, was dem Gegenwert von mindestens 20 mittelgroßen Handelsschiffen entsprach. Als Tirpitz 1911 daran dachte, den Auftrag zum Bau des nächsten Schlachtkreuzers ›Derfflinger‹ einmal an eine andere Werft zu vergeben, intervenierte Kaiser Wilhelm II. persönlich und ordnete an, wiederum B + V den Zuschlag zu geben.[15] Insgesamt baute B + V von 1898 bis zum Kriegsbeginn 1914 neun große Kampfschiffe und einen kleinen Kreuzer.

Ab 1907 verstärkte B + V auch seine Aktivitäten im Bereich des Rüstungsexports. Besondere Hoffnungen setzte die Werft in die Aufrüstungspläne des zaristischen Rußland.[16] Bereits im Zusammenhang mit dem Russisch-Japanischen Krieg von 1904/05 hatte B + V drei Handelsschiffe in Hilfsschiffe für die russische Marine umgebaut. Mit politischer Protektion des deutschen Kaiserhauses und unter Einsatz von Schmiergeld konnte B + V dann 1908 einen russischen Kriegsschiffswettbewerb gewinnen. Ab 1911 entstand in St. Petersburg unter der Leitung von B+V-Ingenieuren eine neue Werft, die der russischen Marine die Realisierung ihres Rüstungsprogramms ermöglichen sollte. Als die SPD im Februar 1914 die Rüstungsgeschäfte mit Rußland im Reichstag anprangerte, verteidigte Großadmiral Tirpitz diese mit Worten, wie sie auch aus heutigen Diskussionen vertraut sind: *»Wenn unsere Firmen den Bau [der russischen Flotte, d. Verf.] ablehnen, wird sie eben von anderen gebaut. Wir bemühen uns ja gerade, für unsere Privatindustrie Arbeit zu schaffen.«* Ein halbes Jahr nach dieser Erklärung befand sich das Deutsche Reich mit Rußland im Kriegszustand.

2.2 Der Erste Weltkrieg

Das Kriegsgeschehen ließ – zumindest für den, der es sehen wollte – den verschwenderischen und todbringenden Charakter der deutschen Flottenrüstung schnell deutlich werden. Am Ende des ersten Kriegsjahrs lagen drei bei B + V gebaute Großkampfschiffe bereits auf dem Meeresgrund: Der Panzerkreuzer ›Yorck‹ sank am 4. November 1914 in der Jade, nachdem er auf eine eigene Minensperre gelaufen war,

DER GROSSE KREUZER ›SCHARNHORST‹: 1907 FERTIGGESTELLT, 1914 VERSENKT

seinem Schwesterschiff ›Friedrich Carl‹ wurden am 17. November Minentreffer in der Ostsee zum Verhängnis. Und der Große Kreuzer ›Scharnhorst‹ wurde nach einem fehlgeschlagenen deutschen Angriff auf die Falklandinseln am 8. Dezember von britischen Kriegsschiffen versenkt. Von den 860 Mann Besatzung überlebte kein einziger. B + V verdiente weiter gut.[17] 1915 nahm die Werft die Serienproduktion von U-Booten auf, nachdem die deutsche Kriegsführung den U-Boot-Krieg gegen die gegnerische Handelsschiffahrt befohlen hatte. Bis Kriegsende lieferte B + V 98 U-Boote an die Marine; auf keiner anderen deutschen Werft wurden damals mehr gebaut. Die Zahl der Beschäftigten, die infolge des Kriegsausbruchs zunächst von fast 11.000 auf 7.200 zurückgegangen war, stieg 1917/18 auf über 12.000 an. Dabei wurden auch Frauen eingesetzt, ebenso Kriegsgefangene (zuletzt 600 Russen, Engländer und Franzosen).[18]

Während in der organisierten Arbeiterschaft ab 1916 die Forderung *»Nieder mit dem Krieg«* lauter wurde und in den Arbeiterstadtteilen Barmbek und Hammerbrook Hungerunruhen ausbrachen, propagierten die Werftbesitzer die Fortsetzung des Krieges. Hermann Blohm und sein Sohn Rudolf riefen 1917 zusammen mit anderen

Vertretern der Hamburger Führungsschicht zur Gründung eines Hamburger Landesvereins der Deutschen Vaterlandspartei auf, die Durchhalteparolen verbreiten sollte.[19] Als Hamburgs Werftarbeiter Ende Januar 1918 in den Streik traten, wurden B + V und drei weitere Hamburger Werften unter militärische Leitung gestellt, wodurch die Fortsetzung der Kriegsproduktion erzwungen wurde. Aber nur noch für einige Monate, denn nach dem Waffenstillstand vom 11. November 1918, der die deutsche Niederlage besiegelte, durfte an den Kriegsschiffen nicht mehr weitergearbeitet werden. Mit dem Abwracken der nicht fertiggestellten U-Boote unter der Aufsicht der Sieger fand die erste Rüstungsphase bei B + V ihr Ende.

2.3 Die Zeit der Weimarer Republik

Nach dem Rückzug von Hermann Blohm aus dem Geschäft lag die Leitung der Werft ab 1918 bei seinen Söhnen Rudolf und Walther Blohm. Sie regierten die Werft weiter mit harter Hand gegen Arbeiterforderungen. Im August 1923 kam es in Hamburg zu Unruhen, weil B + V wegen des inflationsbedingten Bargeldmangels kurzerhand 8.000 Arbeiter aussperren und die Lohnkassen schließen ließ. Die politische Heimat der Blohms war während der Weimarer Republik die Deutschnationale Volkspartei (DNVP), die Partei jener bürgerlich-nationalistischen Kreise, die der Kaiserzeit nachtrauerten, eine militärische Revanche anstrebten und der jungen Republik in offener Feindschaft gegenüberstanden. Schon Anfang 1924 war es beschlossene Sache, daß das erste vom Hamburger DNVP-Landesverband zu besetzende Reichstagsmandat der Firma B + V zufallen sollte.[20] So zog Werftdirektor Carl-Gottfried Gok nach der Wahl als DNVP-Abgeordneter in den Deutschen Reichstag ein und vertrat dort extrem reaktionäre Positionen. Walther Blohm wurde 1926 als Vertreter des Hamburger DNVP-Landesverbands, der in einer stark antisemitischen Tradition stand, Bürgerschaftsabgeordneter. Sein Bruder Rudolf Blohm nahm im Oktober 1931 an dem Harzburger Treffen teil, auf dem Nationalsozialisten, Deutschnationale und andere rechtsextreme Kräfte ein Bündnis schlossen.

Da Deutschland aufgrund des Versailler Vertrags einen großen Teil seiner Handelsflotte an die Siegermächte hatte abgeben müssen, war ab 1921 die Nachfrage der Schiffahrtsgesellschaften nach neuen Handelsschiffen groß. Zwischen 1922 und 1930 liefen bei B + V vierzig Schiffe für den Transport von Gütern und/oder Menschen vom Stapel. Dann führte jedoch die Weltwirtschaftskrise zum völligen Niedergang des Handelsschiffbaus im Jahre 1932. Die Werftbelegschaft schrumpfte von über 11.000 Beschäftigten (1929) auf weniger als 2.200 (1932) zusammen.

2.4 Die Rüstungskonjunktur ab 1933

Der Aufrüstungs- und Kriegskurs des NS-Staats half B + V, wie vielen anderen Industrieunternehmen, aus der Krise. Der erste Marineauftrag, den die Werft nach der Machtübernahme ausführte, wirkte noch vergleichsweise harmlos: Am 3. Mai 1933 wurde das Segelschulschiff ›Gorch Fock‹ zu Wasser gelassen. In demselben Monat erhielt B + V den Auftrag zum Bau eines Versuchskessels und einer Turbinenanlage für ein Torpedoboot, der durch ein Sofortprogramm zur Arbeitsbeschaffung finanziert wurde.[21] Weitere Marinebestellungen von zunehmendem Umfang folgten. Neben dem Aviso ›Grille‹ (einer dem ›Führer‹ und dem Oberbefehlshaber der Kriegsmarine vorbehaltenen Staatsjacht, die zugleich als Spähkreuzer und Minenleger konzipiert war), Tendern, Geleitbooten und Segelschulschiffen entstanden bei B + V nun wieder Kampfschiffe, so drei Zerstörer und der Schwere Kreuzer ›Admiral Hipper‹. Es soll hier nicht unterschlagen werden, daß B + V zwischen 1933 und 1939 außerdem eine Reihe von zivilen Schiffen baute. Doch auch bei ihnen standen vielfach staatliche Geldmittel und Interessen der NS-Machthaber im Hintergrund, etwa beim Bau des KdF-Schiffs ›Wilhelm Gustloff‹ (1937/38). Zwei Schnelldampfer für die Woermann-Linie wurden 1936/37 in der Erwartung produziert, daß das nationalsozialistische Deutschland sich bald wieder in den Besitz von Kolonien bringen würde.[22] Die Belegschaft wuchs, wie es schien, ohne Ende. Anfang 1933 waren bei B + V knapp 2.700 Personen beschäftigt gewesen; im März 1936 waren es schon über 10.000, im August 1939 über 15.000.

Was die Werftbesitzer später nicht mehr wahrhaben wollten: Sie gehörten sowohl zu den Nutznießern als auch zu den Stützen der zum Krieg treibenden Diktatur. Daß sie sich 1933 mit fast 35.000 RM an der ›Adolf-Hitler-Spende der deutschen Wirtschaft‹ beteiligten, ist hierbei nur ein relativ kleiner Mosaikstein.[23] Vor allem Rudolf Blohm sammelte Ämter und Titel: Staatsrat in Hamburg (1933), Abteilungsleiter der Reichsgruppe Industrie (1934), Wehrwirtschaftsführer (1937), Leiter des Hauptausschusses Schiffbau (1942). Aber auch Walther Blohm, der in einer Biographie von 1993 als Mann mit wachsenden Antipathien gegen den Nationalsozialismus geschildert wird[24], konnte nur mit Hilfe der damaligen Staatsführung seinen Plan realisieren, B + V um ein Flugzeugwerk zu erweitern. Die im Juni 1933 gegründete Tochterfirma Hamburger Flugzeugbau GmbH (HFB) stieg sogleich in das von der NS-Führung stark forcierte Luftrüstungsprogramm ein.[25] Zunächst produzierte die HFB Baugruppen für 450 Junkers-›Behelfsbomber‹ Ju 52. Der Hamburger Senat unter dem nationalsozialistischen Bürgermeister Carl Vincent Krogmann gewährte B + V beim Aufbau des neuen Produktionszweigs vielfältige, auch finanzielle Unterstützung.[26] Das von Göring geführte Reichsluftministerium verhalf der B+V-Tochter zu einem eigenen Flugplatz in Wenzendorf bei Buchholz, der im September 1935 in Betrieb genommen wurde. So konnte die HFB von der Teilfertigung zum Bau kompletter Flugzeuge übergehen. Nach Plänen von Dornier und Junkers produzierte man in Wenzendorf bis 1940 über 600 Militärflugzeuge. Aber die HFB, die 1937 als Abteilung in die Muttergesellschaft B+V integriert wurde, entwickelte auch eigene Flugzeugtypen. Hierfür hatten die Brüder Blohm 1933 den früheren Dornier-Konstrukteur Richard Vogt aus Japan zurückgeholt, der dort zehn Jahre lang für Kawasaki und das von der Eroberung Asiens träumende japanische Militär Flugzeuge entworfen hatte.[27] Von den Vogtschen Konstruktionen ging das Flugboot Ha 138 als Seefernaufklärer für die Wehrmacht 1938 in die Serienproduktion. Da die Wasserflugzeuge auf der Elbe starteten und landeten, errichtete B+V ab 1936 auf Finkenwerder ein neues großes Flugzeugwerk mit kombiniertem Land- und Wasserflughafen – aus ihm ist das heutige Werk von → Daimler-Benz Aerospace Airbus hervorgegangen. Zwei Monate vor Kriegsbeginn wurde hier die Produktion aufgenommen, der volle Ausbau des Werks war im März 1940 beendet. Daß B+V in so kurzer Zeit »*zu einem beachteten Mitstreiter unter den großen Flugzeugwerken der ganzen Welt heranreifen*« konnte, so schrieb Chefkonstrukteur Vogt in einer B+V-Publikation, war »*nur möglich bei dem Aufschwung, den unsere Luftwaffe unter ihrem Schirmherrn, den Feldmarschall Hermann Göring, genommen hat*«.[28]

Die Werft wurde von der braunen Prominenz gerne als Bühne für pressewirksame Auftritte genutzt. Allein Hitler besuchte B+V zwischen 1934 und 1939 fünfmal. Die Reden, die Hitler am 17. August 1934, Ley am 4. April 1935, Göring am 6. Dezember 1935 und Reichsstatthalter Kaufmann bei verschiedenen Anlässen an die ›Gefolgschaft‹ von B+V richteten, dienten hauptsächlich dem Zweck, die bisher sozialdemokratisch oder kommunistisch orientierte Arbeiterschaft umzupolen.[29] Bei vielen B+V-Arbeitern gelang dies zumindest zeitweise, aber etliche gingen der Propaganda nicht auf den Leim. Die Formen der Widersetzlichkeit reichten von symbolischen Gesten wie der Verweigerung des Hitler-Grußes[30] bis hin zu aktiver antifaschistischer Arbeit in illegalen Betriebszellen.

Die symbolträchtigste Veranstaltung war in dieser Zeit der Stapellauf der ›Bismarck‹, des damals größten Schlachtschiffs der Welt, am 14. Februar 1939. Die ›Bismarck‹ war laut Hitler »*der erste Riese eines neuen Geschwaders von 35000-Tonnen-Schlachtschiffen*«; in Wirklichkeit war das Schiff mit einer Konstruktionsverdrängung von 41.700 t und einer Einsatzverdrängung von 50.900 t noch erheblich größer, womit Deutschland gegen die Flottenabmachungen mit England verstieß.[31]

2.5 Der Zweite Weltkrieg

Der mörderische und zugleich selbstmörderische Wahnsinn, der dem Bau dieses Kriegsmonstrums zugrunde lag, ließ sich nicht viel Zeit, um sich zu offenbaren. Die 200 Mio. DM, die in vierjähriger Bauzeit (1936-40) in das Prunkstück der deutschen Kriegsmarine investiert worden waren, waren schon neun Monate nach der Indienststellung unwiederbringlich verloren. Der erste Kriegseinsatz der ›Bismarck‹ im Mai 1941 war auch der letzte und kostete ca. 3.400 Menschen das Leben. Unter den Toten waren 1.418 Besatzungsmitglieder des britischen Schlachtkreuzers ›Hood‹, der von der ›Bismarck‹ versenkt wurde, bevor diese selbst, zusammengeschossen als ›schwimmender Sarg‹, mit etwa 2.000 Mann unterging.

Eigentlich sollte B + V nach der ›Bismarck‹ noch weitere Schlachtschiffe bauen, die doppelt oder sogar dreimal so groß werden sollten. Zu diesem Zweck hatte man 1938 mit dem Bau des damals größten Trockendocks Europas begonnen. Dieses Baudock ›Elbe 17‹ wurde zwar unter riesigem Kostenaufwand bis 1942 fertiggestellt, aber nicht mehr zum Schlachtschiffbau genutzt.[32] Denn B + V war nach Beginn des Zweiten Weltkriegs – wie schon im Ersten Weltkrieg – sofort zur Massenfertigung von U-Booten übergegangen. Die Werft erhielt den Auftrag, unter Ausnutzung aller Hellinganlagen jährlich 52 U-Boote abzuliefern, also ein U-Boot pro Woche.[33] Hierfür trieb die Unternehmensleitung die Arbeiter bis an die Grenzen ihrer physischen Leistungsfähigkeit, die nicht mehr 45 Stunden (wie noch 1933), sondern 60 Stunden pro Woche schuften mußten. Die Luftangriffe der Alliierten brachten im Juli 1943 den U-Boot-Bau ins Stocken, weil die getöteten oder vor dem Feuersturm geflüchteten Werftarbeiter nicht ersetzt werden konnten. Schon einige Monate zuvor hatte man den Plan gefaßt, einen riesigen Bunker zu bauen, in dem B + V – unter meterdicken Betondecken vor Bomben geschützt – die U-Boot-Produktion nochmals steigern sollte. Im Frühjahr 1943 begannen in Wedel westlich vor Hamburg die Bauarbeiten für das ›Marinesonderprojekt Wenzel‹. Nach den Plänen wäre hier für B + V Deutschlands größter U-Boot-Bunker entstanden, doch der Bau, zu dem auch KZ-Häftlinge herangezogen wurden, wurde im Sommer 1944 abgebrochen.[34]

Insgesamt lieferte B + V bis zum Kriegsende 230 U-Boote ab, weitere 26 wurden nicht fertiggestellt. Nach der Indienststellung wirkten die U-Boote bei dem Vernichtungswerk gegen die alliierte Schiffahrt mit, bei dem die deutsche U-Boot-Flotte mit ihren Torpedos insgesamt über 2.800 Handelsschiffe versenkte. Die Flugzeugabteilung von B + V produzierte währenddessen für die Luftwaffe. Den technischen Höhepunkt bildete der Bau des damals größten Seeflugzeugs der Welt, des Flugboots BV 238. Als sechsmotoriger Seefernaufklärer mit 60 Metern Spannweite sollte er die Beu-

B + V-Publikation aus dem Zweiten Weltkrieg

tezüge der deutschen U-Boote im Atlantik unterstützen. Nach Aussage von Chefkonstrukteur Vogt dachte man sogar daran, die BV 238 zu Bombenangriffen auf New York einzusetzen.[35] Das einzige fertiggestellte Exemplar des Flugriesen wurde jedoch kurz vor Kriegsende auf dem Schaalsee bei Mölln von britischen Jagdflugzeugen zerstört.

Im Werk Wenzendorf ließ B + V darüber hinaus – was in der Firmenchronik von 1977 völlig unterschlagen wird – in einer seit 1939 bestehenden Flugkörperabteilung ›Wunderwaffen‹ entwickeln und bauen.[36] Darunter war z.B. ein von Flugzeugen abzuwerfender Gleit-Torpedo BV 950, dem man zynischerweise den Namen ›Friedensengel‹ gab. B+V-Chefkonstrukteur Vogt entwickelte auch, ohne dazu von der NS-Rüstungsbürokratie aufgefordert worden zu sein, eine Gleitbombe, die nach dem Abwurf aus großen Höhen mit Hilfe ihrer Flügel weit entfernte Ziele, etwa englische Städte, erreichen sollte. Er schlug sie als Ersatz für die seiner Ansicht nach *»armselige«* V-1 vor. Hitler und Speer, denen er das Waffenkonzept im Sommer 1943 auf dem Obersalzberg persönlich erläutern durfte, waren – wie Vogt in seinen Memoiren stolz schreibt – *»begeistert«*.[37] Über 400 Gleitbomben des Typs BV 246 ›Hagelkorn‹ wurden bei B + V selbst, über 600 weitere in B+V-Lizenz bei anderen Unternehmen produziert. Glücklicherweise kamen die Todesmaschinen der B+V-Flugkörperabteilung – von ganz wenigen Ausnahmen abgesehen – nicht mehr zum Fronteinsatz.[38]

Biographische Randnotiz: Konstrukteur Vogt mußte sich nach dem Krieg keine Sorgen um die Zukunft machen. Er wurde 1947 vom Boeing-Konzern in die USA geholt und konnte seine kriegstechnische Kreativität bei Atombomber- und anderen Armeeprojekten zur Geltung bringen. 1975 verlieh ihm die Deutsche Gesellschaft für Luft- und Raumfahrt *»für seine hervorragenden Verdienste auf dem Gebiet der Luftfahrtwissenschaften«* die Ehrenmitgliedschaft.

Allein in der Abteilung Flugzeugbau arbeiteten während des Zweiten Weltkriegs zeitweise (Anfang 1943) über 5.000 Personen. Die Gesamtzahl der Beschäftigten bei B + V stieg von 15.000 im August 1939 auf 17.500 im Juni 1943 an, sackte infolge der Luftangriffe vorübergehend auf 15.000 (November 1943) ab, um im Februar 1945 – drei Monate vor Kriegsende – den historischen Höchststand von 19.500 zu erreichen. Seit 1941 setzte das Unternehmen zunehmend ausländische Arbeitskräfte und Kriegsgefangene ein. Wer von den Ostarbeitern, die einen äußerst geringen Lohn erhielten, nicht die erwartete Leistung brachte, wurde von der Werftleitung der Gestapo übergeben. Sowohl Rudolf als auch Walther Blohm verlangten harte Strafen gegen *»Bummelanten«*.[39]

In der Belegschaft gab es einige wenige, die den Mut hatten, gegen Krieg und NS-Herrschaft zu opponieren.[40] Ab 1942 bildete sich bei B + V eine illegale, etwa 60 bis

80 Personen umfassende Betriebszelle der kommunistischen Bästlein-Organisation. Eine leitende Funktion innerhalb dieser Zelle übernahm der Schlosser Hans Hornberger. Durch einen Spitzel an die Gestapo verraten, wurde er ohne Gerichtsverfahren am 14. Februar 1944 im KZ Neuengamme gehängt. Außer ihm bezahlten zehn weitere B+V-Beschäftigte ihre Aktivitäten im Widerstand mit dem Leben. Ihre Namen sind: Walter Reber, Erich Heins, Kurt Vorpahl, Jonny Stüve, Heinz Priess, Otto Möller, Robert Anasch, Willi Schneider, Oskar Kaack und Georg Hoffmann. Eine Gedenktafel, die der B+V-Betriebsrat nach dem Krieg zur Erinnerung an die elf ermordeten Belegschaftsangehörigen im alten Hauptgebäude der Werft anbringen ließ, verschwand später spurlos und wurde nicht ersetzt.

Seit Oktober 1944 existierte auf der Werft ein Außenlager des KZ Neuengamme.[41] Die KZ-Häftlinge, es waren etwa 500, wurden im Malereigebäude untergebracht und mußten in der Maschinenfabrik I U-Boot-Teile herstellen. Für sie galt eine Arbeitszeit von 78 Stunden in der Woche. Aufgrund der überlangen Arbeitszeit, der schlechten Ernährung und der Mißhandlungen durch die SS war die Todesrate hoch. Nach dem Bericht eines Blohm-Arbeiters von 1946 starben innerhalb eines halben Jahres ca. 227 KZ-Häftlinge. Von denen, die bei der Räumung des Außenlagers im April 1945 noch lebten, kamen die meisten wenige Tage später bei der sogenannten ›Evakuierung‹ um, als die in der Lübecker Bucht liegenden Häftlingsschiffe bombardiert wurden.

2.6 Nach 1945: Demontage und Wiederaufbau

Nach dem Ende der NS-Herrschaft wurde das Werftgelände sofort am 3. Mai 1945 von britischem Militär besetzt; am 22. Dezember 1945 mußte B+V die Produktion ganz einstellen. Im Mai 1946 wurden die Großhelgengerüste der Werft gesprengt. Viele Hamburger reagierten empört – sie wollten nicht wahrhaben, daß die Demontage die logische Konsequenz dessen war, was das Deutsche Reich und seine Rüstungsindustrie in den Jahren zuvor angerichtet hatten.[42]

Die Gebrüder Blohm und andere Verantwortliche der Werft wurden 1949 vor ein britisches Militärgericht gestellt, aber nicht wegen ihrer für viele Menschen todbringenden Aktivitäten in der NS-Zeit, sondern weil sie versucht hatten, aus der Demontagemasse Maschinen für eine später neu zu gründende Firma beiseite zu schaffen. Wegen *»unbefugten, störenden Eingriffs in die Demontage«* wurde Walther Blohm zu 10.000, Rudolf Blohm zu 5.000 DM und zwei führende Angestellte zu je einem Jahr Gefängnis verurteilt.

GESPRENGTE B + V-HELGEN MIT U-BOOTEN, 1946

Die Demontage bei B+V wurde, nachdem am 18. März 1950 auch das Schlachtschiff-Dock ›Elbe 17‹ gesprengt worden war, im Herbst 1950 abgeschlossen – angesichts der verbliebenen Trümmerwüste schien damit das Ende der Hamburger Werft gekommen. Doch B+V bekam eine dritte Chance, es mit friedlicher Produktion zu versuchen. Dem unter dem Namen ›Steinwerder Industrie AG‹ am 12. Februar 1951 neu gegründeten Unternehmen wurde 1954 der Bau von Küsten- und Seeschiffen wieder gestattet. Hierzu hatten auch die *»unablässigen Bemühungen des Senats um die Wiedererrichtung der Werftbetriebe von Blohm & Voss«* (Bürgermeister Max Brauer im Januar 1953) beigetragen.[43] Die Hamburger Bürgerschaft beschloß, den Werftindustriellen mit Krediten von über 11 Mio. DM wieder auf die Beine zu helfen. Dagegen stimmten allein die Kommunisten, die *»für die Unterstützung der Nutznießer des Tausendjährigen Reiches«* kein Verständnis zeigten.[44] Auch den ersten Nachkriegsauftrag für ein Seeschiff hatte die Werft der Stadt zu verdanken: es war das Helgoland-Bäderschiff ›Wappen von Hamburg‹ der HADAG.

Mitte 1955 kehrte das Unternehmen zu seinem Traditionsnamen zurück: Aus der Steinwerder Industrie AG wurde die Blohm & Voss AG. Für die weitere Entwicklung bedeutsamer war eine andere Weichenstellung: Die Gebrüder Blohm taten sich mit einem finanzstarken Stahlkonzern aus dem Ruhrgebiet zusammen. Am Kapital der neuen AG beteiligte sich zu 50 Prozent die in Düsseldorf ansässige Phoenix-Rheinrohr AG, die von dem exzentrischen Ruhrpott-Manager Fritz Aurel Goergen geleitet wurde und die sich ihrerseits mehrheitlich im Besitz von Amélie Thyssen, der Witwe von Fritz Thyssen, befand. Der Beginn der neuen Ära kam in kurioser Symbolik beim Stapellauf des ersten größeren Massengutfrachters am 12. März 1956 zum Ausdruck, als Amélie Thyssen das Schiff auf den Namen ›Amélie Thyssen‹ taufte. Die Blohms und Phoenix-Rheinrohr hatten zwar eine gleichberechtigte Partnerschaft vereinbart, doch faktisch drückte der Konzern die an uneingeschränkte innerbetriebliche Macht gewohnte Blohm-Familie immer mehr an den Rand. 1957 schied Rudolf Blohm aus dem Vorstand aus, 1958 auch Walther Blohm, und dessen Sohn Georg Blohm wurde 1962 auf unfeine Art aus der Unternehmensleitung geworfen.

Was B+V in den 50er Jahren ins Geschäft zurückbrachte und bald wieder über 3.600, zeitweise über 4.000 Menschen Beschäftigung gab, war der Bau von Frachtschiffen – bis 1960 wurden allein elf Massengutfrachter fertig. Allerdings verlor die Produktion noch in den 50er Jahren bereits wieder ihren rein zivilen Charakter. Das ökonomische Interesse an Aufträgen, die sich aus der Wiederbewaffnung ergaben, erwies sich als stärker als das Bewußtsein der negativen Erfahrungen, die man mit dieser Art von Geschäften gemacht hatte. Im Kriegsschiffbau hielt sich B+V zunächst noch zurück und übernahm für die Bundesmarine 1957/58 nur den Bau des Segelschulschiffs ›Gorch Fock‹. Größere Investitionen brachte das Unternehmen ab 1958 auf, um in die Landrüstung, genauer gesagt in den Bau von Panzerteilen, einzusteigen. Zwischen 1959 und 1970 entstanden in der Maschinenbauabteilung von B+V: 2.000 Türme für die Schützenpanzer ›Hotchkiss‹ und ›Hispano Suiza‹, 220 Wannen für das Panzerradfahrzeug SW 1 und 110 Gehäuse für Raketenwerfer.[45] Vor allem aber begann 1965 die Wannenfertigung für den Kampfpanzer ›Leopard 1‹ (s. hierzu den Abschnitt 4.1).

Früher noch hatte die ebenfalls wiederbelebte Hamburger Flugzeugbau GmbH (HFB) auf Finkenwerder die Rückkehr zum Rüstungsgeschäft vollzogen. Diese Gesellschaft, inzwischen von der B+V AG abgekoppelt und im alleinigen Besitz der Familie Blohm, sicherte sich bereits im Juli 1956 gemeinsam mit zwei anderen Firmen die Serienfertigung des militärischen Transportflugzeugs ›Noratlas‹. Der Bau einer neuen Start- und Landebahn auf Finkenwerder wurde von der Stadt im Oktober 1956 genehmigt (zur späteren Entwicklung dieses Unternehmens → Messerschmitt-Bölkow-Blohm).

Ab 1962 verstärkte B+V die Aktivitäten im Marinebereich. Die Aufträge der Bundeswehr umfaßten den kanonenbestückten Tender ›Isar‹, zwei Landungsboote und drei Versorgungsschiffe. Dazu kamen zwei Tender, die B+V für die 1962 zusammengebrochene Schlieker-Werft zu Ende baute. An Bedeutung gewann der Kriegsschiffbau bei B+V weiter durch die Übernahme der benachbarten Stülcken-Werft im Februar 1966. Die Stülcken-Werft hatte sich in den vorangegangenen Jahren durch den Bau von Zerstörern und Fregatten zur führenden deutschen Werft für Überwasserkampfschiffe entwickelt. Die Übernahme der Stülcken-Kapazitäten bescherte B+V neben Restarbeiten an einem neuen Zerstörer den Bau von zwei Minenlegern und erleichterte dem Unternehmen dann auch die Akquisition eines ersten größeren Exportauftrags: Bis 1970 lieferte man drei Korvetten an Portugal ab (weitere Schiffe dieses Typs wurden in den Folgejahren mit Hilfe von B+V in Spanien gebaut).

Der Kreis der B+V-Aktionäre wurde 1966 um die Familie von Dietlein als früheren Eigentümern der Stülcken-Werft und 1967 um die Siemens AG erweitert. Die Familiengruppe Blohm, die ja über ihre Verwaltungsgesellschaft Elbe noch bis 1966 einen 50-Prozent-Anteil gehalten hatte, verlor zusehends an Einfluß. Die August Thyssen-Hütte, die 1964 die Phoenix-Rheinrohr AG übernommen hatte, verschaffte sich 1969/70 mit Hilfe einer Kapitalerhöhung endgültig die eindeutige Dominanz innerhalb des Unternehmens. Seit 1970 verteilten sich die Kapitalanteile wie folgt: August Thyssen-Hütte AG 64,7 Prozent, Verwaltungsgesellschaft Elbe 17,9 Prozent, Siemens AG 12,5 Prozent und Gruppe v. Dietlein 4,9 Prozent.

Glänzende Erinnerung

B+V hat eine ebenso bemerkenswerte wie kritikwürdige Technik entwickelt, die eigene Geschichte in strahlendem Licht erscheinen zu lassen. Die Devise lautet sinngemäß: Wir haben schon immer technisch hervorragende und richtungweisende Produkte abgeliefert, über Politik und Kriegsgeschäfte sprechen wir nicht. Auf die Kriegsschiffe, die man für Kaiser und Führer baute, ist man noch immer stolz. Die über 270seitige Firmenchronik, die sich das Unternehmen zum hundertjährigen Bestehen 1977 von Hans Georg Prager schreiben ließ, ist zwar reich an historischen Informationen, die aber sind sehr einseitig ausgewählt. Jeder selbstkritische Blick auf die dunklen Seiten der Unternehmensgeschichte wird vermieden. Um B+V als unschuldiges Opfer der britischen Demontagepolitik nach 1945 darzustellen, geht Prager so weit, zu leugnen, daß B+V in der NS-Zeit ein Rüstungsbetrieb war, obwohl er selbst zuvor über Seiten die technischen Details der bei B+V ab 1933 hergestellten Kriegsschiffe und Militärflugzeuge ausgebreitet hat.

Im Rahmen des Hamburger Gedenktafelprogramms war vorgesehen, auf dem Werftgelände eine Tafel zur Erinnerung an das KZ-Außenlager anzubringen. Obwohl die Verhandlungen auf höchster Ebene geführt wurden, weigerte sich die Firma, eine Tafel zuzulassen, die auf den Einsatz von KZ-Gefangenen im Bereich des Unternehmens verweist.[46] B + V begründete diese Haltung damit, daß die Tafelinformationen ausländische Kunden schockieren könnten, wodurch Aufträge gefährdet würden. Als die von Jan Philipp Reemtsma geleitete ›Hamburger Stiftung zur Förderung von Wissenschaft und Kultur‹ B + V 1988 um eine Beteiligung am Ausbau der KZ-Gedenkstätte Neuengamme bat, antwortete Vorstandschef Rohkamm, man wolle zwar den Museumshafen Övelgönne weiter fördern, aber *»neue Verpflichtungen«* könne man angesichts der angespannten Finanzlage nicht eingehen.[47]

3. Bereich Seekriegsrüstung

3.1 Die Rahmenbedingungen

3.1.1 Die Abkehr vom Handelsschiffbau

Bis in die 70er Jahre hinein war das wichtigste Geschäftsfeld von B + V der Bau von Fracht- und Containerschiffen, von Verkehrsmitteln also, die im seegebundenen Gütertransport eine reale wirtschaftliche Funktion erfüllen. Doch dann ließen neue Schiffbaukapazitäten in Billiglohnländern, wie z.B. Südkorea, und die Ölkrise die Preise für Handelsschiffe sinken. Ab 1972/73 blieben zunächst die Aufträge der großen Hamburger Reedereien, insbesondere der bisherigen B+V-Stammkunden Hamburg-Amerika-Linie, Hamburg-Süd und Ahrenkiel, aus. Ab 1977 verbuchte B + V auch keine Exportaufträge im Handelsschiffbau mehr. Am 5. April 1977, dem Tag, an dem B + V das 100jährige Bestehen feierte, lief mit dem Massengutfrachter ›Australian Progress‹ das letzte große Handelsschiff vom Stapel. Eine Zeitlang erwog die Unternehmensleitung, in den Tankerbau einzusteigen – laut Rohkamm lagen die *»Investitionspläne fertig in der Schublade«*[48] –, entschied sich dann jedoch für den Kriegsschiffbau.

Zum Hauptziel des B+V-Vorstands wurde es damit, durch die Kombination von Bundeswehraufträgen und Bestellungen ausländischer Streitkräfte eine ständige und profitable Auslastung der Kriegsschiffskapazitäten zu erreichen. Vorstandssprecher Budczies erklärte 1981:

> *»Zur Sicherung der Arbeitsplätze brauchen wir aber auch in Zukunft Marineaufträge, und – ich möchte das ganz offen aussprechen – da die Bundeswehr allein uns nicht genügend Beschäftigung geben kann, auch Marineaufträge aus dem Ausland. Wir sind und bleiben daher auch auf den Export von Marineschiffen angewiesen.«*[49]

Kritische Stimmen innerhalb der eigenen Belegschaft, vor allem vom Arbeitskreis ›Alternative Fertigung‹, warnten bereits 1981/82, die Werft werde bei einseitiger Ausrichtung auf den Rüstungsbereich bald den technischen Anschluß auf anderen Gebieten verlieren; sie wurden überhört.

Während der 80er Jahre zeigte der Vorstand keinerlei Interesse an Handelsschiffsaufträgen; stets wurde auf die nicht gewinnbringenden Preise in diesem Sektor verwiesen. Als 1983 in der IG-Metall-Mitgliederzeitung ›metall‹ unter der Überschrift »*Werft will keine Aufträge*« wegen eines konkreten Falls Kritik an der B+V-Politik geübt wurde, erklärte die Chefetage, für den Bau kleiner und einfacher Containerschiffe sei B+V »*überqualifiziert und deshalb zu teuer*«. Man könne, so der für die Selbsteinschätzung nicht uninteressante Vergleich, »*auch nicht bei Daimler Benz einen Volkswagen kaufen*«.[50] Die einzigen zivilen Schiffe, deren Bau B+V gerne übernahm, waren Megajachten für die Reichsten der Reichen. Die Parallele zum Kriegsschiffbau bestand in der ausgeprägten Vorliebe von B+V für solche Kunden, die Macht zum Geldverschwenden haben. Nach dem Bau von vier Luxusjachten für Scheichs und andere geheimnisumwitterte Auftraggeber in den Jahren 1986 bis 1991 brach dieser Markt allerdings schon wieder zusammen, was nach Angaben von B+V ein Resultat des Zweiten Golfkriegs war.

Wenn der Vorstand von B+V davon spricht, daß der Kriegsschiffbau im Unterschied zum Handelsschiffbau gute Gewinne abwirft, erwähnt er natürlich nicht, daß diese Rentabilität nur eine künstlich erzeugte ist und von ganz bestimmten politischen Voraussetzungen abhängig ist, die sich schnell ändern können. Im Falle von Auslandsgeschäften zeigt die Erfahrung, daß die Gewinnaussichten in solchen Ländern am besten sind, wo militärische und gewaltbereite Machtzirkel über entscheidenden politischen Einfluß verfügen und in denen jene Kräfte nicht zum Zuge kommen, die sich für die sozialen Interessen und Belange der Bevölkerung einsetzen.

Mindestens ebenso wichtig sind die politischen Rahmenbedingungen im eigenen Land: Die rüstungsorientierte Unternehmensstrategie von B+V kann nur so lange gewinnbringend sein, wie die Bundesregierung erstens über den Bedarf der Landesverteidigung hinaus immer neue Kriegsschiffe bestellt, zweitens Kriegsschiffsexporte – gegebenenfalls unter Mißachtung des Gesetzes – nicht nur genehmigt, sondern auch finanziell absichert. Extreme Beispiele dafür, wie Kriegsschiffsexporte erst im politischen Raum profitabel gemacht werden, sind die Fregattengeschäfte von B+V mit der Türkei, Griechenland und Portugal: Sie wurden, wie zu zeigen sein wird, durch Bereitstellung von mehreren hundert Mio. DM direkt aus der deutschen Staatskasse mitfinanziert. Nur aufgrund dieser Zahlungen ist überhaupt zu erklären, warum B+V in den Jahren 1991 bis 1993 jeweils eine 20-Prozent-Dividende an die Aktionäre ausschütten konnte. Wären die Haushaltsmittel der Werftindustrie für die Realisierung anderer, ziviler Projekte zur Verfügung gestellt worden, hätten mit Sicherheit viele der Arbeitsplätze erhalten werden können, die inzwischen abgebaut worden sind.

3.1.2 MEKO: MIT EINER ›PHILOSOPHIE‹ AN DIE SPITZE DES KRIEGSSCHIFFBAUS

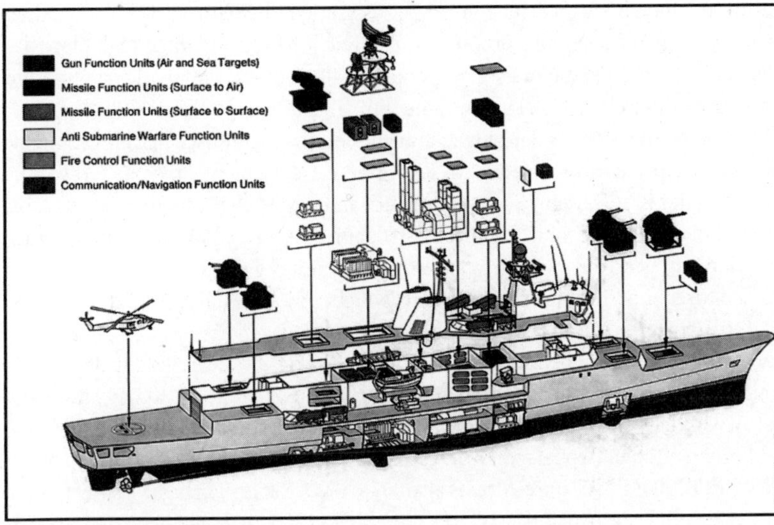

B+V-Broschüre

Die technische Trumpfkarte, die B+V zunächst im Rüstungsexport zum Durchbruch verhalf, hieß MEKO. Es ist ein Kürzel für ›Mehrzweckkombination‹. Laut B+V verbindet sich mit MEKO eine Philosophie, nämlich »*die modernste Entwurfsphilosophie im Marineschiffbau heute und morgen*«.In der Mitarbeiterzeitung wird erläutert:

> »*Hauptmerkmal des MEKO-Entwurfskonzeptes ist die Verwendung standardisierter Module – meist in Form von Containern oder Paletten für die Waffen-, Elektronik- und auch Schiffsbetriebssysteme. Diese Module werden in standardisierte Decksöffnungen eingesetzt und über genormte Schnittstellen mit den entsprechenden Systemen des Schiffes verbunden (also z.B. mit der Stromversorgung, der Klimatisierung, dem Datennetz etc.). Da diese Module unabhängig vom Bauzustand des Schiffes produziert werden können, läßt sich die Bauzeit des Gesamtsystems erheblich reduzieren. Spätere Überholungen und Modernisierungen lassen sich wegen der kurzen Montagezeiten erheblich zeit- und kostengünstiger durchführen.*« [51]

Um die Idee bis zur Produktionsreife zu entwickeln, führte B + V zwischen 1970 und 1976 eingehende Studien und Tests durch.[52] Als erster Prototyp eines MEKO-Moduls wurde 1973 in Kooperation mit dem italienischen Rüstungskonzern OTO Melara (mit dem B + V auch im Panzerbau zusammenarbeitete) ein Waffencontainer für ein 76-mm-Bordgeschütz produziert. Zahlreiche Modulvarianten für andere Geschütze und Raketensysteme sowie Container für Radar-, Sonar-, Feuerleit- und Kommunikationselektronik kamen später hinzu.

Entscheidende Hilfe bei der Entwicklung dieser kriegstechnischen Innovation, die B + V zu einem der größten Rüstungsexporteure Deutschlands machte, erhielt die Werft von der Bundeswehr. So wurde der erwähnte Modul-Prototyp 1974 zunächst an Land in der Wehrtechnischen Dienststelle für Waffen und Munition in Meppen, 1975 dann an Bord eines deutschen Zerstörers getestet. Die Kosten für den Umbau des Zerstörers und für die Seeversuche trug nicht etwa B + V, sondern das Bundesamt für Wehrtechnik und Beschaffung.

Von 1977 bis 1994 haben sieben ausländische Seestreitkräfte insgesamt 36 MEKO-Kriegsschiffe bestellt. Es handelte sich dabei um: eine Fregatte MEKO 360 für Nigeria (inzwischen schrottreif), vier Fregatten MEKO 360 und sechs Korvetten MEKO 140 für Argentinien (wobei zwei Korvetten nicht fertiggestellt wurden), acht Fregatten MEKO 200 für die Türkei, drei Fregatten MEKO 200 für Portugal, vier Fregatten MEKO 200 für Griechenland, acht Fregatten MEKO 200 für Australien und zwei Fregatten MEKO 200 für Neuseeland. Auffällig ist die Tendenz, die Produktion der Kriegsschiffe auf auswärtige Werften zu verlagern. Von den 36 genannten Kriegsschiffen wurden oder werden zehn in Hamburg selbst, drei weitere bei HDW in Kiel, die übrigen 23 aber auf Werften in Argentinien, der Türkei, Griechenland und Australien gebaut. Für B + V bedeutet dies: gute Einnahmen durch Blaupausen-, Know-how- und Materialexporte, aber wenig Beschäftigung für Hamburger Werftarbeiter.

Die Exporterfolge mit den MEKO-Kriegsschiffen haben B + V den Weg an die Spitze der deutschen Kriegsschiffsbauer gebahnt. Die beiden früheren Hauptkonkurrenten bei der Konstruktion von Überwasserkampfschiffen wurden deutlich abgehängt. Der Bremer Vulkan blieb im Kriegsschiffsexport fast völlig erfolglos[53], und die Kieler HDW-Werft verzichtete ab 1982 auf eigenständige Exportaktivitäten in diesem Bereich. Sie wählte dafür – erstmals beim Fregattengeschäft mit der Türkei – den Weg der Kooperation mit B + V, um so an den MEKO-Geschäftserfolgen teilzuhaben.[54] Die Konsequenz war, daß HDW sich mit der Rolle der ›zweiten Geige‹ begnügen mußte – bei allen Fregattengeschäften liegt seitdem die Federführung bei B + V. Die Zusammenarbeit beider Werften ist 1992 durch einen Kartellvertrag verfestigt worden, der sich auf den Export von Überwasserkampfschiffen über 1.000 t Standardverdrängung in Länder außerhalb der Europäischen Gemeinschaft bezieht und der vom Bundeskartellamt genehmigt wurde.[55] Mit dem Bau der Fregattenklasse 123 ist die MEKO-Baukastentechnik auch bei der Bundesmarine eingeführt worden.

Allein die Werbung für die MEKO-Kriegsschiffe verschlingt ein Vermögen. Vom 26. bis 29. August 1997 hat das Deutsche Fregattenkonsortium, angeführt von B+V, in Hamburg die erste MEKO-Konferenz, ›MECON '97‹, ausgerichtet.[56] Mit ihr wurde das Ziel verfolgt, die Kontakte zwischen den MEKO-Nutzermarinen, potentiellen Käuferländern und der Industrie zu intensivieren. Zu dieser Kriegsschiffs-Werbeveranstaltung, die unter der Schirmherrschaft des Verteidigungsministeriums stand, kamen Militärs und Industrievertreter aus 32 Staaten. Zu den 22 vertretenen Nicht-NATO-Ländern gehörten u. a. Argentinien, Brasilien, Chile, Peru, Indonesien, Thailand, Malaysia, Philippinen, Kuwait, Südafrika, Ägypten, Indien und Pakistan, als ehemaliger Ostblockstaat auch Polen. Der Hamburger Senat veranstaltete für die Teilnehmer der Kriegsschiffskonferenz einen Rathausempfang, und Bürgermeister Voscherau erklärte in einem Grußwort, er sei *»glücklich«* über die Entscheidung, die MECON '97 in Hamburg stattfinden zu lassen.

3.1.3 MEKAT: Luftkissen-Katamarane nur militärisch brauchbar?

Wie intensiv hat sich B+V darum bemüht, mit neuen Produkten die Abhängigkeit vom Kriegsschiffbau abzubauen? Das folgende Beispiel gibt eine ernüchternde Antwort auf diese Frage. Mit der Entwicklung eines schnellen Luftkissen-Katamarans wollte B+V in den 80er Jahren die Grundlagen für ein großes Geschäftsfeld der Zukunft legen.[57] Dieser Schiffstyp wird auch als SES (Surface Effect Ship) bezeichnet. Es handelt sich dabei um ein Doppelrumpfschiff, das durch ein Luftkissen soweit aus dem Wasser gehoben wird, daß nur noch ca. 20 Prozent des Schiffsgewichts vom Wasser, aber fast 80 Prozent vom Kissen getragen werden. Gegenüber der Öffentlichkeit hob B+V zunächst die friedlichen Nutzungsmöglichkeiten dieses Schiffstyps hervor, aber im Laufe der Zeit wurde immer deutlicher, daß B+V eher die möglichen militärischen Interessenten im Blick hatte.[58]

Nach den 1982-85 durchgeführten Entwurfsarbeiten baute B+V 1987/88 auf eigene Rechnung und mit Unterstützung der Zulieferindustrie den Prototyp ›Corsair‹, einen 36 m langen, 160 t verdrängenden, ganz aus glasfaserverstärktem Kunststoff bestehenden Luftkissen-Katamaran, der eine Höchstgeschwindigkeit von 50 Knoten (über 90 km/h) erreicht. Bei der Vorstellung des Corsair am 30. März 1989 erklärte die Werft gegenüber der Presse, sie betrachte das Schiff *»als Beginn einer neuen Generation von Hochgeschwindigkeitsfähren, die mit bis zu 500 Passagieren und auch leichter Ladung beispielsweise zwischen den Karibik-Inseln oder im Mittelmeer pendeln werden«*.[59]

Experten fiel gleich die eigentümlich hochgezogene Brücke der ›Corsair‹ auf. Der Grund hierfür lag in der angepeilten militärischen Verwendung des Katamarans. In eine Lukenöffnung vor der Brücke sollte ein MEKO-Waffen-Container eingepaßt werden können. Um über das darauf zu installierende Geschütz hinwegblicken zu können, hatte man die Brücke mit dem Fahrstand so hoch angeordnet.[60]

Tatsächlich verwandelte sich die ›Corsair‹ 1990/91 in ein Erprobungs-Kriegsschiff; sie wurde mit einer Bofors-Bordkanone und einem Waffenkontrollsystem von Hollandse Signaalapparaten ausgerüstet. In Kooperation mit der Wehrtechnischen Dienststelle für Schiffe und Marinewaffen (WTD 71) in Eckernförde führte B + V nach dem Umbau ausgiebige Testfahrten in der Ostsee durch.

Die Zukunftshoffnung der Blohm- + -Voss-Entwickler. Jetzt wird der Katamaran auch als Waffenträger getestet.

Katamaran wird Kanonenschiff

Peinlich, peinlich: Alles redet von den Schrecken des Krieges, und einige Ingenieure der Hamburger Werft Blohm + Voss kommen ausgerechnet jetzt auf die Idee, das Schnellboot „Corsair“ für Testzwecke mit einer Kanone zu bestücken. Seit Mitte Februar kurvt der so umgerüstete Prototyp von Eckernförde aus über die Ostsee. Sinn der Übung: Niemand weiß bisher, ob ein Geschütz auch von Bord des 100 Stundenkilometer schnellen „Corsair“ treffsicher abgefeuert werden kann – das soll nun ein Bordcomputer simulieren. Denn während der millionenteure, rasende Katamaran bisher nur als Fähre geplant war, wird jetzt überlegt, ihn auch an den Zoll oder den Küstenschutz zu verkaufen. hh

Hamburger Morgenpost, 6.3.1991

Bei der Weiterentwicklung des Luftkissenkatamarans konzentrierte sich B + V auf militärische und paramilitärische Versionen, die seit 1993 mit beträchtlichem Werbeaufwand unter der Bezeichnung MEKAT (Mehrzweck-Katamaran) angeboten werden. Zu einer der ersten internationalen Präsentationen der MEKAT-Palette kam es im Februar 1993 auf der Rüstungsmesse IDEX in Abu Dhabi. Der Kunde kann derzeit zwischen drei Größen wählen: MEKAT 80, MEKAT 150 und MEKAT 200. Insbesondere die größte, hochseefähige Version MEKAT 200 (Länge ca. 43 m, Verdrängung 190-240 t), die mit Gasturbinen eine Höchstgeschwindigkeit von 55 Knoten (über 100 km/h) erreichen könnte, soll das Interesse von Seestreitkräften wecken: B+V bietet sie je nach Wunsch als Hubschrauberträger, als Raketen- oder Torpedo-Schnellboot, als Minenkampfschiff oder als schnelles Landungsschiff an. B+V-Ingenieur Wolfgang Bohlayer hat die *»ausgezeichneten Flachwassereigenschaften«* des MEKAT hervorgehoben und beschrieben, wie gut die Variante MEKAT 200 HSLC (High Speed Landing Craft) bei militärischen Landungsunternehmen vor fremden Küsten eingesetzt werden könnte:

> *»Aufgrund der erprobten Luftkissentechnologie kann der MEKAT 200 HSLC – weitgehend unabhängig von den herrschenden Seegangsverhältnissen und Wassertiefen – mit hoher Geschwindigkeit das beabsichtigte Landungsgebiet erreichen, die Landung von Truppen und Material durchführen und ebenso schnell das Operationsgebiet wieder verlassen.«*[61]

Die früher formulierte Absicht, sich mit Luftkissen-Katamaranen auf dem zivilen Markt für Hochgeschwindigkeitsfähren ein neues, ökonomisch tragfähiges Standbein zu verschaffen, hat B+V nach dem Ausbleiben von Bestellungen offenbar aufgegeben. Zwar kommen inzwischen immer mehr schnelle Katamaran-Fahrgastschiffe zum Einsatz – z.B. seit 1996 zwischen Hamburg und Stade (›Elbe-City-Jet‹) –, doch an B+V sind diesbezügliche Neubauaufträge stets vorbeigegangen. Allein den Prototyp ›Corsair‹ konnte die Hamburger Werft nach siebenjähriger Erprobung 1997 an einen skandinavischen Reeder verkaufen.[62]

3.1.4 Der ausgebliebene Kurswechsel

Unter dem Eindruck der weltpolitischen Veränderungen von 1989/90 schien die Chefetage von B+V ansatzweise zu erkennen, daß das Klammern an den Kriegsschiffbau ein Irrweg war und in der bisherigen Form nicht würde fortgesetzt werden können. Denn schließlich war nun davon auszugehen, daß der Wegfall der Blockkonfrontation die Nachfrage nach neuen Kriegsschiffen weltweit sehr stark einschränken würde. Verschiedene Staaten, namentlich die USA und Rußland, würden einen Teil ihrer gewaltigen Überschußbestände zum Verkauf auf dem Weltmarkt anbieten. Und zahlreiche ausländische Werften, die bisher von Aufträgen ihrer jeweiligen nationalen Marine gelebt hatten, würden jetzt verstärkt um Exportaufträge mitkonkurrieren.

»Frachter statt Fregatten« – mit dieser Schlagzeile berichtete das ›Hamburger Abendblatt‹ im Januar 1990 über den von B+V auf der Bilanzpressekonferenz an-

gekündigten Kurswechsel. *»Es war nie unser Ziel, einseitig und ausschließlich Marineschiffe zu bauen«*, erklärte Werftchef Rohkamm nun auf einmal.[63] Doch die Bemühungen um eine ›Rezivilisierung‹ des Schiffbaus bei B + V blieben halbherzig, die Bilanz fällt äußerst dürftig aus. Die Emdener Schwesterwerft TNSW beteiligte B + V ab 1993 in begrenztem Umfang an der Ausführung von Handelsschiffsaufträgen. 1994 lief nach 17jähriger Unterbrechung erstmals wieder ein normales Handelsschiff, das Containerschiff ›Elisabeth‹, bei B + V vom Stapel – zu Ende gebaut wurde das ca. 75 Mio. DM teure Schiff allerdings in Emden. Das einzige komplette Handelsschiff, das die Hamburger Werft seit den Ankündigungen von 1990 tatsächlich realisiert hat, war das 1995/96 – nach Plänen von TNSW – gebaute Containerschiff ›Columbus Olinda‹ (Auftragswert: ca. 71 Mio. DM).

In einem Papier zur Vertrauensleute-Versammlung bei B + V am 10. Juni 1994 wurde u.a. festgestellt:

> *»Es stellt sich jetzt heraus, daß viele Qualifikationen für einen effizienten zivilen Schiffbau verloren gegangen sind. Besonders schmerzlich ist die lange überfällige Erkenntnis, daß durch die stark subventionierten und aufgeblähten Rüstungsgeschäfte die Kostenstruktur im Schiffbau verdorben wurde...Auch die Innovationstätigkeiten und Diversifikationsansätze des Unternehmens sind durch die einseitige Ausrichtung auf die maritime Rüstung gelähmt.«*

Zum gegenwärtigen Zeitpunkt (Juli 1997) ist noch nicht klar, ob B + V mit schnellen Einrumpfschiffen (Fast Mono Hulls) den Wiedereinstieg in den Bau selbstkonstruierter Handelsschiffe schafft. Doch selbst wenn der angeblich kurz vor dem Abschluß stehende Auftrag zum Bau von zwei Schnellfähren für eine griechische Reederei zustande kommt, wird die Werftleitung den Kriegsschiffen weiter als die eigentliche *»verläßliche Stütze«*[64] betrachten. Hierfür fordert B + V in anmaßender Weise die Unterstützung der Politik: Solange es aus den oben genannten Gründen schwierig ist, im Ausland neue Kriegsschiffsaufträge zu akquirieren, soll die Bundesmarine mit neuen Fregatten- und Korvettenaufträgen für die Auslastung der Kapazitäten sorgen.

Als aggressivster Promoter dieser Rüstungslinie ist seit einiger Zeit Herbert von Nitzsch hervorgetreten. Seine Vorträge vor Insidern des militärisch-industriellen Komplexes, etwa auf einem ›Wehr & Wirtschaft‹-Seminar im Februar 1994 oder beim ›44. Flamersheimer Gespräch‹ des Deutschen Marine Instituts im Dezember 1995, lassen an Deutlichkeit nichts zu wünschen übrig.[65] Es geht v. Nitzsch darum, die *»äußerst leistungsfähige Symbiose zwischen Marinerüstung und Industrie«* zu erhalten. Mit Blick auf die Bundeswehr spricht er gern von der *»Notwendigkeit der globalen Po-*

wer projection« und fordert *»die Verfügbarkeit leistungsfähiger Schiffe in ausreichender Anzahl für die unterschiedlichsten Missionen in nahezu allen Gebieten der Welt«*. Eine deutsche Werftindustrie ohne Kriegsschiffbau und ohne Kriegsschiffsexport kann er sich nicht vorstellen:

> *»Die deutsche Marinerüstung bildet die Basis für die Marineexportfähigkeit der deutschen Schiffbauindustrie. Umgekehrt bildet der Marineexport die Voraussetzung für eine von der deutschen Schiffbauindustrie zu erfüllende Marinerüstung. Die deutsche Schiffbauindustrie ist nur durch den Marineexport überlebensfähig.«*[66]

B + V bindet sein Schicksal an den Kriegsschiffbau – und dies kann, so oder so, nur schiefgehen. Denn entweder die Unternehmensstrategie geht betriebswirtschaftlich auf, dann wird dies erstens mit Milliardensummen aus dem deutschen Steueraufkommen und mit neuen Einsparungen im Sozialbereich erkauft werden müssen, zweitens die Gefahr kriegerischer Verwicklungen erhöhen, oder sie geht nicht auf, dann wird die Werft geschlossen.

3.1.5 Die Freunde in der Politik

B + V hat schon immer einen besonderen Draht zu den Mächtigen im Land gehabt. Das gute Verhältnis zum Hamburger Bundeskanzler Helmut Schmidt, in dessen Amtszeit B + V mit der Rüstungsexportoffensive beginnen konnte, dokumentierte sich z.B. im April 1977, als Schmidt zur 100-Jahr-Feier von B + V erschien und dabei der Werftindustrie bedeutende Hilfen und Marineaufträge ankündigte.[67] 1981 überbrachte die B+V-Spitze dem passionierten Segler ein Modell des Segelschulschiffs ›Gorch Fock‹ zur Aufstellung im Bundeskanzleramt – es wirkte wie ein ›Dankeschön‹ für die rüstungsexportfördernde Politik des Kanzlers.[68] Schmidt war übrigens bei früherer Gelegenheit Besitzer einer bei B + V gebauten Conger-Jolle geworden. Als Helmut Kohl im Oktober 1982 Bundeskanzler wurde, gehörte B + V zu den ersten Unternehmen, die er besuchte (am 2.12.1982). Auch bei deutschen Verteidigungsministern – vom Hamburger Hans Apel über Manfred Wörner[69] und Gerhard Stoltenberg bis hin zum Hamburger Volker Rühe – hatte B + V stets gute Karten. Als die Unternehmensleitung am 22. November 1994 ein Symposium ›Exportchancen des deutschen Marineschiffbaus‹ veranstaltete, um mehr politische Unterstützung für Rüstungsexporte zu verlangen, war es für sie keine Schwierigkeit, den EU-Kommissar für Industriepolitik Martin Bangemann (FDP) als Referenten zu gewinnen[70] – als deutscher Wirtschaftsminister hatte Bangemann B+V schon 1988 bei den Fregattengeschäften mit Griechenland und Australien geholfen (s. die entsprechenden Kapitel).

Die Thyssen-Werften und ihr Rüstungspartner HDW haben auch im Bundestag manchen Freund. Besonders wichtig ist es bei Rüstungsvorhaben, sich das Wohlwollen einer Mehrheit im Haushalts- und Verteidigungsausschuß zu sichern. Etlichen Abgeordneten scheint es dort hauptsächlich darum zu gehen, möglichst viel aus der Staatskasse für die heimische Rüstungsindustrie herauszuholen.

Vorsitzender des Haushaltsausschusses wurde zu Beginn der laufenden Wahlperiode der SPD-Abgeordnete Helmut Wieczorek, ehemals Duisburger Bürgermeister. Die ›Wehrtechnik‹ schrieb über ihn 1994: »*Er kennt die Rüstungsindustrie im Detail. Vom Dreherlehrling bis zum Oberingenieur hochgearbeitet, hat er zuletzt bei der Thyssen AG unmittelbar dem Vorstand zugearbeitet.*«[71] Wieczorek sitzt auch in jenem nur siebenköpfigen Unterausschuß des Haushaltsausschusses, der offiziell ›Berichterstattergruppe zum Einzelplan 14‹ und inoffiziell ›Rüstungsbewilligungsausschuß‹ heißt. Zufall oder nicht, in diesem wenig bekannten Gremium arbeiten auch drei Herren mit, die sich besonders für norddeutsche Rüstungsinteressen einsetzen: der Itzehoer CDU-Abgeordnete Dietrich Austermann als Unterausschußvorsitzender, der Landesvorsitzende der schleswig-holsteinischen FDP, Jürgen Koppelin, und der niedersächsische SPD-Abgeordnete Ernst Kastning.

In dem für Rüstungsvorhaben ebenfalls bedeutsamen Verteidigungsausschuß wirkt als treuer Förderer des Kriegsschiffbaus bei B+V Hamburgs ehemaliger Senator, Oberst a.D. Peter Zumkley (SPD). Seine Partei hat ihn dort u.a. zum Mitberichterstatter für das Kapitel 1418 des Einzelplans 14 gemacht – das umfaßt Kriegsschiffe und Marinegerät.[72]

Die genannten Abgeordneten sind sich für PR-Termine bei B+V nicht zu schade. Im Oktober 1996 besuchten zunächst Austermann und Koppelin die Werft. Das christlich-liberale Duo betonte die Bedeutung der von ihnen mitbewilligten neuen Marineaufträge (Fregatte 124) für die Überlebensfähigkeit von B+V. Der Freidemokrat Koppelin sprach sich zugleich für die Fortsetzung der Kriegsschiffsexporte in die Türkei aus, auch warb er nochmals für eine Genehmigung des Marinegeschäfts mit Taiwan.[73] Mit einer fast identischen Botschaft erschienen dann im Januar 1997 die SPD-Abgeordneten Peter Zumkley und Ernst Kastning auf der Werft.[74] Mit Werftchef Herbert von Nitzsch und Betriebsrat Tetau ließen sich die beiden Volksvertreter vor dem im Bau befindlichen Kriegsschiff für die Türkei ablichten. Den eingeladenen Journalisten gegenüber traten Zumkley und Kastning entschieden für die Fortsetzung des Kriegsschiffbaus ein und forderten B+V auf, sich beim geplanten Korvettenprojekt der Bundesmarine (siehe S. 69ff.) zu beteiligen. Aufschlußreich war ihre Forderung, die Personalstärke der Bundeswehr zu verkleinern, um Rüstungsprojekte finanzieren zu können. Unterstützung sagten die beiden B + V auch beim Export von Kriegsschiffen zu: *»Nur mit derartigen Aufträgen«*, so Zumkley, *»können Auftragstäler durchschritten werden. Von der Bundesmarine allein können die Werften nicht leben.«*[75] Es war genau das, was die Werftleitung hören wollte -von ziviler Produktion, Konversion oder dergleichen war nicht die Rede.

Bei den Landesregierungen der norddeutschen Küstenländer hat die Kriegsschiffsindustrie gleichfalls immer wieder Fürsprecher gefunden. Der Hamburger Senat hat den Rüstungskurs von B + V in vielfältiger Weise unterstützt, mal durch Interessenvertretung auf bundespolitischer Ebene, mal durch Werfthilfe-Zuwendungen für betriebliche Infrastrukturmaßnahmen.[76] Im Verwaltungsrat von B + V haben als Senatsvertraute mitgewirkt: der Chef der landeseigenen Hamburgischen Landesbank, Hans Fahning (seit mindestens 1980), Senator Alfons Pawelczyk (1981-87) sowie die Wirtschafts-Staatsräte Gerhard Schattschneider (1978-81) und Claus Noé (seit 1988).

Als am 27. August 1997 ein gemeinsamer Whalkampfauftritt von Bürgermeister Voscherau und Niedersachsens Ministerpräsident Gerhard Schröder bei B + V inszeniert wurde, fanden auch sie keinen besseren Platz, um für die Fotografen zu posieren, als den Bug der neuen Türkei-Fregatte, gegen deren Export sich die Bundestags-SPD 1995 ausgesprochen hatte. Eine Demonstration für den Kriegsschiffsexport!

3.2 Kriegsschiffe für Deutschland

3.2.1 Militärische Begründungen

Für den Bau von Kriegsschiffen für die nationalen Streitkräfte werden militärische Begründungen gebraucht. Es müssen möglichst eindrucksvoll Bedrohungen und Risiken beschrieben werden, um daraus möglichst weitreichende Aufgabenfelder für die eigene Seestreitmacht ableiten zu können. Mit einer ›anpassungsfähigen‹ Begründungsrhetorik ist es der Bundesmarine in den letzten Jahrzehnten gelungen, das eigene Aktionsfeld im Rahmen der NATO immer weiter über den Küstenschutz hinaus auszudehnen und die Kampfkraft der deutschen Flotte stetig zu erhöhen. Die Fregatten F 122, mit deren Planung 1972 begonnen wurde, waren Ausdruck des Aufgabenzuwachses der Bundesmarine in Nordsee, Skagerrak und Kattegat. Insgesamt umfaßte das Operationsgebiet der Marine damals die Ostsee, die Ostseezugänge und die Nordsee. 1980 wurde ihr Aktionsradius über den 61. Breitengrad, bisher die nördliche Grenzlinie, hinaus erweitert, d.h. auf das Nordmeer nordwestlich von Norwegen.

Die politischen Veränderungen in Europa ab 1989 entzogen der Marine zwar die bisherige Legitimationsgrundlage: Auf den vielbeschworenen maritimen Expansionismus der Sowjetunion konnte man sich nicht mehr berufen. Doch eine Rückkehr zu den Aufgaben der unmittelbaren Küstenverteidigung erfolgte nicht. Im Gegenteil: Der neue militärische Bewegungsspielraum wurde von Bundesregierung und Bundeswehr sogleich genutzt. So ist das Mittelmeer ab 1991 zu einem weiteren ständigen Einsatzgebiet der Bundesmarine geworden. Auch hat man am Persischen Golf und im Schwarzen Meer Flagge gezeigt. Unter dem Stichwort ›Krisenreaktion‹ ist Deutschland dabei, sich als Seemacht mit weltweiter Interventionsfähigkeit zu profilieren.

Auffällig ist, daß die Marine sich verstärkt wieder als Schutzmacht der seeabhängigen deutschen Wirtschaft darzustellen versucht. Typisch hierfür ist die Aussage eines für die Einsatzführung zuständigen Marineoffiziers:

»*Deutschland zählt zu den größten Handelsnationen der Welt. Mehr als 50 Prozent unseres Imports und Exports werden über See abgewickelt. Unsere Rohstoffe werden überwiegend zu 100 Prozent über See importiert. Die Zugehörigkeit zum Seebündnis der NATO und unsere Beteiligung an der Sicherung der Seeverbindungen besitzen für unsere Handelsnation den Rang einer Überlebensfrage.*«[77]

Worauf solche Gedanken im Endeffekt hinauslaufen, wie der deutsche Außenhandel im konkreten Einzelfall militärisch abgesichert werden soll, wird in der Öffentlichkeit niemals ausformuliert. Sollen deutsche Kriegsschiffe die Piraterie im Südchinesischen Meer bekämpfen, sollen sie Öltankern den Weg nach Europa freischießen? Mit ihrer sich auf den deutschen Handel berufenden Argumentation knüpft die Marineführung unmittelbar an die Formel von den »*deutschen Seeinteressen*« an, mit der schon unter Kaiser Wilhelm II. und Großadmiral Tirpitz vor 1914 eine verhängnisvolle Flottenpropaganda betrieben wurde.[78]

Das teils gefährliche, teils wichtigtuerische Seemachtdenken der Marine kann sicher nicht allein erklären, warum in einer Zeit, in der sonst nur noch von Sparen gesprochen und der Sozialstaat radikal zurückgeschraubt wird, Milliardenbeträge für neue, unnötige Kriegsschiffe bewilligt werden. Erst die Verbindung militärischer Interessen mit den Interessen von Industrieunternehmen, die im zivilem Geschäft keine Gewinne mehr macht, übt einen wirksamen Druck auf politischer Ebene aus.

Der aus Hamburg kommende Verteidigungsminister Volker Rühe, der 1992 Gerhard Stoltenberg in diesem Amt ablöste, kündigte schon vor einigen Jahren an: »*Die Marine wird an Bedeutung gewinnen, sie ist bei mir bestens aufgehoben.*«[79] Tatsächlich sind die Seestreitkräfte bei Rüstungsvorhaben in den letzten Jahren deutlich gegenüber dem Heer und der Luftwaffe bevorzugt worden.

Auf den folgenden Seiten soll näher dargestellt werden, in welchem Umfang und unter welchen Begleitumständen B + V seit Ende der 70er Jahre Kriegsschiffsaufträge der Bundesmarine erhalten hat.

3.2.2 Fregattenprogramm F 122

Am 15. Juni 1977 bestimmte das Bundeskabinett den Bremer Vulkan zum Generalunternehmer für das Fregattenprogramm F 122 und beschloß zugleich, am Bau der sechs Kriegsschiffe vier weitere norddeutsche Werften zu beteiligen.[80] Ein entsprechender Vertrag wurde am 21. November 1977 zwischen dem Bremer Vulkan und dem Bundesamt für Wehrtechnik und Beschaffung geschlossen. Dem Generalsubunternehmer ➞ AEG-Telefunken wurde die Ausrüstung der Fregatten mit Waffen- und Führungssystemen übertragen.

Der Bremer Vulkan baute das Typschiff selbst und übernahm bei den übrigen fünf Fregatten die Endausrüstung. Während die AG Weser (Bremen), HDW (Kiel) und TNSW (Emden) jeweils eine Fregatte mit ›Schnittstelle niedrig‹ (Bauanteil ca. 70 Prozent) ausführten, fertigte B + V als einzige Werft zwei Fregatten mit ›Schnittstelle hoch‹ (Bauanteil ca. 90 Prozent).

Nach dem Bauvertrag in der Neufassung vom 29.1.1979 belief sich die Auftragssumme für die sechs Fregatten auf 1,794 Mrd. DM (mit Umsatzsteuer auf 2,01 Mrd. DM). Davon sollten ›nur‹ 393 Mio. DM auf den Generalunternehmer Bremer Vulkan entfallen, aber rund 900 Mio. DM auf den Generalsubunternehmer AEG-Telefunken. Der hohe AEG-Anteil erklärt sich daraus, daß in ihm die Kosten für teure Waffen- und Elektronikanlagen enthalten waren, die AEG vorwiegend im Ausland beschaffte. Für B + V war in dem Vertrag von 1979 eine Summe von 116 Mio. DM vorgesehen – nicht mitgerechnet die 19,7 Mio. DM, welche die B+V-Tochter Noske-Kaeser für die Klimatechnik der Fregatten erhalten sollte. Vermutlich hat sich der B+V-Anteil während der Bauphase, in der es zu einer kräftigen Kostensteigerung kam, noch erhöht.

Interessen, Einflussfaktoren, Hintergründe

In militärischer Hinsicht resultierte das F-122-Fregattenprogramm aus einer 1972 formulierten Konzeption der Bundesmarine, die eine Intensivierung der Aktivitäten in der

Nordsee vorsah. Im Kriegsfall sollten dort künftig moderne Lenkwaffen-Fregatten, so die Vision der Marineführung, die Nachschublinien zwischen Nordamerika und Westeuropa sichern und mit Hilfe ihrer Bordhubschrauber sowjetische U-Boote jagen.

Neben den militärischen Zielsetzungen erwies sich bald die schwere Krise des deutschen Schiffbaus als Motor für das Fregattenprojekt. Unter den fünf norddeutschen Großwerften, die 1975 vom Bundesamt für Wehrtechnik und Beschaffung (BWB) zur Abgabe eines Angebots aufgefordert worden waren, entwickelte sich ein Konkurrenzkampf, der um so heftiger wurde, je schlechter die Gewinnaussichten im Handelsschiffbau wurden. 1976 formierten sich zwei Werftgruppen: Der Verbindung Bremer Vulkan/HDW (Bremen/Kiel) stand die Gruppe B + V/Thyssen Nordseewerke/AG Weser (Hamburg/Emden/Bremen) gegenüber. Als sich das BWB für das Angebot der Bremer-Vulkan-Gruppe aussprach, wollte die von Thyssen dominierte Gegengruppe dies nicht ohne weiteres akzeptieren. Unterstützt von Parlamentsfreunden aus den Reihen der SPD und der CDU, argumentierte diese, ihr Angebot sei nicht nur günstiger, sondern berücksichtige auch mehr Zulieferer. Wie der ›Spiegel‹ berichtete, streuten die Lobbyisten sogar gezielt die Verdächtigung, beim Bremer Vulkan säßen *»einige Kommunisten«* im Betriebsrat.[81]

Unter maßgeblicher Mitwirkung von Bundeskanzler Schmidt wurde schließlich ein Weg gefunden, auf dem alle fünf Werften am Bauprogramm beteiligt werden konnten. Spätestens an diesem Punkt bekam der Fregattenbau den Charakter eines Krisenbewältigungsprogramms für die deutsche Werftindustrie. Denn die politisch Verantwortlichen waren sich darüber im klaren, daß die Aufteilung des Auftragskuchens aus finanzieller wie produktionstechnischer Sicht unsinnig war und die Gesamtkosten um mindestens 300 Mio. DM in die Höhe treiben würde.[82]

Der Bau

Insgesamt war B + V mit dem Bau der zwei Fregatten über drei Jahre befaßt:

Fregatte ›Rheinland-Pfalz‹ (F 209)
Kiellegung 29.9.1979 – Stapellauf 3.9.1980 – Ablieferung an den Bremer Vulkan zur Endausrüstung 12.12.1981 – Indienststellung 9.5.1983

Fregatte ›Köln‹ (F 211)
Kiellegung 16.6.1980 – Stapellauf 29.5.1981 – Ablieferung an den Bremer Vulkan 19.12.1982 – Indienststellung 19.10.1984

Technische Daten für beide Schiffe
Verdrängung: 3.800 t, Länge: 128 m, Höchstgeschwindigkeit: 30 Knoten, Besatzung: 207 Mann.

VERWENDUNG

Beide Schiffe sind in Wilhelmshaven, dem traditionellen deutschen Nordseekriegshafen, stationiert. Während des Golfkriegs von 1991 gehörte die Fregatte ›Köln‹ zu dem Schiffsverband ›Southern Guard‹, der im Mittelmeer strategisch wichtige Positionen besetzte. 1994 konnte man die ›Köln‹ vor dem Hafen von Mogadischu als Führungsschiff des deutschen ›Marineverbands Somalia‹ wiedersehen, wo sie beim Rücktransport der Bundeswehreinheiten aus dem Kriegsgebiet mitwirkte.

KRITIK/PROTESTE

Frühzeitig machten Friedensforscher und Rüstungskritiker die Öffentlichkeit darauf aufmerksam, daß das Fregattenprogramm B + V und die anderen beteiligten Werften in eine nur schwer wieder rückgängig zu machende Abhängigkeit von Kriegsschiffsaufträgen führen würde.[83] Anläßlich des Stapellaufs der Fregatte ›Rheinland-Pfalz‹ im September 1980 warnte der damals noch in Hamburg tätige Friedensforscher Herbert Wulf:

> *»Der ›künstliche‹ Aufbau von Werftkapazitäten, der jetzt durch das Fregattenprogramm stattfindet, wird in wenigen Jahren unweigerlich zur nächsten Werftenkrise führen – oder zur Belastungsprobe für unseren inneren Frieden.«*[84]

Der Bremer Wirtschaftswissenschaftler Prof. Jörg Huffschmid stellte in dem 1981 erschienenen Buch ›Für den Frieden produzieren‹ dar, daß *»Rüstungsaufträge als beschäftigungspolitisches Instrument für die Werften denkbar ungeeignet sind«* und daß mit einem Konversionspaket bedeutend mehr Arbeitsplätze gesichert werden könnten als mit dem Fregattenprogramm.[85]

Auch in den Reihen der Werftbelegschaft regte sich Protest. Am Tag des Stapellaufs der ›Köln‹ am 29. Mai 1981 wurden auf dem Werftgelände Handzettel mit der Aufschrift: *»Soll B & V Profit mit Fregatten raffen? Wir wollen lieber für den Frieden schaffen!«* geklebt und verteilt. Einem Jugendvertreter, den die Werftleitung beim Verbreiten des Handzettels beobachtet haben wollte, wurde die fristlose Kündigung ausgesprochen. Die Aktion gehe weit über das akzeptable Maß der persönlichen Meinungsfreiheit hinaus, befand die Chefetage, außerdem könne sie eine unerwünschte »*Unruhe auf dem Werftgelände herbeiführen*«. Der Betriebsrat lehnte die fristlose Kündigung ab; die Jugendvertretung von B + V forderte zu Solidarität mit dem Betroffenen auf.[86]

3.2.3 Fregattenprogramm F 123

Im Juni 1987 beschloß die Bundesregierung, unabhängig von dem laufenden Entwicklungsprogramm für die standardisierte NATO-Fregatte der 90er Jahre weitere vier Fregatten in nationaler Eigenregie zu bauen (Projekt ›Fregatte 94‹, später ›Fregatte F 123‹). Im sogenannten ›Fregattenkrieg‹ von 1988, über den noch zu berichten sein wird, gelang es dem von B + V geführten Konsortium, sich gegen den Bremer Vulkan durchzusetzen. Der am 28. Juni 1989 mit dem BWB abgeschlossene Bauvertrag legte fest: Bau des Typschiffs bei B + V, Bau der übrigen drei Fregatten bei HDW, TNSW und beim Bremer Vulkan nach den Plänen von B + V.[87]

Das Angebot, aufgrund dessen das B+V-Konsortium im Oktober 1988 den Zuschlag erhielt, ging von einem Preis von 585 Mio. DM pro Schiff aus. Der Bundestag stimmte dem Vorhaben 1989 unter der Auflage zu, daß bei den Kosten eine Obergrenze von 625 Mio. DM pro Fregatte nicht überschritten werden dürfe. Im Bauvertrag vom Juni 1989 wurde der Gesamtumfang des Projekts mit 2,42 Mrd. DM angegeben.

B+V-Chef Rohkamm kündigte im November 1988 an, daß 54 Prozent des Gesamtauftrags in den vier norddeutschen Bundesländern abgewickelt werden würden. Allein die Elektronikzulieferungen aus den Küstenländern würden insgesamt 450 Mio. DM ausmachen. Davon würden auf Bremen 200 Mio. DM, auf Hamburg 150 Mio. DM, auf Schleswig-Holstein und Niedersachsen jeweils 50 Mio. DM entfallen.[88]

Interessen, Einflussfaktoren, Hintergründe

Sehr früh artikulierte die Lobby den Wunsch nach Anschlußaufträgen der Bundesmarine. Der Hamburger CDU-Bundestagsabgeordnete Carl Damm erklärte im Mai 1980 anläßlich eines Werftbesuchs bei B + V, es solle ein prinzipieller Beschluß für den Bau einer weiteren Sechser-Serie von Fregatten gefaßt werden.[89] Ganz so dringlich war es für B + V dann doch nicht, denn die Exportaufträge aus Argentinien, der Türkei, Portugal, Griechenland und Saudi-Arabien beschäftigten den Kriegsschiffsbereich über etliche Jahre. Die Hamburger Werft konnte es aus diesem Grund auch verkraften, daß die 1985 erfolgte Nachbestellung von zwei Fregatten F 122 an den Bremer Vulkan und TNSW in Emden ging.

B+V konzentrierte sich dafür ab 1984 auf ein anderes, höchst lukrativ erscheinendes Projekt: die NATO-Fregatte für die 90er Jahre (NFR-90). Über die Beteiligungen an den Planungsgesellschaften ➞ MTG Marinetechnik GmbH, ➞ Internationale Schiffs-Studien-Gesellschaft mbH (ISS) und ➞ FDG Fregatten-Definitions-Gesellschaft suchte B+V sich eine maßgebliche Rolle bei dem zu erwartenden Serien-Kriegsschiffbau zu sichern. Als die Bundesregierung 1987 angesichts der Verzögerungen beim NATO-Projekt beschloß, noch ein Vier-Fregatten-Programm im nationalen Alleingang aufzulegen, hatte B+V eine gute Ausgangsposition.

Wie B + V den ›Fregattenkrieg‹ gegen den Bremer Vulkan gewann

Die Rivalen um die Vorherrschaft im deutschen Überwasserkriegsschiffbau, der Bremer Vulkan und B+V, vereinbarten im Herbst 1987 für das Projekt F 123 einen Waffenstillstand. Sie initiierten sogar gemeinsam ein Kartell der Kriegsschiffswerften, um einen preisdrückenden Konkurrenzkampf untereinander zu vermeiden.[90] Ende November wurde bereits gemeldet, B+V und der Bremer Vulkan seien vom Verteidigungsministerium als gleichberechtigte Generalunternehmer benannt worden. In der Arbeitsgemeinschaft ›ARGE F 123‹ kooperierten sie einträchtig beim Entwurf des neuen Kriegsschiffs, das noch kampfkräftiger werden sollte als die F-122-Fregatte. Die Kartellbildung schien sich bezahlt zu machen und ließ die beteiligten Unternehmen auf saftige Gewinne hoffen.

1988 kam das Verteidigungsministerium jedoch zu der Erkenntnis, daß der Finanzaufwand für die Fregatten womöglich um einige Zehn Mio. DM reduziert werden könnte. Am 15. September forderte es den Bremer Vulkan, B+V sowie AEG zu Stellungnahmen zu der Frage auf, ob denn nicht in Anlehnung an den bisherigen Fregattentyp 122 ein weniger teures Kriegsschiff gebaut werden könne. Darauf geschah das, was die Rüstungsbürokratie vielleicht insgeheim auch beabsichtigt hatte: Das Kartell platzte auseinander.[91] Der Bremer Vulkan versuchte mit seinem Vorstandsvorsitzenden Friedrich Hennemann, sich durch zwei alternative Fregattenangebote, die beide unter 600 Mio. DM lagen, doch noch die alleinige Generalunternehmerschaft und damit den Löwenanteil am Geschäft zu sichern. Dies ging gründlich schief. B+V griff den Fehdehandschuh nur zu gerne auf. Die Hamburger taten sich umgehend mit der Schwesterwerft TNSW und mit HDW, Kiel, zu einem Konsortium zusammen und arbeiteten laut Werftchef Rohkamm »*mit allen zur Verfügung stehenden Ingenieurs- und Know-how-Kapazitäten in acht 20-Stunden-Tagen*«[92] ein Konzept für eine Fregatte aus, die ›nur‹ 585 Mio. DM kosten sollte.

Am 28. Oktober 1988 gab das Verteidigungsministerium bekannt, daß man sich für die Offerte des von B + V geführten Dreierkonsortiums entschieden habe – der Bremer Vulkan war außen vor. Nun beschuldigte Hennemann die Hamburger Werft, gegen den beiderseitigen Kooperationsvertrag verstoßen zu haben und drohte mit einer Schadensersatzklage. Eine gerichtliche Auseinandersetzung wurde dadurch vermieden, daß das Konsortium dem Bremer Vulkan gnädig den ›Unterauftrag‹ zum Bau der vierten Fregatte erteilte. Doch an dem wesentlichen Ergebnis des ›Fregattenkriegs‹ änderte dies nichts mehr: B + V hatte den Bremer Vulkan nunmehr eindeutig als Deutschlands führende Werft im Überwasserkriegsschiffbau abgelöst.

Wenige Monate nach Vergabe des Bauauftrags am 28. Juni 1989 begannen mit dem Fall der Mauer die politischen Umwälzungen, die zur Auflösung des Warschauer Paktes führten. Obwohl damit die bisherige militärische Begründung der Fregatten – sie sollten wie die F 122 vor allem bei der Jagd auf sowjetische U-Boote eingesetzt werden – entfiel, wurde unbeirrt an dem Projekt festgehalten. Die Öffentlichkeit ließ es sich gefallen.

Der Bau

Bei den Schiffen der Klasse F 123 handelt es sich um den bisher größten Fregattentyp, der nach 1945 in Deutschland gebaut worden ist. Für den Schiffsrumpf des Typschiffs ›Brandenburg‹ verarbeitete B + V 2740 Tonnen Thyssen-Stahl.[93] Zum ersten Mal konnte die Hamburger Werft ihr bisher nur bei den Exportfregatten angewandtes MEKO-Baukastensystem auch beim Bau eines Kriegsschiffs für die deutschen Seestreitkräfte nutzen.

›Bild‹ bejubelte die ›Brandenburg‹ als die »*modernste Fregatte der Welt*«, und das ›Hamburger Abendblatt‹ bezeichnete sie als »*Quantensprung zur See*«.[94] Trotz des aberwitzig anmutenden Geld- und Technikaufwands gab es auch Stimmen aus dem Lobbybereich, die meinten, bei den F-123-Fregatten sei zu sehr »*gespart*« worden.

Fregatte ›Brandenburg‹ (F 215)

Werkstattbeginn 5.2.1991 – Kiellegung 11.2.1992 – Stapellauf 28.8.1992 – erste heimliche Probefahrt nach Norwegen Dezember 1993 – Beendigung der See-Erprobung 20.5.1994 – Ablieferung an Auftraggeber 29.9.1994 – Indienststellung 14.10.1994

In Rüstungsanzeigen wies B+V stolz darauf hin, daß das Schiff *»drei Monate vor dem vertraglich vereinbarten Termin«* abgeliefert worden sei.[95]

Nach dem Muster der ›Brandenburg‹ wurden von 1993 bis 1996 folgende Schiffe gebaut:

- die Fregatte ›Schleswig-Holstein‹ (geschmackvoll, denn so hieß auch das Kriegsschiff, mit dem das Deutsche Reich 1939 die Aggression gegen Polen begann) bei HDW, Kiel,
- die Fregatte ›Bayern‹ bei TNSW, Emden, und
- die Fregatte ›Mecklenburg-Vorpommern‹ beim Bremer Vulkan (Endausrüstung bei TNSW).

Technische Daten: Brandenburg-Klasse
Verdrängung: ca. 4.500 t, Länge: 138,9 m, Höchstgeschwindigkeit: 29 Knoten, Besatzung: 219 Mann.

Die Waffensysteme und ihre Hersteller
Die F-123-Fregatten verfügen über ein gewaltiges Zerstörungspotential. Dazu gehören die Exocet-Raketen des französischen Herstellers Aérospatiale, das 76mm-Geschütz des italienischen Fabrikanten OTO Melara, die amerikanischen Honeywell-Torpedos zur U-Boot-Bekämpfung und die beiden Bordhubschrauber Sea Lynx der englischen Firma Westland, die später durch größere Modelle des deutsch-französischen Herstellers Eurocopter ersetzt werden sollen. Darüber hinaus ist die Brandenburg der erste deutsche Kriegsschiffsneubau, der mit einer Senkrechtstartanlage (VLS = Verti-

Neues Raktensystem für die ›Brandenburg‹ – Anzeige in der ›Wehrtechnik‹ 7/95

cal Launch System) des US-Konzerns Martin Marietta für den Abschuß von Sea-Sparrow-Raketen gegen Luftziele ausgerüstet worden ist. Aus den 16 Zellen dieser Anlage können 64 Raketen ohne Nachladen abgefeuert werden.[96] Eine weitere Neuerung stellt der Einbau von zwei Startanlagen für RAM-Raketen dar, mit denen angreifende, insbesondere tieffliegende Flugkörper abgeschossen werden sollen. Das Waffensystem RAM (Rolling Airframe Missile) wird in amerikanisch-deutscher Koproduktion von den Firmen Hughes Missile Systems Company, Tucson/USA, und RAM System GmbH, Ottobrunn, hergestellt.[97] B + V besorgte die Installation der RAM-Elektronik in einen vollklimatisierten Spezialcontainer.

Weitere Zulieferfirmen

aus Deutschland: ➞ DMT Marinetechnik GmbH/STN (Schiffstechnischer Leitstand u.a.), Atlas Elektronik/STN (Kampfdatenverarbeitung, Sonar), Telefunken Systemtechnik GmbH/Dasa Ulm (FL 1800 für elektronische Kampfführung), MTU (Dieselmotoren), Renk Tacke (Getriebe), Sulzer-Escher Wyss (Verstellpropeller), Deutz-MWM (Diesel-Generator-Aggregate), Permalight AG/Gerecke + Lauer GmbH (nachleuchtendes Bodenleitsystem), Unisys Deutschland GmbH (Tochter des US-Unternehmens Unisys Defense Systems; Kampfdatencomputer)

aus den USA: General Electric (Gasturbinen);
aus Italien: Breda (Täuschsystem SCLAR);
aus den Niederlanden: Hollandse Signaalapparaten (Feuerleit- und Radaranlagen);
aus Großbritannien: Matra Marconi (Satellitenkommunikation), GEC Alsthom (Torpedobediensystem).

Feierlichkeiten/Schiffsname

Beim Stapellauf der Brandenburg war die Öffentlichkeit ausgeschlossen; der Zutritt ins Festzelt und auf die Tribüne war auch B+V-Mitarbeitern nur mit Einladungskarte möglich. Vor rund 1.000 Festgästen hielten Minister Rühe und Brandenburgs Ministerpräsident Stolpe die Taufreden. Stolpe erklärte in einer Ansprache, Deutschland werde mit der Bundeswehr *»einem Teil seiner Verantwortung gegenüber der deutschen Geschichte im 20. Jahrhundert gerecht«*. Er sagte auch:

> *»Die Fregatte mit dem Namen Brandenburgs soll eine Herausforderung für ein gleichberechtigtes Zusammenwachsen der Deutschen sein. Die Fregatte ›Branden-*

burg‹ soll für das aufgeklärte und tolerante Selbstverständnis der Menschen in dieser Region stehen.«[98]

Ob dies selbst ein Beitrag im Sinne der Aufklärung war, darf wohl bezweifelt werden. Stolpe schien sich nicht mehr daran zu erinnern, daß er selbst vor nicht allzu langer Zeit Fortschritte bei »*der weiteren Abrüstung in Europa*« gefordert hatte.[99]

Verwendung

Die Fregatten der Brandenburg-Klasse bilden das 6. Fregattengeschwader, Standort Wilhelmshaven. Im August 1996 wurde die ›Brandenburg‹ ins Mittelmeer entsandt, um dort den ständigen NATO-Einsatzverband zu verstärken.

Die Schiffe der Brandenburg-Klasse werden systematisch als schwimmende Werbeträger der deutschen Kriegsschiffsindustrie eingesetzt. Die von HDW gebaute Fregatte ›Schleswig-Holstein‹ lief im Oktober 1996 Kapstadt an, um die deutschen Großwerften beim Kampf um die südafrikanischen Korvettenaufträge zu unterstützen.[100] Der vom Bremer Vulkan ausgeführte Nachbau ›Mecklenburg-Vorpommern‹, im November 1996 in Dienst gestellt, unternahm seine erste Fahrt im Februar 1997 nach Abu Dhabi, Kuwait und Ägypten. Ziel in Abu Dhabi war die Rüstungsmesse ›International Defence Exhibition‹ – auch hier also unterstützte die Bundesmarine auf Kosten der Steuerzahler die PR-Aktivitäten für neue Rüstungsexporte.[101]

3.2.4 Fregattenprogramm F 124

Nachdem das NATO-Fregattenprojekt 1990 endgültig gescheitert war, setzten in Bonn sofort – noch bevor der Bau der ersten Fregatte F 123 überhaupt begonnen hatte – Bemühungen ein, auf anderem Wege ein Folgeprogramm auf die Beine zu stellen.[102] Dabei visierte die Bundesregierung weiterhin eine internationale Kooperation an, aber nur noch eine begrenzte mit ausgewählten Partnern. Der erste Schritt hierzu war die am 9.11.1990 unterzeichnete Regierungsvereinbarung zwischen Deutschland und den Niederlanden über eine ›Naval Ship Cooperation‹. Seit März 1993 beteiligt sich auch Spanien an der Zusammenarbeit im Fregattenbereich.

Deutschland plant drei Fregatten F 124, Spanien vier Fregatten F-100 und die Niederlande zwei Fregatten LCF (Luchtvertedigungs/Commando-Fregatten). Es sollen aber keine identischen Einheitsschiffe entstehen; es wird nur für Teilbereiche eine übereinstimmende Ausrüstung angestrebt. Am 27. Januar 1994 unterzeichneten Staatssekretäre der drei Länder ein ›Memorandum of Understanding‹ für das Vorhaben ›Trilateral Frigate Cooperation‹ (TFC), demzufolge in 42 Bereichen eine mögliche Kooperation untersucht werden sollte.

Innerhalb der deutschen Werftindustrie sicherte sich B + V erneut die Schlüsselposition und übernahm die Führung in der ›ARGE F 124‹, der im übrigen wieder HDW, TNSW und der Bremer Vulkan angehörten. Der Definitionsvertrag zwischen dem Verteidigungsministerium und der ARGE F 124 wurde am 11. Dezember 1993 abgeschlossen; die Arbeiten hatten allerdings schon drei Monate zuvor begonnen. Nach Abschluß der Definitionsphase im Jahr 1995 wurde am 14. März 1996 der Bauvertrag für die drei F 124 unterzeichnet; am 12. und 13. Juni folgte die parlamentarische Absegnung durch den Verteidigungs- und Haushaltsausschuß.

Erinnern wir uns: 1979 sollte der Steuerzahler für die geplanten *sechs* F-122-Fregatten 2,01 Mrd. DM berappen. Inzwischen würde eine solche Summe nicht einmal mehr ausreichen, um *drei* Fregatten F 124 zu finanzieren. Und die Kostenspirale dreht sich immer weiter, ohne daß die Öffentlichkeit daran Anstoß nimmt. Das Investitionsvolumen für die drei Fregatten F 124 wurde Anfang 1995 mit 2,694 Mrd. DM angegeben. Nach Preisstand vom Dezember 1995 belief sich der Auftragswert der drei Schiffe bereits auf 2,93 Mrd. DM.[103] Und das ›Hamburger Abendblatt‹ wußte im Juni 1996 zu berichten: »*Der Bauauftrag beläuft sich auf mindestens 3,17 Milliarden DM, sollte – wie erwartet – bis Ende 1997 die Option auf eine vierte Fregatte in einen festen Auftrag umgewandelt werden, sogar auf mehr als vier Milliarden Mark.*«[104]

Von der im Bauvertrag genannten Gesamtsumme von 3,171 Mrd. DM sind 2,45 Mrd. DM für inländische und 721 Mio. DM für ausländische Firmen vorgesehen. Die höchsten Anteile an der inländischen Auftragssumme sollen laut Verteidigungsministerium an folgende Bundesländer gehen: Bremen 600,2 Mio. (24,5 Prozent), Hamburg 542,9 Mio. DM (22,2 Prozent), Bayern 413,3 Mio. DM (16,9 Prozent), Schleswig-Holstein 352,7 Mio. DM (14,4 Prozent) und Niedersachsen 307,6 Mio. DM (12,6 Prozent).

Übrigens werden nicht alle Kosten für die F 124 in dem dafür vorgesehenen Haushaltskapitel 1418 (›Schiffe‹) ausgewiesen. So sollen 80 amerikanische SM-2-Flugkörper außerhalb des Fregattenbauvertrags beschafft werden. Die für den Kauf benötigte Summe von etwa 120 Mio. DM wird dem Haushaltskapitel 1415 (›Munition‹) entnommen.[105]

Allein die Entwicklungskosten für die F 124 belaufen sich nach Angaben des Projektbeauftragten auf ca. 400 Mio. DM.[106] Die Betriebskosten, die jede der Fregatten nach ihrer Fertigstellung pro Jahr verursachen wird, werden offiziell auf 35 Mio. DM

(Preisstand von 1996) geschätzt – das sind bei drei Fregatten in zehn Jahren über eine Milliarde DM.

INTERESSEN, EINFLUSSFAKTOREN, HINTERGRÜNDE

»Wir brauchen sie, sonst sind wir in Zukunft zur See nicht mehr handlungsfähig. Der Bau der Fregatten bei den Werften in Norddeutschland ist lebenswichtig in der gegenwärtig so schweren Lage unserer Arbeitnehmer an der Küste.«

Mit diesen Worten versuchte Verteidigungsminister Volker Rühe in einem Gastkommentar für die ›Bild am Sonntag‹ vom 17. März 1996, dem Volk die Notwendigkeit der neuen Kriegsschiffe zu erklären; indirekt wollte er damit zugleich Druck auf den Finanzminister ausüben, damit trotz der angeordneten Haushaltssperre die ersten Beschaffungsmittel für die Fregatten 124 bereitgestellt würden. Inhaltlich war Rühes Aussage ein bewußter Täuschungsversuch in zweifacher Hinsicht. Nicht neu ist die Agitationstechnik, bei der ein soziales Anliegen und Arbeiterinteressen vorgeschützt werden, um hinter ihnen die eigentlichen Interessen (von Industrie und Militär) zu verstecken. Die vorangestellte Behauptung aber, Deutschland werde ohne die neuen Fregatten zur See nicht mehr handlungsfähig sein, stellt eine Irreführung von neuer Qualität dar.

Wenn Deutschland die Zahl seiner Fregatten von 12 auf 15 erhöht, wird dies die Sicherheit seiner Bürger und Bürgerinnen nicht um ein Jota erhöhen. Schon jetzt hat die Bundesmarine mehr Seekriegsmittel, als für die militärische ›Handlungsfähigkeit‹ zur See erforderlich wären. Die neuen High-Tech-Fregatten der Klasse 124 werden nicht zur Abwehr feindlicher Angriffe auf das eigene Territorium benötigt, sie sollen vielmehr Instrumente und Symbole neuer deutscher Seemacht sein. Entsprechend sollen sie, was in den Insiderpublikationen nicht verheimlicht wird, für *»Einsätze in weiter entfernten Seegebieten«*[107] und für *»Aufgaben der Krisenreaktion besonders geeignet«*[108] sein.

Zugleich soll die F 123 auch dazu beitragen, die Exportfähigkeit der deutschen Kriegsschiffsindustrie zu verbessern. In einem Papier des Verteidigungsministeriums vom 29. Februar 1996 heißt es: *»Die Flugabwehr- und Verbandsführungsfregatte F 124 stellt ein Referenzsystem der maritimen Hochtechnologie im Kriegsschiffbau für den Export dar«*, und an anderer Stelle: *»Auf einen deutschen Marineschiffbau kommen durchschnittlich vier Exporte.«*

Eigentlich – jedenfalls nach einem Bericht von 1993 – sollte sich die Definitions- und Vorbereitungsphase für die F 124 bis 1998 hinziehen; mit dem Bau des ersten Schiffs sollte frühestens 1999 begonnen und dieses im Jahr 2004 in Dienst gestellt wer-

Die Fregatte ›Sachsen‹ – Zukunftsvision des Marinemalers J. Sachse

den.[109] Doch dann wurde unter Marinefreund Rühe die Zeitschraube – als wäre die Verstärkung der deutschen Kriegsflotte ein höchst vordringliches Anliegen – angezogen. Nach der Beschleunigung der Definitionsphase ist der Bau des ersten Schiffs jetzt schon für die Zeitspanne 1998-2002 vorgesehen. Während es beim Jagdflugzeug 2000 immerhin ansatzweise zu einem öffentlichen Nachdenken über die Notwendigkeit und den Preis einer solchen Kampfmaschine gekommen ist, war dies bei der Fregatte F 124 nicht der Fall. Sieht man von einem kurzen Disput zwischen Finanzminister Waigel und Verteidigungsminister Rühe über die Bereitstellung der (vorgezogenen) ersten Beschaffungsrate in Höhe von 220 Mio. DM ab – in Presseberichten wurde diese Episode als CDU/CSU-interner Machtkampf präsentiert[110] -, ging das maritime Verschwendungsprojekt ›wie geschmiert‹ durch die politischen Instanzen. Für den Bau von drei Fregatten und die Option für eine vierte votierten im Juni 1996 nicht nur die Ausschußmitglieder der CDU/CSU und der FDP, sondern auch die der SPD. Nur die Vertreter der Grünen und der PDS stimmten dagegen. Die oben erwähnte Zusammensetzung des ›Rüstungsbewilligungsausschusses‹, in dem die Freunde der Kriegsschiffsindustrie sehr vorteilhaft vertreten sind, dürfte im Entscheidungsprozeß eine nicht unwesentliche Rolle gespielt haben.

Mit den drei neuen F-124-Fregatten wäre die von der Marineführung für das Jahr 2005 angestrebte Gesamtzahl von 15 Fregatten (Planungsstand: Dezember 1993)[111] bereits erreicht. Dessen ungeachtet setzt die Lobby darauf, daß auch die Option auf die vierte Fregatte F 124 in einen festen Auftrag umgewandelt wird. Griephans ›Wehrdienst‹ schrieb im Dezember 1995 sogar, die Fregattenklasse F 124 *»könnte ohne größere Umstände um ein bis zwei Schiffe hochgefahren werden«*.[112] Inzwischen tauchen in der längerfristigen Bundeswehrplanung für die Zeit ab 2006 schon Milliardenbeträge für das nächste Anschlußprogramm auf: die Fregattenklasse F 125 (Nachfolge F 122).[113]

Die Bauplanung

B + V wird also voraussichtlich 1998 mit dem Bau des Typschiffs, das den Namen ›Sachsen‹ erhalten soll, beginnen; die Marine will es im Jahr 2002 in Dienst stellen. 800 bis 900 Arbeitsplätze der B + V GmbH soll das Projekt *»sichern«*.[114] Die beiden anderen Fregatten, für die Rühe die Namen ›Hamburg‹ und ›Hessen‹ angeordnet hat, sollen – wie gehabt – bei HDW in Kiel und TNSW in Emden produziert werden. Die mögliche vierte Fregatte (›Thüringen‹) war eigentlich dem Bremer Vulkan zugedacht. Nach dessen Konkurs macht sich die Lürssen-Werft, bisher auf kleinere Kriegsschiffe spezialisiert, Hoffnungen, in das Fregattenkonsortium einzusteigen. B + V hat erklärt, man werde Lürssen auf Wunsch des Verteidigungsministeriums als Subunternehmen am Projekt beteiligen, Lürssen könne daraus jedoch keinen Rechtsanspruch auf Mitgliedschaft im Konsortium ableiten.[115] Diese distanzierte Reaktion von B + V dürfte mit dem Interesse zu tun haben, den Kreis der deutschen Fregattenbauer klein zu halten.

Fregatte ›Sachsen‹ – Planung

Technische Daten

Verdrängung: 5.600 t, Länge: 143 m, Höchstgeschwindigkeit: 30 Knoten, Besatzung: 195 (maximal 237) Mann.

Die Waffensysteme und ihre Hersteller

Als Bewaffnung sind wie bei der F 123 vorgesehen: 76-mm-Geschütz von Otobreda, Flugkörper Sea Sparrow und Harpoon sowie RAM. Da die Kampfkraft vor allem im Bereich der Flugabwehr gesteigert werden soll, ist, wie bereits erwähnt, zusätzlich die Beschaffung von 80 Luftziel-Flugkörpern SM 2 geplant. Ihr Hersteller ist die Standard Missile Company in den USA, hinter der die Konzerne Hughes und Raytheon stehen. Zum Versenken von U-Booten soll die Fregatte nicht die bisher üblichen, amerikanischen Torpedos einsetzen, sondern den neuen Leichtgewichttorpedo MU 90 aus französisch-italienischer Fertigung, für den → STN den elektrischen Motor entwickelt. Das hintere Schiffsdeck soll als Lande- und Startfläche für den deutsch-französischen Hubschrauber NH90 in der Marineversion MH-90 dienen, der deutlich größer werden wird als der bisher von der Marine benutzte britische Sea-Lynx-Helikopter.

Weitere Zulieferfirmen

Die Elektronik für die F 124 kommt vor allem von der Dasa, von debis, STN ATLAS Elektronik und Hollandse Signaalapparaten. Mit der F 124 sollen verschiedene neue Technologien eingeführt werden.[116] Als besonders bedeutende Neuerung wird das Multifunktionsradar APAR geschildert, an dem auf deutscher Seite vor allem das Ulmer Dasa-Werk beteiligt sein dürfte. Allein für die Entwicklung dieses Radars in deutsch-niederländisch-spanisch-kanadischer Zusammenarbeit sind ab 1995 Bundesmittel in Höhe von 54 Mio. DM bereitgestellt worden.[117] Daimler-Tochter MTU soll nicht nur für den Antrieb, sondern auch für die Energieversorgung die Motoren liefern.[118]

Aus Hamburg sollen allein 30 Firmen an dem Bauprogramm beteiligt werden, die u.a. elektronische Systeme, Software, Meß- und Krananlagen, TV-Material und Wirtschaftsgeräte (Kühlanlagen) liefern.

Geplante Verwendung

Die Fregatte F 124 soll wie die F 123 ein weltweit einsetzbares ›Mehrzweckkampfschiff‹ werden, dessen Aufgabenschwerpunkt aber nicht in der U-Boot-Bekämpfung (ASW = Anti Submarine Warfare), sondern in der Flugabwehr (AAW = Anti Air Warfare) liegen soll. Wenn künftig z.B. ein NATO-Flottenverband in eine Region der Welt entsandt wird, in der mit feindlichen Angriffen aus der Luft zu rechnen ist, dann sollen die Fregatten F 124 – so die Kriegsphantasien der zuständigen Planer – zum Verbandsschutz befähigt sein. Darüber hinaus sollen sie die Führung eines Flottenverbandes übernehmen können.[119]

3.2.5 Das vorerst gestoppte Projekt ›Mehrzweckschiff‹

Schwierigkeiten beim Rücktransport des nach Somalia entsandten Bundeswehrkontingents wurden 1994 zum Anlaß genommen, die Planung für ein Schiff von gewaltiger Dimension (fast 20.000 t) aufzunehmen, das bei künftigen Einsätzen in Krisen-

und Kriegsgebieten zugleich als Befehlszentrale, Truppentransporter und schwimmendes Lazarett dienen sollte. Man strebte ein Schiff an, das nicht allein von der Marine, sondern auch von Heer und Luftwaffe genutzt werden sollte.

Die ➞ MTG Marinetechnik GmbH wurde beauftragt, in kurzer Zeit einen Entwurf für einen solchen *»Out-of-area-Dampfer«* (›Der Spiegel‹) auszuarbeiten. Die Realisierung des Schiffs sollte nach Angaben von 1995 mindestens 500, wahrscheinlich aber über 600 Mio. DM kosten. B + V meldete unverzüglich Interesse am Bau des Mehrzweckschiffs an.[120] Die Chancen für die Hamburger Werft schienen nicht schlecht, weil sie mit dem Dock Elbe 17, in dem die Nazis einst Riesenschlachtschiffe hatten bauen wollen, über die entsprechende Großdockkapazität verfügt.

Das Projekt ist im Mai 1995 vorerst gestoppt worden – vor allem deshalb, weil in Bonn die Interessenten an anderen Rüstungsprogrammen wegen der hohen Kosten des Schiffs ihre Zustimmung verweigerten.[121] Das Lobbyblatt ›Wehrdienst‹ berichtete allerdings schon wenig später, als ›Einsatzunterstützungsschiff‹ solle das Mehrzweckschiff in abgespeckter Form *»wiedergeboren«* werden (Kosten rund 400 Mio. DM).[122] Die weitere Entwicklung bleibt abzuwarten.

3.2.6 Korvetten – ein neues Seekriegsmittel für den weltweiten Einsatz

»Ein neuer, fast revolutionärer Schiffstyp der Bundesmarine wird im Überlebenskampf der Hamburger Werft Blohm + Voss voraussichtlich eine entscheidende Rolle spielen.«[123] Mit diesen dramatischen Worten umschrieb ›Abendblatt‹-Reporter Günter Stiller im Januar 1997 die Tatsache, daß Rüstungs-Junkie B + V ab dem Jahr 2000 auch Korvetten für die deutsche Kriegsflotte bauen will. Insgesamt plant die Marine bis zu 15 Korvetten (Klasse 130). In zwei Losen zu acht und sieben Einheiten sollen sie von norddeutschen Werften produziert werden. Unter der Hand rechnet B + V mit einem Auftrag für bis zu fünf Korvetten.

Mit der Konzipierung des neuen Schiffstyps hat sich in den letzten Jahren die ➞ MTG Marinetechnik GmbH in Hamburg-Wandsbek befaßt. Bemerkenswerterweise sind die Schiffe im Zuge der Planung *»immer größer«* geworden.[124] In den Zielvorstellungen der Marine vom März 1991 war noch verharmlosend von *»Patrouillenbooten«* die Rede, obwohl sie bereits damals doppelt so groß werden sollten wie die ca. 400 t verdrängenden Schnellboote der Klasse 143. Bald waren die Planer schon bei einer Größenordnung von über 1.000 t angelangt. Die Marineführung entschied sich daher, die Neuentwicklung unter dem Namen ›Korvette‹ weiterzuführen. Die in den letzten Jahren gemachten Größenangaben zu den geplanten Korvetten variieren zwischen 1.200 und über 1.800 t.

Früh ist deutlich geworden, daß die Korvettenaufträge nicht automatisch den mittleren Werften ›zufallen‹ werden, die bisher den Schnellbootsektor dominiert haben, also Lürssen (Bremen), Abeking & Rasmussen (Lemwerder) und die Kröger-Werft (Rendsburg). Denn auch die rüstungshungrigen Großwerften zeigten rasch Interesse an diesem Segment des Kriegsschiffbaus. Der Bremer Vulkan eröffnete im Frühjahr 1992 den offenen Wettstreit um die Aufträge.[125] Zusammen mit seinem Kooperationspartner, der französischen Werft Chantiers de l'Atlantique, präsentierte er medienwirksam seine Angebotspalette für Patrouillenboote und Korvetten. B+V konterte sofort mit einer Alternativofferte, denn die Hamburger Werft hatte 1990-92 im Rahmen einer Vorkonstruktion die Typenreihe MEKO 100 entwickelt. Dabei ließ sie *»eine Familie von Korvetten der Größenklasse von 800 t bis ca. 1.900 t entstehen, die weltweit einsetzbar sind und eine klare Hochseefähigkeit besitzen.«*[126]

1992 nannten sowohl der Bremer Vulkan als auch B+V eine Größenordnung von 80 bis 100 Mio. DM pro Einheit. Der Bundeswehrplan 1997 weist für das ab 2000 zu realisierende Korvettenprogramm ein Gesamtvolumen von 5,25 Mrd. DM aus.[127] Demnach wird inzwischen schon mit einem Preis von 350 Mio. DM pro Korvette gerechnet. Es wäre ein Wunder, wenn dies das letzte Wort wäre.

Interessen, Einflussfaktoren, Hintergründe

Nach verbreiteter Darstellung ›benötigt‹ Deutschland die Korvetten als Ersatz für die in den 70er und 80er Jahren gebauten Schnellboote der Klassen 143, 143A und 148. Demgegenüber hat ein für das Projekt zuständiger Rüstungsplaner, Kapitän zur See Bruhns, 1993 ausdrücklich erklärt, daß es sich bei der Korvette *»nicht um den Nachfolger der heutigen Schnellboote handelt«*.[128] Tatsächlich haben die beiden Kriegsschiffstypen wenig miteinander zu tun. Die mit einer Verdrängung von unter 400 Tonnen relativ kleinen Schnellboote waren seinerzeit für eine spezifische Aufgabe in einem regional begrenzten Gebiet gebaut worden: In einem Ost-West-Krieg sollten sie im Bereich der Ostsee und der Ostseezugänge den Kampf mit Kriegsschiffen des Warschauer Pakts aufnehmen. Da der Feind nicht mehr existiert, würde sich im Grunde ein Ersatz dieser Einheiten erübrigen, zumal es in der Ostsee noch die bewaffneten Schiffe des Bundesgrenzschutz-See (Küstenwache) gibt.

Die Korvetten sollen *»sowohl in engen, stark gegliederten, den Küsten vorgelagerten Gewässern als auch im freien Seeraum«*[129] Krieg führen können. Hinsichtlich der kü-

B + V-KORVETTE MEKO 100 (COMPUTERSIMULATION)

stennahen Einsätze wird dabei – anders als bei den Schnellbooten – weniger an den Schutz der eigenen Küste als vielmehr an *»maritime Krisenoperationen«* vor fremden Küsten gedacht. Marine-Inspekteur Hans-Rudolf Boehmer hat unmißverständlich erklärt: *»Größter Wert wird bei der Bewaffnung auf die Durchsetzungsfähigkeit vor der feindlichen Küste gelegt.«*[130]

Das neue Seekriegsmittel Korvette ist für *»Aufgaben in der Überwasserkriegsführung in allen europäischen Randmeeren«* vorgesehen.[131] Deshalb sollen die Schiffe *»im Vergleich zu den Schnellbooten über eine erheblich größere Seeausdauer und Seefähigkeit verfügen«*.[132] Man träumt von *»Schlachtschiffen im Miniformat«*. Bezugspunkt bei der Planung sind die größeren Fregatten, mit denen die Korvetten später einmal im Verbund operieren sollen. Es ist festgelegt worden, *»daß die Ausrüstung der Korvetten eine möglichst große Teilmenge der Fregatten Klasse 124 darstellen soll, von deren Entwicklung die Korvetten also technologisch abhängig sind«*.[133] Darüber hinaus sollen die Korvetten wahrscheinlich mit einer spektakulären Neuentwicklung von Dornier ausgestattet werden: mit Fernlenk-Drohnen. Diese hubschrauberartigen Fluggeräte ohne Besatzung könnten nicht nur in großer Entfernung vom Schiff gegnerische Kräfte und Schwachstellen auskundschaften, sondern auch zur *»Lenkung der über den Horizont reichenden Flugkörper«* eingesetzt werden.[134]

Wenn die Korvetten tatsächlich gebaut werden, wird Deutschland also seine Fähigkeit zur Machtprojektion auf hoher See und in Regionen außerhalb der eigenen Küstengewässer erheblich vergrößern. Die Zahl der weltweit einsetzbaren Überwasserkampfschiffe (ohne Minenkampf- und Hilfsschiffe) würde sich von 13 im Jahr 1995 innerhalb von zwei Jahrzehnten auf 30 erhöhen. Das Korvettenprogramm muß insgesamt als eine durch keine Bedrohung zu rechtfertigende, einseitige Aufrüstungsmaßnahme Deutschlands bewertet werden.

Die Schiffe sollen nicht nur wesentlich größer werden als anfangs geplant, ihr Bau soll nun auch schon viel früher beginnen. Unverkennbar spielt hier wiederum das Drängen der Werft- und Zulieferindustrie eine große Rolle. Mitte 1993 hieß es noch, mit dem Bau der Korvetten sei »*etwa ab dem Jahr 2010*« zu rechnen.[135] Ende 1993 erklärte Marine-Inspekteur Weyher, die Korvettenbeschaffung werde »*nicht vor 2005 möglich sein*«.[136] Doch nach dem Planungsstand von 1996/97 sollen bereits ab dem Jahr 2000 Beschaffungsmittel für das erste Los von acht Korvetten zur Verfügung gestellt werden, und die Indienststellung soll ab 2004/2005 erfolgen. Werftchef von Nitzsch erklärte im Januar 1997 gar: »*Wir hoffen, in sechs Monaten schon die Vorbereitungen für den Bau dieser Schiffe einläuten zu können.*«[137] Soll der Auftrag womöglich rechtzeitig vor der Bundestagswahl 1998 unter Dach und Fach gebracht werden?

Offenbar hat die Tatsache, daß die deutsche Öffentlichkeit schon die Verschwendung von Milliarden für weitere Fregatten klaglos hingenommen hat, die Lobby ermutigt, es im Korvettenbereich noch einmal zu versuchen. Wenn die Bundeswehr die Korvetten erst einmal bestellt hat, wird sich dieser Kriegsschiffstyp, so spekuliert man in der Branche, auch bestens exportieren lassen. 1995 hieß es, Fachleute hätten für die nächsten 13 Jahre weltweit einen Bedarf von bis zu 120 Korvetten ermittelt.[138]

Daß sich B + V weiterhin auf die mitentscheidenden Parlamentarier der SPD verlassen kann, ist beim Werftbesuch der Bundestagsabgeordneten Ernst Kastning (Haushaltsausschuß/Rüstungsbewilligungsausschuß) und Peter Zumkley (Verteidigungsausschuß) im Januar 1997 deutlich geworden. Beide Sozialdemokraten traten nachdrücklich für den Korvettenbau ein, und Zumkley versicherte in diesem Zusammenhang dem Gastgeber: »*Die Aussichten von Blohm + Voss sind außerordentlich günstig...*«[139]

3.2.7 Reparatur und Nachrüstung von Kriegsschiffen

Die Reparaturanfälligkeit von Kriegsschiffen und das Bestreben der Marineführung, die Kampfkraft ihrer Einheiten nachträglich noch zu steigern, haben B + V seit 1980 zusätzliche Aufträge beschert. Die Instandsetzungsaufträge stellten, wie nicht allein für das Geschäftsjahr 1987 festzustellen war, »*einen wesentlichen Beitrag für die Gesamtauslastung*« des Reparaturbereichs dar.[140] Durchschnittlich lagen bzw. liegen etwa zwei Kampfschiffe pro Jahr zu größeren Reparaturen oder Umbauten bei B + V. Bis 1987 waren dies vorwiegend ältere Zerstörer, danach vor allem die neueren Fregatten. Es gibt wohl keine der acht F-122-Fregatten, die nicht schon einmal bei B + V eingedockt gewesen ist.[141]

Vergab die Bundesmarine Instandsetzungsaufträge früher direkt und ohne Wettbewerb, werden sie seit 1991 grundsätzlich im Wettbewerb vergeben.[142] Durch die Einbeziehung von Werften aus Mecklenburg-Vorpommern ist der Kreis der Wettbewerber größer geworden, was auch B + V zu spüren bekommen hat. 1992 klagten die Hamburger, die Umsätze aus der Marine-Reparatur seien *»deutlich rückläufig«*. Aber schon 1993 sorgten *»Reparaturaufträge für zwei Fregatten an der Werft und verschiedene Aufträge im Marinearsenal«* wieder für die gewünschte Stabilisierung.[143] Allein eine sogenannte Depot-Instandsetzung, bei der die Fregatte ›Köln‹ 1992/93 im B+V-Dock 11 weitestgehend auseinandergenommen und dann wieder zusammengebaut wurde, dauerte acht Monate.[144] Im Geschäftsjahr 1995 meldete B + V die Generalüberholung von drei Fregatten.

Zu den bedeutendsten Nachrüstungsmaßnahmen der Marine gehörte in den letzten Jahren die Einführung des neuen Flugkörper-Abwehrsystems RAM. Bei B + V wurden 1993 die Fregatte ›Rheinland-Pfalz‹ und 1995 die Fregatte ›Augsburg‹ mit dem Waffensystem RAM ausgerüstet.[145]

3.3 Ein Kriegsschiff und Marine-Infrastruktur für Nigeria

Als erstes Land der Welt bestellte Nigeria bei B + V ein auf dem MEKO-Konzept basierendes Kriegsschiff, eine Fregatte des großen Typs MEKO 360. Der Liefervertrag wurde am 3. November 1977 unterzeichnet.

Da Nigeria weder entsprechend ausgebildetes Personal zum Bedienen und Warten eines technisch derart anspruchsvollen Kriegsschiffs besaß, noch über die erforderliche Marinelogistik, Wartungs- und Reparatureinrichtungen verfügte, konnte B + V noch eine Reihe bedeutender Folgeaufträge verbuchen. Sie betrafen:

- Entwicklung einer ›Planned Maintenance Documentation‹ und Lieferung von Depot-Ersatzteilen für die gelieferte Fregatte ›Aradu‹,
- Aufbau einer neuen Marinewerft für 1.500 Beschäftigte in Lagos (Victoria Island/Wilmot Point) ab 1984, in diesem Zusammenhang auch Ausbildung von Werftfacharbeitern,
- Modernisierung der Marinebasis Apapa (ca. 1985-88),
- Schulung von Personal für die Fregatte ›Aradu‹ im Naval Training Center in Hamburg (Ende der 80er Jahre),

- Instandsetzung der bereits stark reparaturbedürftigen Aradu in der Marinewerft Wilmot Point (1991-93). [146]

Der Wert des Fregattenauftrags von 1977 wurde mit 314 Mio. DM angegeben.[147] Über die Finanzierungsmodalitäten wurde in den Medien nicht berichtet. Die Tatsache, daß Vertreter der Deutschen Bank AG Hamburg (Hans-Kurt Scherer, Christoph Könneker), der Dresdner Bank (Wolfgang Trillmich) und der Swiss Bank Corporation (L.F. Ackermann) von B + V zum Stapellauf des Kriegsschiffes eingeladen wurden[148], ist allerdings ein fast sicherer Beleg dafür, daß diese Bankhäuser maßgeblich an der Abwicklung des Geschäfts beteiligt gewesen sein müssen.

Der Auftrag zum Aufbau der Marinewerft Wilmot Point und zur Modernisierung der Marinebasis Apapa hatte einen Lieferwert von rund 250 Mio. DM. Aufgrund dieses Geschäfts stieg der Anteil der Sparte ›Consulting‹ am gesamten Auftragseingang von B + V sprunghaft von einem Prozent (1983) auf 22 Prozent (1984) an.[149]

INTERESSEN, EINFLUSSFAKTOREN, HINTERGRÜNDE

Nigerias Militärregime entwickelte sich in den 70er Jahren dank der hohen Einnahmen aus dem Ölexport zum wichtigsten schwarzafrikanischen Kunden der europäischen Rüstungsindustrie. Von der Aufrüstung der nigerianischen Seestreitkräfte profitierten britische, französische, italienische, vor allem aber deutsche Werften.[150] Abeking & Rasmussen lieferte vier große Patrouillenboote, Lürssen drei Raketenschnellboote und ➞ HDW Hamburg zwei Landungsschiffe. Die bei weitem größte Einzelbeschaffung stellte die MEK0-360-Fregatte von B + V dar.

Die Genehmigung des Fregatten-Geschäfts mit Nigeria durch die Schmidt/Genscher-Regierung schuf einen von der Industrie höchst erwünschten Präzedenzfall: Zum ersten Mal wurde – allen erklärten politischen Grundsätzen zum Trotz – die Lieferung eines größeren Kriegsschiffs an ein Nicht-NATO-Land erlaubt. Außenpolitisch hat hier zweifellos das Interesse eine Rolle gespielt, sich mit dem wichtigsten und ölreichsten Land Westafrikas gut zu stellen.[151]

Das Beste aus der Sicht der Industrie war, daß es trotz der großen Bedeutung zu keiner öffentlichen Diskussion über die Genehmigung des Geschäfts kam; im Deutschen Bundestag wurde darüber erstaunlicherweise überhaupt nicht gesprochen. Man nahm es hin, als das Wirtschaftsministerium zur Genehmigung erläuterte: »*Bei Schiffsexporten ist die Bundesregierung großzügig. Fregatten werden schließlich nicht zu Straßenkämpfen mißbraucht*«[152], ganz so, als ob ein Verbot von Waffenexporten nur aus der Gefahr möglicher Straßenkämpfe abgeleitet werden könnte. Daß – abgesehen davon – Kriegsschiffe sehr wohl in bürgerkriegsartige Konflikte eingreifen können, hat gerade die nigerianische Marine kürzlich demonstriert: Anfang Juni 1997 beschoß ein ungenanntes nigerianisches Kriegsschiff Ziele in Freetown, der Hauptstadt von Sierra Leone, und tötete dabei 42 Menschen.

Die Aufhebung der 3000-Tonnen-Grenze

Es scheint, daß Bonn außerdem auf der politischen Ebene ein Hindernis aus dem Weg räumte, welches den Nigeria-Auftrag und das sich anschließende Supergeschäft von B + V mit Argentinien hätte gefährden können. Nach den Bestimmungen der Westeuropäischen Union (WEU), die 1954 zur Begrenzung deutschen Weltmachtstrebens festgelegt worden waren, war der Bundesrepublik der Bau von Kampfschiffen mit einer Wasserverdrängung von mehr als 3.000 Tonnen verboten. Am 21. Juli 1980 hob der Rat der WEU auf Antrag von deutscher Seite die Tonnagebeschränkungen für den deutschen Kriegsschiffbau auf, ohne daß die meisten Beobachter hierfür einen konkreten Anlaß erkennen konnten.[153] Es sei dabei nicht so sehr um militärische Interessen der Bundesmarine gegangen, erklärte Marine-Inspekteur Bethge, sondern darum, *»den diskriminierenden Effekt bei der Beschränkung der deutschen Industrie wegzubekommen«*.[154] Das Hauptziel der deutschen Initiative, an der im Vorfeld das Verteidigungsministerium, das Wirtschaftsministerium und das Auswärtige Amt beteiligt waren, bestand eindeutig darin, der deutschen Kriegsschiffsindustrie neue Felder im Exportmarkt zu erschließen.[155] Da B + V selbst die Einsatzverdrängung der Fregatten für Nigeria und Argentinien mit 3.600 t angab[156], was auch der Typbezeichnung MEKO 360 entsprach, lag der Schluß auf der Hand, daß die Aufhebung der WEU-Beschränkungen zugunsten der Fregattenexporte der Hamburger Werft erfolgte. Die Bundesregierung und auch der Hamburger Senat bestritten aber auf Nachfragen von Parlamentariern einen Zusammenhang.[157] Nach ihrer Aussage entsprachen die Fregatten MEKO 360 *»mit einer Typverdrängung (nicht Einsatzverdrängung) von weniger als 3000 Tonnen«* den bis 1980 geltenden WEU-Bestimmungen.

Die Zweifel an der Korrektheit dieser Darstellung sind allerdings bis heute nicht ausgeräumt. Zum einen könnte die Berufung auf die Größenkategorie ›Typverdrängung‹ ein terminologischer Kunstgriff gewesen sein. Die Typverdrängung eines Kriegsschiffs ist stets kleiner als die Einsatzverdrängung, da bei ersterer die auf dem Kriegsschiff befindlichen Brennstoffe und Speisewasservorräte nicht mitgerechnet werden. Hierzu ist zu bemerken, daß das maßgebliche Protokoll Nr. III (Anlage III) zum WEU-Vertrag von 1954 eine Festlegung auf den Parameter Typverdrängung nicht enthält. Im übrigen könnte sich die Bundesregierung den Umstand zunutze gemacht haben, daß es für Außenstehende unmöglich ist, die tatsächliche Größe eines Kriegsschiffs festzustellen – mit anderen Worten: Die Darstellung der Regierung war nicht nachprüfbar.

DER BAU

Fregatte ›Aradu‹ (der Name bedeutet ›Donner‹)
Kiellegung 1.12.1978 – Stapellauf 25.1.1980 – See-Erprobung Mai bis August 1981 – Übergabe 4.9.1981 – Ankunft in Lagos 21.12.1981 – Indienststellung: 20.2.1982

Technische Daten
Verdrängung: 3630 t, Länge: 125,9 m, Höchstgeschwindigkeit: 30 Knoten, Besatzung: 230 Mann.

Hersteller der Waffensysteme
aus Italien: OTO Melara (Otomat-Raketen, 127-mm-Hauptgeschütz), Breda Meccanica (vier 40-mm-Zwillingsgeschütze, Täuschsystem), Selenia (Flugabwehr-Raketensystem Albatros), Whitehead (Torpedos);
aus Großbritannien: Westland (Bordhelikopter Lynx).

Weitere Zulieferfirmen
aus Deutschland: → MTU (Dieselmaschinen), → AEG-Telefunken (elektrische. Anlagen), → Siemens (Dieselgeneratoren u.a.), → Philips/Radarleit (Kommunikationstechnik), Hagenuk (Kommunikationstechnik), → Rohde & Schwarz (Kommunikationstechnik), Anschütz (Navigationssysteme), Krupp Atlas (Sonar, nachträglich eingebaut), → Noske-Kaeser (Klimatechnik), → VSG Verfahrenstechnik für Schiffsbetrieb GmbH (Kühleinheiten für Waffen- und Elektronk-Container, Munitionsräume u.a.), Fritz Barthel Armaturen (Ventile u.a.), Sulzer Weise GmbH (Pumpen), → Alfons Haar Maschinenbau (Nachtankanlage für Bordhelikopter);

aus Großbritannien: Rolls Royce (Gasturbinen), Vosper Thornycroft und David Brown (Antriebstechnik), Plessey (Radar, Torpedorohre), Racal-Decca (Radaranlagen u.a.), Marconi (Kommunikationstechnik), Kelvin Hughes (Echolot);
aus den Niederlanden: Hollandse Signaalapparaten (Radar, Sonar, Digital Action Information System);

aus der Schweiz: MAAG (Getriebe für Maschinen);
aus Schweden: KaMeWa (Propeller).

Die Marine-Infrastruktur-Projekte

Die 1984 von B+V übernommenen Arbeiten beim Bau der Marinebasis Wilmot Point waren 1987 so weit fortgeschritten, daß ein erster Teil der Werftanlagen mit dem Ausbildungszentrum offiziell eingeweiht werden konnte.[158] Bereits seit 1985 waren vier Instruktoren von B+V mit der Schulung von Werftpersonal beschäftigt. Im Rückblick auf das Jahr 1987 berichtete B+V über den Stand des Projekts Wilmot Point: *»Wir haben inzwischen die gesamte Einrichtung geliefert, die zu einer Marinewerft gehört.«* Aber der Großteil der gelieferten Anlagen wartete im Hafen von Lagos bzw. Victoria Island in rund 300 Containern noch darauf, installiert zu werden.[159] Eine Schiffbau- und Stahlbauhalle, ein hochmoderner Maschinenprüfstand, Elektro- und Elektronikwerkstätten, ein Labor zur Werkstoffprüfung, Krananlagen usw. – auf nichts wollte das Militär verzichten. Am 28. August 1990 schließlich weihte Nigerias Staatschef, General Babangida, die Gesamtanlage von Wilmot Point ein.[160]

Die Modernisierung des im Hafen von Lagos gelegenen Stützpunktes Apapa – dies war das zweite militärische Infrastrukturprojekt, an dem B+V maßgeblich mitwirkte – wurde 1988 abgeschlossen.[161]

Verwendung

Nigeria ist ein hochgradig militarisiertes Land. Seit dem Biafra-Krieg 1967-70, der über eine Million Tote forderte, verfügt das Land über die größte Armee Schwarzafrikas. Immer wieder hat das Militär die innenpolitische Macht an sich gerissen (1966, 1975, 1983 und zuletzt 1993). Nach außen verfolgt Nigeria, so schreibt der Afrika-Experte Peter Körner, *»aufgrund seiner militärischen Stärke Regionalmachtambitionen, die insbesondere bei den frankophonen Staaten West- und Zentralafrikas (sowie bei Frankreich) auf Mißtrauen stoßen«*.[162] Ein gefährlicher Grenzkonflikt um ein erdölreiches Küstengebiet schwelt seit einiger Zeit zwischen Nigeria und Kamerun.

Nach ihrer Indienststellung als Flaggschiff der nigerianischen Flotte ist die ›Aradu‹ wiederholt bei Übungen und Imponierbesuchen in anderen afrikanischen Ländern zu sehen gewesen. Im Februar 1987 führte sie einen nigerianischen Flottenverband an, der mit zwei deutschen Kriegsschiffen vor der westafrikanischen Küste eine seltsame

›Marineübung‹ abhielt. Von deutscher Seite waren die 1980 bei B + V auf Kiel gelegte Fregatte ›Köln‹ sowie der Zerstörer ›Rommel‹ beteiligt. Der Name der Übung, über die nur die nigerianische Presse berichtete[163], war ›Operation danke‹ – wer dabei wem wofür dankte, blieb offen.

Einen realen Nutzen hat das High-Tech-Kriegsschiff ›Aradu‹ für die nigerianische Bevölkerung nicht gehabt. Im Gegenteil: Es ist zu einer ständigen Belastung des inzwischen geschrumpften Staatshaushalts geworden. Allein die regulären, jährlich für seine Instandhaltung erforderlichen Kosten wurden 1989 von einem nigerianischen Admiral mit 50 bis 100 Mio. Naira (damals etwa 16 bis 32 Mio. DM) angegeben.[164] Unfallbedingte Schäden verursachten zusätzliche Kosten. Bei einer Fahrt auf dem Kongo-Fluß lief das Schiff im Juli 1987 auf Grund; bei zwei anderen Gelegenheiten kam es im selben Jahr zu Kollisionen.[165] Von der intensiven, von 1991 bis 1993 dauernden Überholung der ›Aradu‹ profitierte am Ende nur B + V. Schon bei den ersten Probefahrten nach der Instandsetzung lief das Schiff erneut auf Grund. In der 1995 erschienenen Ausgabe von ›Jane's Fighting Ships‹ wurde berichtet, die Waffensysteme seien nicht einsatzfähig, und das Schiff liege die meiste Zeit im Hafen. In der Ausgabe von 1996 folgte dann die Nachricht, die ›Aradu‹ sei 1995 außer Dienst gestellt worden; ihr Zustand wurde mit den Worten *»beyond economical repair«* als schrottreif charakterisiert.[166] Gerade einmal 13 Jahre waren seit der Indienststellung vergangen.

Die Mittel, die das nigerianische Militär für Prestigekäufe verpulvert hat, wären in anderen Bereichen wesentlich besser angelegt gewesen. Ein großer Teil der Bevölkerung lebt in existentieller Not, die Analphabetenrate ist sehr hoch. Lagos droht in einem Sumpf aus sozialer Verelendung, Jugendbandenkriminalität und Korruption zu versinken; im Bereich der öffentlichen Versorgung (Abfallbeseitigung, Trinkwasser- und Stromversorgung) herrschen große Mißstände.[167] Es ist kein Wunder, daß viele Nigerianer dem Land zu entfliehen suchen.

3.4 Kriegsschiffe für Argentinien

1.8.1978 Die ›Financial Times‹ meldet, daß die britische Schiffbauindustrie (Vosper Thornycroft) einen argentinischen Auftrag für den Bau von sechs Fregatten an B + V verloren habe. B+V-Vorstandsmitglied Dr. Budczies wiegelt ab, es werde über den Bau lediglich einer Fregatte verhandelt, räumt allerdings ein, daß gegebenenfalls noch fünf weitere Fregatten in Argentinien gebaut werden sollen.[168]

24.11.1978 B+V erhält von der Prefectura Naval Argentina den Auftrag zum Bau von 20 kleinen ›Zollkreuzern‹ des Typs Z-28.

11.12.1978 Die argentinische Marine bestellt sechs Fregatten des Typs MEKO 360, von denen zwei in Hamburg und vier in Argentinien gebaut werden sollen. Zur Vertragsunterzeichnung reist die B+V-Vorstandsspitze (Bartels und Budczies) nach Buenos Aires.

1.8.1979 Der Auftrag vom 11.12.1978 wird dahingehend abgewandelt, daß nunmehr vier Fregatten MEKO 360 in Hamburg und sechs Korvetten MEKO 140 mit Hilfe von B+V auf einer argentinischen Staatswerft gebaut werden sollen.

Der Zollkreuzer-Auftrag dürfte einen Wert in der Größenordnung von ca. 100 Mio. DM gehabt haben. Den Lieferwert für die zunächst geplanten sechs Fregatten gab die ›Financial Times‹ mit über 500 Mio. Pfund Sterling (über 1,9 Mrd. DM) an. Die Kosten pro Fregatte MEKO 360 lagen nach Preisen von 1978 bei deutlich über 300 Mio. DM. 1983 wurde der Wert der vier Fregatten bereits mit rd. 1,5 Mrd. DM beziffert.[169] Rechnet man – vorsichtig geschätzt – 600-700 Mio. DM für die sechs in Argentinien zu fertigenden Korvetten hinzu, ergibt sich ein Gesamtauftragswert von weit über zwei Mrd. DM.[170]

Interessen, Einflussfaktoren, Hintergründe

Die Grundvoraussetzung für das Geschäft schuf der Staatsstreich des argentinischen Militärs am 24. März 1976. Zwei Hauptlinien waren seitdem in der Politik der Militärdiktatur zu erkennen: nach innen rücksichtslose Liquidierung revolutionärer, gewerkschaftlicher und sonstiger oppositioneller Kräfte, nach außen forcierte Aufrüstung der Armee.

Von den Aufträgen der argentinischen Armee profitierten zahlreiche deutsche Rüstungsunternehmen, aber die allergrößten Brocken gingen auffälligerweise an Töchter des Thyssen-Konzerns.[171] Es handelte sich dabei um Großprojekte, durch die jeweils auch neue Rüstungskapazitäten in Argentinien aufgebaut werden sollten: die Fertigung des mittelschweren Kampfpanzers TAM und des Schützenpanzers VCI (Thyssen Henschel, Kassel, und Thyssen Edelstahlwerke, Düsseldorf), den Bau von U-Booten (Thyssen Nordseewerke, Emden) und die Produktion von Überwasserkriegsschiffen (B + V, Hamburg). Es ist eine naheliegende, aber bisher nicht belegte Vermutung, daß die mit Argentinien stark verbundenen Haupterben und Großaktionäre des Thyssen-Konzerns, Anita Gräfin Zichy-Thyssen und ihre dort als Großgrundbesitzer lebenden Söhne Federico und Claudio Graf Zichy-Thyssen, bei der Akquisition persönlich mitgeholfen haben.

Die Vorstände von Thyssen und B + V hatten keinerlei Hemmungen, mit dem kriminellen Militärregime in Verhandlungen zu treten. Es kann ihnen nicht entgangen sein, mit wem sie es zu tun hatten. Seitdem im April und Mai 1976 die verstümmelten Leichen von Folteropfern an der Küste Uruguays angeschwemmt worden waren[172], war davon auszugehen, daß im Nachbarland Staatsterroristen am Werke waren. ›Amnesty international‹ berichtete regelmäßig über die Übergriffe gegen Zivilpersonen, und der erschütternde Bericht der argentinischen Menschenrechtskommission wurde 1977 auch in Deutschland veröffentlicht.[173]

Außenpolitisch heizte Argentinien in dieser Zeit den Konflikt mit Chile um die Beagle-Inseln bei Kap Horn durch provokative Flottenmanöver (Ende 1977), die Ablehnung eines internationalen Schiedsspruchs (Januar 1978) und das Scheiternlassen weiterer Vermittlungsbemühungen (November 1978) systematisch an. Die Spannungen erreichten im Dezember 1978 ihren Höhepunkt: Argentinien und Chile standen am Rande eines Krieges (der dann in letzter Minute durch eine Intervention des Papstes verhindert wurde).[174] Die Unterzeichnung des Fregattenvertrags am 11. Dezember 1978 hatte im Rahmen dieses Konflikts selbst den Charakter einer Drohgebärde gegenüber Chile. Im Grunde war die Bereitschaft von Thyssen und B + V, die argentinische Aggressionspolitik zu unterstützen, nach Artikel 26 des Grundgesetzes verfassungswidrig und hätte bestraft werden müssen.

Geschäftspartner Admiral Massera

Schlüsselfigur, sowohl bei dem ›schmutzigen Krieg‹ nach innen als auch bei den Verhandlungen um die Kriegsschiffsaufträge, war Admiral Emilio Massera, von 1976 bis Ende 1978 Marineoberbefehlshaber und Mitglied der dreiköpfigen Junta. Massera war innerhalb der Regierung Exponent des nationalistischen Hardliner-Flügels und drängte 1977/78 mit Nachdruck auf einen Krieg gegen Chile wegen der Beagle-Inseln. Aufgrund seiner Brutalität war Massera selbst in den eigenen Reihen gefürchtet. Besonders berüchtigt war das unter seiner Leitung eingerichtete Folterzentrum in der Technischen Marinehochschule (ESMA), in dem mehrere tausend Gefangene sadistisch gequält und sehr viele umgebracht wurden.[175] 1985, nach der

Rückkehr Argentiniens zur parlamentarischen Demokratie, wurde Massera wegen der Mordexzesse zu lebenslanger Haft verurteilt (1990 durch Generalamnestie begnadigt).

Derselbe Admiral Massera hielt sich während seiner Amtszeit als Marinechef auch verschiedene Male diskret in Europa auf. Ende Oktober 1978 wurde er in der Thyssen-Zentrale in Düsseldorf empfangen, wo er mit Konzernchef Dieter Spethmann Einzelheiten der bevorstehenden Kooperation beim Fregatten- und U-Boot-Bau besprach.[176] Es gibt Hinweise darauf, daß bei den vorangegangenen Verhandlungen um die Kriegsschiffsaufträge höchst dubiose Einflüsse im Spiel waren. Massera war selbst Mitglied der italienischen Geheimloge P 2 und unterhielt enge persönliche Beziehungen zu dem ›Großmeister‹ dieser kriminellen Vereinigung, Licio Gelli.[177] Dieser besorgte Massera z.B. 1977 eine offizielle Einladung zum Besuch der italienischen Fregattenbauwerft in La Spezia. Berichten zufolge verdankte die italienische Firma Selenia der Vermittlungstätigkeit Gellis den Auftrag zur Lieferung von Raketensystemen für die argentinischen Fregatten. Im Zusammenhang mit der Vertragsunterzeichnung soll der Chef von Selenia ebenfalls Mitglied der Loge P 2 geworden sein. Aber auch für die Beziehungen Argentiniens zu anderen westeuropäischen Ländern war nach Recherchen des renommierten amerikanischen Journalisten Martin Edwin Andersen die Schiene Massera – Gelli von maßgeblichem Einfluß.[178] Fast zwangsläufig schließt sich die Frage an: Hatte Gelli seine Hände auch bei der Auftragsvergabe an Thyssen/B+V im Spiel? Und wenn nicht, mit welchen ›Argumenten‹ konnten die Deutschen dann die Konkurrenz ausstechen? Technische Kriterien geben bei solchen Rüstungsgeschäften nach aller Erfahrung selten allein den Ausschlag.

Zu dem Nachfolger Masseras im Amt des argentinischen Marineoberbefehlshabers, Konteradmiral Armando Lambruschini, unterhielt B+V ebenfalls gute Beziehungen; unter ihm erfolgte 1979 die Modifizierung und Erweiterung des Auftrags. Im Dezember 1980 hat Lambruschini Deutschland und dabei offenbar auch B+V besucht.[179] Weil unter ihm bei der Marine mindestens ein Haftzentrum, in dem systematisch gefoltert wurde, weiterbestand, wurde er 1985 zu acht Jahren Haft verurteilt.[180]

Bonner Hilfen

Ungeachtet der eklatanten Menschenrechtsverletzungen, ungeachtet des sich gefährlich zuspitzenden Konflikts zwischen Argentinien und Chile um die Beagle-Inseln, auch trotz der weiterschwelenden argentinisch-brasilianischen Rivalität glaubte die soziallliberale Regierung in Bonn, die deutsche Industrie bei ihren Rüstungsexporten nach Argentinien unterstützen zu müssen. Der damalige Staatsminister im Auswärtigen Amt, Klaus von Dohnanyi, Hamburgs späterer Bürgermeister, nannte bereits im Juni 1977 ein geostrategisches Motiv, das die Regierung Kriegsschiffslieferungen an die argentinische Diktatur positiv bewerten ließ: *»Hier dürften wir im Hinblick auf die verstärkte Flottenpräsenz der Sowjetunion im Südatlantik eher ein Eigeninteresse an der Stärkung der argentinischen Flotte haben.«*[181]

Konkrete Informationen über das B+V-Geschäft hielt die Regierung so lange zurück, bis die Unterschriften unter den Verträgen trocken waren. Als der SPD-Abgeordnete Norbert Gansel, der schon früh über die laufenden Verhandlungen informiert war, am 9. Juni 1978 die Bundesregierung fragte, ob sie den Fregattenexport nach Argentinien genehmigen würde, gab sich diese ahnungslos: Es liege nicht einmal eine Voranfrage über etwaige Genehmigungsaussichten vor, und gegebenenfalls würde *»die Entscheidung im Einklang mit den rüstungsexportpolitischen Grundsätzen der Bundesregierung getroffen werden«* (Staatssekretär Grüner).[182] Da die angesprochenen Grundsätze bekanntlich besagten, daß *»der Export von Kriegswaffen in die Länder außerhalb des atlantischen Bündnisses grundsätzlich unterbleiben«* sollte (und in Spannungsgebiete sowieso), konnte die Antwort nur so verstanden werden, daß die Bundesregierung das Geschäft untersagen würde. Ein Trick, wie sich bald herausstellte. Ein halbes Jahr später war der Liefervertrag unterzeichnet. Auf die im Februar 1979 erneut gestellte Frage des SPD-Abgeordneten Jungmann, ob die Regierung dem Fregattenexport die erforderliche Genehmigung erteilen werde, stellte Staatsminister von Dohnanyi klar, daß dies bereits geschehen sei. *»Nach Abwägung aller relevanten Gesichtspunkte«*, so lautete die Formulierung nun, sei dem Antrag deutscher Werften auf Ausfuhr von Fregatten nach Argentinien stattgegeben worden. Die rüstungsexportpolitischen Grundsätze der Bundesregierung würden *»bei Vorliegen besonderer Gesichtspunkte«* durchaus Ausnahmen zulassen.[183]

Auf die von der Bundesrepublik 1980 erwirkte Aufhebung der exporthemmenden WEU-Tonnagebeschränkung beim Bau von Kampfschiffen ist bereits im Zusammenhang mit dem Nigeria-Geschäft hingewiesen worden.

Der Bau der ›Zollkreuzer‹ und Fregatten

Bei der Produktion der 20 sogenannten Zollkreuzer, die im Nachschlagewerk ›Jane's Fighting Ships‹ als *»Coastal Patrol Craft«* aufgeführt werden, legte B + V ein hohes Tem-

Zwei Fregatten der Almirante-Brown-Klasse

po vor. Die ersten Boote wurden im April 1979 auf Kiel gelegt; und schon im Dezember 1979, ein gutes Jahr nach Auftragsvergabe, waren alle 20 fertig.[184] Sie erhielten Dieselmaschinen von MTU. Von einer Bewaffnung der Boote war beim Bau auf der Werft nichts zu sehen – mit Kanonen von Oerlikon und Browning-Maschinengewehren wurden sie erst im Anschluß an ihre Verschiffung nach Argentinien ausgerüstet.

Waren die Patrouillenboote quasi der ›Appetithappen‹ des Gesamtgeschäfts gewesen, stellten die vier in Hamburg zu fertigenden Fregatten das ›Hauptgericht‹ dar, dem mit den Korvetten noch ein umfangreicher ›Nachtisch‹ folgen sollte. Für den Bau der Fregatten (von den Argentiniern als ›Destructores‹ = Zerstörer bezeichnet) etablierte der Kunde bei B + V eine ›Subcomisión Naval‹ (Marine-Unterkommission). Dieser Bauaufsicht gehörten ca. 30 argentinische Ingenieure und Techniker an. Arbeitsrechtliche Probleme räumten Hamburgs Behörden aus dem Weg: Sie gestatteten den Argentiniern per Eintragung in den Paß *»die Tätigkeit als Informant bei Blohm + Voss«*.[185]

Almirante-Brown-Klasse

Name	Kiellegung	Stapellauf	Indienststellung
Almirante Brown (D 10)	08.07.1980	28.03.1981	02.02.1983
La Argentina (D 11)	30.03.1981	25.09.1981	04.05.1983
Heroina (D 12)	24.08.1981	17.02.1982	31.10.1983
Sarandi (D 13)	09.03.1982	31.08.1982	26.04.1984

Technische Daten
Verdrängung: 3.630 t, Länge: 125,9 m, Höchstgeschwindigkeit: 30 Knoten, Besatzung: 200.

Hersteller der Waffensysteme
aus Frankreich: Aérospatiale (Exocet-Raketen), und (Bordhelikopter Alouette III); aus Italien: Selenia/Elsag (Flugabwehrraketensystem Albatros), OTO Melara (Hauptgeschütz), Breda Meccanica (vier Zwillingsgeschütze und Täuschraketenwerfer), Whitehead (Torpedos).

Weitere Zulieferfirmen
aus Deutschland: AEG-Telefunken (elektrische. Ausrüstung, Peilsysteme), Siemens (Generatoren, Schaltanlagen u.a.), Krupp Atlas Elektronik (Sonar), Hagenuk (Kommunikationssysteme), Anschütz (Navigationssysteme), Escher Wyss (Verstellpropeller), → C. Plath (Kompaß), → VSG Verfahrenstechnik für Schiffsbetrieb (Kühleinheiten), Fritz Barthel Armaturen (Ventile u.a.);

aus Großbritannien: Rolls Royce (Gasturbinen), Hawker Siddely (Antriebstechnik); aus den Niederlanden: Hollandse Signaalapparaten (Feuerleit- und Radaranlagen).

Feierlichkeiten / Schiffsnamen

Zu den Stapelläufen, die unter Ausschluß der Öffentlichkeit stattfanden, lud B+V hochrangige Vertreter der argentinischen Diktatur ein. Offizielle Taufpatin für die erste Fregatte war die Frau des erwähnten Marineoberbefehlshabers Lambruschini. Sie wurde dann aber durch die Frau des Konteradmirals Allara vertreten.[186] Die Taufe des zweiten Schiffs ›La Argentina‹ übernahm am 25. September 1981 die Gattin von Admiral Anaya, der gerade als Lambruschinis Nachfolger neuer argentinischer Marinechef geworden war. Anaya spielte bei der Vorbereitung des Falkland-Abenteuers eine zentrale Rolle und wurde später wegen der im Zusammenhang mit diesem Krieg begangenen militärischen Fehler zu 14 Jahren Haft verurteilt.[187]

Die Namen der Fregatten erinnern an Personen und Begebenheiten aus den Anfängen der argentinischen Militärgeschichte, teilweise mit aktuellen Hintergedanken.[188] Die ›Almirante Brown‹ ist nach einem Seekriegshelden benannt, der den Spaniern 1814 vor Montevideo eine Niederlage beibrachte und im Krieg gegen Brasilien 1825-28 Befehlshaber der argentinischen Kriegsflotte war. Die Fregatte ›La Argentina‹ hat eine berühmte Vorläuferin gleichen Namens, die auf ihren Abenteuerfahrten um

1818 bis nach Afrika und Hawaii vorstieß. Auch Fregatten mit den Namen ›Heroina‹ (Die Heldische) und ›Sarandi‹ hat es schon einmal gegeben: sie kamen 1820 und 1832 bei frühen argentinischen Versuchen zum Einsatz, die Falklandinseln zu erobern. Ursprünglich nimmt der Name ›Sarandi‹ Bezug auf eine brasilianische Niederlage in der Schlacht von Sarandi im Jahr 1825.

DER BAU DER KORVETTEN

Zum Produktionsort für die sechs MEKO-140-Korvetten (von den Argentiniern Fregatten genannt) wurde die Staatswerft Astilleros Fabricas Navales des Estado (AFNE) in der Marinebasis Rio Santiago unweit der Stadt La Plata bestimmt. Die Schiffe wurden, wie B + V nicht ohne Genugtuung vermerkte, *»nach unseren Plänen und Arbeitsunterlagen mit dem von uns gelieferten Material und mit unserer technischen Assistenz«* gebaut.[189] Die Konstruktionsarbeiten hatte B + V 1980 *»im wesentlichen abgeschlossen«*. Ende 1980 nahm das Beraterteam von B + V auf der AFNE-Werft seine Tätigkeit auf. Für die Korvetten lieferte das Hamburger Unternehmen auch die Dieselmotoren vom Typ S.E.M.T.-Pielstick aus der eigenen Maschinenbau-Produktion.[190]

Espora-Klasse

Name	Kiellegung	Stapellauf	Indienststellung
Espora (41)	03.10.1980	23.01.1982	05.07.1985
Rosales (42)	01.07.1981	04.03.1983	14.11.1986
Spiro (43)	04.01.1982	24.06.1983	21.11.1987
Parker (44)	02.08.1982	31.03.1984	17.04.1990
Robinson (45)	06.06.1983	15.02.1985	—
Gomez Roca (46)	01.12.1983	14.11.1986	—

Technische Daten
Verdrängung: 1700 t, Länge: 91,2 m, Höchstgeschwindigkeit: 27 Knoten, Besatzung: 93

Hersteller der Waffensysteme
aus Frankreich: Aérospatiale (Exocet-Raketen);
aus Italien: OTO Melara (Hauptgeschütz), Breda Meccanica (Zwillingsgeschütze), Whitehead (Torpedos).

Der Falklandkrieg und seine Folgen

Am 2. April 1982 besetzten argentinische Kommandotruppen im Handstreich die seit 1833 von Großbritannien verwalteten Falklandinseln, die von den Argentiniern ›Islas Malvinas‹ genannt werden. Damit begann ein absurder Krieg, der über 1.000 argentinischen und britischen Soldaten das Leben und am Ende der argentinischen Militärdiktatur die Macht kosten sollte. Zu den schwimmenden Einheiten, die bei der Besetzung eingesetzt wurden, gehörten zwei der von B + V gelieferten Patrouillenboote: ›Rio Iguazu‹ und – welche Symbolik – ›Islas Malvinas‹. Beide wurden im Laufe des Kriegs beschädigt und dann von den Briten erbeutet; die ›Islas Malvinas‹ hieß fortan ›Tiger Bay‹.[191]

Von den anderen bei B + V und TNSW bestellten Kriegsschiffen war zum Zeitpunkt der Falkland-Eroberung noch keines an die argentinischen Streitkräfte abgeliefert. Es erscheint unerklärlich, warum die Junta schon vor der Indienststellung der Fregatten, Korvetten und U-Boote losschlug. Hätte sie gewartet, bis all diese hochmodernen Kriegsschiffe zur Verfügung standen, wäre die argentinische Flotte nach Ansicht des deutschen Militärexperten Jürg Meister *»beinahe ebenbürtig«* gewesen[192], mit anderen Worten: Die Zahl der britischen Kriegstoten wäre wesentlich höher gewesen. Doch die argentinische Militärführung wollte den Coup nicht länger aufschieben, da sie glaubte, mit einem erfolgreichen Feldzug von der schweren sozialen Krise des Landes ablenken und ihre innenpolitisch angeschlagene Machtstellung wieder festigen zu können.

Bei Thyssen und B + V löste der Krieg vorübergehend große Verunsicherung aus, denn das Riesengeschäft schien gefährdet. Am 7. April 1982 beschloß die deutsche Regierung zugunsten des NATO-Partners Großbritannien ein Waffenembargo gegen Argentinien. B + V sah allerdings keinen Anlaß, den Bau der Fregatten einzustellen. Für den Fall, daß sich die öffentliche Meinung generell und dauerhaft gegen die Auslieferung der Kriegsschiffe an Argentinien wenden sollte, drohte das Unternehmen vorsorglich mit der Keule des Arbeitsplatzarguments. Sollte politischer Druck das Argentinien-Geschäft gefährden, so erklärte man, *»wären schwere Beschäftigungseinbrüche unvermeidlich, denn dieser Bauauftrag macht fast zwei Drittel des Fertigungsvolumens von Blohm + Voss aus«*.[193]

Eine zusätzliche Schwierigkeit für B + V ergab sich daraus, daß der britische Turbinenhersteller Rolls Royce die Mitarbeit beim Bau der für den Feind bestimmten Fregatten auf Weisung der Thatcher-Regierung sofort einstellte.[194] Ohne die Spezialisten dieser Firma konnten die geplanten Probefahrten der ersten Fregatte, ›Almirante Brown‹ nicht stattfinden. Vor allem aber konnte B + V auf absehbare Zeit nicht damit rechnen, daß Rolls Royce die noch ausstehenden Turbinen für die Fregatten ›Heroina‹ und ›Sarandi‹ liefern würde.

Doch bei Rüstungsgeschäften geschehen immer wieder wundersame Dinge. Bereits wenige Wochen nach der argentinischen Kapitulation hob die britische Regierung ihr Verbot von Zulieferungen für die Fregatten wieder auf (während ihr generelles Waffenembargo gegen Argentinien noch viele Jahre in Kraft blieb). Und am 22. September 1982 gab auch die Bundesregierung grünes Licht für die Auslieferung der Kriegsschiffe! Als wäre nichts geschehen, konnte B + V die vier Fregatten 1983/84 der argentinischen Marine übergeben. Im April 1984 verließ die ›Sarandi‹ als letzte der vier Fregatten Hamburg mit Kurs Rio de la Plata.

Wohin mit den überflüssigen Korvetten?

Als wesentlich schwieriger erwies es sich für den Thyssen-Konzern und seine Töchter, die in Argentinien begonnene Korvetten- und U-Boot-Produktion weiterzuführen. Diese militärischen Prestigeprojekte vertrugen sich nicht mit der Demokratisierung des Landes. Die aus den Wahlen vom 30. Oktober 1983 hervorgegangene Zivilregierung sah sich angesichts der geplünderten Staatskasse und der gewaltigen Auslandsschulden in Höhe von 44 Mrd. US-Dollar (1984) nicht in der Lage, die Korvetten und U-Boote zu bezahlen. Gerne wäre sie von den Verträgen zurückgetreten, Bundeskanzler Kohl bestand aber bei seinem Besuch in Buenos Aires 1984 auf ihrer Einhaltung. Die Bundesregierung erklärte sich nur dazu bereit, alle argentinischen Kredite umzuschulden, was wohl einer *»nachträglichen Subventionierung der Rüstungsexporte«*, gleichkam.[195]

Die argentinische Regierung gab sich in den folgenden Jahren der Hoffnung hin, die Korvetten wie auch die U-Boote[196] an andere Länder verkaufen und damit die Auslandsschulden verringern zu können. Man baute also langsam an den Schiffen weiter. Nach dem ursprünglichen Zeitplan hatten alle sechs MEKO-140-Korvetten 1986 fertig sein sollen. Drei Korvetten (›Espora‹, ›Rosales‹ und ›Spiro‹) wurden 1985-87 tatsächlich in Dienst gestellt, im Jahr 1990 folgte noch eine vierte (›Parker‹). Doch die Suche nach anderen Abnehmerstaaten, bei der hinter den Kulissen die deutsche Bundesregierung mitwirkte[197], blieb erfolglos. Auch der Gedanke, die vier Korvetten an Taiwan zu verkaufen, ließ sich nicht realisieren.[198] Mit dem Weiterbau der zwei übrigen Korvetten hat sich Argentinien noch jahrelang herumgequält. 1992 hieß es, sie seien womöglich Ecuador, Griechenland und Portugal zum Kauf angeboten worden.[199] 1993 erklärte der argentinische Verteidigungsminister Gonzalez, mit den bisher fertiggestellten Korvetten sei das Bauprogramm beendet.[200] Doch im Juli 1994 wurden die Arbeiten an den beiden Schiffen wieder aufgenommen, um 1995 erneut gestoppt zu werden. Wahrscheinlich würden sie verschrottet, meldete eine Fachzeitschrift 1995.[201] Die Geschichte der Korvetten ist ein Musterbeispiel dafür, wie lange die Herrschaft verschwendungssüchtiger Militärs ein Land noch belasten kann und wie Rüstungskäufe statt zu dem angestrebten nationalen Machtgewinn eher zu verstärkter Abhängigkeit vom Ausland führen. Die Auslandsverschuldung Argentiniens erreichte 1994 eine Höhe von 75 Mrd. US-Dollar.

Die getarnte Ansiedlung einer argentinischen Waffeneinkaufsorganisation

Zu dem Themenkomplex ›Der Falklandkrieg und seine Folgen‹ gehört noch ein weiteres Kapitel, das auf die Zusammenarbeit zwischen B + V und der argentinischen Marineführung ein besonders grelles Licht wirft.[202] Unmittelbar nach Beginn des Falklandkriegs verwies die britische Regierung die in London ansässige Waffeneinkaufsorganisation der argentinischen Marine (Comision Naval Argentina en Europa = CMNE) des Landes. Auf der Suche nach einem Ausweichquartier wurden die Argentinier in Hamburg fündig. Der Leiter der CMNE, Konteradmiral Gonzales, etablierte Ende April 1982 einen ersten Stützpunkt in Hamburgs Innenstadt, in der Mönckebergstraße 27. Später stellte B + V der vielköpfigen argentinischen Kommission per Untermietvertrag einen Bürokomplex am Hafenrand (Vorsetzen 50) zur Verfügung. Darüber hinaus ermöglichte B + V es der CMNE, ihre Geschäfte mit anderen europäischen Rüstungsproduzenten ungeachtet des Waffenembargos in getarnter Form fortzusetzen. Die mit der Waffenbeschaffung befaßten Offiziere wurden kurzerhand zu Mitgliedern jener Bauaufsicht (Subcomision Naval) ernannt, die seit 1979 mit behördlicher Genehmigung den Fregattenbau bei B + V begleitete. Für das zivile Hilfspersonal der CMNE trat nach außen B + V als Arbeitgeber auf. Dabei hatten viele Aktivitäten dieser Marinekommisssion nichts mit dem Fregattenprogramm zu tun. So bezog sich die später dem ›Stern‹ in die Hände gefallene Korrespondenz der CMNE vom Oktober 1982 z.B. auf die Lieferung von 38.000 Stück 30-Millimeter-Granaten durch die französische Munitionsfabrik Manurhin Cusset. Der italienische Landminenproduzent Misar bedankte sich in einem Schreiben an die argentinische ›Waffenabteilung‹ in Hamburg für die *»prompte Zahlung der letzten Lieferung«*. Mit Produkten dieser Firma, der Antipersonenmine Misar-SB-83 und der Antipanzermine Misar-SB-81, hatte die argentinische Armee wenige Monate zuvor Landstriche auf den Falklandinseln vermint.[203]

Während die eigentlichen Mitglieder der Subcomision Naval nach Abschluß des Fregattenprogramms 1984 nach Argentinien zurückkehrten, betrieb die übergeordnete CMNE ihre dunklen Geschäfte von Hamburg aus weiter (vgl. auch den Abschnitt über die Torpedoproduktion von ➞ AEG). Wohl erst 1985/86 gingen die Hamburger Kripo und das BKA in Wiesbaden den Aktivitäten der argentinischen Marinekommission nach.

Durch eine vom ›Stern‹ zitierte Aussage einer ehemaligen CMNE-Sekretärin entstand 1986 der Eindruck, daß Hamburgs Innensenator und Zweiter Bürgermeister Alfons Pawelczyk die Tätigkeit der argentinischen Kommission in aufenthaltsrechtlicher Hinsicht bisher abgedeckt hatte. B+V-Personalchef Tepel habe gegenüber dieser Mitarbeiterin in diesem Zusammenhang von einem *»Sonderkanal Pawelczyk«* gesprochen. Der Innensenator war seit 1981 Vertreter des Senats im Verwaltungsrat von B+V. Der Senat, von der GAL-Bürgerschaftsfraktion auf den Stern-Bericht angesprochen, wies Verdächtigungen, daß Pawelczyk *»illegale Waffengeschäfte unter Verletzung seines Amtseides gefördert oder geduldet«* hätte, empört zurück.

Was aus dem von der Staatsanwaltschaft Hamburg gegen die CMNE eingeleiteten Ermittlungsverfahren wegen des Verdachts des Verstoßes gegen das Kriegswaffenkontrollgesetz geworden ist, ist nicht bekannt. Um 1987 ist die CMNE von Hamburg nach Bonn umgezogen.

Verwendung

Als einziges Land Lateinamerikas stellte Argentinien 1990 Kriegsschiffe für den Golfkrieg gegen den Irak bereit. Präsident Menem entsandte die MEKO-360-Fregatte ›Almirante Brown‹ und die MEKO-140-Korvette ›Spiro‹ an den Golf – beide hervorgegangen aus der Kooperation mit B+V. Die argentinische Regierung bestritt, daß die Beteiligung an der von den USA geführten Militärstreitmacht darauf abzielte, die internationale Finanzgemeinschaft zu einem Entgegenkommen beim Abtragen des Schuldenbergs zu bewegen. Das Dementi bestärkte aber eher den Verdacht, daß es genau darum ging.[204] B+V schlachtete den argentinischen Golfeinsatz indessen gleich dazu aus, um auf die Überlegenheit der MEKO-Technologie hinzuweisen: Die kurzfristig erforderlich gewordene Auswechslung eines Breda-Geschützes auf der ›Almirante Brown‹ habe dank des MEKO-Container-Prinzips nur einen Tag gedauert.[205]

Kritik/Proteste

Mit einer spektakulären Aktion begleiteten Hamburger Kriegsgegner und Kriegsgegnerinnen am 31. August 1982 den Stapellauf der letzten Argentinien-Fregatte ›Sarandi‹, der eigentlich ganz ohne öffentliches Aufsehen hatte stattfinden sollen.[206] Mit mehreren kleinen Schlauch- und Paddelbooten versuchten sie in das Hafenbecken von B + V vorzudringen, um so den für 15.44 Uhr angekündigten Stapellauf zumindest zu verzögern. B + V ließ die Fregatte – nach erfolgter Taufe durch die Frau von Konteradmiral und CMNE-Chef Gonzales – jedoch 15 Minuten eher als erwartet ins Wasser rauschen, wobei sie einem bereits eingetroffenen Aktionsboot bedrohlich nahe kam. Zum gleichen Zeitpunkt demonstrierten mehrere hundert Leute vor den Werkstoren für eine Einstellung der Rüstungsproduktion bei B + V. Die Werftleitung ließ die Tore schließen, weshalb die von der Schicht kommenden Arbeiter das B+V-Gelände für einige Zeit nicht verlassen konnten. Es kam daher zu einer verbalen Konfrontation zwischen Belegschaftsangehörigen und Demonstranten. Trotz solcher Schwierigkeiten wertete die Hamburger Friedenskoordination die von ihr vorbereiteten Aktionen zu Wasser und zu Land als Erfolg, *»da wir unser Ziel, die beabsichtigte Heimlichkeit dieses Stapellaufs zu durchbrechen, erreicht haben«*.[207] Daran, daß von Hamburgs Bürgern und Bürgerinnen nur sehr wenige an dem Argentinien-Geschäft Anstoß nahmen, änderte sich allerdings nichts.

Bei dem Bonnbesuch des argentinischen Staatspräsidenten Alfonsin im September 1985 kam es auch zu einer Begegnung mit Vertretern der Grünen. Diese traten gegenüber Alfonsin für eine Verschrottung der Kriegsschiffe ein; so könnte ein konkreter Beitrag zur Abrüstung geleistet werden. Die Bundesregierung forderten die Grünen auf, der argentinischen Regierung die noch nicht erfüllten Zahlungsverpflichtungen aus bundesdeutschen Rüstungslieferungen zu erlassen.[208]

3.5 Kriegsschiffe für die Türkei

Nach der ursprünglichen Planung von 1980 hatte die Türkei vier Fregatten des US-Typs Perry in Lizenz bauen wollen, doch ab 1981 wurden auch andere Möglichkeiten sondiert.[209] Im Januar 1982 entschied sich die türkische Regierung für das MEKO-200-Konzept von B + V. Zum deutschen Lieferkonsortium gehören bis heute: B + V als Konstruktions- und Leitwerft, HDW als Zweitwerft und die Thyssen Rheinstahl Technik GmbH (TRT), die sich vor allem um Finanzierungsfragen gekümmert hat. Das Fregattengeschäft mit der Türkei ist bisher in drei Etappen verlaufen:

- Der erste, am 29.12.1982 unterzeichnete Vertrag zwischen der Türkei und dem deutschen Dreierkonsortium sah vor: Bau von zwei Fregatten des Typs MEKO 200 T in Deutschland, Lieferung von Materialpaketen und technische Assistenz für den Bau von zwei weiteren Fregatten dieses Typs in der Türkei (Programm Track I). Dieser Vertrag wurde – nach Klärung der Finanzierung – am 12. September 1983 rechtswirksam.

- Am 19. Januar 1990 bestellte die Türkei die nächsten zwei Fregatten MEKO 200 (Track II – A). Man vereinbarte, je eine Fregatte in Deutschland und in der Türkei zu bauen. Die neuen Fregatten sind etwas größer und schneller als die Track-I- Fregatten.

- Am 14. Dezember 1992 wurde der Vertrag über den Bau der siebten und achten Lenkwaffenfregatte für die Türkei unterzeichnet (Track II – B).[210] Eigentlich sollte der Bau schon 1993 beginnen, doch kam es aus später anzusprechenden Gründen zu Verzögerungen, weshalb der Vertrag erst am 25. November 1994 in Kraft trat.[211] Wieder soll eine Fregatte in Hamburg, die andere auf der türkischen Marinewerft Gölcük gebaut werden.

Von Anfang an war klar, daß die Türkei die Schiffe nicht ohne ausländische Finanzhilfen würde bezahlen können; in längeren Verhandlungen war daher zu klären, wer in welchem Umfang an der Finanzierung beteiligt werden sollte.[212] Für den Bau der ersten vier Fregatten stellten die USA im Rahmen ihrer Militärhilfe (›Foreign Military Sales‹) 180 Mio. US-Dollar zur Bezahlung amerikanischer Waffen- und Elektronikanlagen bereit. Die niederländischen und Schweizer Zulieferer sorgten für die Finanzierung ihrer Lieferanteile (nach einer Angabe von 1983 zusammen 280 Mio. DM); auf holländischer Seite war daran die Amro-Bank mit einem Kredit von 200 Mio. Gulden beteiligt.[213] Von deutscher Seite wurde die bei weitem höchste Summe vorfinanziert. In einer internen Aufstellung von Blohm + Voss aus dem Jahr 1983 wurde der deutsche Lieferanteil (einschließlich Preisgleitung) mit ca. 800 Mio. DM angegeben. Davon sollte die Türkei ca. 240 Mio. DM während der Bauzeit überweisen.[214] Der Hauptbetrag von 560 Mio. DM wurde über langfristige Bankkredite aufgebracht, die je zur Hälfte von der (bundeseigenen) Kreditanstalt für Wiederaufbau und von einem Bankenkonsortium unter Führung der Deutschen Bank gewährt wurden. Wie 1984 bekannt wurde, war an dem Bankenkonsortium auch die damals gewerkschaftseigene Bank für Gemeinwirtschaft beteiligt.[215] Die Namen der übrigen Konsortialbanken und andere Einzelheiten will die Bundesregierung bis heute nicht bekanntgeben.

Der Auftragswert der fünften und sechsten MEKO-Fregatte wurde 1990/91 in der Presse mit 800 Mio. DM angegeben.[216] 50 Mio. DM steuerte – von der Öffentlichkeit gänzlich unbeachtet – die Bundesregierung bei. Davon entfielen 43,3 Mio. DM auf die 17. Tranche der Verteidigungshilfe an die Türkei (1989-91) und 6,7 Mio. DM auf die 18. Tranche (1992-94).

Der Auftragswert der siebten und achten Fregatte wurde von Blohm + Voss ebenfalls mit 800 Mio. DM beziffert; von türkischer Seite wird von 840 Mio. DM gesprochen.[217] Am 20. September 1993 sagte Bundeskanzler Kohl der türkischen Regierungschefin Ciller zu, den Bau der beiden Kriegsschiffe mit 150 Mio. DM aus dem Bundeshaushalt zu unterstützen – ungeachtet der Tatsache, daß Verteidigungsminister Rühe 1992 angekündigt hatte, die Militärhilfe für die Türkei 1995 zu beenden.[218] Kohls Versprechen wurde erst Anfang 1995 bekannt. Der Haushaltsausschuß des Bundestages stimmte der neuen Rüstungshilfe am 8. März 1995 gegen die Stimmen von SPD[219], Bündnis 90 / Die Grünen und PDS zu. Die kurz darauf wegen der türkischen Invasion im Nordirak verfügte Sperre dieser Mittel wurde schon einige Monate später wieder aufgehoben (zu den Hintergründen vgl. den folgenden Abschnitt). Der 150-Millionen-Zuschuß soll in drei Raten von 1996 bis 1998 ausgezahlt werden.

Unabhängig von diesen Geldgeschenken wird der Bau der vier Track-II-Fregatten wiederum durch umfangreiche Kredite ermöglicht, an denen auf deutscher Seite die Kreditanstalt für Wiederaufbau und das Konsortium anderer Banken, diesmal mit vermutlich über einer Milliarde DM, beteiligt sind.[220] Die amerikanischen, britischen und niederländischen Lieferanteile werden in der üblichen Art durch Kredite aus diesen Ländern vorfinanziert.[221] Der von den USA für die letzten vier MEKO-Fregatten geleistete Gesamtbeitrag soll sich auf 334 Mio. Dollar belaufen.[222]

Die Bundesregierung hat für die ersten vier Türkei-Fregatten, die zwischen 1984 und 1989 gebaut wurden, Hermes-Bürgschaften über insgesamt 800 Mio. DM. übernommen. Für die vier ab 1990 gebauten Fregatten beläuft sich der Umfang der übernommenen Bürgschaften auf 1,1 Mrd. DM.[223]

Interessen, Einflussfaktoren, Hintergründe

Das von B+V angeführte Konsortium erhielt den ersten Großauftrag von der fünfköpfigen Militärjunta, die sich am 12. September 1980 an die Macht geputscht und das Land unter Kriegsrecht gestellt hatte. Zwar wurden ab 1983 politische Parteien wieder zugelassen und zivile Koalitionsregierungen gebildet, doch das türkische Militär ist nach wie vor der entscheidende Machtfaktor in diesem Staat. Bei der Bekämpfung aller inneren und äußeren Kräfte, die von der Armeeführung als Störfaktor oder als Bedrohung wahrgenommen werden, geht das Militär mit rücksichtsloser Härte vor. Es erhebt für die Türkei – als Nachfolgestaat des Osmanischen Reiches – Anspruch auf eine regionale Großmachtrolle. Hierfür ist nicht nur die Erwerbung moderner Waffensysteme wichtig, sondern auch der Aufbau eigener Rüstungskapazitäten. So strebt die türkische Marine im Zusammenhang mit dem Fregattengeschäft die Fähigkeit an, *»alle Kriegsschiffe und Hilfsschiffe für unsere Seestreitkräfte selbst zu bauen«*.[224] Dies kommt vor allem im Ausbau der Gölcük-Werft am östlichen Ende des Marmara-Meers zu einem modernen Zentrum des Kriegsschiffbaus zum Ausdruck; sie ist der größte Industriebetrieb der türkischen Armee.

Die türkische Rüstung im Marinebereich ist unverkennbar in erster Linie gegen Griechenland gerichtet. Seit 1994 haben sich die seit langem schwelenden türkisch-griechischen Konflikte um die östliche Ägäis und um Zypern wieder deutlich verschärft, wofür die Türkei die Hauptverantwortung trägt.

Die bedeutende Rolle der USA bei der militärischen Ausrüstung der Türkei, auch hier beim Fregattengeschäft, rührt von dem Interesse her, dieses geostrategisch höchst bedeutsame Land als Bollwerk gegen sowjetische bzw. jetzt russische und fundamentalislamische Einflüsse zu sichern. Mit den Rüstungslieferungen haben sich USA und NATO bisher das Recht zur Nutzung zahlreicher Militäreinrichtungen erkauft, die ihnen Kriegseinsätze in benachbarten Regionen ermöglichen. Spielte die Türkei früher in den US-Szenarien für den Dritten Weltkrieg als Startbahn für Atomwaffenschläge gegen den Warschauer Pakt eine wichtige Rolle, so hat nun, wie der Zweite Golfkrieg gezeigt hat, ihre Funktion als Sprungbrett für Interventionen im Nahen und Mittleren Osten an Bedeutung gewonnen. Auch die oben genannte Gölcük-Werft gehört zu den Militäreinrichtungen, an deren Leistungsfähigkeit die USA interessiert sind: Sie wird zur Reparatur von Einheiten der Sechsten Amerikanischen Flotte genutzt.[225] Daneben haben verschiedene US-Rüstungskonzerne ein großes Interesse an den Fregattengeschäften mit der türkischen Marine, denn die von der US-Regierung hierfür bereitgestellten Finanzmittel kommen direkt der amerikanischen Waffen- und Elektronikindustrie zugute.

Auf die Frage, aus welchen Motiven die Bundesrepublik Deutschland mehr als jedes andere europäische Land zur Aufrüstung der türkischen Kriegsflotte beiträgt, hat die Bundesregierung 1995 geantwortet, sie messe *»der Rolle der Türkei als Brücke zwischen Europa und Asien sowie als regionalpolitischer Stabilitätsfaktor hohe Bedeutung bei«*.[226] Ein Land, das seit Jahren wegen Menschenrechtsverletzungen angeklagt wird, dessen Armee beim Kampf gegen kurdische Autonomiebestrebungen Tausende von Menschen getö-

Blohm + Voss und das türkisch-griechische Säbelrasseln

Viermal haben die Türkei und Griechenland im 19. und 20. Jahrhundert gegeneinander Krieg geführt (1821-30, 1897, 1912/13 und 1920-22), die militärische Besetzung Nordzyperns durch die Türkei im Jahr 1974 nicht mitgerechnet. Das türkisch-griechische Verhältnis ist nach wie vor durch tiefes Mißtrauen und schwere Interessenskonflikte geprägt, wobei jede Seite historische Ereignisse instrumentalisiert, um sich als Opfer expansionistischer Bestrebungen der Gegenseite darzustellen. Beim Wettrüsten legen beide Staaten besonderes Gewicht auf die Vergrößerung der Seestreitkräfte – und Deutschland ist hierbei neben den USA die Hauptbezugsquelle. B + V liefert MEKO-Fregatten an beide Seiten, obwohl das Kriegswaffenkontrollgesetz bekanntlich Exporte untersagt, wenn die Gefahr besteht, daß die Waffen bei friedensstörenden Handlungen eingesetzt werden.

Neben Zypern, das inzwischen zu den am stärksten militarisierten Gebieten der Welt gehört, ist es vor allem die östliche Ägäis mit ihren Hunderten von Inseln und ihren Meeresbodenschätzen, um die es immer wieder neue Konflikte gibt. Seit 1974 hat die Türkei Griechenland über ein dutzendmal mit Krieg für den Fall gedroht, daß Athen seine Hoheitsgewässer von sechs auf 12 Seemeilen ausdehnen sollte. Die Türkei argumentiert damit, daß durch eine solche Maßnahme ihr maritimer Bewegungsspielraum stark eingeschränkt würde. Es geht bei dem Streit aber vor allem um die Erdölvorkommen in der Ägäis und um das Recht zu ihrer Ausbeutung. Bereits 1974, 1976 und 1987 standen beide Länder am Rand eines neuen Krieges. Die folgende Chronologie von Vorfällen und Drohgebärden zeigt, daß die Kriegsgefahr weiterhin nicht gebannt ist.

Oktober 1994
Die Türkei wirft Griechenland vor, Exocet-Raketen auf den Ägäis-Inseln Lemnos und Skyros stationiert zu haben.

November 1994
Beide Seiten führen in der Ägäis umfangreiche Seemanöver mit scharfer Munition durch. Athen meldet, die eigene Luftwaffe habe 8-10 türkische Kampfflugzeuge aus griechischem Luftraum vertrieben.

März 1995
Ministerpräsidentin Ciller sät den Verdacht, Griechenland sei der Drahtzieher der Alewiten-Unruhen in Istanbul.

Juni 1995
Das griechische Parlament ratifiziert das Internationale Seerechtsübereinkommen, das Griechenland die Ausdehnung seiner Hoheitsgewässer von sechs auf 12 Seemeilen erlaubt. Die Große Nationalversammlung der Türkei ermächtigt daraufhin die Regierung, gegen Griechenland bei einer entsprechenden Ausdehnung der Hoheitsgewässer militärisch vorzugehen.

28.12.1995
Türkisches Phantom-Flugzeug stürzt nach einem neuen Luftzwischenfall westlich von Lesbos ab.

Januar 1996
Die Türkei und Griechenland ziehen in der Umgebung der winzigen und unbewohnten Felseninsel Imia (unweit von Kos) starke Seestreitkräfte zusammen. Zuvor war ein türkisches Kriegsschiff – wahrscheinlich die bei B + V gebaute Fregatte ›Yavuz‹ – vor Imia auf Grund gelaufen, woraufhin der von nationalistischen Scharfmachern geschürte Streit um die territoriale Zugehörigkeit der Insel weiter eskaliert war. Drei Griechen sterben bei einem Helikopterabsturz. Druck der USA wendet die unmittelbare Kriegsgefahr ab.

April 1996
Die Türkei protestiert gegen den Beschuß eines türkischen Fischerbootes durch die griechische Küstenwache (ein Verletzter).

Mai 1996
Vor der Felseninsel Imia rammt nach Darstellung aus Athen ein türkisches Militärschiff ein griechisches Patrouillenboot.

Juni 1996
Ein türkischer Admiral bezeichnet die südlichste griechische Insel, Gavdos, als »*umstrittene Zone*« und schafft damit neuen Konfliktstoff.

August 1996
Eine Studie der türkischen Militärakademie, in der Anspruch auf über 100 Inseln in der Ostägäis erhoben wird, löst in Griechenland große Empörung aus.

August – Oktober 1996
Antitürkische Demonstrationen auf Zypern. Bei verschiedenen Zwischenfällen werden drei griechische Zyprioten und ein türkischer Soldat umgebracht.

November 1996
Sowohl Griechenland als auch die Türkei kündigen massive weitere Aufrüstung an. Die Türkei beabsichtigt laut ›Frankfurter Rundschau‹, in den nächsten 25 Jahren 225 Mrd. DM für neue Waffen, darunter 14 Fregatten, auszugeben.

Januar 1997
Wegen des Plans der zyprisch-griechischen Regierung, russische Boden-Luft-Raketen auf Zypern zu stationieren, droht die türkische Außenministerin Ciller mit einer Militäraktion. Türkische Kriegsschiffe nehmen Kurs auf Zypern. Die zyprische Regierung deutet Verzicht auf die Raketen an.

Februar 1997
Türkisch-griechische Schießerei an der innerzyprischen Grenze.

tet, Hunderte von kurdischen Dörfern zerstört hat und fast regelmäßig auf irakisches und iranisches Gebiet vordringt, ein Land, das bei einem Staudammprojekt keine Rücksicht auf den syrischen und irakischen Wasserbedarf nimmt, das Armenien als potentiellen Feind betrachtet, das vor allem Griechenland immer wieder mit Krieg droht und noch immer einen Teil Zyperns militärisch besetzt hält – ein Stabilitätsfaktor?

›Stabilität‹ gehört heute zu den Schlüsselbegriffen der militärischen Öffentlichkeitsarbeit, häufig wird er von Militärs und Politikern benutzt, um eigene geostrategische und ökonomische Interessen zu kaschieren – so auch hier. Mit Rüstungslieferungen glaubt man, die führende Stellung der deutschen Wirtschaft auf dem türkischen Markt weiter festigen zu können. Beim Fregattengeschäft orientiert sich das Handeln der politisch Verantwortlichen im Kern wieder am Interesse ›der Werftindustrie‹, d.h. von B + V und HDW, sowie der Zulieferunternehmen. Ohne Umschweife hat z.B. der Vorsitzende des Auswärtigen Ausschusses, Karl-Heinz Hornhues (CDU), 1995 den 150-Millionen-Zuschuß für die Türkei-Fregatten als »*Werfthilfe*« für norddeutsche Schiffbauer eingestuft.[227]

Die Bonner Lobby der zwei norddeutschen Großwerften hat das Fregattengeschäft von Anfang an nach Kräften gefördert. So setzte sich Bundesfinanzminister Stoltenberg, dem als schleswig-holsteinischer Spitzenpolitiker das Wohl der Kieler HDW-Werft besonders am Herzen lag, 1983 persönlich für die Bundesbürgschaft zugunsten des Kriegsschiffsauftrags ein.[228] Dasselbe tat der Hamburger Senat im Interesse von B + V. Er forderte 1983 »*den Bund im Hinblick auf die kritische Beschäftigungssituation bei den Werften*« zur Übernahme der Bürgschaft auf.[229]

Die Gründe, die 1993/94 zur Verzögerung der Inauftraggabe der siebten und achten Türkei-Fregatte führten, sind in der Presseberichterstattung nur in schwachen Umrissen deutlich geworden. »*Politische Gegebenheiten*« auf deutscher und türkischer Seite sowie enormer Druck durch ausländische Konkurrenten seien daran schuld gewesen, erklärte B+V-Chef Beer Anfang 1994.[230] Vermutlich wurde das Geschäft durch jene Rakete gestört, die in der Nacht vom 1. auf den 2. Oktober 1992 vom amerikanischen Flugzeugträger ›Saratoga‹ auf den türkischen Zerstörer ›Muavenet‹ abgefeuert wurde. Dieser irrtümliche Beschuß im Rahmen eines NATO-Manövers in der Ägäis kostete fünf türkischen Besatzungsmitgliedern das Leben; mindestens 14 weitere wurden verletzt. Die US-Regierung erklärte sich Anfang 1993 bereit, der Türkei als ›Ersatz‹ für den zerstörten Zerstörer acht (!) Fregatten aus dem Bestand der amerikanischen Marine (Knox-Klasse) zu günstigsten Konditionen zu verkaufen oder zu leasen.[231] Nach dieser Zusage hatte es die türkische Marine mit dem Erwerb weiterer MEKO-Neubauten aus Deutschland anscheinend nicht mehr so eilig. Kanzler Kohl, der die Türkei im Mai 1993 besuchte, mußte nun der Regierung in Ankara schon mit einem bedeutenden Zuschuß winken, um sie zur Bestellung neuer Fregatten zu bewegen. Wegen der im September 1993 gegebenen 150-Millionen-Zusage kam es übrigens in Bonn zu einem Gerangel zwischen Wirtschaftsministerium, Verteidigungsministerium und Auswärtigem Amt: Kein Ressort wollte die Summe aus seinem Etat finanzieren.[232] Am Ende wurde entschieden, die Aufrüstungshilfe für die Türkei aus dem Einzelplan 05 (Auswärtiges Amt, Kapitel 0502, Titel 68621) zu bezahlen.

Als am 20. März 1995 die türkische Armee mit 35.000 Soldaten in den Nordirak einfiel, um die PKK ›endgültig‹ zu zerschlagen, sah sich Außenminister Kinkel angesichts wachsender Kritik an der deutsch-türkischen Militärkooperation zu einer Reaktion veranlaßt. Er verkündete am 27. März 1995, die 150-Mio-DM-Hilfe für die Kriegsschiffe werde vorläufig auf Eis gelegt. Daß dies nur eine symbolische Geste war, um den von Oppositionspolitikern erhobenen Vorwurf, Deutschland unterstütze die türkische Kriegspolitik, zu entkräften, war den meisten Beobachtern klar.[233] Nachdem das türkische Militär seinen Irak-Einsatz im Mai 1995 offiziell abgeschlossen hatte, war es nur eine Frage der Zeit, bis die Mittel wieder ›entsperrt‹ wurden. Der Haushaltsausschuß des Bundestages gab sie *»auf Vorschlag der Bundesregierung«*[234] am 20. September 1995 frei. B + V konnte nun mit dem Bau der Fregatte ›Sali Reis‹ beginnen – oder ihn fortsetzen, denn laut ›Jane's Fighting Ships‹ hatte die Kiellegung des Schiffes bereits am 16. März 1995 stattgefunden.[235]

TRADITIONSLINIEN

Die Kriegsschiffsgeschäfte sind nicht zuletzt vor dem Hintergrund der langen Tradition deutsch-türkischer Militärbeziehungen zu sehen. Seit dem 19. Jahrhundert waren deutsche Regierungen stets bestrebt, die Türkei mit Hilfe von Waffenlieferungen und Militärausbildern zu einer deutschen Interessensphäre zu machen.[236] Zu Beginn des Ersten Weltkriegs konnte das Deutsche Kaiserreich die Türkei als Bündnisgenossen bzw. Söldner im Kampf gegen England gewinnen. Nicht einmal der Völkermord der türkischen Streitkräfte an den Armeniern 1915/16 konnte die Militärkooperation stoppen (von führenden deutschen Offizieren, so dem Flottenchef Wilhelm Souchon, wurde er vielmehr mit Genugtuung beobachtet).[237] Auch mit Kriegsschiffen wurde die Türkei schon unter Wilhelm II. ausgestattet[238]; Hitler-Deutschland führte diese Politik mit der Lieferung von U-Booten fort, welche die Kieler Germania-Werft (heute HDW) 1938/39 baute. Stets waren dabei die Interessen deutscher Machthaber und des deutschen Militärs eng mit den wirtschaftlichen Interessen norddeutscher Großwerften verzahnt.

Mit dem deutsch-türkischen Militärhilfeabkommen vom 2.5.1964 begann ein neuer Waffenstrom in Richtung Bosporus zu fließen (bis 1995 lieferte Deutschland Kriegsgerät im Wert von etwa 7 Mrd. DM). Dem Waffenembargo, das die USA nach der Zypern-Invasion von 1974 gegen die Türkei verhängten, schloß sich die Bundesrepublik nicht an. Im Gegenteil: Kanzler Schmidt und Verteidigungsminister Leber drängten die Amerikaner 1976, das Embargo wieder aufzuheben[239] – was 1978 auch geschah.

DER BAU

Vor Beginn des Fregattenbaus ließ B + V in der ➞ Hamburgischen Schiffbau-Versuchsanstalt ausgiebige Modellversuche durchführen.[240] Im August 1984 begann in den Werkhallen von B + V die Produktion des ersten Kriegsschiffs für die Türkei. Die Arbeiten an dem Typschiff der zweiten Vierer-Serie wurden dort im November 1991 aufgenommen. B + V ist generell auch für die Integration der Waffen- und Elektronikmodule zuständig. Im Falle der ersten Fregatte, ›Yavuz‹, wurden im August und September 1986 insgesamt 30 Module (5 Waffen-, 10 Elektronik- und 10 weitere Module) eingebaut.[241]

Programm Track I: Yaruz-Klasse

Name	Kiellegung	Taufe	Indienststellung	Bauwerft
Yavuz (F 240)	5/1985	07.11.1985	7/1987	B + V
Turgut Reis (F 241)	9/1985	30.05.1986	2/1988	HDW
Fatih (F 242)	1/1986	24.04.1987	7/1988	Gölcük
Yildirim (F 243)	4/1987	22.07.1988	7/1989	Gölcük

Technische Daten

Verdrängung: 2.800 t (Design-Displacement) bzw. 3.000 t (full load), Länge: 110,5 m, Höchstgeschwindigkeit: 27 Knoten, Besatzung: 180 Mann.

Programm Track II: Barbaros-Klasse

Name	Kiellegung	Taufe	Indienststellung	Bauwerft
Barbaros (F 244)	3/1993	29.09.1993	3/1995	B + V
Oruc Reis (F 245)	9/1993	28.07.1994	3/1996	Gölcük
Sali Reis (F 246)	3/1995	1997	1998	B + V
Kemal Reis (F 247)	1996	1998	2000	Gölcük

Technische Daten

Verdrängung: 3.200 t (Design-Displacement) bzw. 3.350 t (full load), Länge: 116,7 m, Höchstgeschwindigkeit: 31 Knoten, Besatzung: 200 Mann.

Hersteller der Waffensysteme

aus den USA: FMC Corporation (Geschütz auf Vorderschiff), Raytheon (Sea Sparrow-Flugabwehrsystem), McDonnell Douglas (Seezielflugköper Harpoon), Loral Hycor (Düppelwerferanlage SRBOC), Honeywell (Torpedos);
aus der Schweiz: Oerlikon/Contraves (Flugabwehrgeschütze Sea Zenith);
aus Italien: Augusta (Hubschrauber AB 212 mit Raketen).

Weitere Zulieferfirmen[242]

aus Deutschland: MTU Friedrichshafen (Dieselmotoren), Zahnräderfabrik Renk (Getriebe), Siemens (Laserradarsystem ›Albis‹ für Geschütze, Generatoren), AEG (Scheinwerfer), Anschütz (Kompaßanlagen), Litton/C. Plath (Kompaßanlagen), Aeromaritime Systembau (Freund-Feind-Kennung), Radarleit (Taktisches Informationszentrum), Hagenuk (Fernmeldetechnik), Honeywell-ELAC (Echolot), Elektro Spezial (Fernmeldetechnik), Piller (Generatoren), Klöckner-Humboldt-Deutz (Notgenerator), Varta (Batterien), Wilh. Lambrecht (Windmeßanlage), Weier (Elektromotoren), H.A. Springer (Choking-Technologie), CEAG, Miele, Westfalia Separator, Zöllner, → ELNA (Satelliten-Navigationsanlage), → Noske-Kaeser (Klimatechnik), → G + H Montage (Feuer- und Lärmschutz), → Rheinhold & Mahla (Hitze- und Lärmschutz), → Metallverarbeitungsgesellschaft Schubert & Co.; Sulzer Weise (Pumpen), → Alfons Haar (Maschinen), → Hatlapa (Maschinen);

aus den USA: Loral Hycor (Elektronik), ITT (Elektronik), RCA (Elektronik), Gould (Elektronik), E-Systems (Radiotechnik), General Electric (Gasturbinen für Track II);
aus den Niederlanden: Hollandse Signaalapparaten (Feuerleitradar u.a.);
aus der Schweiz: Contraves (Radaranlagen);
aus Großbritannien: AGI, Racal (Radar), Plessey (Radar);
aus Schweden: KaMeWa (Propeller).

Materialpakete und Ausbildungsleistungen

Die Lieferung der sog. Materialpakete an die Werft von Gölcük haben sich B + V und HDW untereinander aufgeteilt.[243] Die Zulieferungen für die dritte Fregatte, ›Fatih‹, schloß B + V 1988 ab. Die Verschiffung der Materialpakete von B + V erfolgt über den Grevenhofkai (Schuppen 69/70), der schon seit vielen Jahren ein wichtiger Umschlagplatz für Rüstungsexporte in die Türkei ist. Im April 1995 nahm dort z.B. das türkische Frachtschiff ›Kayseri‹ diverse Komponenten für die sechste Fregatte ›Oruc Reis‹ an Bord – von Systemen der elektronischen Kampfführung bis hin zur Propellernabe.

B + V hat im Rahmen des Geschäfts auch Schulungen für das Personal der türkischen Nachbauwerft durchgeführt. Auch ein Teil der Schiffsbesatzungen sind durch B+V-Instrukteure eingewiesen worden.[244] Im übrigen hat beim Seetraining der türkischen Besatzungen die Bundesmarine wesentlich mitgewirkt.

Feierlichkeiten/Schiffsnamen

Zwischen 1983 und 1995 hat es bei B + V wegen der beiden Kriegsschiffe ›Yavuz‹ und ›Barbaros‹ mindestens fünf Feiern mit Beteiligung türkischer Militärprominenz gegeben:

28.9.1983 Symbolischer Fertigungsbeginn in Anwesenheit des Marineoberbefehlshabers und Juntamitglieds Nejat Tümer

7.11.1985 Taufe der ›Yavuz‹ durch die Frau des türkischen Marineoberbefehlshabers, Admiral Atakan, und Festbankett im Hotel Intercontinental

17.7.1987 Indienststellung der ›Yavuz‹ mit 300 geladenen Gästen, darunter der türkische Marineoberbefehlshaber, Admiral Göksan, und der Befehlshaber der deutschen Flotte, Vizeadmiral Rehder. Großes Militärritual mit Nationalhymnen, Flagge-Küssen und Paradeaufstellung[245]

29.9.1993 Taufe der Fregatte ›Barbaros‹ im B+V-Baudock durch die Frau des türkischen Marinebefehlshabers Bayazit vor fast 500 geladenen Ehrengästen;

16.3.1995 Indienststellung der ›Barbaros‹ wiederum mit großem Zeremoniell.

Für den 12. März 1997 war die Taufe der Fregatte ›Salih Reis‹ bei B + V angekündigt; die Feier wurde jedoch abgesagt (möglicherweise wegen des Konflikts zwischen der islamisch orientierten Regierung und der Militärführung in der Türkei).

Wie so oft, geben auch hier die Schiffsnamen Hinweise auf die Gedankenwelt und die historischen Ideale der Auftraggeber. Der Name ›Yavuz‹ hat eine doppelte geschichtliche Bedeutung. Er rührt ursprünglich von Sultan Selim I. her, der von 1512 bis 1520 Herrscher des Osmanischen Reiches war und wegen seiner Härte und Grausamkeit ›Yavuz‹ (der Gestrenge) genannt wurde.[246] Er ist durch Eroberung von Gebieten in Ostanatolien und Aserbeidschan, aber auch von Syrien und Ägypten in die türkische Geschichte eingegangen. In Erinnerung an diesen Kriegshelden benannten die Türken 1914 den bisherigen Schlachtkreuzer ›Goeben‹, den sie bei Kriegsbeginn vom Deutschen Kaiserreich erhalten hatten, in ›Yavuz Sultan Selim‹ (später nur noch ›Yavuz‹) um. Gebaut worden war der Schlachtkreuzer 1909-12 bei B+V. Deutsche Kriegsnostalgiker erzählen immer wieder gerne, *»wie ein Kreuzer aus Hamburg die Türken zum Krieg animierte«* und wie dieser – unter dem Kommando eines deutschen Admirals – bis 1918 *»die ganze russische Schwarzmeerflotte in Schach hielt«.*[247] Mit der Entscheidung, das erste Schiff aus dem neuen Fregattenbauprogramm ›Yavuz‹ zu nennen, wurde also bewußt an zweifelhafte Traditionslinien der deutsch-türkischen Waffenbrüderschaft angeknüpft.

Mit dem Schiffsnamen ›Barbaros‹ ehrt die türkische Marine einen anderen Gewalttäter des 16. Jahrhunderts: den 1533 zum osmanischen Großadmiral aufgestiegenen ehemaligen Seeräuberführer Hayrüd-Din, der in Europa unter dem Namen Barbarossa (Rotbart) Angst und Schrecken verbreitete.[248] Mit dem Bau einer gewaltigen Kriegsflotte legte er den Grundstein für die osmanische Vorherrschaft im Mittelmeer. Unter ihm wurden nicht nur venezianische Inseln in der Ägäis erobert, sondern auch süditalienische Küstenorte gebrandschatzt und geplündert. 1538 brachte Barbaros(sa) einer von Andrea Doria geführten Koalitionsflotte europäischer Mächte eine vernichtende Niederlage bei (Schlacht von Preveze). Die Grabanlage von Barbaros ist noch heute im Istanbuler Stadtteil Besiktas zu besichtigen, wo sich auch ein martialisches Barbaros-Denkmal und das türkische Marinemuseum befinden. Im übrigen hat auch das Kriegsschiff ›Barbaros‹ einen Vorläufer von kaiserlich-deutscher Herkunft: Als das wilhelminische Deutschland 1910 ein Schlachtschiff (›Kurfürst Friedrich Wilhelm‹) an die Türkei abgab, bekam es dort den Namen ›Barbaros Hayreddin‹.

VERWENDUNG UND PERSPEKTIVE

Wie 1991 berichtet wurde, haben sich die ersten vier Fregatten *»bei Manövern im Mittelmeer, im Schwarzen Meer aber auch in der fernöstlichen See bewährt«.*[249] Nach Meldungen der türkischen Presse wurden die Fregatten ›Yavuz‹ und ›Turgut Reis‹ beim

Golfkrieg 1991 auf alliierter Seite in Stellung gebracht.[250] Vor allem nutzt die Türkei ihre Fregatten zu Demonstrationen ihrer Kriegsbereitschaft gegenüber Griechenland, wie dies z.B. beim Manöver ›Seewolf 2-94‹ im November 1994 geschah.[251] Die ›Yavuz‹ lief 1996 beim Kreuzen in umstrittenen Gewässern in der östlichen Ägäis auf Grund[252] und löste damit neue Spannungen zwischen Ankara und Athen aus.

Der Kriegsschiffshunger der Türkei ist mit den bisher acht MEKO-200-Fregatten und den zusätzlich aus den USA und Deutschland erhaltenen Gebrauchtfregatten noch immer nicht gestillt. 1995/96 war von der Beschaffung von weiteren sechs bis acht, dann sogar von 14 neuen Fregatten die Rede.[253]

Kritik/Proteste

30.3.1983: Die Vertrauensleute-Vollversammlung der Blohm + Voss AG lehnt in einer schriftlichen Stellungnahme gemeinsam mit dem Arbeitskreis ›Alternative Fertigung‹ den Bau von Fregatten für die Türkei ab. Von der Bundesregierung fordert sie, statt dessen Mittel für die Produktion nützlicher Zivilgüter auf den norddeutschen Werften zur Verfügung zu stellen.

21.9.1983: Die GAL-Fraktion fordert die Hamburger Bürgerschaft auf, folgenden Beschluß zu fassen: »*Die Bürgerschaft appelliert an den Vorstand und den Aufsichtsrat von Blohm + Voss, keine Fregatten für das antidemokratische und militaristische Regime der Türkei zu produzieren. Gleichzeitig appelliert die Bürgerschaft an die Bundesregierung, die hierfür bereitgestellte Bürgschaft zurückzuziehen und das Geld für arbeitsplatzerhaltende zivile Fertigung in der Werftindustrie zu vergeben.*«[254] Der Vorstoß stößt auf die Ablehnung von SPD und CDU.

28.9.1983: Der Besuch des türkischen Juntamitglieds Admiral Tümer bei B + V führt zu Protestaktionen vor den Werkstoren und an den Landungsbrücken. Nejat Tümer wird dabei als einer der fünf Generäle angeprangert, die 1980 »*die Regierungsgewalt an sich rissen, die gesellschaftliche Opposition ausschalteten und mit Mord und Folter Ruhe und Ordnung im Lande herstellten*«.[255]

22.6.1984: Die ÖTV-Vorsitzende Monika Wulf-Mathies rügt auf dem Gewerkschaftstag in München die Beteiligung der Bank für Gemeinwirtschaft

6. April 1995: Protestfahrt zur ›Barbaros‹

an der Kreditfinanzierung der türkischen Fregatten. Frau Wulf-Mathies ist Mitglied des BfG-Aufsichtsrats.[256]

7.11.1985: An einer Protestdemonstration der Hamburger Friedenskoordination und anderer Gruppen anläßlich des Stapellaufs der Türkei-Fregatte ›Yavuz‹ nehmen etwa 200 Menschen teil. Die Demonstration endet beim Hotel Intercontinental, wo vom türkischen Marineoberbefehlshaber Atakan ein Festbankett gegeben wird. ›Bild‹ berichtet am nächsten Tag: *»Am ›Interconti‹ wollten vier Demonstranten den Gästen des Empfangs ein Papier mit Forderungen überreichen. Aber die verweigerten die Annahme.«*

29.9.1993: Zur Taufe der Fregatte ›Barbaros‹ am 29. September 1993 findet erneut eine Protestkundgebung vor dem Haupttor bei Blohm + Voss statt.

17.1.1994: Der ›Informationskreis Rüstungsgeschäfte in Hamburg‹ weist in einer Presseerklärung auf die Gefahr hin, daß ein möglicher türkisch-griechischer Seekrieg *»auf beiden Seiten mit Kriegsschiffen von Blohm + Voss ausgefochten«* würde. Die Medien nehmen von der Erklärung keine Notiz.

16.2.1995: Im Bundestag wird die Bundesregierung mit kritischen Fragen zahlreicher SPD- und Grünen-Abgeordneten zu der Fregatten-Beihilfe für die Türkei eingedeckt. Der Staatsminister im Auswärtigen Amt, Werner Hoyer (FDP), antwortet ausweichend und verniedlicht die türkisch-griechischen Spannungen zu einer Frage der »*bisweilen von beiden NATO-Partnern gewählten Rhetorik*«. In Anträgen fordern Bündnis 90/Die Grünen und PDS einen konsequenten Stopp der Rüstungslieferungen an die Türkei.[257]

März 1995: Das Bonner SPD-Präsidium fordert, den Zuschuß von 150 Mio. DM »*zu streichen und die Fregatten nicht zu liefern*«.[258]

6.4.1995: Der Informationskreis Rüstungsgeschäfte veranstaltet, unterstützt von der ›Hafengruppe Hamburg – Dritte Welt‹ und der GAL-Bürgerschaftsfraktion, mit zwei Barkassen eine Informations- und Protestfahrt zu der Fregatte ›Barbaros‹, die noch am Ausrüstungskai von B+V liegt. Ein Teilnehmer tauft die ›Barbaros‹ in ›Klaus Kinkel‹ um – nicht mit Sekt, sondern mit roter Farbe (Folge: drei Farbflecken am Schiffsrumpf). Anschließend werden am Grevenhofkai zur Verschiffung bereitstehende Kisten besichtigt, die für den Bau des Kriegsschiffs ›Oruc Reis‹ in Gölcük bestimmt sind. Wegen der alternativen Schiffstaufe werden danach 18 AktionsteilnehmerInnen von der Hamburger Wasserschutzpolizei vorübergehend festgenommen. Noch am selben Tag stellt der türkische Kriegsschiffskommandant Strafantrag wegen Sachbeschädigung und droht, »*daß bei einer erneuten Annäherung von Barkassen an die Fregatte auf weniger als 5 Meter eventuell von der Schußwaffe Gebrauch gemacht*« würde. Auch B+V stellt Strafantrag. Hauptbegründung: An dem Speziallack, der die Ortung des Kriegsschiffs durch Radar verhindern soll, sei ein Schaden von ca. 20.000 DM entstanden. Das Landeskriminalamt Hamburg nimmt Ermittlungen auf, zeitweilig ist sogar das Bundeskriminalamt in Wiesbaden mit der Angelegenheit befaßt; zu einer Anklage und einem Gerichtsverfahren kommt es aber nicht.

21.9.1995: Der Grünen-Bundestagsabgeordnete Cem Özdemir bezeichnet die Freigabe der 150 Mio. als »*Persilschein*« und als »*falsches Signal*« für die türkische Regierung. Auch die Grünen-Abgeordnete Angelika Beer und der SPD-Haushaltspolitiker Eckhart Kuhlwein (Ammersbek bei Hamburg) wenden sich gegen die Entscheidung.

15.12.1995: Auf der Betriebsversammlung von B+V hält der Angestellte Ike Walter eine Rede, in der er den Vorstand wegen des neuen Kriegsschiffsgeschäfts mit der Türkei kritisiert.

22.3.1996: Der ›Dachverband der Kritischen Aktionärinnen und Aktionäre‹ (Köln) und die ›Kampagne gegen Rüstungsexport‹ (Wiesbaden) werfen auf der Hauptversammlung der Thyssen-Aktionäre in Duisburg der Thyssen AG vor, mit den Kriegsschiffslieferungen an die Türkei und Griechenland schwelende Konflikte zu schüren. Motto des Protests: *»Die Ägäis gehört den Fischen – nicht den Kriegsschiffen von Thyssen!«*

14.3.1997: Auf der Thyssen-Aktionärshauptversammlung in Duisburg stellt eine kritische Aktionärin aus Hamburg den Antrag, die Mitglieder des Vorstandes wegen der gleichzeitigen Kriegsschiffsgeschäfte mit der Türkei und Griechenland nicht zu entlasten. Der Antrag findet keine Mehrheit.

3.6 Kriegsschiffe für Griechenland

Bereits 1986 wurde auf der Werft darüber gemunkelt, daß nach der Türkei nun auch der mit ihr im Dauerstreit liegende Nachbar Griechenland MEKO-Fregatten von B+V erwerben wolle. Aber erst am 18. April 1988 wurde die Entscheidung der Athener Regierung über den Kauf von vier Fregatten des Typs MEKO 200 Mod 3HN bekanntgegeben. Am 10. Februar 1989 kamen die Geschäftsparteien vor Piräus auf dem alten Panzerkreuzer ›Averoff‹ zusammen, um den Hauptvertrag feierlich zu unterzeichnen; B+V war durch Werftchef Rohkamm vertreten. Der Hauptvertrag und eine weitere Vereinbarung vom 10. Mai 1989 sahen vor: Bau des ersten Kriegsschiffs bei B+V in Hamburg bis 1992, Bau der anderen drei mit Materialpaketen und technischer Unterstützung aus Deutschland auf der griechischen Staatswerft Hellenic Shipyards in Skaramanga bis 1997. An dem Lieferkonsortium waren neben B+V wiederum die für die Finanzierung zuständige Thyssen Rheinstahl Technik GmbH (Düsseldorf) und die Howaldtswerke Deutsche Werft AG (Kiel) beteiligt, wobei letztere nur in relativ geringem Umfang durch Fertigung einiger Materialpakete mitwirken sollte.

›DEFENDORY 96‹ IN PIRÄUS: B + V PRÄSENTIERT
DEM GRIECHISCHEN VERTEIDIGUNGSMINISTER DAS MODELL DER HYDRA

Der Auftragswert für die vier Kriegsschiffe wurde mit 1,232 Mrd. US-Dollar (rund 2,5 Mrd. DM) angegeben. In dieser Summe nicht enthalten waren die Elektronik- und Waffensysteme, die aus den USA geliefert und über einen Kredit der Foreign Military Sales finanziert werden sollten.[259] Den auf B + V entfallenden Umsatzanteil bezifferte Rohkamm Anfang 1989 mit 500 bis 600 Mio. DM.[260]

Im April 1988, wenige Tage vor der Bekanntgabe des Auftrags, hatte Bundeswirtschaftsminister Bangemann bei seinen Gesprächen mit Griechenlands Ministerpräsident Andreas Papandreou das Geschäft offenbar endgültig unter Dach und Fach gebracht.[261] Mit einer ›Rüstungssonderhilfe‹ ebnete Bonn den Weg.[262] Dafür, daß Athen statt der niederländischen Konkurrenz, die offenbar ein deutlich günstigeres Angebot abgegeben hatte, dem deutschen Konsortium den Zuschlag erteilte, sagte Bonn zu,

1. der griechischen Armee Waffen im Wert von 348 Mio. DM, darunter 28 generalüberholte Starfighter F-104 G und 75 gebrauchte Panzer ›Leopard 1‹, zu schenken, und
2. 100 Mio. DM direkt für den Bau der Fregatten beizusteuern.

Daneben wurde der übrige deutsche Lieferanteil wie beim Türkei-Fregatten-Geschäft über einen Kredit deutscher Banken finanziert, den die Bundesregierung mit einer Hermes-Bürgschaft absicherte. Die Umstände der Fregattenfinanzierung ließen den ›Spiegel‹ von einer *»verschleierten Sanierungsaktion für Blohm + Voss«* sprechen.

Interessen, Einflussfaktoren, Hintergründe

Schon zu Zeiten der Blockkonfrontation betrachtete die griechische Regierung nicht den Warschauer Pakt, sondern den Erzfeind Türkei als Hauptbedrohung. Kristallisationspunkte der Animositäten sind die östliche Ägäis und Zypern *(siehe Kasten auf Seite 94f.)*.

Tatsächlich ist die Beschaffung neuer, hochmoderner Fregatten als Reaktion auf die fortgesetzte maritime Aufrüstung der Türkei zu werten – zu der B + V gleichfalls maßgeblich beiträgt. Die Krise vom März 1987, in welcher der türkisch-griechische Streit um die Erdölvorkommen in der Ägäis zu einem Krieg zu eskalieren drohte, wird es der griechischen Marine erleichtert haben, die Notwendigkeit neuer Kampfschiffe innenpolitisch zu begründen.

Die Auftragsvergabe soll – so ein bis heute nicht ausgeräumter Verdacht – von hohen Schmiergeldzahlungen an griechische Politiker und Militärs begleitet gewesen sein. Daß hierüber überhaupt etwas durchsickerte, lag an der Firma ›Zypern Consult‹ mit Sitz in Como/Schweiz, die sich um die Vermittlungsprovision betrogen fühlte und deshalb eine Klage gegen B + V anstrengte.[263] Belegt ist, daß am 31. August 1987 in der Hauptverwaltung von B + V ein Treffen stattfand, bei dem es um das Griechenland-Geschäft ging. Anwesend waren u.a. von B + V Heinz-Georg Wurm (Leiter der Gesamtprojektierung und des Vertriebs von Kriegsschiffen), von Thyssen Heinz Böttger, von Zypern Consult die Kaufleute Elias Tsalikis aus Athen, Klaus Thiele aus Henstedt-Ulzburg und Werner Wintermeyer aus Campione d'Italia sowie Georgios Karavitis, ein Beamter im Beschaffungsreferat des griechischen Wirtschaftsministeriums. Damals sei vereinbart worden, so erklärte Thiele, die Schmiergelder und Provisionen auf ein Schweizer Konto zu überweisen. Bei einem späteren Treffen in Athen habe man sich darauf verständigt, daß B + V eine fünfprozentige Provision in Höhe von 55 Mio. Dollar (über 100 Mio. DM) an Vizepremier Koutsojorgas, an Papandreous Büroleiter Liwanis, an den griechischen Marinechef Admiral Wassilikopoulos und an zwei weitere Personen zahlen solle; daneben sollte für Zypern Consult eine einprozentige Vermittlungsprovision herausspringen. Doch die Schweizer Firma wartete vergeblich auf ihren Anteil. Sie war selbstbewußt genug, um im September 1988 Klage beim Landgericht Hamburg einzureichen. Die Klageschrift bekam politische Brisanz, weil nun auch die Opposition im griechischen Parlament die Bestechungsvorwürfe aufgriff. Die Dementis von B + V wirkten nicht recht überzeugend. Die deutsche Bundesregierung, von Norbert Gansel (SPD) hierzu befragt, sah allerdings keinen Anlaß, die Finanzierungshilfe für die griechischen Kriegsschiffe zu überprüfen.[264]

Im Januar 1990 entschied das Hamburger Landgericht, daß Zypern Consult keine finanziellen Ansprüche gegenüber B + V geltend machen könne, da ein entsprechender, von den Verantwortlichen des Konsortiums unterschriebener Provisionsvertrag nicht vorliege.[265] Wenn echte Bestechungsvereinbarungen getroffen worden seien, so das Gericht, wären diese sittenwidrig und von Anfang an nichtig – so oder so: keine Chance für die Kläger, an das Geld heranzukommen. Eine Feststellung zu der eigentlich interessanten Frage, ob Schmiergeld nun geflossen ist oder nicht, traf das Gericht nicht. Generell gilt: Für die deutsche Finanzverwaltung sind Schmiergelder, die deutsche Unternehmen bei Auslandsgeschäften zahlen, keineswegs sittenwidrig – sie können sogar als ›nützliche Ausgaben‹ von der Steuer abgesetzt werden. Hamburgs Oberfinanzpräsident Dr. Hans de la Motte hat diese Praxis 1995 ausdrücklich bestätigt.[266]

Der Bau

Nach dem Produktionsbeginn im Mai 1990 fand am 17. Dezember 1990 in Anwesenheit des griechischen Marinechefs die Kiellegung der ersten Fregatte, ›Hydra‹, statt.[267] Das Schiff, dessen Produktion im überdachten Baudock 12 erfolgte, wurde am 15. Oktober 1992 mit feierlichem Zeremoniell an die griechische Marine abgeliefert. Ein Brand, der am 13.1.1993 bei einem Übungsaufenthalt in England ausbrach, verursachte unvorhergesehene Zusatzkosten.

Im März 1990 begannen bei B + V die Ausbildungskurse für das Personal der griechischen Nachbauwerft Hellenic Shipyards. Der Bau der drei Fregatten in Skaramanga, für die B + V Materialpakete liefert, sind – offenbar aus Geldmangel – wesentlich langsamer vorangekommen als geplant. Ob das Bauprogramm noch 1997 abgeschlossen wird, erscheint sehr zweifelhaft. Einige Experten rechnen damit, daß das Programm erst im Jahr 2001 beendet werden kann.[268] Für die ›Güteprüfung‹ der vier Kriegsschiffe ist – im Auftrag des Bundesamtes für Wehrtechnik und Beschaffung (!) – der ➞ Germanische Lloyd zuständig.[269]

Hydra-Klasse

Name	Kiellegung	Taufe	Indienststellung	Bauwerft
Hydra (F 452)	12/1990	25.06.1991	11/1992	B+V
Spetsai (F 453)	8/1992	09.12.1993	10/1996	Hellenic SY
Psara (F 454)	12/1993	20.12.1994	1997 ?	Hellenic SY
Salamis (F 455)	12/1994	3/1997	1997 ?	Hellenic SY

Technische Daten
Verdrängung: 3200 t (Design Displacement), Länge: 117,5 m, Höchstgeschwindigkeit: 31 Knoten, Besatzung: 189 Mann.

Hersteller der Waffensysteme
aus den USA: FMC Corporation (Geschütz auf Vorderschiff), Raytheon (Sea Sparrow-Flugabwehrsystem), McDonnell Douglas (Seezielflugköper Harpoon), General Dynamics/General Electric (Geschütze), Honeywell (Torpedos), Sikorsky (Seahawk-Hubschrauber).

Weitere Zulieferfirmen
aus Deutschland: MTU Friedrichshafen (Dieselmotoren) und wahrscheinlich viele der Firmen, die auch am Fregattengeschäft mit der Türkei beteiligt sind (s. dort);
aus den USA: General Electric (Gasturbinen), Raytheon (Sonar), Argo-Systems (elektronische. Kampfführung);
aus den Niederlanden: Hollandse Signaalapparaten (Radar, Kampfdatensystem);
aus Großbritannien: Racal (Navigationssystem).

3.7 Kriegsschiffe für Portugal

In der ersten Phase der portugiesischen Fregattenplanung spielte die deutsche Kriegsschiffsindustrie überhaupt keine Rolle. Zur Wahl standen 1979 ein belgischer, ein italienischer und ein niederländischer Entwurf.[270] Seit 1980 war davon auszugehen, daß Lissabon dem niederländischen Fregattentyp Kortnaer den Vorzug geben würde. Doch dann schafften es Portugiesen und Holländer nicht, das Problem der Finanzierung in den Griff zu bekommen. Die deutschen Kriegsschiffbauer witterten Morgenluft: Mitte 1983 meldete ein Fachblatt, der Bremer Vulkan hoffe darauf, *»zwei oder drei Fregatten vom Typ F 122 für die portugiesische Marine bauen zu können«*.[271] Die Bundesmarine schickte im Frühjahr 1984 die nagelneue Fregatte ›Karlsruhe‹ nach Lissabon, um mit diesem Anschauungsstück Eindruck zu machen.[272]

Tatsächlich wendete sich das Blatt, wenn auch nicht zugunsten des Bremer Vulkan: Am 28. August 1984 entschied sich die portugiesische Regierung grundsätzlich für den Kauf von drei Fregatten des B+V-Typs MEKO 200.[273] Danach vergingen noch fast zwei Jahre, bis am 25. Juli 1986 der endgültige Bauvertrag unterzeichnet wurde. Zum deutschen Konsortium gehörten die beiden Bauwerften B + V und HDW sowie Thyssen Rheinstahl Technik GmbH, Düsseldorf, und Ferrostaal AG, Essen. Innerhalb des Konsortiums verständigte man sich darauf, in Hamburg das Typschiff, in Kiel die beiden anderen Fregatten zu bauen. Der Umsatzanteil des B+V-Konzerns wird aber kaum geringer gewesen sein als der von HDW, zumal die B+V-Tochter ➞ Noske-Kaeser für alle drei Schiffe die Klimatechnik ausführte.

Als Kosten für den Bau der drei Kriegsschiffe wurden 1985 insgesamt 1,950 Mrd. DM angesetzt.[274] Um den Auftrag nicht doch noch an die holländische Konkurrenz zu verlieren, gewährte das deutsche Lieferkonsortium einen Preisnachlaß von 96 Mio. DM. Von der verbleibenden Summe von 1,854 Mrd. DM trug Portugal selbst weniger als ein Viertel, nämlich nur 410 Mio. DM. Die USA stellten 750 Mio. DM zur Verfügung; sechs andere NATO-Staaten (Kanada, Großbritannien, Frankreich, Norwegen, Luxemburg und die Niederlande) steuerten weitere 300 Mio. DM bei – durchweg mit dem Hintergedanken, der eigenen Rüstungsindustrie Zulieferaufträge zuzuschanzen (s. Übersicht ›Weitere Zulieferfirmen‹).

Um den Finanzierungsanteil der Bundesrepublik wurde hinter den Kulissen heftig gefeilscht. Immerhin sollte auf die deutsche Industrie ein Lieferanteil von 900 Mio. DM entfallen. Die Regierung Kohl bot Lissabon neben einer ›NATO-Verteidigungshilfe‹ in Höhe von 140 Mio. DM noch eine ›Rüstungssonderhilfe‹ von 144 Mio. DM an – dies reichte der finanzschwachen portugiesischen Regierung aber nicht aus. Allmählich geriet man in Zeitnot. Die Bundesregierung wies den für die Mittelbewilligung zuständigen Haushaltsausschuß des Bundestages auf die Gefahr hin, daß die dem Fregattengeschäft wohlgesonnene Regierung Portugals unter Ministerpräsident Soares bald abgelöst werden könnte:

> *»Als Ergebnis der Wahlen zum portugiesischen Parlament am 6. Oktober ds. Js. könnte nach Einschätzung unserer Botschaft eine Regierung die Geschäfte übernehmen, die dem Fregattenprojekt geringere Priorität als anderen Rüstungsprojekten einräumt. Dies könnte dazu führen, daß Rivalitäten zwischen portugiesischer Luftwaffe und Marine zur Bevorzugung eines bereits seit einigen Jahren diskutierten Projekts des Kaufs von Flugzeugen in den USA und zur Aufgabe des Fregattenprojekts führen. Um dem Risiko des Verlustes des Auftrages zu begegnen, ist deshalb ein rascher Abschluß mit Portugal erforderlich.«*[275]

Vier Tage vor der Wahl, am 2. Oktober 1985, war der Abschluß perfekt: In einem ›Memorandum of Understanding‹ sagte Bonn der portugiesischen Regierung für den Fregattenbau eine auf 254 Mio. DM aufgestockte Rüstungssonderhilfe zu. Da noch die 140 Mio. DM NATO-Verteidigungshilfe (in 7 Jahresraten à 20 Mio.

DM) dazukamen, belief sich der vom deutschen Steuerzahler finanzierte Anteil insgesamt auf 394 Mio. DM. Die portugiesische Regierung veröffentlichte am selben Tag einen Kabinettsbeschluß zum Fregattenkauf, an den auch nachfolgende Regierungen gebunden waren. Der Haushaltsausschuß des Bundestags segnete die deutsch-portugiesischen Regierungsvereinbarungen im Nachhinein am 7. November 1985 ab.

Interessen, Einflussfaktoren, Hintergründe

»Mit den drei Fregatten soll Portugal die Seeverbindungen zwischen den USA und Europa im Gebiet der Azoren wirkungsvoller als bisher sichern. Im Ernstfall ist Europa vom Nachschub aus Amerika abhängig.«[276] Soviel war in der Tagespresse über die Funktion der Kriegsschiffe zu lesen. Im Falle eines Krieges in Europa sollten die Fregatten, so die Vorstellung von NATO-Militärs, vor allem U-Boote des Warschauer Pakts jagen, wenn diese die aus Nordamerika kommenden Nachschubkonvois angreifen sollten. Weniger offen wurde formuliert, daß die strategische Relevanz der Azoren auch mit dem dortigen US-Luftwaffenstützpunkt Lajos und dessen Funktion für mögliche Out-of-Area-Einsätze zusammenhing.[277]

Die deutsch-portugiesischen Finanzvereinbarungen waren mit verschiedenen Koppelgeschäften verknüpft. Für die Erhöhung der Rüstungssonderhilfe zeigte sich Portugal – entsprechend der von deutscher Seite geäußerten Erwartungen – auf anderen Gebieten erkenntlich.[278] So erhielt Siemens einen 750-Mio-DM-Auftrag zur Digitalisierung des portugiesischen Telefonnetzes. Außerdem ließ die portugiesische Regierung ihre Bereitschaft erkennen, der deutschen Luftwaffe den von ihr seit 1968 genutzten Stützpunkt Beja über das Jahr 1988 hinaus zu günstigen Konditionen weiter für Übungsflüge zu überlassen.[279] Die Bundesregierung gab dies gegenüber dem Haushaltsausschuß als Beitrag zum Fluglärm-Export aus.

Thyssen ging bei dem Fregattengeschäft eine Kompensationsverpflichtung ein. Thyssen Rheinstahl Technik (TRT) erklärte sich bereit, Lieferungen und Leistungen in Höhe von rd. 230 Mio. DM aus Portugal abzunehmen. Der größte Kompensationsauftrag bestand ausgerechnet darin, daß TRT fünf Container- bzw. Mehrzweckfrachter für deutsche Reeder bei einer nordportugiesischen Werft bauen ließ. Dies hieß: Thyssen sicherte zivile Werftarbeitsplätze im Ausland, um selbst Gewinne beim Export von Kriegsschiffen machen zu können.

Bei den Verhandlungs- und Entscheidungsprozessen hatten sich nicht zuletzt Hamburger Politiker für die Interessen von B+V eingesetzt. Hamburgs Zweiter Bürgermeister Alfons Pawelczyk, seit 1981 auch Mitglied des Verwaltungsrat von B+V, war in seiner Funktion als Bevollmächtigter der Hansestadt in Bonn für das Fregattengeschäft aktiv geworden.[280] Von der CDU waren besonders die Hamburger Bundestagsabgeordneten Jürgen Echternach und Klaus Francke für das Projekt eingetreten.[281]

In der Berichterstattung kam das eigenartige Gemisch aus geschäftlichen, politischen und militärischen Interessen, das tatsächlich hinter dem Geschäft stand, kaum vor. Das ›Hamburger Abendblatt‹ rückte, wie üblich, den Arbeitsplatzeffekt in den Vordergrund: *»Rund 3.500 Arbeitsplätze in Hamburg und Kiel werden in den kommenden vier Jahren durch den Bau der drei Schiffe gesichert.«*[282] In der Vorlage für den Haushaltsausschuß war nur von 3.000 gesicherten Arbeitsplätzen die Rede gewesen. Aber selbst diese Angabe war offenbar stark übertrieben. Bei B+V jedenfalls sollten nach Senatsangaben durch den portugiesischen Fregattenauftrag bis 1990 nur *»zwischen 300 und 500 Arbeitskräfte (mit starken Schwankungen je nach Baufortschritt) beschäftigt«* werden.[283] Ein Mitglied des B+V-Betriebsrats äußerte nach einem Bericht der taz: *»Arbeit sichert das nicht, nur die Gewinne.«*[284]

Traditionslinien

Mit der portugiesischen Marine stand B+V schon längere Zeit in Verbindung. Ein Grund hierfür war das portugiesische Segelschulschiff ›Sagres‹, das 1937 bei B+V als ›Albert Leo Schlageter‹ vom Stapel gelaufen war. Militärisch bedeutsamer waren die Korvetten, die B+V ab etwa 1968 für Portugal konstruierte, als das Land noch Diktatur und Kolonialmacht war. 1970/71 bekam die portugiesische Marine zunächst sechs Korvetten, von denen drei in Hamburg selbst und drei auf der spanischen Bazan-Werft gebaut wurden. Da die Einheiten mit einer Verdrängung von 1.380 Tonnen speziell für den Einsatz in den afrikanischen Kolonien Portugals konzipiert waren, protestierten 1969 die angolanische Befreiungsbewegung MPLA in einem Brief an die B+V-Beschäftigten und 1970 die Befreiungsfront von Mosambik, FRELIMO, in einem Offenen Brief an Bundeskanzler Willy Brandt gegen die Kriegsschiffslieferungen an Portugal.[285] 1972-75 wurden auf der Bazan-Werft noch vier weitere Korvetten des von B+V entwickelten Typs produziert, wiederum mit Teilen aus Hamburg. Diese sollten nach einem geheimen Plan vom Bestellerland Portugal an Südafrika weitergegeben werden.[286] Nach der ›Nelkenrevolution‹ von 1974, welche die Diktatur in Portugal beendete, behielten die portugiesischen Streitkräfte jedoch auch diese Korvetten, obwohl die Schiffe nach dem Verlust der Kolonien für einen Einsatz in Afrika nicht mehr in Frage kamen.

DER BAU

Nachdem am 1. Oktober 1987 der Stabschef der portugiesischen Marine, Admiral Sousa Leitao, in einer Feier bei B + V das symbolische Startzeichen für die Produktion der drei Fregatten gegeben hatte, begannen die Werkstattarbeiten an der ersten Fregatte im Juni 1988.[287] Für die Stahlsektoren des ersten Schiffs verarbeitete B + V allein 1.000 Tonnen Stahl. Aus dem Stapellauf am 26. Juni 1989 machte das Unternehmen wieder ein gesellschaftliches Ereignis mit 500 geladenen Gästen. Die Frau des portugiesischen Verteidigungsministers de Melo taufte das Schiff auf den Namen des Seehelden Vasco da Gama, der in der Zeit um 1500 mit seinen Fahrten nach Ostindien die Blütezeit Portugals als Kolonialmacht eingeleitet hatte. Nach Seeversuchen im September und Oktober 1990 wurde das Schiff am 18. Januar 1991 offiziell an die portugiesische Marine übergeben. Die beiden Fregatten-Nachbauten, die bei HDW in Kiel entstanden, wurden, wie der untenstehenden Tabelle zu entnehmen ist, ebenfalls noch im Jahr 1991 abgeliefert.

Vasco-da-Gama-Klasse

Name	Kiellegung	Taufe	Indienststellung	Bauwerft
Vasco da Gama (F 330)	2/1989	26.06.1989	1/1991	B + V
Alvares Cabral (F 331)	6/1989	06.06.1990	5/1991	HDW
Corte Real (F 332)	11/1989	06.06.1990	11/1991	HDW

Technische Daten

Verdrängung: 3.200 t (Design Displacement), Länge: 115,9 m, Höchstgeschwindigkeit: 31 Knoten, Besatzung: 184 Mann.

Hersteller der Waffensysteme

aus den USA: McDonnell Douglas (Seeflugkörper Harpoon), Raytheon (Flugabwehrraketen Sea Sparrow), General Electric/General Dynamics (hinteres Geschütz), Loral Hycor (Düppelwerferanlage SRBOC), Honeywell (Torpedos);
aus Frankreich: Creusot-Loire Industrie (100-mm-Geschütz auf Vorderschiff);
aus Großbritannien: Westland Helicopters (Bordhelikopter Super Lynx).

Weitere Zulieferfirmen

In Deutschland würden etwa 150 Zulieferer von dem Projekt profitieren, erklärte das Baukonsortium 1985. Die meisten davon seien mittelständische Fimen im norddeutschen Raum. Von den größeren Zulieferfirmen wurden damals genannt: AEG, Salzgitter-Werke, BBC, MTU (Dieselmaschinen), Escher-Wyss (Propeller) und ➞ Noske-Kaeser (Dauerschutzluftklimasystem). ➞ Siemens steuerte das zentrale Automationssystem NAUTOS bei.

Aus den USA: General Electric (Gasturbinen), Argo Systems/Boeing (elektronische Kriegsführung);
aus den Niederlanden: Hollandse Signaalapparaten (Radaranlagen u.a.);
aus Großbritannien: Kelvin Hughes (Navigationssysteme);
aus Norwegen: EB Energi AS (Konverter);
aus Kanada: Computing Devices Company (Sonaranlagen);
aus Portugal: Centrel (Kommunikationssystem).

Verwendung

Die Fregatten waren noch gar nicht in Dienst gestellt, da war die ihnen offiziell zugedachte Hauptaufgabe – die Bekämpfung der östlichen U-Boot-Gefahr – mit der Auflösung des Warschauer Pakts bereits entfallen. Als schwimmende Denkmäler des Kalten Kriegs belasten sie nun den kleinen portugiesischen Staatshaushalt – die jährlichen Ausgaben für ihren Unterhalt wurden 1990 mit etwa 540 Mio. DM veranschlagt.[288]

3.8 Patrouillenboote für Saudi-Arabien

Am 18. Oktober 1987 bestellte das Königreich Saudi-Arabien vier schnelle Patrouillenboote bei B + V.[289] Der Auftrag umfaßte auch die Schulung der Besatzung und die Ausbildung von Technikern. Der Wert des Auftrags wurde 1989 mit rund 150 Mio. DM angegeben.[290]

Der Bau

Die eigentliche Bauphase erstreckte sich von August 1988 bis August 1989. Beim Entwurf und Bau wurden Elemente der MEKO-Technologie erstmals auf kleinere Einheiten übertragen.

Die Boote erhielten die Namen ›Al Jouf‹, ›Turaif‹, ›Hail‹ und ›Najran‹. Das erste Bootspaar wurde im September 1989 auf dem Schwergutfrachter ›Este Submerger II‹ nach Saudi-Arabien überführt[291], die beiden anderen folgten wenig später.

Technische Daten
Verdrängung: 210 t, Länge: 38,6 m, Höchstgeschwindigkeit: 38 Knoten (70 km/h), Besatzung: 20 Mann.

Bewaffnung
Vorne und hinten je eine 20-mm-Kanone von Oerlikon (Schweiz).
Die Boote haben daneben Vorrichtungen zur Installation von Maschinengewehren.

Das Trainingsprogramm

B + V bildete ab Oktober 1988 vier Bootsbesatzungen zu je 15 Mann und ein Team von 16 saudi-arabischen Werfttechnikern aus. Es war die *»erste große Aufgabe«* des von B + V auf dem Werftgelände eingerichteten ›Naval Training Centers‹.292 An dem Trainingsprogramm, dessen Federführung bei B + V lag, wirkten auch der Bundesgrenzschutz und eine Reihe von Unterauftragnehmern mit. Die Ausbildung durch B + V wurde im Sommer 1990 mit einem zweimonatigen Seetraining in Saudi-Arabien abgeschlossen.

Verwendung und Perspektive

Die Patrouillenboote werden vom saudi-arabischen Grenzschutz (Frontier Force) im Küstenbereich eingesetzt. Zwei von ihnen sind in Jeddah am Roten Meer, die zwei anderen wohl beim Erdölhafen Dammam im Persischen Golf stationiert. Aus militärischer Sicht kommen sie als Waffenträger mit hoher Geschwindigkeit z.B. für Einsätze gegen unbewaffnete Schiffe oder auch für begrenzte Kommandounternehmen in Frage, aber im Vergleich zu den mit Flugkörpern und anderen Waffen ausgestatteten Fregatten und Korvetten von B + V sind sie für Seekriegsoperationen weniger geeignet.

Im Hinblick auf denkbare Fregattenkäufe Saudi-Arabiens tönte B + V-Chef v. Nitzsch 1997 in einem ›Wehrtechnik‹-Interview: *»Wir könnten dem Königreich Saudi-Arabien Schiffe liefern, die allen anderen überlegen sind.«*[293]

3.9 Kriegsschiffe für Australien und Neuseeland

Schon 1979/80 hatte B + V in Australien und Neuseeland erste Kontakte wegen möglicher Fregattenverkäufe geknüpft. Aber erst Mitte der 80er Jahre konkretisierten sich die Pläne der australischen Regierung zur Beschaffung von acht modernen Lenkwaffenfregatten.[294] Es stand zwar von vornherein fest, daß die Kriegsschiffe in Australien gebaut werden sollten, dennoch war das Projekt für die internationale Rüstungsindustrie von höchstem Interesse, da Australien die erforderliche Technologie und viele Teilsysteme in jedem Fall von ausländischen Firmen erwerben mußte. Der Umfang des zu erwartenden Geschäfts wurde noch größer, als Neuseeland in einem am 6. März 1987 unterzeichneten Abkommen mit Australien die feste Absicht zum Erwerb von mindestens zwei, vielleicht sogar vier Fregatten bekundete. Seit diesem Zeitpunkt heißt das Programm ›ANZAC Ship Project‹.

Die ›heiße‹ Phase des internationalen Wettbewerbs um die Kriegsschiffsaufträge vom fünften Kontinent begann im Dezember 1986, als die australische Regierung zahlreiche Fregattenbauer der westlichen Welt zu Angeboten aufforderte. B + V beteiligte sich mit einem Entwurf, der auf den für Portugal gebauten Fregatten MEKO 200 basierte. Um die Entwurfsarbeiten vor Ort weiter vorantreiben zu können, gründete die Werft am 1.7.1987 die Tochterfirma Blohm + Voss (Australia) Pty. Limited in Canberra. Von den 19 internationalen Werften, die Angebote einreichten, blieben 1987 drei übrig: B + V, die niederländische Royal-Schelde-Werft und die schottische Yarrow-Werft, die jedoch 1988 ausschied. In der Schlußphase des Wettbewerbs taten sich sowohl B + V als auch Royal Schelde mit australischen und neuseeländischen Partnerfirmen zu Konsortien zusammen; jetzt hieß es AMECON (Australian Marine Engineering Corporation Consolidated) gegen AWS (Australian Warships Systems). Am 14. August 1989 beschloß die Labour-Regierung in Canberra, den Auftrag an AMECON zu vergeben – und das bedeutete: Die MEKO-200-Entwürfe von B + V sollten Grundlage des Fregattenbaus werden. Am 10. November 1989 wurde der Vertrag über den Bau von zehn Fregatten und die Option auf zwei weitere Schiffe offiziell unterschrieben.

Der Wert des australischen Acht-Fregatten-Auftrags wurde 1989 mit 3,5 Mrd. australischen Dollar – damals gut 5,1 Mrd. DM – angegeben.[295] Die zwei von Neuseeland fest bestellten Fregatten hinzugerechnet, war damals von einem Gesamtauftragsvolumen von ca. 6,3 Mrd. DM auszugehen, das bei Realisierung der neuseeländischen Option auf zwei weitere Schiffe sogar einen Umfang von etwa 7,5 Mrd. DM erreichen würde. Neuere Berechnungen ergeben – wie üblich – noch höhere Kosten. Der Gesamtaufwand für das ANZAC-Projekt (zehn Fregatten) soll sich nach Angaben von 1995 auf 5,8 Mrd. US-Dollar, d.h. etwa 8,5 Mrd. DM, belaufen![296]

Diese Riesensumme verteilt sich auf Hunderte von Firmen in mindestens zehn Ländern. Auf seiten der deutschen Industrie ging man 1989 davon aus, mit mehr als 2 Mrd. DM oder gar mit mindestens 40 Prozent an den Lieferungen und Leistungen beteiligt zu werden.[297] Allein die Siemens-Gruppe, die für die elektrische Ausstattung der Schiffe sorgt, rechnete damals mit Aufträgen im Wert von mindestens 300 bis 400 Mio. australischen Dollar (ca. 440 bis 580 Mio. DM). Wieviel B + V selbst als ›Designer‹ der Kriegsschiffe verdient, ist nicht genau zu beziffern. Die Information von 1989, für die Lieferung der Blaupausen und die Überwachung des Baus solle B + V zunächst 250 Mio. DM erhalten[298], ist sicherlich überholt. Noch gültig könnte aber die damalige Aussage des zuständigen Projektmanagers Hollingsworth sein, wonach rund zehn Prozent der Auftragssumme auf B + V entfallen würde.[299] Die B+V-Geschäftsberichte haben für die Tochterfirma Blohm + Voss (Australia) Pty. Ltd. in den Jahren 1989/90 bis 1995 stets Gewinne ausgewiesen.

Interessen, Einflussfaktoren, Hintergründe

Australien wird ebenso wie Neuseeland von keiner fremden Macht militärisch bedroht – immer wieder kommen australische Militärexperten zu diesem Ergebnis, wenn sie die strategische Situation ihres Landes untersuchen. Dennoch rüstet die australische Armee seit einigen Jahren in auffälliger Weise auf. 1989 wurde gemeldet, in den nächsten 15 Jahren werde Australien fast 40 Mrd. DM für neues Kriegsgerät ausgeben.[300]

Die Rüstungsplaner müssen seit den 80er Jahren viel Bedrohungsphantasie entwickeln, um Begründungen für die neuen Waffenkäufe zu liefern. So erdachte man die verschiedensten Szenarien zu etwaigen feindseligen Attacken, insbesondere auf den Norden Australiens, aber auch zu möglichen niedrigschwelligen Konflikten im weiten Umfeld des australischen Festlands.[301] Australiens 1987 definierte ›Area of Direct Military Interest‹ ist riesig: Sie umfaßt neben dem eigenen Staatsgebiet mit seinen z.T. über 2000 km weit entfernten Außenbesitzungen (Kokos- und Christmas-Inseln) auch Indonesien, Papua-Neuguinea, Neuseeland und diverse Inselstaaten im Südwestpazifik – zusammen etwa zehn Prozent der Erdoberfläche.[302]

Australien will, dieses Ziel des Militär-Establishments kommt auch bei dem Fregattenbau zum Ausdruck, nicht mehr Juniorpartner anderer Großmächte (Großbritannien, USA) sein, sondern als eigenständige und bedeutende Militärmacht im asiatisch-pazifischen Raum anerkannt werden. Auf keinen Fall will man hinter den aufrüstenden Staaten Ost- und Südostasiens zurückstehen. Speziell die militärischen

Beziehungen Australiens zum nördlichen Nachbarn Indonesien bewegen sich in einem eigenartigen Spannungsfeld von Kooperation und latentem Mißtrauen.

Bei der militärischen Begründung der Fregatten ist übrigens auf die potentielle Bedrohung der australischen und neuseeländischen Handels- und sonstigen Seeinteressen durch fremde U-Boote hingewiesen worden. In einer australischen Studie zum ANZAC-Projekt werden die U-Boot-Besitzer der näheren und weiteren Umgebung aufgezählt, darunter allein sieben Länder, die moderne konventionelle U-Boote aus Deutschland erworben haben: Indien, Indonesien, Südkorea, Chile, Kolumbien, Ecuador und Peru.[303]

Die Aufrüstung der australischen Seestreitkräfte ist aber nicht allein im Licht militärischer, sondern auch wirtschafts- und innenpolitischer Motive zu sehen. Vom Aufbau nationaler, technologisch leistungsfähiger Kriegsschiffbaukapazitäten versprach man sich einen Modernisierungsschub für die australische Industrie, ferner einen Beitrag zur Bekämpfung der Arbeitslosigkeit. Darum legte die australische Labour-Regierung auch stets großen Wert auf die Feststellung, daß rund 80 Prozent des Auftragswerts an australische Firmen vergeben würden (wobei nicht erwähnt wurde, daß viele dieser Firmen von ausländischen Rüstungskonzernen kontrolliert werden).

Es geht um Superlative: Der Bau der ANZAC-Fregatten ist »das größte Marineschiffsprojekt, das je in Australien realisiert worden ist«.[304] Mit ihm soll, so hieß es 1989, »der größte Technologietransfer in Szene gesetzt werden, den Australien seit dem Zweiten Weltkrieg je erlebt hat«.[305] Zum selben Zeitpunkt wurde angekündigt, der Fregattenauftrag werde direkt 7.000 und indirekt 5.000 Arbeitsplätze schaffen.

Die Endausscheidung zwischen den Konsortien AMECON und AWS war nicht nur ein Wettstreit zwischen deutschen und niederländischen Kriegsschiffskonstrukteuren, sondern zugleich ein Wettstreit zwischen zwei Werftstandorten: Williamstown bei Melbourne im Bundesstaat Victoria und Newcastle im Bundesstaat Neusüdwales.[306] So sehr sich auch die Lobby der von Arbeitslosigkeit überdurchschnittlich betroffenen Stadt Newcastle und die Regierung von Neusüdwales für das australisch-niederländische Fregattenkonsortium AWS einsetzten, die Werbeaktivitäten blieben am Ende ohne Erfolg. Angeblich war das Angebot des australisch-deutschen Konsortiums AMECON um 350 Mio. australische Dollar (über 510 Mio. DM) billiger als das von AWS.[307]

Gewichtige Fürsprecher aus Deutschland

Beim ersten Großvorhaben der australischen Marine, der Beschaffung von sechs U-Booten, hatte die deutsche Industrie (HDW) 1987 eine unerwartete Niederlage gegen die schwedische Konkurrenz (Kockums) hinnehmen müssen. Um so mehr legte man sich nun ins Zeug, um bei dem noch lukrativer erscheinenden Fregattenprojekt zum Zuge zu kommen.

B + V konnte sich beim Kampf um das Fregattengeschäft stets auf die Unterstützung durch die Bundesregierung verlassen. Schon 1980, als die neuseeländische Regierung sich für eine Fregatte von B + V interessierte, hatte Verteidigungsminister Hans Apel (SPD) bei seinem Besuch in Wellington ein gutes Wort für die Hamburger Werft eingelegt.[308] Für den Werbefeldzug ab 1988 wurde höchste politische Prominenz aufgeboten. Im April kreuzte zunächst der Staatsminister im Auswärtigen Amt, Helmut Schäfer, in Canberra auf. Im August 1988 folgte ihm Wirtschaftsminister Bangemann, um für B + V zu werben (Überschrift im ›Handelsblatt‹: »Beim Wettlauf um Canberras Fregatten will Bangemann Vermittlerdienste leisten«). Sechs Wochen später, Anfang Oktober 1988, reiste gar Kanzler Kohl nach Australien, wie üblich mit einer Wirtschaftsdelegation im Schlepptau, zu der auch ein B+V-Vertreter gehörte.[309] Ende desselben Monats erörterte der Präsident des Bundesverbandes der Deutschen Industrie (BDI), Tyll Necker, mit dem australischen Premier Hawke das Kriegsschiffsprojekt. Und als B + V-Chef Rohkamm im November 1988 weitere Gespräche mit australischen Politikern führte, wurde er vom Inspekteur der Bundesmarine, Vizeadmiral Mann, begleitet. Dessen Aufgabe dürfte darin bestanden haben, überall auf die hervorragenden Eigenschaften der von B + V gebauten Kriegsschiffe hinzuweisen.

Die Bundesregierung und die deutsche Wirtschaft versprachen sich von einem Sieg von B + V im Fregattenwettbewerb ökonomische Signalwirkung für andere Geschäfte. Unter diesem Aspekt sollten die Fregatten als »schwimmende Technologieträger« wirken, die »Spitzentechnik auf dem Gebiet der Elektronik, der Nautik und Motorentechnik bieten«.[310] Darüber hinaus sprach man im Zusammenhang mit dem Fregattengeschäft gerne davon, Australien als »Exportsprungbrett für ganz Südostasien« zu nutzen.[311]

Der Bau

Als dominierende Kraft im Fregattenbaukonsortium AMECON erwies sich bald der australische Mischkonzern Transfield. Die Werft von Williamstown bei Melbourne, auf der alle Fregatten gebaut werden, bekam daher auch den Namen Transfield Shipbuilding Pty. Ltd. B + V hatte sich nach einer Ankündigung von 1988 eigentlich mit 25 Prozent am Kapital der Bauwerft beteiligen wollen, darauf aber laut Rohkamm später verzichtet.[312] Blohm + Voss (Australia) ist auf dem Werftgelände durch ein Konstruktionsbüro vertreten. Ein Teil der Vorfertigung erfolgt an anderen Standorten:

Schiffsmodule werden durch die im Wettbewerb unterlegene Werftindustrie von Newcastle und eine Transfield-Zweigwerft in Whangarei/Neuseeland hergestellt. Die Produktion des ersten Schiffs wurde am 27.3.1992 aufgenommen (Werkstattbeginn).

ANZAC-Klasse

Name	Auftraggeber	Kiellegung	Stapellauf	Indienststellung
ANZAC (150)	AUS	05.11.1993	16.09.1994	Mai 1996
Te Kaha (F 77)	NZL	19.09.1994	22.07.1995	Juli 1997
Arunta (151)	AUS	22.07.1995	Juni 1996	Dez. 1997
Te Mana (F 111)	NZL	10.05.1997	Juli 1997	Dez. 1998
Warramunga (152)	AUS	Juli 1997	Juli 1998	Dez. 1999
Stuart (153)	AUS	Juli 1998	Juli 1999	Dez. 2000
Parramatta (154)	AUS	Juli 1999	Juli 2000	Dez. 2001
Ballarat (155)	AUS	Juli 2000	Juli 2001	Dez. 2002
Toowoomba (156)	AUS	Juli 2001	Juli 2002	Dez. 2003
Perth (157	AUS	Juli 2002	Juli 2003	Dez. 2004

Technische Daten

Verdrängung: 3.200 t (Design-Displacement) bzw. 3.600 t (full load), Länge: 117,5 m, Höchstgeschwindigkeit: 27 Knoten, Besatzung: 163 Mann.

Die Waffensysteme und ihre Hersteller

aus den USA: FMC (127-mm-Geschütz), Martin Marietta und FMC (Startsysteme für Flugkörper), Raytheon (Flugkörper Sea Sparrow).

Weitere Zulieferfirmen

Aus Deutschland: *»Mehr als 100 deutsche Firmen sind im Rahmen dieses Programms – zum Teil sogar erstmalig – in den australischen Markt hereingekommen«*, erklärte Rohkamm 1994.[313] Vor allem folgende Industrieunternehmen sind – teilweise über australische Tochterfirmen – am Bauprogramm beteiligt: MTU (Dieselmotoren und -generatoren), ➞ Siemens (Elektrik), Dasa, Ulm (Systeme zur elektronischen Kampfführung), ➞ STN ATLAS Elektronik (Navigationssysteme), ➞ Noske-Kaeser (Klimatechnik);

aus den USA: General Electric (Gasturbinen), Sperry Marine (Elektronik);
aus Großbritannien: Thorn EMI (Elektronik), GEC Marconi (Global Positioning System), Cossor (Freund-Feind-Erkennung);

aus Schweden: CelsiusTech (Feuerleit- und Radaranlagen);
aus der Schweiz: MAAG (Getriebe).

FEIERLICHKEITEN/SCHIFFSNAMEN

Der Stapellauf der ersten Fregatte ›ANZAC‹ wurde am 16. September 1994 mit großem Aufwand und mit Reden voller nationalem Pathos gefeiert.[314] Das von Schauflügen der australischen Luftwaffe begleitete Spektakel erlebten nach Presseberichten 11.000 Zuschauer mit. Premierminister Keating sah das Ereignis als die »*Wiedergeburt der australischen Schiffbauindustrie*« und als »*Zeugnis dafür, daß Australien ein technologisch hochentwickeltes Land sein kann*«. Unter den Ehrengästen befanden sich Thyssen-Vorstand Rohkamm und B+V-Vorstandsmitglied von Nitzsch – allerdings wurde der für das Projekt maßgebliche Konstruktionsbeitrag von B + V in den auf Australien fixierten Ansprachen kaum gewürdigt.

Mit dem Namen ›ANZAC‹ wird an die Tradition der australisch-neuseeländischen Militärkooperation erinnert; das Kürzel steht für ›Australia and New Zealand Army Corps‹. Der ANZAC-Kriegsmythos spielt in Australiens nationalen Kreisen eine wichtige Rolle.[315] Ausgangspunkt des Mythos ist der Kampfeinsatz von ANZAC-Einheiten unter britischem Kommando während des Ersten Weltkriegs, insbesondere der Landungsversuch auf der türkischen Halbinsel Gallipoli im April 1915.

STAPELLAUF DER ANZAC IN MELBOURNE (16.9.1994)

Prisma/Zeitung 1/95

Ein unerwünschter Nebeneffekt

B+V hat nicht nur Freude an dem ANZAC-Geschäft gehabt. In Transfield hat man sich einen neuen Konkurrenten auf dem Weltmarkt für Überwasserkriegsschiffe herangezogen. Das ›Handelsblatt‹ schrieb 1994: »*Transfield-Amecon ist inzwischen mit den von der Hamburger Werft erworbenen technologischen Fähigkeiten im südostasiatisch-pazifischen Raum als Schiffsdesigner zum Konkurrenten von Blohm und Voss geworden*«.[316] Mindestens bei zwei internationalen Marinevorhaben sind B+V und Transfield schon als Konkurrenten aufeinander gestoßen: beim Wettbewerb um den Bau von 27 flugkörperbestückten Patrouillenbooten für Malaysia und beim Wettbewerb um die kuwaitischen Raketenboote.[317] Um nicht mit eigenem Know-how ausgebootet zu werden, müssen die Konstrukteure von B+V daher, wenn das Unternehmen weiter am Rüstungsexport verdienen will, die (eigentlich längst überzüchtete) Seekriegstechnologie immer weiter verbessern; nur so könne man »*die Nase wieder vorne haben*« (Rohkamm).

Kritik/Proteste

Das beschriebene Großprojekt hat in der deutschen Öffentlichkeit kaum kritische Beachtung gefunden. Nur die Hamburger GAL-Bürgerschaftsfraktion appellierte im August 1989 an Ingenieure und Techniker, etwa 80 bei B+V in diesem Kontext neu zu besetzende Stellen zu boykottieren.[318]

In Australien haben Friedensforscher Anfang der 90er Jahre deutliche Kritik an der Aufrüstung des eigenen Landes wie auch an der Größe der definierten militärischen Interessensphäre geübt; sie sprachen in diesem Zusammenhang von einem »*neuen australischen Militarismus*«.[319] Offenbar gibt es aber in Australien keine relevante politische Kraft, die den Fregattenbau grundsätzlich ablehnt.

Dagegen hat in Neuseeland eine breite Bewegung versucht, die Beteiligung Neuseelands an dem Bauprogramm zu verhindern. Gegen die Fregatten wandten sich die Friedensorganisation ›Aotearoa‹ (ein Maori-Wort für ›Land der weißen Wolke‹), der linke Flügel der regierenden Labour-Partei und wichtige Gewerkschaftsorganisationen. Die Argumente der neuseeländischen ›No Frigates Campaign‹ fanden in der Gesellschaft große Beachtung: Die Kriegsschiffe seien zu teuer, würden nicht zu den räumlich begrenzten Aufgaben der neuseeländischen Marine passen, und das Versprechen, durch ihren Bau würden in Neuseeland 2.000 Arbeitsplätze gesichert, sei Propaganda.[320] Die neuseeländische Parlamentsabgeordnete Sonja Davies bezeichnete die ANZAC-Fregatten 1989 als »*toys for the boys*«. Unverkennbar spielte bei dem Protest auch die Abneigung vieler Neuseeländer gegen australisches Dominanzverhalten eine Rolle. Obwohl sich 75 Prozent der Neuseeländer in Meinungsumfragen gegen den Fregattenkauf aussprachen, entschied sich die neuseeländischen Labour-Regierung im Herbst 1989 für den Erwerb. Danach wurde es um die Anti-Fregatten-Kampagne leiser. Zwar schien sie 1991 noch einmal aufzuleben, doch die neuseeländische Beteiligung an dem Bauprogramm wurde nicht mehr ernsthaft in Frage gestellt.

3.10 Der Kampf um den Taiwan-Auftrag

Deutsche Firmen haben Rüstungsgeschäfte mit Taiwan in der Vergangenheit nur in getarnter Form abgewickelt. Die Werft Abeking & Rasmussen in Lemwerder exportierte z.B. 1990/91 vier angeblich zivile ›Mehrzweckschiffe‹ in das ostasiatische Land, die in Wirklichkeit von vornherein als Minensuchboote konzipiert waren.[321] Und die beiden aus Holland an Taiwan gelieferten U-Boote sind mit Torpedos des deutschen Modells SUT bewaffnet, die unauffällig in indonesischer Lizenzproduktion hergestellt wurden (→ DMT Marinetechnik GmbH).

Die Volksrepublik China betrachtet Taiwan als abtrünnige Provinz. Deshalb bekommt jedes Land, dessen Industrie Waffen an Taiwan verkauft oder auch nur verkaufen will, umgehend und sehr handfest den Ärger der Volksrepublik China zu spüren. Diese Erfahrung haben die Niederlande in den 80er Jahren wegen der Lieferung von zwei U-Booten und Frankreich in den 90er Jahren u.a. wegen des Verkaufs von 60 Mirage-Kampfflugzeugen an Taiwan machen müssen.

Daß es für deutsche Firmen ab 1991 leichter werden würde, Rüstungsgeschäfte mit Taiwan abzuschließen, konnte nach der gerade erst unter dem Eindruck des Zweiten Golfkriegs geführten Diskussion über die Verschärfung der Rüstungsexportbestimmungen von niemandem erwartet werden. Bedenkt man diese Ausgangssituation, ist es schon erstaunlich, daß die deutsche Kriegsschiffsindustrie überhaupt versuchte, den Bau einer ganzen Flotte von Korvetten und U-Booten für Taiwan einzufädeln – es wäre das größte Rüstungsexportgeschäft der deutschen Geschichte geworden. Hinter diesem Vorhaben standen vor allem folgende Interessenten: Thyssen mit seinen Töchtern B + V (Hamburg), Thyssen Nordseewerke (Emden) und Thyssen Rheinstahltechnik (Düsseldorf), HDW in Kiel, Ferrostaal AG in Essen (eine Tochter der MAN AG, München), ferner der Bremer-Vulkan-Verbund mit seinen Töchtern Atlas Elektronik und Systemtechnik Nord (heute → STN ATLAS Elektronik). Trotz einer großen PR-Kampagne ist es der sonst so mächtigen Lobby dieser Firmen bisher nicht gelungen, von Bonn eine Genehmigung für das Mega-Geschäft zu erhalten.

Es handelt sich um einen der wenigen Fälle, in denen die Kriegsschiffsindustrie keine politische Rückendeckung für ein Exportvorhaben erhalten hat – der Grund waren höherrangige Exportinteressen.

Einzelheiten über den Verlauf des Kampfes um den Taiwan-Auftrag sind der folgenden Chronologie zu entnehmen, an der auch die vorhandenen lobbyistischen, teilweise fast mafia-artigen Strukturen und ihre Gegenkräfte exemplarisch deutlich werden.

Ab 1984: Taiwan entwickelt Pläne für die Beschaffung von bis zu 16 Korvetten in einer Größenordnung von 1.500-2.000 Tonnen. Die vorübergehend ins Spiel gebrachte Option, vier von Argentinien angebotene MEKO-140-Korvetten über ein Drittland (Chile, Israel oder Singapur) an Taiwan abzugeben, wird als *»zu riskant«* verworfen.[322] Bei Vergleichsstudien der taiwanesischen Marineführung erhält das B+V-Konzept MEKO 200 die besten Noten.

1988: Die taiwanesische Regierung bietet dem deutschen Marinebaukonsortium erstmals eine Beteiligung an dem Kriegsschiffsprogramm an, ohne daß die Öffentlichkeit davon erfährt.[323]

22.8.1991: ›Die Welt‹ veröffentlicht einen Bericht, demzufolge Taiwan bei deutschen Werften bis zu zehn U-Boote der Klasse 209 und bis zu 16 Korvetten MEKO 200 bestellen möchte. Als Hauptauftragnehmer solle nach außen der US-Konzern Rockwell international auftreten, der die in Deutschland zu bauenden U-Boote und Schiffe elektronisch und waffentechnisch ausrüsten würde. Der ›Welt‹-Artikel ist offensichtlich von der interessierten Industrie gezielt lanciert, um die Bundesregierung zur Genehmigung des Rüstungsexports zu veranlassen. Eindrucksvolle Zahlen sollen den volkswirtschaftlichen Nutzen belegen: Mit einem Gesamtvolumen von etwa 20 Mrd. DM würde der Taiwan-Auftrag für fünf bis sieben Jahre 20.000 bis 25.000 Arbeitsplätze sichern. Auch die problematische Lage der Werften in Mecklenburg-Vorpommern wird als Argument genutzt: Zwar soll der Bau der Taiwan-Kriegsschiffe allein den Westwerften vorbehalten bleiben, doch würden diese dafür zivile Aufträge an die Ostwerften abgeben. Als erster Politiker appelliert daher der Wirtschaftsminister von Mecklenburg-Vorpommern, Conrad-Michael Lehment (FDP), an die Bundesregierung, den Export zu genehmigen.

Anf. 1992: Der Bundessicherheitsrat lehnt die erste Voranfrage für den Export von zunächst zwei Korvetten und zwei U-Booten nach Taiwan ab. Nach Darstellung des ›Spiegels‹ haben sich Kanzleramt und Verteidigungsministerium (Gerhard Stoltenberg, Schleswig-Holstein) für, Außenminister Genscher und Wirtschaftsminister Möllemann jedoch gegen das Geschäft ausgesprochen.[324]

Feb. 1992: Das Deutsche Marineschiffbau-Konsortium (B+V, TNSW, HDW, Thyssen Rheinstahl, Ferrostaal) stellt der Landesregierung von Mecklenburg-Vorpommern schriftlich einen Strukturhilfe-Fonds in Höhe von 600 Mio. DM in Aussicht, falls es zur Lieferung von zehn Überwasserschiffen und zehn U-Booten deutscher Werften im Gesamtwert von ca. 12 Mrd. DM nach Taiwan kommt.[325]

31.10.1992: Der Kieler FDP-Bundestagsabgeordnete und HDW-Lobbyist Jürgen Koppelin fordert die Bundesregierung über das ›Hamburger Abendblatt‹ zur baldigen Genehmigung des Taiwan-Geschäfts auf.

Dez.1992: Der niedersächsische Ministerpräsident Gerhard Schröder setzt sich in einem Gespräch mit Bundeskanzler Kohl und Bundeswirtschaftsminister Möllemann für den Rüstungsexport nach Taiwan ein. Schröder will dabei *»im Auftrag«* der anderen norddeutschen SPD-Regierungschefs Voscherau (Hamburg), Wedemeier (Bremen) und Engholm (Schleswig-Holstein) gehandelt haben. Von Voscherau wird später zwar eine Beteiligung an dem Vorstoß bestritten, es bleiben aber Zweifel.[326]

Jan. 1993: Der Vorstandsvorsitzende von B+V, Peter Beer, erklärt auf der Bilanzpressekonferenz am 20.1., durch den Korvettenexport nach Taiwan könnte der Unternehmensbereich Militärschiffbau für fünf Jahre ausgelastet werden. Fünf der zehn Korvetten könnten bei B+V, die anderen fünf bei HDW gebaut werden.[327]
Der Bundessicherheitsrat beschließt am 28.1., das Geschäft nicht zu genehmigen, nachdem sich Kanzler Kohl und Außenminister Kinkel schon am 20.1. entsprechend verständigt haben. Nicht moralische Motive liegen dieser Entscheidung zugrunde, sondern die Furcht vor negativen Reaktionen der Volksrepublik China und eine exportpolitische

Abwägung: »*Eine Milliarde Chinesen auf dem Festland ist ein größerer Markt als 20 Millionen auf der Insel.*«[328]

Feb. 1993: 124 Bundestagsabgeordnete (110 von der CDU/CSU und 14 von der FDP) sprechen sich demonstrativ für eine Ausweitung des Handels mit Taiwan – und damit für eine Revision des Exportverbotes – aus.[329] Als Sprecher der ›Taiwanisten‹ treten der Bremer CDU-Abgeordnete Günter Klein und Wolfgang Lüder (FDP) auf, die beide auch Mitglieder des ›Parlamentarischen Freundeskreises Bonn – Taipeh‹ sind. Lüder ist anwaltlicher Berater der am Geschäft unmittelbar interessierten Ferrostaal AG.
Der niedersächsische Bundesratsminister Jürgen Trittin (Die Grünen) weist im ›Friedensforum‹ darauf hin, daß Taiwan weitgehende Ansprüche auf das Südchinesische Meer erhebt und am Streit um die Spratley-Inseln beteiligt ist. Er hält die Gefahr einer kriegerischen Austragung des Konflikts für groß.
Die in der IG Metall organisierten Arbeitskreise ›Alternative Produktion‹ kritisieren eine Stellungnahme der IGM-Bezirksleitung Küste vom 20.1., die ihrer Ansicht nach das Exportbegehren der Werften nicht klar genug ablehnt.

März 1993: Die Volksrepublik China erklärt sich anläßlich eines Besuchs von Wirtschaftsminister Rexrodt in Peking bereit, der deutschen Industrie zum Ausgleich für den entgangenen Taiwan-Auftrag in großem Umfang zivile Aufträge zu erteilen. Tatsächlich bestellt China in der Folgezeit auch zahlreiche Handelsschiffe bei verschiedenen deutschen Werften (allerdings nicht bei B + V).

Juni 1993: Der SPD-Bundestagsabgeordnete Horst Niggemeier fordert den HDW-Betriebsrat in Kiel auf, zusammen mit der Belegschaft Druck für eine Zurücknahme der Entscheidung des Bundessicherheitsrats auszuüben. Wenig später verbreiten der HDW-Vorstand und das HDW-Betriebsratsmitglied Wolfgang Herrmann, der zugleich SPD-Landtagsabgeordneter in Kiel ist, Erklärungen, in denen sowohl die Werftbeschäftigten als auch Politiker um Unterstützung für das Taiwan-Geschäfts gebeten werden. Es gibt aber auch andere Stimmen: Ernst A. Kiel vom Arbeitskreis ›Neue Produktion‹ bei HDW wirft den Meinungsmachern »*übelste Demagogie*« vor und weist auf den hohen Beschäftigungseffekt der von der Volksrepublik China an die deutschen Werften vergebenen zivilen Schiffbauaufträge hin.[330]

Sep. 1993: Nach internen Informationen hat auch B + V das Taiwan-Geschäft noch nicht abgeschrieben. Die Hamburger Werft sondiert die Möglichkeit, sich mit einer holländischen Werft zusammenzutun, um es als ›europäisches‹ Projekt besser durchsetzen zu können.

Jan. 1994: Der Chef von Atlas Elektronik, Dr. Triebold, lädt Betriebsratsvorsitzende norddeutscher Rüstungsunternehmen zu einem Abendessen in Bremen ein, um mit ihnen einen neuen Vorstoß zugunsten des ›Projekts Lotus Taiwan‹ zu besprechen. Die Gewerkschafter nehmen die Einladung nicht an.[331]

April 1994: Der Besuch von Wirtschaftsminister Rexrodt (FDP) und des Taiwan/Ferrostaal-Lobbyisten Lüder (FDP) in Taipeh lassen Spekulationen aufkommen, daß das U-Boot-Geschäft im Rahmen eines Koppelgeschäfts doch genehmigt werden könnte, um Taiwan zum Erwerb des deutschen Schnellzugs ICE zu veranlassen. Außenminister Kinkel (FDP) bekräftigt demgegenüber nochmals das Lieferverbot.[332]

Nov. 1994: Taiwanesische Artillerie beschießt während eines Manövers den Küstenort Tatou auf der südchinesischen Insel Xiamen (vier Verletzte). Daraufhin dringen Kampfflugzeuge der Volksrepublik China in taiwanesischen Luftraum ein. Taiwan entschuldigt sich für die ›irrtümliche‹ Beschießung. Hamburgs Wirtschaftssenator Rittershaus besucht mit einer Wirtschaftsdelegation im Rahmen einer Asienreise auch Taiwan und diskutiert dort *»neue Formen der technologischen Zusammenarbeit«*.[333]

Feb. 1995: Der Hamburger CDU-Bundestagsabgeordnete Klaus Francke wendet sich in einer Rede vor dem ›Fernost-Freundeskreis Bambusrunde e.V.‹ gegen die *»allzu legalistische«* Haltung des Auswärtigen Amts gegenüber Taiwan.[334] Die ›Bambusrunde‹ arbeitet eng mit der in Hamburg ansässigen Handelsvertretung Taiwans (Mittelweg 144) zusammen.

Juni 1995: In Hamburg findet eine Deutsch-Taiwanesische Konferenz über wirtschaftliche Zusammenarbeit statt. Bürgermeister Voscherau empfängt den taiwanesischen Wirtschaftsminister.

Das Deutsche Marineschiffbau-Konsortium wendet sich mit einem vertraulichen Papier an den Vorsitzenden der IG Metall, Klaus Zwickel, um unter Hinweis auf die Arbeitsplatzverluste in der Werftindustrie eine Änderung der Gewerkschaftsposition zum Taiwan-Geschäft zu erwirken.[335]

5.10.1995: Der IG-Metall-Vorsitzende Zwickel bekräftigt in einem Schreiben an HDW-Betriebsratsmitglied Herrmann die ablehnende Haltung der Gewerkschaft zum Taiwan-Geschäft. Im Falle der Volksrepublik China/ Taiwan handle es sich nach wie vor um ein Spannungsgebiet. Mit besonderem Nachdruck wendet sich Zwickel gegen die Behauptung, *»daß die Rettung des gesamten deutschen Schiffbaus vom Zustandekommen des Rüstungsexportes nach Taiwan abhängt«*.[336]

März 1996: Mit aufsehenerregenden Raketentests und See-Luft-Manövern unterstreicht die Volksrepublik China vor der Wahl in Taiwan ihre Drohung, auf eine von ihr befürchtete Unabhängigkeitserklärung Taiwans mit Krieg zu reagieren. Die USA ziehen im Südchinesischen Meer einen großen Flottenverband zusammen, der gegebenenfalls zugunsten von Taiwan intervenieren soll. Die amerikanische Regierung kündigt auch an, Taiwan mit Waffen zu unterstützen, lehnt jedoch die Lieferung von U-Booten explizit ab.[337] Aus Kreisen der Taiwan-Vertretung in Bonn ist zu hören, daß das Land weiterhin *»starkes Interesse an deutscher Marine-Technik«* habe und angesichts der aktuellen Bedrohung erneut vorstellig geworden sei. Werftenfreund Dietrich Austermann (CDU) erklärt, der U-Boot-Bau für Taiwan wäre *»eine gewaltige wirtschaftliche Unterstützung für die notleidenden Werften in Norddeutschland«*.[338]

3.11 Weitere Geschäfte und Kontakte

Malaysia

1977 erhielt B+V (Bereich Consulting und System Technologie) vom malaysischen Militär den Auftrag, für die neue Hauptmarinebasis Lumut einen großen Werftkomplex zur Wartung und Reparatur von Kriegsschiffen zu planen.[339] Für Vorstudien hatte die deutsche Bundesregierung im Rahmen der militärischen Ausrüstungshilfe 1974-76 bereits einen Betrag von 300.000,- DM zur Verfügung gestellt.[340] Lumut liegt an der geostrategisch wichtigen Straße von Malakka, die den Pazifik mit dem Indischen Ozean verbindet. Nach einem Bericht der ›Welt‹ von 1980 verfolgte die NATO mit dem Projekt eigene Interessen: *»Bei Lumut, hundert Kilometer von Butterworth, entsteht ein Flottenstützpunkt, der zu einem Eckpfeiler der westlichen Verteidigung im Fernen Osten werden dürfte.«*[341]

Die malaysische Regierung übertrug B + V 1980 auch die Beurteilung der von verschiedenen Industrieunternehmen abgegebenen Angebote zur baulichen Realisierung der Werft. So konnte die Thyssen-Tochter B + V ihre Auftraggeber davon überzeugen, daß ihre Düsseldorfer Schwester, Thyssen Rheinstahl Technik (TRT), die beste Offerte unterbreitet hatte. TRT führte den Bau und die Ausstattung der Werft 1982-84 als Generalunternehmer aus, wobei 57 Werkstätten, Hallen und Gebäude erstellt wurden. Der Gesamtauftrag soll einen Umfang von 600 Mio. DM gehabt haben. B + V übernahm während der Bauphase mit einem Team von fast 50 Mitarbeitern die Bauaufsicht. Zugleich bereitete die Bundeswehr im Marinearsenal von Wilhelmshaven malaysische Offiziere auf Aufgaben des Werftmanagements vor.[342]

Seit 1993 sind die Konturen eines möglichen neuen Geschäfts mit Malaysia deutlich geworden. Das südostasiatische Land will sich bis zu 27 korvettenartige Kriegsschiffe mit Raketenbewaffnung anschaffen; offiziell werden sie als ›Offshore Patrol Vessels‹ (OPV) oder ›New Generation Patrol Vessels‹ (NGPV) bezeichnet.[343] Über 30 Werften aus aller Welt haben ihr Interesse an dem Projekt bekundet. Gute Chancen werden dem deutschen Konsortium ›German Naval Group‹ eingeräumt, das von B + V angeführt wird und dem HDW, Thyssen Rheinstahl Technik und Ferrostaal angehören. Für den Korvettentyp MEKO 100 hat das Konsortium in Malaysia einen großen Werbefeldzug gestartet.[344] Bei Besuchen des Parlamentarischen Staatssekretärs im Wirtschaftsministerium, Heinrich Kolb (FDP), im August 1993 und von Wirtschaftsminister Rexrodt im April 1995 ist in Kuala Lumpur über das Aufrüstungsvorhaben gesprochen worden.[345] 1996 wurde bekannt, daß das deutsche Konsortium in die Endauswahl der letzten sechs Anbieter gekommen ist.[346] Bei einem Erfolg von B + V wäre mit keinem nennenswerten Arbeitsplatzeffekt für deutsche Werftarbeiter zu rechnen, da Malaysia vom ersten Schiff an alle Einheiten im eigenen Land produzieren möchte – möglichst in Lumut.

IRAN

Noch zu Zeiten des Schahs hatte B + V vom iranischen Industrieministerium am 22.1.1975 den Auftrag erhalten, die Planung einer großen Reparaturwerft für Öltanker (und andere Schiffe?) bei Bandar Abbas zu übernehmen. Auch machte sich B + V um 1978 Hoffnungen, zusammen mit HDW vier Fregatten für den Iran bauen zu können.[347] Doch die Vertreibung des Schahs und die Ausrufung der ›Islamischen Republik‹ unter Ayatolla Khomeini machte 1979 einen Strich durch diese Rechnung: B + V sah sich gezwungen, seine 26 Mitarbeiter, die beim Bau der Werft von Bandar Abbas als Aufsicht mitwirkten, zurückzuholen.[348] Doch bald intensivierten sich die Kontakte wieder.

Der Hamburger Senat bestätigte 1984 auf Anfrage, *»daß im Zusammenhang mit einem Auftrag des Iran an Blohm + Voss die Anfrage an das ›Institut für Schiffbau‹ gestellt wurde, Iraner zum Studium zuzulassen«*.[349] Insgesamt wolle der Iran an deutschen Fachhochschulen etwa 300 Schiffbaufachkräfte ausbilden lassen (außer in Hamburg auch in Bremen, Kiel und Duisburg). Möglicherweise stand die angestrebte Ausbildung noch mit dem Werftprojekt von Bandar Abbas im Zusammenhang, vielleicht aber auch mit einem anderen, unbekannt gebliebenen Geschäft. Noch während des ersten Golfkriegs begann die Ausbildung von Iranern am ›Institut für Schiffbau‹ in Hamburg. In Studentenkreisen wurde 1989 der Verdacht geäußert, daß die Ausbildung einen militärischen Hintergrund habe. Es sei auch der Eindruck entstanden, als würden die iranischen Studenten bevorzugt behandelt. Die Dozenten am Institut für Schiffbau sollen Sonderlehraufträge für die Iraner gehabt haben.

Libyen

Am 1. Februar 1985 lief bei B + V ein 105 m langes Schwimmdock mit einer Hebefähigkeit von 3.200 t für die Libysche Marine vom Stapel.[350] Das Dock war als Neubau-Nr. 944 am 17. April 1984 auf Kiel gelegt worden. Das Geschäft gehörte zu einer ganzen Reihe kleinerer und größerer Rüstungshilfen, die Libyen aus Deutschland erhielt, obwohl das Land Gaddafis in der Reagan-Ära zum Lieblingsfeind der USA avancierte.

Thailand

1991 nannte der Vorstandsvorsitzende von B + V, Dr. Beer, Thailand als potentiellen Kunden im Kriegsschiffbau.[351] Eine Militärzeitschrift berichtete im selben Jahr, Thailand plane, auf einer indischen Werft (Italthai, Bangkok) zwei Zerstörer des Typs MEKO 360 oder MEKO 400 zu bauen.[352]

Indonesien

Auch Indonesien zählte Beer 1991 zu den Ländern, mit denen man im Marinebereich gerne näher in Kontakt kommen wolle. Großaufträge sind bisher ausgeblieben; in begrenztem Umfang konnte B+V aber am umstrittenen Verkauf von 39 ehemaligen DDR-Kriegsschiffen an Indonesien partizipieren. Im Geschäftsbericht 1994 heißt es: »*...Außerdem sind wir mit der Beistellung von Ausrüstungen für die ex-NVA-Schiffe in Wolgast, Rostock und Neustadt beschäftigt, die diese für die Überführung nach Indonesien benötigen.*«[353]

Vereinigte Arabische Emirate

1977 lieferte B+V ein Schwimmdock an Abu Dhabi, das »*hauptsächlich für die Reparatur von Marine-Einheiten der VAR-Staaten vorgesehen*« war.[354]

Es werde im nächsten Jahrzehnt ein Marinewettrüsten im Mittleren Osten geben, frohlockte man 1994 in einschlägig interessierten Kreisen.[355] Die Vereinigten Arabischen Emirate (VAE) hatten 1993 dieser frommen Hoffnung Nahrung gegeben, als sie ankündigten, mindestens vier, vielleicht auch acht hochmoderne Korvetten bzw. Fregatten in einer Größe von ca. 2.500 ts erwerben zu wollen – geschätzter Stückpreis 400 Mio. US-Dollar. Beobachter äußerten die Ansicht, Hintergrund des Projekts sei der fortgesetzte Streit der Emirate mit dem Iran über Inseln in der Straße von Hormuz. Sogleich waren 15 westliche Kriegsschiffsbauer zur Stelle, um den Scheichs Angebote zu unterbreiten.[356] B+V trat mit einer MEKO-100-Variante an, kam im Wettbewerb jedoch nicht in die engere Wahl. Zu den fünf für die Endausscheidung ausgewählten Anbietern gehörte dagegen die Lürssen-Werft, mit der B+V daraufhin eine technische Kooperation vereinbarte.[357] Die Regierung der VAE beschloß 1996, vorerst zwei gebrauchte Fregatten aus den Niederlanden zu beziehen. Der Kauf neuer Korvetten ist aber weiterhin geplant.

Kuwait

Die Zeitschrift ›Marineforum‹ berichtete 1995:

»*Nachdem bereits mehrere andere Marinen der Golfregion intensiv die Beschaffung von Fregatten betreiben, plant jetzt offenbar auch Kuwait im Rahmen des Wieder-*

aufbaus seiner im Golfkrieg zerschlagenen Marine erstmals den Erwerb größerer Einheiten. 13 Schiffbauer in aller Welt wurden zur Abgabe von Angeboten für bis zu vier etwa 2000 ts große OMV (Offshore Missile Vessel) aufgefordert.«[358]

Für diesen Wettbewerb hat sich B + V mit HDW und mit Lürssen zusammengetan. Der anvisierte Auftrag soll einen Wert von ca. 1,6 Mrd. DM haben. Außenminister Kinkel bat bei seinem Kuwaitbesuch im März 1995 den Emir, deutsche Projektangebote *»wohlwollend zu prüfen«*.[359] Dafür wurde ihm von der hiesigen Rüstungslobby Lob gezollt: *»Deutsche Außenpolitik macht Boden gut«*[360]. Die Bundeswehr beorderte, ebenfalls im März 1995, die Fregatte ›Augsburg‹ nach Kuwait, um nach Aussage von ›Bild‹ *»für die Vergabe des Auftrags nach Deutschland zu werben«*.[361] Bedenken wegen des Rüstungswettlaufs in der Golfregion sind nicht entscheidungsrelevant: *»Die Exportgenehmigung nach Kuwait stellt von deutscher Seite kein Problem dar«*, stellte B+V-Chef Beer klar.[362] Die Aufträge sollen offenbar Anfang 1998 vergeben werden.

Südafrika

Die Pläne der südafrikanischen Marineführung, vier neue Korvetten zu erwerben, führten 1994 zu einer ersten internationalen Ausschreibung, an der sich auch B + V beteiligte.[363] Die spanische Bazan- und die britische Yarrow-Werft kamen in die engere Wahl, aber B + V und die beiden anderen unterlegenen Werften, Danyard (Dänemark) und DCN International (Frankreich) gaben sich noch nicht geschlagen. Nach Meinungsverschiedenheiten im südafrikanischen Kabinett, die sich anscheinend an den Kosten entzündeten, entschied Präsident Mandela, die Kriegsschiffsplanung erst nach der Klärung grundsätzlicher militärpolitischer Fragen wieder aufzugreifen. Offenbar infolge dieser Wendung rechnet sich das deutsche Konsortium, dem neben B + V auch Thyssen Rheinstahl Technik und HDW angehören, eine neue Chance aus. Der Auftrag soll einen Wert von 700 Mio. DM haben, wobei die Südafrikaner die Kriegsschiffe ungern in bar bezahlen und lieber Tauschgeschäfte abschließen würden. Es ist anzunehmen, daß die Korvettenfrage beim Südafrikabesuch von Bundeswehr-Generalinspekteur Klaus Naumann im April 1995 zur Sprache gekommen ist. Auch sonst setzt sich deutsches Militär wieder für Rüstungsexportgeschäfte ein: Die Bundesmarine entsandte im Oktober 1996 die Fregatten ›Schleswig-Holstein‹ (Klasse 123) und ›Rheinland-Pfalz‹ (Klasse 122, gebaut von B + V) nach Kapstadt – mit dem ausdrücklichen Auftrag, *»in Südafrika deutsche Marinetechnologie anzupreisen«*.[364]

Norwegen

Die Marine des skandinavischen Landes will nach dem Jahr 2000 eventuell sechs Fregatten kaufen. Unter den ersten Angeboten war auch eines von B + V (MEKO 200).[365]

4. Bereich Maschinenbau mit ›Wehrtechnik Land‹

»Die rasante Entwicklung in der Technologie gepanzerter Waffensysteme wurde maßgeblich von Blohm + Voss beeinflußt. Dies gilt besonders für den Bereich des Panzerschutzes und der Gehäusefertigung. ...Gemeinsam mit dem öffentlichen Auftraggeber und den Generalunternehmern werden ständig Untersuchungen zur Verbesserung der bestehenden Produkte und für die Entwicklung zukünftiger gepanzerter Waffensysteme durchgeführt.«

Soweit ein Auszug aus einem B+V-Kundenprospekt von 1990.[366]

Wie im Abschnitt ›Zur Geschichte einer Traditionswerft‹ bereits erwähnt, ist B + V seit 1959 in der Landkriegsrüstung tätig. Der Aufbau des Bereichs ›Wehrtechnik Land‹ wurde begünstigt durch die im Schiffbau erworbenen Erfahrungen in der Schweißtechnik, aber auch durch das Interesse von Thyssen, möglichst viel hochwertigen Stahl zu verkaufen. In den 70er Jahren führte B + V u.a. 2.136 Türme für den Schützenpanzer Marder und 408 Turmgehäuse für den Spähpanzer Luchs aus. Die 1975 begonnene Fertigung von 570 Wannen und 285 Türmen für den Flakpanzer Gepard erstreckte sich bis 1980. Eindeutig im Vordergrund stand aber das seit 1965 laufende Kampfpanzerprogramm Leopard (s. unten).

Den höchsten Beschäftigungsgrad erreichte der Bereich Wehrtechnik Land in der ersten Hälfte der 80er Jahre. 1982 waren dort ca. 450 Werksangehörige beschäftigt[367]; pro Jahr wurden ca. 700.000 Arbeitsstunden geleistet. Die im Panzerbau tätigen Arbeiter, vor allem Schweißer und Schleifer, sind in besonderem Maße gesundheitlichen Gefährdungen ausgesetzt. Bei ihnen wurden 1986 deutlich erhöhte Chrom- und Nickelwerte in Urin und Blut festgestellt. Der Hamburger Senat stellte dazu klar: *»Zu einem Verbot von Arbeiten mit krebserregenden Schwermetallen bei Blohm + Voss fehlt die rechtliche Grundlage.«*[368]

Der Jahresumsatz des Panzerbaubereichs, der 1976 bei 65 Mio. DM[369] gelegen hatte, dürfte Anfang der 80er Jahre Werte von 130 bis 150 Mio. DM erreicht oder sogar überstiegen haben. Nach dem Geschäftsjahr 1988/89, in dem die Wehrtechnik Land noch einen Umsatz von 115 Mio. DM erzielte und damit ein Drittel zum Maschinenbau-Umsatz bzw. 14 Prozent zum Gesamtumsatz der B + V AG beitrug, gingen die

Zahlen deutlich zurück.[370] 1992 schien es mit dem Panzerbau von B + V ganz zu Ende zu gehen, nur noch 50.000 Arbeitsstunden pro Jahr entfielen auf diesen Bereich. Doch inzwischen sind neue Aufträge gekommen. In der letzten Zeit waren ca. 60 Personen in der Wehrtechnik Land beschäftigt, und man hat sich an einem Jahresumsatz von 20 Mio. DM orientiert. Die Tendenz dieser Ziffern ist wieder steigend.

4.1 Kampfpanzer ›Leopard 1‹

Von Anfang an partizipierte B + V an der Serienfertigung des Kampfpanzers ›Leopard‹, mit der die Bundesrepublik ab 1965 an die, zwei Jahrzehnte zuvor jäh abgebrochene, Panzerbautradition wieder anknüpfte – der Leopard war der Nachfolger der Wehrmachtspanzer ›Panther‹ und ›Tiger‹. Während die Endmontage des Panzers ›Leopard 1‹ bei der zum Flick-Konzern gehörenden Firma Krauss-Maffei in München (später auch bei MaK in Kiel) erfolgte, übernahm B + V die Herstellung der Stahlwannen für dieses Kampfgefährt. Zwischen 1965 und 1984 produzierte B + V insgesamt 4.136 Wannen für ebenso viele Leopard-1-Panzer.[371] Ohne Berücksichtigung der Prototypen, einer Vorserie und von 84 Übungspanzern ergibt sich, daß in Deutschland unter Mitwirkung von B + V 4.024 Leopard-1-Kampfpanzer für zehn Armeen gebaut wurden:[372]

Empfänger	Stückzahl	Produktionszeit
Bundeswehr	2.437	1965-76
Belgien	334	1968-71
Niederlande	468	1969-72
Norwegen	78	1971
Italien	200	1971-72
Dänemark	120	1976-78
Australien	90	1976-78
Kanada	114	1978-79
Türkei	77	1981-83
Griechenland	106	1982-84

Weitere 720 Wannen wurden 1974-80 mit Lizenz von B + V beim italienischen Rüstungsunternehmen OTO Melara in La Spezia für den dortigen Leopard-Nachbau gefertigt. Für den Export leitete OTO Melara in den 70er Jahren aus dem Leopard-Konzept mit Hilfe deutscher Firmen, zu denen wiederum B + V gehörte, einen

Kampfpanzer ab, der OF-40 oder auch ›Lion‹ genannt wird.[373] 36 Exemplare dieser Exportvariante sind von OTO Melara ab 1980 für Abu Dhabi produziert worden. Bereits 1977 hatte die Genueser Zeitung ›Il Lavorno‹ berichtet, daß 20 Leopard/Lion-Panzer via Marseille illegal nach Libyen transportiert worden seien. Zwar wurde damals eine Untersuchung angekündigt, von Ergebnissen hat man jedoch nie etwas gehört.[374]

Für einen Teil der oben aufgelisteten Leopard-Panzer produzierte B + V neben den Wannen auch die geschweißten Turmgehäuse. Dies war der Fall bei mindestens 250 Panzern Leopard 1 A 4 für die Bundeswehr (1972-75), den 90 Panzern für Australien (1976-78) und den 77 Panzern für die Türkei (1981-83).[375]

Davon, daß das deutsche und das niederländische Heer sich in den 80er Jahren das noch kampfstärkere Nachfolgemodell ›Leopard 2‹ zulegten, profitierten vor allem die Türkei und Griechenland. Der Türkei schenkte die Bundesrepublik 1988 im Rahmen einer Rüstungssonderhilfe 150 gebrauchte Leopard 1, die von Krauss-Maffei mit Bundesmitteln in Höhe von 217,7 Mio. DM intensiv überholt und bis 1992 ausgeliefert wurden; dazu kamen in neuerer Zeit nochmals mindestens 80 (nach anderen Angaben 85) Leopard 1.[376] Damit verfügt die Türkei inzwischen über 307 Kampfpanzer dieses Typs. Nach Berichten verschiedener Beobachter setzt die türkische Armee auch Leopard-Panzer bei ihrem Feldzug gegen die PKK ein.[377] Der Erzfeind der Türkei, Griechenland, kommt mit den 75 von Deutschland und den 170 von den Niederlanden überlassenen Secondhand-Panzern inzwischen sogar auf eine Streitmacht von 351 Leopard 1.

Außerdem hat die Bundeswehr 110 Leopard 1 an Dänemark und 92 Leopard 1 an Norwegen abgegeben.

4.2 Kampfpanzer ›Leopard 2‹

1978/79 lief bei B + V die Fertigung von Stahlgehäusen für den neuen Kampfpanzer ›Leopard 2‹ an.[378] Der dem Hamburger Unternehmen erteilte Auftrag, für 1.800 Leopard-2-Panzer der Bundeswehr alle Wannen und 50 Prozent der Turmgehäuse zu produzieren, ließ den Umsatz des Bereichs Wehrtechnik Land steigen und stellte dessen Grundauslastung bis 1986 sicher.

Auch an dem Verkauf von Leopard-2-Panzern an die Niederlande und an die Schweiz konnte B + V mitverdienen. Für die 445 niederländischen Leopard 2 lieferte das Unternehmen 1982-85 einbaufertige Einzelteile an zwei holländische Firmen zur Montage, ein Teil der Wannen kam zur Bearbeitung an B + V zurück.[379] Die Schweiz entschied sich im Dezember 1984, 35 Leopard 2 in Deutschland zu kaufen und 345 Kampfpanzer durch die Contraves AG nachbauen zu lassen.[380] In diesem Zu-

B + V: SCHWEISSARBEITEN AN PANZERGEHÄUSEN

sammenhang schloß B + V mit der Schweizer Firma Georg Fischer einen Know-how-Vertrag und lieferte ab 1986 wohl einige Materialpakete in die Schweiz, wo die Produktion 1993 abgeschlossen wurde. Zu weiteren Exportaufträgen kam es in den 80er Jahren nicht. Zwar hätten Helmut Schmidt (Bundeskanzler bis 1982) und Franz-Josef Strauß (bayerischer Ministerpräsident) den Leopard 2 nur zu gerne an Saudi-Arabien verkauft, doch die Widerstände erwiesen sich als zu groß.[381] Die Kohl-Regierung hielt an ihrem 1983 gefaßten Beschluß fest, das Waffensystem nicht an einen potentiellen Gegner Israels zu liefern.

Als das Ende der Leopard-2-Serienfertigung für die Bundeswehr näherrückte, intensivierte die Panzerlobby ihre Bemühungen, die Beschaffung zusätzlicher Kampfpanzer durchzusetzen. Unter dem Vorwand *»Die Panzerwaffe des Ostens wird bedrohlicher«*[382] meldete die Bundeswehr im Juli 1985 den Wunsch an, weitere 250 Leopard 2 zu erwerben. Das Drängen hatte Erfolg. Am 25. Juni 1986 stimmte die Mehrheit der Mitglieder im Haushalts-Verteidigungsausschuß der Bestellung weiterer 150 Leopard-2-Panzer (sechstes Los) im Wert von 842 Mio. DM zu. Durch die Verträge von 1988 und 1990 schenkte man der Industrie noch ein siebtes Los (100 Panzer) und ein achtes Los (75 Panzer). Dies ermöglichte es Krauss-Maffei, MaK Kiel und den zahlreichen Zulieferfirmen, ihre Kapazitäten im Panzerbau – wenn auch in reduziertem Umfang – weiter zu beschäftigen. Bei B + V verlängerte sich die Produktion der Stahlgehäuse für Leopard-2-Panzer dadurch bis in das Geschäftsjahr 1991.[383]

Zu den Lobbyisten, die sich hinter den Kulissen für die Verlängerung der Leopard-2-Produktion stark machten, gehörte der Hamburger Senat. In einer Antwort auf eine Große Anfrage der GAL-Fraktion gab er am 1. April 1986 zu: *»Ja, die Hamburger Landesvertretung hat sich in Bonn für die Fortsetzung des Produktionsprogrammes ›Leopard 2‹ für die Bundeswehr verwandt.«*[384] Zur Erinnerung: Die Landesvertretung wurde vom Zweiten Bürgermeister Pawelczyk geleitet, der damals auch im Verwaltungsrat von B + V saß.

Die 1986 getroffene Entscheidung zur Verlängerung der Leopard-2-Fertigung war keineswegs unumstritten. Der Bundestagsabgeordnete Olaf Feldmann (FDP) erklärte z.B., er habe den Beschluß nicht mittragen können, da dieser nicht – wie vorgegeben – auf eine erhöhte militärische Bedrohung, sondern auf Beschäftigungsprobleme der Panzerindustrie zurückzuführen sei.[385] Bernd C. Hesslein wandte sich in einem Kommentar für die Hamburger Rundschau gegen die *»insgesamt überflüssigen 150 Stahlklötze zum Stückpreis von 5,6 Millionen Mark«* und geißelte die *»Panzerversessenheit der Bundeswehrführung«*.[386]

Allerdings war die Bundeswehr gar nicht unbedingt darauf aus, die Zahl ihrer Panzer laufend weiter zu erhöhen. Ihr Ziel war es, die 250 Leopard 1 einer Panzerdivision (nämlich der Zehnten Panzerdivision von Sigmaringen) durch dieselbe Zahl modernerer Leopard-2-Panzer zu ersetzen. Der militärische Hauptnutznießer der ganzen Aktion war am Ende die türkische Armee, an welche die Bundesregierung – wie oben dargestellt – die meisten der nun überzähligen Leopard-1-Panzer abgab.

Um 1992/93 war der Eindruck entstanden, daß für B + V das Leopard-2-Programm endgültig ausgelaufen sei. Doch im Geschäftsjahr 1994 erhielt die Firma ›kleinere Auftragsvolumina‹ für die Kampfwertsteigerung des Leopard 2 und für den Neubau von 120 Leopard 2 für Schweden. Und im Geschäftsbericht für 1995 hieß es, die in den Vorjahren reduzierten Kapazitäten seien aufgrund dieser Projekte *»für die* *kommenden 3 bis 4 Jahre gut ausgelastet«*.[387] Schweden produziert zwar den Leopard 2 einschließlich der Stahlgehäuse im eigenen Land, aber B + V ist durch die Lizenzvergabe und die Zulieferung einiger Baugruppen mit von der Partie.

In ähnlicher Weise wie beim Schweden-Auftrag soll B + V Industrie auch an dem spanischen Leopard-2-Programm beteiligt werden. Nach einer Absichtserklärung von Mitte 1995 will Spanien 200 Leopard 2 durch das staatseigene Unternehmen Santa Barbara nachbauen lassen; innenpolitisch haben sich in Spanien allerdings Widerstände gegen das Milliardenprojekt ›Panzer 2000‹ geregt.[388] Ursprünglich sollten die ersten Panzer 1998 fertig sein, vermutlich kommt es zu einer Verzögerung. Gedacht sind die Leopard 2 für die spanischen Verbände im Eurokorps sowie für zwei Regimenter, die Spanien in seinen nordafrikanischen Exklaven Ceuta und Melilla stationiert hat.[389] Eigentlich hatte dieses Geschäft schon in den 80er Jahren anlaufen sollen, war aber im November 1984 wegen des Verdachts, daß Flick als Eigentümer der Panzerschmiede Krauss-Maffei mit Geldzahlungen an die in Spanien regierenden Sozialisten die Entscheidung hatte beeinflussen wollen, auf unbestimmte Zeit verschoben worden.[390] B + V hatte bereits damals Kontakt mit der spanischen Panzerschmiede Santa Barbara aufgenommen.[391]

4.3 Flugabwehrsystem ›Roland‹

Am 13. April 1978 war in der ›Hamburger Morgenpost‹ zu lesen:

> *»Einen dicken Auftrag im Wert von über 100 Millionen Mark hat Blohm + Voss ohne großes Aufheben an Land gezogen. ... Bereits im Dezember dieses Jahres soll B + V den ersten Turm des Tiefflieger-Abwehrsystems ›Roland‹ liefern. ... Bis zum Juni 1987 soll eine (geheimgehaltene) Anzahl dieser Panzertürme geliefert werden.«*

Tatsächlich hat B + V bis 1989 insgesamt 344 Turmgehäuse für Roland-Startanlagen produziert.[392] ›Roland‹ ist ein in deutsch-französischer Koproduktion gefertigtes Raketenwerfersystem, das auf Panzer oder Militär-LKWs montiert werden kann und dessen Kriegszweck der Abschuß tief fliegender gegnerischer Flugzeuge ist.[393] Die Gesamtverantwortung für die Serienfertigung ab 1976 lag bei Messerschmitt-Bölkow-Blohm auf deutscher und bei Aérospatiale auf französischer Seite; ihre gemeinsame Vertriebsfirma, Euromissile, hatte ihren Sitz in Paris. Von den Türmen für die Abschußanlage fertigten B + V in Hamburg und die französische Firma Atelier des Construction de Tarbes (ATS) jeweils 50 Prozent. Einige Zusatzteile wurden, wie B+V-Manager Bötel 1984 erklärte, zu 100 Prozent in Hamburg hergestellt.[394]

Die größten Kontingente an Roland-Systemen bestellten Frankreich und Deutschland. Die Bundeswehr orderte zunächst 144 Startanlagen, die auf das Fahrgestell des Schützenpanzers Marder montiert wurden (die französische Seite wählte dagegen den Panzer AMX-30 als Träger des Waffensystems Roland). 1986 bestellte die Hardthöhe für 1,8 Mrd. DM weitere 115 Roland-Systeme, die größtenteils auf MAN-Schwerlastern installiert wurden.[395] Darüber hinaus wurde dieses Raketensystem über Euromissile auch an weitere Länder verkauft, so Ende der 70er Jahre an Brasilien (4 Abschußanlagen), ab 1980 an Argentinien (mindestens 6), Venezuela (6), Nigeria (16), Katar (?) und Spanien (18).[396] Das bei weitem größte Exportgeschäft wurde aber um 1981 mit dem Regime von Saddam Hussein abgeschlossen. Die ursprüngliche Bestellung des Irak umfaßte 150 Roland-Systeme, tatsächlich geliefert wurden laut ›Spiegel‹ 136 Startanlagen (mit 1050 Raketen).[397] Auf dieses Geschäft muß sich die Aussage von B+V-Manager Bötel bezogen haben, der 1984 – ohne ein Empfängerland zu nennen – von Exportaufträgen für 150 Roland-Systeme sprach. Nach der von Bötel damals bekräftigten Devise *»die Hälfte für uns«* lieferte B + V auch beim Geschäft mit dem Irak 50 Prozent der Roland-Türme.[398] Als es während des Zweiten Golfkriegs am 23. Januar 1991 vor den Werkstoren von B + V aus Protest gegen die deutschen Irak-Aufrüster zu einer Blockadeaktion gekommen war, versicherte B+V-Chef Rohkamm der Öffentlichkeit scheinheilig: *»Wir haben in den letzten 20 Jahren keine Geschäfte mit dem Irak gemacht.«*[399] Dies war insofern keine Lüge, als das Roland-Geschäft ja von Euromissile abgeschlossen worden war, doch lenkte Rohkamm damit nur von dem Fakt ab, daß B + V durch Zulieferungen direkt vom Irak-Geschäft profitiert hatte.

Das Waffensystem Roland ist zwischen 1982 und 1991 in drei Kriegen zum Einsatz gekommen. Die von Argentinien 1982 auf die Falklandinseln verlegte Roland-Batterie soll mindestens ein britisches Kampfflugzeug (nach Angaben aus der französischen Rüstungsindustrie sogar vier bis fünf) abgeschossen haben.[400] Die Iraker holten im Krieg mit dem Iran, wie der ›Spiegel‹ berichtete, mit ihren Roland-Systemen *»reihenweise persische Piloten vom Himmel«*.[401] Die Zahl der von irakischen Roland im Zweiten Golfkrieg von 1991 abgeschossenen Kampfflugzeuge ist nicht bekannt.

4.4 ›Wiesel‹ und ›Büffel‹

Zwischen 1989 und 1993 war B + V an zwei Panzerprogrammen beteiligt, bei denen die Generalunternehmerschaft jeweils bei MaK in Kiel gelegen hat:

Für den Kleinpanzer ›Wiesel‹ hat B + V Turmgehäuse produziert.[402] Das Besondere am Wiesel ist seine ›Luftverlastbarkeit‹, d.h. aufgrund seiner geringen Größe und seines geringen Gewichts kann er von Transportflugzeugen und -hubschraubern sehr schnell in Krisen- und Kriegsgebiete geflogen und sogar per Fallschirm abgeworfen werden. Für die Bundeswehr hat die deutsche Rüstungsindustrie bis 1992 eine Serie von 345 Wiesel-Panzern realisiert, dazu sieben Testfahrzeuge für die USA.[403] 67 Fahrzeuge einer verlängerten Variante (Wiesel 2) befinden sich derzeit in der Fertigung. Die Eignung des Wiesels für Out-of-Area-Einsätze hat die Bundeswehr 1993 erstmals in Somalia getestet. MaK möchte diesen höchst mobilen Luftlandepanzer, der wahlweise mit Kanonen oder Raketen bestückt werden kann, gerne zum Exportschlager machen und hat ihn deshalb schon in etlichen Ländern, darunter in Indonesien, Malaysia, Singapur, Thailand und den Vereinigten Arabischen Emiraten, vorgeführt. Die Bundesregierung hat 1996 den Export von zunächst sieben Wiesel-Panzern nach Indonesien genehmigt. Ein breites Bündnis von Nichtregierungsorganisationen aus dem Friedens- und Menschenrechtsbereich hat gegen das Geschäft protestiert.[404]

In den Geschäftsjahren 1991 und 1992 hat B + V Stahlgehäuse für den Bergepanzer ›Büffel‹ gefertigt. Dieses Kettenfahrzeug, das auf der Grundkonzeption des Leopard 2 basiert, soll im Kriegsfall mit Hilfe eines eingebauten Krans durch Treffer beschädigte oder aus anderen Gründen liegengebliebene Militärfahrzeuge bergen. Von den 100 bestellten Büffeln sind 75 an die Bundeswehr und 25 an das niederländische Heer gegangen.[405]

4.5 Panzerhaubitze 2000

Zu Beginn des Jahres 1996 erhielt die Sparte Wehrtechnik Land den Auftrag zum Bau der Wannen für die Panzerhaubitze 2000. In der Chefetage von B + V freute man sich: *»Mit diesem Auftrag ist die Auslastung bis über das Jahr 2000 hinaus wieder auf erfreulichem Niveau gesichert. Weitere Anschlußaufträge werden zur Zeit verhandelt.«*[406]

B + V soll gemeinsam mit dem langjährigen Kooperationspartner Otobreda (früher OTO Melara) in La Spezia, der in Italien 1996 wieder einmal wegen illegaler Waffenexporte für Schlagzeilen sorgte[407], die Wannen für zunächst 280 Panzerhaubitzen produzieren. Davon sind 185 (nach anderen Angaben 192) Haubitzen für die Bundeswehr bestimmt, 95 für das italienische Heer.[408] Der Wert dieses Auftrags für B + V wird vermutlich nicht unter 70 Mio. DM liegen. Die Fertigung ist bei B + V bereits angelaufen; die Auslieferung der Waffensysteme soll 1998-2002 erfolgen. B + V arbeitet bei diesem Rüstungsvorhaben der Kasseler Firma Wegmann zu, die 1996 zum Generalun-

Kommunikationszentrum Idstein

Prototyp der Panzerhaubitze 2000

ternehmer bestimmt worden ist. Weiter sind aus der deutschen Rüstungsindustrie an der Haubitzen-Produktion u.a. beteiligt: Rheinmetall (155-mm-Kanone), MaK (Fahrgestell), MTU (Dieselmotor) und Diehl (Kette). Die Firmen spekulieren darauf, insgesamt sogar 555 Panzerhaubitzen für die Bundeswehr produzieren zu können. Daneben hat Schweden bereits Interesse an dem Waffensystem geäußert.

Die Panzerhaubitze 2000 soll in der Bundeswehr die Haubitze M 109 ersetzen. Von dieser soll sie sich durch erhöhte Beweglichkeit und Feuerkraft sowie durch stärkere Panzerung unterscheiden. Eine Panzerhaubitze 2000 ist laut ›Jane's‹ in der Lage, die Aufgaben von drei Haubitzen M 109 zu übernehmen. Die Reichweite der 155-mm-Geschosse liegt bei 30 km, bei Verwendung von Spezialgeschossen bei 40 km. Es ist davon auszugehen, daß die neue Haubitze ebenso wie die M 109 neben konventioneller auch atomare Munition verschießen kann![409]

4.6 Spezialgebiete: Zusatzpanzerungen und Nuklearschutz

Seit vielen Jahren macht man sich bei B + V Gedanken darüber, wie man die Kriegsfähigkeit von Panzern erhöhen, wie man sie gegen die zunehmende Vernichtungswirkung moderner Waffen schützen kann. So hat B + V für die älteren Leopard-1-Panzer eine über 700 kg schwere Zusatzpanzerung entwickelt, mit denen zahlreiche deutsche, niederländische, belgische und italienische Fahrzeuge ausgerüstet worden sind.[410] In gewissem Umfang wirkte B + V auch bei der 1994 in Auftrag gegebenen Kampfwertsteigerung von 225 deutschen (und evtl. 180 niederländischen) Leopard-2-Panzern mit.[411] Hierbei wurden Teile aus den Panzertürmen herausgefräst und durch neue, noch munitionsresistentere Module ersetzt.

Darüber hinaus hat das Hamburger Unternehmen in den vergangenenen Jahren für ausländische Kettenfahrzeuge, so den französischen Kampfpanzer AMX-30, den amerikanischen Kampfpanzer M 48 und den gepanzerten Mannschaftstransporter M 113, Zusatzpanzerungen auf den Markt gebracht – allerdings wohl ohne große Verkaufserfolge. 1992 gab B + V der Fachwelt bekannt, daß man nun auch Zusatzpanzerungen für den einst in der Sowjetunion produzierten Kampfpanzer T-54/T-55 im Programm habe.[412] Diese erstaunliche und im übrigen selbstfinanzierte Entwicklung würde keinen Sinn machen, wenn sich B + V nicht gute Verkaufschancen bei den ehemaligen Panzerkunden der Sowjetunion ausrechnen würde. Mit anderen Worten: B + V versucht hier, einen Kundenkreis in Osteuropa und anderen Teilen der Welt zu erschließen, der bis 1989/90 tabu war.

Panzer im Atomkrieg – dies war eine spezielle Thematik, mit der sich B + V besonders in den 80er Jahren intensiv befaßt hat. Wie sollen Panzer – so lautete die Fragestellung – gestaltet werden, damit sie selbst nach dem Einsatz von taktischen Atomwaffen noch kampffähig sind? Druckwelle, Hitzestrahlung, Lichtblitz, der nukleare elektromagnetische Impuls (NEMP) und vor allem die Kernstrahlung – all diese Folgen einer Atomwaffendetonation sollten den deutschen Panzer der Zukunft nicht außer Gefecht setzen können. *»Ein Nuklearschutz auch gegen Neutronenstrahlung ist machbar«* – dies war der Ausgangspunkt, wie ihn der Leiter des B+V-Bereichs Wehrtechnik Land, Jürgen Schalke, 1982 formulierte.[413] Die Lösung, die B + V vorschlug, bestand in speziellen Kunststoffen, die in die Panzergehäuse integriert werden sollten.

Die Ingenieure des Bereichs Wehrtechnik Land arbeiteten auf diesem Feld eng mit einem zehnköpfigen Spezialistenteam der Ingenieurgesellschaft für Nuklearschutz mbH (IGN) in München (Sandstr. 3) zusammen. Diese Firma war 1981 aus einer Abteilung des Ingenieurbüros Hopp, das maßgeblich an der Entwicklung des Leopard-Panzers beteiligt war, hervorgegangen und 1982 zu 100 Prozent von B + V erworben worden. Geschäftsführer der IGN wurde der Diplomphysiker Horst Reker, der dank früherer Tätigkeiten im Kernforschungszentrum Karlsruhe, in der Bölkow GmbH und im Ingenieurbüro Hopp ein reichhaltiges Spezialwissen mitbrachte. *»Wir nehmen den Schutz von Mensch und Gerät ernst«* – mit diesem Slogan warb die IGN in Militärpublikationen. Daß es weniger um Menschen als vielmehr um *»überlebende Systeme«* ging, machte Reker 1987 in kühler Wissenschaftssprache im ›Jahrbuch der Wehrtechnik‹ deutlich:

> *»Sämtliche Wirkungskomponenten einer taktischen A-Waffendetonation stellen eine reale Bedrohung gepanzerter Fahrzeuge dar. Dies hat – wegen der flächenhaften Wirkungen – zur Folge, daß innerhalb vom kt-Wert abhängiger Flächen in der Umgebung des A-Waffendetonationsortes definierte Schäden bis hin zum Totalausfall und damit der Verlust der Waffensysteme wahrscheinlich sind. Jede Schutzmaßnahme trägt zur Reduzierung dieser Schadensflächen und damit zur Erhöhung der Anzahl der überlebenden Systeme bei.«*[414]

Die IGN ist offenbar Anfang der 90er Jahre aufgelöst worden.

4.7 Ganz zivil: Turbine für pakistanische Waffenfabrik

Neben Stahlgehäusen für Panzer stellt der B+V-Maschinenbau – jetzt B + V Industrie GmbH – auch Schiffbaukomponenten und energietechnische Anlagen für militärische Anwendungen her. Dazu gehören Wellenabdichtungen (Simplex Turbulo), Stabilisatoren, Rudermaschinen und Entöler für Kriegsschiffe. 1993 wurde z.B. ein von B + V neukonstruierter Schwerkraftentöler erstmals in ein U-Boot der Bundesmarine eingebaut.[415] 1989 lieferte B + V ein spezielles Fräswerk zur Bearbeitung von U-Boot-Spanten an HDW Kiel. Ende desselben Jahres erhielt das Unternehmen aus Pakistan den Auftrag zum Bau einer schlüsselfertigen Turbinen- und Generatorenanlage zur Stromerzeugung – Hintergrund und Ablauf dieses Geschäfts verdienen eine nähere Betrachtung.

Der Auftraggeber, der in Wah (unweit der Hauptstadt Islamabad) ansässige Staatskonzern Pakistan Ordnance Factories (POF), ist der größte Waffenhersteller des Landes. Fast die gesamte Stadt Wah ist von der Waffenproduktion abhängig. Mehrere zehntausend Beschäftigte fertigen dort Raketen, Granaten, Bomben, Maschinengewehre (u.a. das G 3 in Lizenz von Heckler & Koch), Kleinwaffen und Landminen – für die pakistanische Armee, aber auch für den Export.[416] Nicht nur wegen des Konflikts mit Indien, sondern besonders auch wegen der Rolle Pakistans beim Waffennachschub für den Krieg in Afghanistan muß das Land seit Jahren als Spannungs- und Krisengebiet eingestuft werden.

Obwohl der Konflikt mit dem Irak in der deutschen Politik gerade erst neue Diskussionen über die Notwendigkeit schärferer Exportbestimmungen angefacht hatte, teilte das Bundesamt für Wirtschaft in Eschborn B +V im Februar 1991 mit, daß eine Genehmigung zum Export der Turbine nicht erforderlich sei. An der wohlwollenden Haltung des Wirtschaftsministeriums änderte sich auch nichts, als am 12. März 1991 der neue Paragraph 5c der Außenwirtschaftsverordnung mit der Länderliste H in Kraft trat. Danach war die Ausfuhr von Waren, *»wenn sie für die Errichtung oder den Betrieb einer Anlage zur ausschließlichen oder teilweisen Herstellung, Modernisierung oder Wartung von Waffen, Munition oder Rüstungsmaterial ... oder zum Einbau in diese Gegenstände bestimmt sind«*, in Länder der Liste H – Pakistan stand auf dieser Liste – genehmigungspflichtig. Das ›Hamburger Abendblatt‹ brachte zwar am 12. April 1991 einen Bericht unter der Überschrift *»Neue Exportregeln stoppen Blohm + Voss«*, aber gerade dies war nicht der Fall.[417] Das Wirtschaftsministerium erteilte exakt an demselben Tag die erforderliche Exportgenehmigung. Bedenken regten sich nicht bei den Genehmigungsinstanzen, dafür in der Belegschaft von B + V. Die Vertrauenskörper-Leitung der IG Metall und der Arbeitskreis ›Alternative Fertigung‹ bei B + V verabschiedeten am 15. April 1991 eine Erklärung. In dieser hieß es, Turbinen seien zwar grundsätzlich als sinnvolles Produkt zur dezentralen Stromgewinnung zu betrachten, für eine Waffenfabrik im Krisengebiet gelte dies aber nicht. Wahrscheinlich am 26. April verließ die Turbine mit einem Großtransport das Werk von B + V, um in Rotterdam nach Pakistan verschifft zu werden.[418] Das Geschäft, das einen Auftragswert von ca. 10 Mio. DM[419] hatte, war damit perfekt.

Vertreterinnen der Friedensinitiative Rissen und anderer Gruppen wollten einen Wahlkampfauftritt von FDP-Wirtschaftsminister Jürgen Möllemann am 29. April 1991 in Blankenese nutzen, um ihn auf dieses neue »*Mordsgeschäft*« anzusprechen – doch der auf Selbstdarstellung bedachte Minister, dem die Absicht vorher mitgeteilt worden war, machte sich, bevor es überhaupt zu einer Diskussion kommen konnte, aus dem Staube. Später baten die exportkritischen Gewerkschafter bei B + V den Wirtschaftsminister schriftlich um Auskunft, warum die Ausfuhr nach Pakistan genehmigt worden sei. Möllemann antwortete, ausschlaggebend für die positive Entscheidung sei gewesen, daß es sich bei der Turbine »*eindeutig nicht um ein Rüstungsgut, sondern lediglich um eine zur allgemeinen Infrastruktur einer Industrieanlage zählende Ware handelt*«.[420] Damit wurde deutlich, wie wenig die für die Exportkontrolle Verantwortlichen von den neu geschaffenen rechtlichen Möglichkeiten Gebrauch machen wollten.

5. Mit langem Atem: der Arbeitskreis ›Alternative Fertigung‹

Der Arbeitskreis ›Alternative Fertigung‹ bei B + V wurde im November 1980 durch die IG-Metall-Vertrauenskörperleitung gegründet – als einer der ersten in der bundesdeutschen Rüstungsindustrie.[421] Nach über einjähriger interner Diskussionsphase verabschiedete die Vertrauenskörper-Vollversammlung im Januar 1982 eine Grundsatzerklärung, in der es u.a. hieß:

»Als Mittel zur Wiedererlangung der Vollbeschäftigung wird immer wieder die Ausweitung der Rüstungsproduktion, besonders des Rüstungsexports, ins Spiel gebracht. ›Rüstung schafft Arbeitsplätze‹ heißt die simple Parole. Es ist aber erwiesen, daß durch Rüstungsproduktion mehr Arbeitsplätze gefährdet und zerstört, als neue geschaffen werden. Darüber hinaus gilt, daß ein hohes Rüstungsniveau die Möglichkeit und Bereitschaft fördert, soziale und politische Konflikte mit Waffengewalt zu lösen. Eine Ausweitung der Rüstungsproduktion erhöht das Rüstungsniveau und vergrößert somit die Kriegsgefahr ... Blohm + Voss hat in den letzten Jahren den Anteil der Rüstungsproduktion an der Gesamtfertigung extrem ausgedehnt (z.Z.. 70% des Umsatzes durch 50% der Belegschaft). ... Mit unserer Arbeit wollen wir nachweisen, daß es genügend Produkte im zivilen Bereich gibt, die wir bei uns herstellen können, ohne daß es zu Nachteilen wie Dequalifizierung und Lohn- und Arbeitsplatzverlust kommt. Dabei wollen wir die konkreten Produktionsbedingungen bei Blohm + Voss berücksichtigen.
Für alternative Produkte kommen Bereiche in Frage, wo gegenwärtig oder in Zukunft ungenügend befriedigter Bedarf vorhanden ist. Wir denken z.B. an Bereiche wie Umweltschutz, die Rohstoffrückgewinnung , Energietechnik, Anlagen für die 3. Welt ...
Die ›Marktfähigkeit‹ unserer Vorschläge muß überprüft werden. Gleichzeitig muß aber auch festgestellt werden, daß Rüstungsproduktion auf künstliche Nachfrage zurückzuführen ist. Es sind Steuergelder, die im In- und Ausland für Rüstungsprodukte ausgegeben werden. Nachfrage nach diesen Produkten entsteht also direkt durch politische Entscheidungen der Regierungen. Als Gewerkschafter fordern wir eine Veränderung der Schwerpunkte. Damit wird auch die Nachfrage verändert –

weg von der Rüstungsproduktion, hin zu sozial notwendigen und ökonomisch und ökologisch sinnvollen Produkten.«

Der Arbeitskreis Alternative Fertigung bei B + V gehört zu den wenigen seiner Art, die bis heute eine kontinuierliche Arbeit geleistet haben. Zur Vorstellung von zivilen Produktalternativen und zur Auseinandersetzung mit den Argumenten der Rüstungsbefürworter im B+V-Vorstand veröffentlichte er 1985 eine Broschüre mit dem Titel *»Zukunftsperspektiven«*.[422] Bestätigt sieht sich der Arbeitskreis in seinen früheren Forderungen durch die Entwicklung im Maschinenbau, wo der Rückgang der Panzerbauaufträge in den Jahren um 1990 u.a. durch den Ausbau der Produktion im Bereich ›rationelle Energieerzeugung‹ kompensiert werden konnte.[423]

Eine negative Bilanz hat der Arbeitskreis 1996 für den Schiffsneubau gezogen:

»In den 15 Jahren des Bestehens des Arbeitskreises ist die Abhängigkeit von Rüstungsaufträgen für die Schiffswerft nicht gesunken, sondern eher weiter gestiegen. ... Mit Marineschiffen wird das große Geld gemacht, hier findet noch technische Entwicklung statt, alles andere verkümmert. Staatliche Beschäftigungsprogramme für die Werften scheinen im Augenblick nur im Verteidigungsministerium entwickelt zu werden.«[424]

Trotz der Zerschlagung der B + V AG in drei Einzelteile will der Arbeitskreis in einem gemeinsamen Gremium *»die angefangene Arbeit weiterführen«*.[425]

Die Hamburger Rüstungsszene

Das Firmenregister

In dem folgenden Register sind in alphabetischer Reihenfolge Firmen aufgeführt, die seit 1980 im Zusammenhang mit der Entwicklung, der Produktion, dem Verkauf oder dem Betrieb von Waffen, Rüstungsgütern oder Teilen von diesen in Erscheinung getreten sind. Genannt werden ebenfalls Firmen, die sich durch Transport-, Informations- und andere Dienstleistungen am Rüstungsgeschäft beteiligt haben.

Als Untersuchungsgebiet wurde festgelegt: das Territorium des Bundeslands Hamburg zuzüglich derjenigen schleswig-holsteinischen und niedersächsischen Gemeinden, die im Umkreis von 30 Kilometern um das Hamburger Rathaus liegen. Auf diese Weise wird der Hamburger ›Speckgürtel‹ mit berücksichtigt.

Dieses Register kann keinesfalls Anspruch auf Vollständigkeit erheben. Bei den Recherchen sind außer den aufgeführten Dutzende von weiteren Firmen in den Blick geraten, auf deren Nennung hier jedoch wegen unsicherer Informationslage oder untergeordneter Bedeutung verzichtet wird. Besonders hingewiesen sei außerdem auf zwei Branchen, die eine nähere Untersuchung verdient hätten. Private Waffenhändler und Militaria-Geschäfte sind hier nur exemplarisch erfaßt. Die in Hamburg ansässigen Mineralölkonzerne sind angesichts des gewaltigen Treibstoffverbrauchs der Streitkräfte vermutlich stärker in das Militärgeschäft eingebunden, als hier dargestellt werden kann.

AEG AG (BIS 1989)

Konzernname bis 1985: AEG-Telefunken AG
Konzernzentrale: Berlin/Frankfurt a.M.

Anfang der 80er Jahre befand sich das Grundkapital der AEG-Telefunken AG in Höhe von fast 620 Mio. DM im Streubesitz von ca. 180.000 Aktionären. Als Hausbank und offenbar auch größter Einzelaktionär stellte die Dresdner Bank AG mit dem ehemaligen Bundeswirtschaftsminister Hans Friderichs von 1979 bis 1984 den Aufsichtsratsvorsitzenden der AG. Vorstandsvorsitzender war seit 1980 Heinz Dürr. Der Riesenkonzern mit 96.000 Beschäftigten im Inland war damals schwer angeschlagen: Am 9. August 1982 wurde Vergleichsantrag gestellt. Durch Arbeitsplatzabbau, Verkauf von Tochtergesellschaften und Gläubigerverzicht konnte AEG den Zusammenbruch jedoch vermeiden. 1985 begann die Daimler Benz AG (DB) mit dem Erwerb von AEG-Aktienkapital. Durch die Erhöhung des Daimler-Anteils von 24,9 auf 56 Prozent wurde AEG im Jahr 1986 zu einem Konzernunternehmen von DB.

Die folgende Darstellung bezieht sich auf die Zeit bis zum 30. Juni 1989. An diesem Tag gingen die im Sektor Luftfahrt/Raumfahrt/Rüstungstechnik engagierten AEG-

Werke auf die neugegründete Daimler-Tochter ➞ Telefunken Systemtechnik GmbH (TST) über.

Beteiligung am Rüstungsgeschäft

Die Traditionslinie der AEG in der Rüstungstechnik zieht sich durch das ganze 20. Jahrhundert; besonders gute Geschäfte machte der Elektrokonzern auf dem Kriegssektor unter Kaiser Wilhelm II. und in der NS-Zeit.[426] Auch in den 80er Jahren hat AEG unter den wichtigsten deutschen Rüstungsunternehmen einen der vordersten Plätze belegt. Von Außenstehenden wurde der AEG-Rüstungsumsatz für 1980 und 1983 auf fast zwei Mrd. DM geschätzt. Gemessen an dem gewaltigen AEG-Gesamtumsatz lag der Rüstungsanteil nicht einmal sehr hoch; die diesbezüglichen Schätzungen für die Zeit von 1980-86 schwanken zwischen 12 und 20 Prozent.[427] Von allen AEG-Geschäftsbereichen wiesen damals der Geschäftsbereich ›Hochfrequenztechnik‹ in Ulm mit ca. 70 Prozent und der unten behandelte, in Hamburg ansässige Geschäftsbereich mit ca. 60 Prozent die höchsten Rüstungsanteile auf.

Der unmittelbar westlich der Hamburger Stadtgrenze gelegene Rüstungskomplex AEG Wedel entstand im Zusammenhang mit der Wiederbewaffnung ab 1956; er bildete für bestimmte Militärtechnikbereiche einen Ersatz für die bis 1945 in Berlin konzentrierten AEG-Standorte. Zu der Frage, ob schon vor 1945 Rüstungsaktivitäten von AEG im Hamburger Raum festzustellen sind, zwei Hinweise:

- AEG war Mitbesitzerin der 1918 gegründeten Deutschen Werft in Finkenwerder, die im Zweiten Weltkrieg U-Boote baute und dabei auch KZ-Häftlinge aus Neuengamme einsetzte.[428]
- In einer rüstungsgeschichtlichen Publikation wird für die Zeit des Zweiten Weltkriegs ein AEG-Werk in Hamburg erwähnt, das mit der Torpedotechnik befaßt war.[429]

Geschäftsbereich ›Marine- und Sondertechnik‹

Name bis 1985: ›Geschäftsbereich Schiffbau, Flugwesen und Sondertechnik‹
Sitz bis Oktober 1988: 20459 Hamburg (Neustadt), Steinhöft 9;
ab November 1988: 22763 Hamburg (Othmarschen), Behringstr. 120;
mit Werken in:

- Wedel, Industriestraße 29;
- Wedel, Hafenstraße 32 (bis 1988);
- Schenefeld, Friedrich-Ebert-Allee 13-21 (bis 1988).

Beschäftigte: Der AEG-Bereich ›Marine- und Sondertechnik‹ hatte 1985 im ganzen Bundesgebiet ca. 4.500 Beschäftigte, davon entfielen im Hamburger Raum auf den Fachbereich ›Schiffbau‹ 600, den Fachbereich ›Marinetechnik‹ 530, den Fachbereich ›Flugwesen und Sondertechnik‹ 1.300 und den Fachbereich ›Neue Technologien, Raumfahrt‹ 380 Beschäftigte.
Umsatz: 836 Mio. DM für den gesamten Bereich Marine- und Sondertechnik (1985), davon dürften deutlich über 500 Mio. DM auf die Standorte im Hamburger Raum entfallen sein.
Geschäftsbereichsleiter: Dr. Ing. Claus Müller (1977-85), Dr. Ing. Torolf Blydt-Hansen (1985-89).

1986/87 beschloß die AEG, ihre fünf im Hamburger Raum vorhandenen Standorte des Geschäftsbereichs Marine- und Sondertechnik an zwei Standorten zu konzentrieren. Hierfür ließ der Konzern an der Behringstraße (Othmarschen), neben dem Komplex der AEG-Tochter ➞ Debeg, für 40 Mio. DM ein neues zentrales Verwaltungsgebäude für über 1.000 Beschäftigte errichten. Zugleich wurde das Wedeler Werk an der Industriestraße vergrößert. Dafür wurden der bisherige Verwaltungssitz am Steinhöft, das Wedeler Werk in der Hafenstraße und das Werk in Schenefeld aufgegeben. Das Neubauvorhaben in Othmarschen wurde vom Hamburger Senat begrüßt und gefördert.

Fachbereich ›Marinetechnik‹
Der Fachbereich Marinetechnik wurde um 1957 in Wedel aufgebaut und 1962 im Werk Hafenstraße angesiedelt. 1988 wurde er in das erweiterte Werk Wedel/Industriestraße verlegt. Dieser Fachbereich befaßte sich mit einer großen Bandbreite von elektrischen und optronischen Anlagen für Kriegsschiffe, aber auch – wie wohl kein zweiter Betrieb in der Bundesrepublik – mit Waffen für die Unterwasserkriegsführung.

Zur Ausrüstung von Kriegsschiffen lieferte AEG Wedel:

»Bordnetzaggregate und -schaltanlagen, elektrische Antriebe und Leitstände, Brückenpulte, Automationssysteme, Meßwerterfassung, -verarbeitung und -überwachung, Einrichtungen für magnetische Vermessung und Entmagnetisierung, magnetische Eigenschutzanlagen, Minenräumanlagen, Batterieladestationen (für U-Boote, d.Verf.), Landanschlüsse, Anlagen für optronische Überwachung, Zielerkennung und Feuerleitung, Anlagen zur Täuschung gegnerischer Ortungssyste-

me, Ruderanlagen, Decksmaschinen, kathodischen Korrosionsschutz und modulare taktische Daten- und Informationssysteme«.[430]

Am Bau der acht Fregatten der Klasse 122 (1979-90) war AEG als Generalunterauftragnehmer in erheblichem Umfang beteiligt. Der Fachbereich Hamburg/Wedel sollte nach dem Planungsstand von 1979 allein für die Elektroausrüstung der ersten sechs Fregatten Aufträge im Wert von 151,7 Mio. DM erhalten.[431] Auch für das WEF-System (Elektrik und Elektronik) der vier Fregatten der folgenden Klasse 123 wurde AEG bereits 1987 *»als bevorzugter Hauptunterauftragsnehmer«* ausgewählt. Aus dem Ausland erhielt das Wedeler Werk gleichfalls Bestellungen für Kriegsschiffsanlagen und -ersatzteile, z.B. aus Kanada, Argentinien und Peru.

1982 beauftragte die Hardthöhe die damals noch konkurrierenden Firmen AEG-Telefunken und MBB Bremen (heute beide STN), jeweils eigene Konzeptionen für das Schnelle Minenkampfboot der Klasse 343 auszuarbeiten. Jede Firma bekam dafür 7,5 Mio. DM.[432] Wie Anfang 1985 bekannt wurde, wurde MBB die Systemführerschaft beim Bau der zehn geplanten Minenkampfboote zugesprochen; AEG mußte sich mit der Rolle des Zulieferers von elektrischen und elektronischen Anlagen begnügen.[433] Es wurde darüber gemunkelt, daß bei dieser Entscheidung andere als rüstungstechnische Gründe eine Rolle gespielt hatten.[434] Als im Februar 1988 MBB Bremen erneut bevorzugt und zum Generalunternehmer für den Bau von zehn Minenjagdbooten der Klasse 332 bestimmt wurde, reagierte man bei AEG mit öffentlich geäußerter Verärgerung. Durch diese Entscheidung würden hochwertige Arbeitsplätze in Hamburg und Wedel gefährdet, verbreitete das Unternehmen.[435]

Torpedos

Von den 60er bis zu den 80er Jahren ist AEG mit dem Werk in Wedel zu einem führenden europäischen Unternehmen bei der Entwicklung und Fertigung von Torpedos aufgestiegen. Dabei wurde an Entwicklungsarbeiten angeknüpft, mit denen AEG 1943 begonnen hatte.[436] Der drahtgelenkte Schwergewichtstorpedo mit akustischem Suchzielkopf, der bis Kriegsende nicht mehr fertig geworden war, erreichte nun gegen 1970 die Produktionsreife. Dieser Torpedo peilt sein Ziel mittels der von dem Opfer ausgehenden Schiffsgeräusche an. Ein sich abspulender Steuerdraht ermöglicht es, den Torpedo noch nach dem Abschuß in seiner Laufrichtung zu beeinflussen. Durch die technischen Neuerungen wurde die Treffwahrscheinlichkeit selbst bei erheblich vergrößerter Entfernung vom Angriffsziel stark erhöht.

Für die Untersee- und Schnellboote der Bundesmarine fertigte AEG zwei Torpedotypen: ›Seal‹ (DM2A1) zur Bekämpfung von Überwasserschiffen und ›Seeschlan-

AEG-Telefunken Eigenwerbung

Beladung eines U-Bootes mit einem AEG-Torpedo

ge‹ (DM 1) zur U-Boot-Jagd. Aus diesen Typen leitete AEG zwei Varianten für den Export ab: zunächst den Torpedo SST 4 (Special Surface Target) gegen Überwasserschiffe, danach den Torpedo SUT (Surface and Underwater Target), der mit seiner Sprengladung von 250 kg sowohl Überwasserschiffe als auch U-Boote versenken kann. Der verantwortliche Entwicklungsingenieur von AEG Wedel, U. Ramsauer, stellte das neue SUT-Torpedosystem 1982 in einem Beitrag für die englischsprachige Zeitschrift ›Naval Forces‹ vor.[437] Das System habe sich, so schrieb er, in rund 3.000 Test- und Übungsläufen bewährt.

Eine genaue Statistik über die Zahl der verkauften AEG-Torpedos ist nie veröffentlicht worden. In dem 1984 erschienenen Buch ›Waffenschmiede Deutschland‹ wurde immerhin eine ungefähre Größenordnung genannt: »*Von ihren Torpedos verkaufte AEG in den vergangenen zehn Jahren etwa tausend Stück – nicht einmal die Hälfte davon an die deutsche Bundesmarine. Die anderen wurden exportiert.*«[438] Für den Erwerb eines einzigen Torpedos mußte der jeweilige Käufer deutlich über eine Mio. DM zahlen. Die Lieferung von 100 SUT-Torpedos an Indien, die um 1983 durch eine Hermes-Bürgschaft abgesichert wurde, hatte einen Wert von 180,5 Mio. DM.[439]

Bis 1989 wurden Kriegsschiffe folgender Länder mit AEG-Torpedos aus Wedel ausgerüstet:[440]

Bestellerland	Kriegsschiff = Torpedoträger	Torpedotyp	Bauzeit und -ort
Bundesrepublik Deutschland	18 U-Boote Klasse 206/206A	Seeschlange u. Seal	1969-75, Kiel u. Emden
	10 Schnellboote Klasse 142	Seal	bis 1963, Lürssen Bremen und Krögerwerft Rendsburg, Torpedo-Umrüstung Anf. d. 70er
	10 Schnellboote Klasse 143	Seal	1973-77, Lürssen Bremen und Krögerwerft Rendsburg
Griechenland	8 U-Boote Klasse 209	SUT	1968-72 u. 1976-80, HDW Kiel
	4 Schnellboote Klasse Combattante II	SST 4	1970-72, Cherbourg/Frankreich
	10 Schnellboote Klasse Combattante III N	SST 4	1976-82, Skaramanga/Griechenland
	wahrscheinlich auch: 6 (7) Schnellboote Jaguar-Klasse	SST 4	1957-59, Lürssen Bremen und Krögerwerft Rendsburg, abgegeben 1976/77
Türkei	6 U-Boote Klasse 209	SST 4/SUT	1972-90, HDW Kiel und Gölcük/Türkei
Argentinien	2 U-Boote Klasse 209	SST 4	1970-74, HDW Kiel
	2 U-Boote Klasse TR 1700	SST 4	1980-85, TNSW Emden
	2 Schnellboote Intrepida-Klasse	SST 4	1971-74, Lürssen Bremen
Peru	6 U-Boote Klasse 209	SST 4	1971-83, HDW Kiel
Kolumbien	2 U-Boote Klasse 209	SUT	1972-75, HDW Kiel
Venezuela	2 U-Boote Klasse 209	SST 4	1973-77, HDW Kiel
Ecuador	2 U-Boote Klasse 209	SUT	1974-78, HDW Kiel
Indonesien	2 U-Boote Klasse 209	SUT	1977-81, HDW Kiel
	Fregatte ›Ki Hajar Dewantara‹	SUT	1979-81, Split/Jugoslawien
	2 große Patrouillenboote PB 57	SUT	1983-89, Lürssen Bremen und PT PAL Surabaya/Indonesien
Chile	2 U-Boote Klasse 209	SUT	1980-84, HDW Kiel
Indien	2 U-Boote Klasse 209	SUT	1982-86, HDW Kiel (2 Nachbauten wurden in Bombay erst nach 1989 fertiggestellt)

Falkland-Fiasko und Indonesien-Deal

Waren Torpedos im Zweiten Weltkrieg in großer Zahl und mit verheerender Wirkung – nicht zuletzt bei der Versenkung von Handelsschiffen – zum Einsatz gekommen, spielten sie in den Kriegen nach 1945 keine maßgebliche Rolle mehr. Allerdings, einen Krieg mit Torpedoeinsatz hat es gegeben: den Falkland-/Malvinenkrieg von 1982. Die Torpedos aus Wedel bekamen hier ihre ›Bewährungsprobe‹. Zweimal, am 1. und 11. Mai 1982, griff das argentinische U-Boot ›San Luis‹ (gebaut von HDW) britische Kriegsschiffe mit SST-4-Torpedos an, doch in beiden Fällen konnten sie ihre vernichtende Wirkung nicht entfalten. Im ersten Fall verlor die Besatzung nach einigen Minuten die Kontrolle über den abgeschossenen Torpedo; im zweiten Fall soll der Torpedo – zumindest nach einigen Berichten – den britischen Flugzeugträger ›Invincible‹ getroffen haben, ohne daß die Sprengladung explodierte.[441] Dagegen gelang es einem britischen Atom-U-Boot mit einem alten amerikanischen Torpedo des Typs Mk 8, den argentinischen Kreuzer ›Belgrano‹ zu versenken – 368 argentinische Besatzungsmitglieder kamen ums Leben.

Ungeachtet der Kriegsereignisse gab sich AEG-Telefunken alle Mühe, die argentinische Marine als Torpedo-Kunden zu halten. In mehreren Schreiben vom September und Oktober 1982 – wenige Monate nach Kriegsende – bot AEG ihr wunschgemäß diverse Ersatzteile zum SST-4-Torpedo für rund eine Mio. DM an und bestätigte zugleich die Wartung und Reparatur von Torpedo-Teilen.[442] Ende 1984 ließ die argentinische Marine einen Torpedokopf von 180 kg zum Hersteller in Wedel zurücktransportieren, um sein Versagen im Falklandkrieg zu reklamieren. Trotz fehlender Einfuhrgenehmigung kam der Torpedokopf durch den Hamburger Freihafenzoll, wobei die damals in Hamburg ansässige Waffeneinkaufskommission der argentinischen Marine (vgl. den Abschnitt über das Argentinien-Geschäft von ➞ Blohm + Voss) hilfreich mitwirkte. Auch der Rücktransport klappte problemlos. Ein ehemaliger Mitarbeiter der argentinischen Marinekommission versicherte später an Eides Statt, daß AEG-Torpedoköpfe auch während des Waffenembargos nach Argentinien gingen: *»Einmal wurde die Ware von der AEG nach Spanien verschifft und in Gijón (...) von dem deutschen auf ein spanisches Schiff umgeladen und dann nach Buenos Aires befördert.«*

Insgesamt aber bedeutete die Tatsache, daß die bisher so gerühmten deutschen Torpedos im Falklandkrieg nicht den Nachweis ihrer unfehlbaren Tödlichkeit hatten erbringen können, für AEG einen spürbaren Rückschlag im Exportgeschäft. Brasilien z.B. wählte für die 1984 bei HDW in Kiel bestellten U-Boote den Torpedo ›Tigerfish‹ von der britischen Konkurrenzfirma Marconi. Auch die Türkei zog es vor, ihre 1987 bei HDW in Auftrag gegebenen U-Boote mit dem Tigerfish zu bewaffnen, und Peru rüstete seine U-Boote von SST-4 auf den italienischen Whitehead-Torpedo um. Dafür, daß AEG auf den Torpedoexport nicht verzichten mußte, sorgten neue Aufträge aus dem asiatischen Raum.

Besonderes Interesse an dem SUT-Torpedo zeigte Indonesien. Dieses militärisch ambitionierte Land begnügte sich nicht damit, eine größere Anzahl dieser Unterwassergeschosse für seine Kriegsflotte zu kaufen. 1982 schloß AEG mit dem staatlich-indonesischen Luftfahrt- und Technologiekonzern P.T. Nurtanio einen Vertrag über eine Torpedo-Kooperation. Es wurde vereinbart, daß AEG alle Schlüsselkomponenten und verschiedene Materialteile für den Torpedo SUT dem indonesischen Partnerunternehmen zur Endfertigung liefern sollte.[443] Im Hintergrund zog auch hier der indonesische Forschungs- und Technologieminister Habibi die Fäden, der zugleich Direktor des indonesischen Staatskonzerns ist. Als Habibi 1983 in Hamburgs Landesvertretung in Bonn über die industrielle Modernisierung seines Landes sprach, erwähnte er auch kurz die künftige Zusammenarbeit mit AEG im Torpedobereich.[444] Über Einzelheiten wurde danach nichts weiter bekannt.

Neue Recherchen ergeben aber, daß die indonesische Partnerfirma inzwischen selbst als Torpedoexporteur im asiatischen Raum auftritt. Ausgerechnet Taiwan, das angeblich keine Waffen aus Deutschland bekommen soll, bestellte 1988 in Indonesien etwa 200 deutsche SUT-Torpedos. Näheres zu diesem Geheimgeschäft, über das die Bundesregierung nichts zu wissen vorgibt, ist im Abschnitt über die AEG-Nachfolgefirma ➞ DMT Marinetechnik GmbH nachzulesen. Auch pakistanische U-Boote sind inzwischen offenbar mit SUT-Torpedos bewaffnet – hierzu Informationen unter ➞ STN ATLAS Elektronik GmbH.

Die deutsche Regierung stellte dem Wedeler AEG-Werk in jedem Jahr Millionenbeträge für die Perfektionierung der Torpedotechnik bereit.[445] Gegen 1980 begann man mit der Entwicklung einer zweiten Generation drahtgelenkter Torpedos. Im Januar 1983 unterzeichneten die deutsche und die norwegische Regierung ein ›Memorandum of Understanding‹ zur Kooperation im U-Boot-Bau. Darin wurde bereits festgelegt, daß sowohl die künftigen norwegischen U-Boote als auch die zu modernisierenden U-Boote der Bundesmarine mit dem neuentwickelten AEG-Torpedo ›Seehecht‹ (Version DM2A3) bewaffnet werden sollten. AEG-Telefunken Wedel wurde beauftragt, als Generalunternehmer für runde 160 Mio. DM den Torpedo DM2A3 bis 1989 zur Einführungsreife zu entwickeln. Insgesamt wurden am Ende nur für die Entwicklung dieser Unterwasserwaffe 276,7 Mio. DM ausgegeben. Noch vor Abschluß der Entwicklungsphase erhielt AEG im Jahr 1987 offenbar eine Art Vorvertrag zur Lieferung von 450 Torpedos, wobei damals von einem Stückpreis von 1,28 Mio. DM ausgegangen wurde.[446] Die endgültigen Aufträge zur Serienproduktion gingen an die AEG-Nachfolgefirmen ➞ DMT Marinetechnik GmbH und ➞ STN Systemtechnik Nord GmbH.

Seeminen

Die AEG war zugleich ein führender deutscher Hersteller von Seeminen. Die Seemine gehört zu den von der Öffentlichkeit am wenigsten beachteten Waffensystemen. Bei militärischen Insidern gilt die Tatsache, daß über Seeminen so wenig gesprochen wird, als Vorteil, kann so doch, wie 1985 von einem Rüstungsexperten bemerkt wurde, *»oft bedeutend besser und unbehelligter geforscht und entwickelt werden«*.[447] Unter Militärs wird die Seemine wegen ihrer vergleichsweise geringen Kosten, aber dennoch ausgesprochen ›tödlichen‹ Wirksamkeit hoch geschätzt.[448] Anders als der Torpedo ist die Seemine eine stationär auf dem Meeresgrund verlegte Waffe, die herannahenden

Schiffen auflauert. Wie bei den Landminen ist auch bei den Seeminen das Verlegen technisch einfach, der Aufwand für die Gegenseite, sie zu entdecken und unschädlich zu machen, um ein Vielfaches höher.

Die ›Kunst‹ der Ingenieure liegt darin, die Seemine so zu konstruieren, daß sie genau dann zündet, wenn die größtmögliche Zerstörung am gegnerischen Schiff erzielt werden kann.

AEG hat ab Ende der 70er Jahre bis 1983 ›Anti-Invasionsminen‹ (AIM/SAI) für die Bundesmarine und Dänemark produziert. Die Stückzahl der hergestellten Seeminen wird geheimgehalten. Diese Mine, die auch als DM 51 oder in neuerer Zeit als SM G 4 bezeichnet wird, hat ein Gewicht von 115 kg, wovon allein 60 kg auf den Sprengstoff entfallen.[449] Bei diesem Projekt hat AEG Wedel mit der dänischen Spezialfirma Nea Lindberg A/S, Ballerup, zusammengearbeitet.

Fachbereich ›Flugwesen und Sondertechnik‹

Der Wiederaufbau des Bereichs ›Flugwesen und Sondertechnik‹ wurde 1959 dem Ingenieur Wilhelm Heil übertragen, der ab 1936 bereits die AEG-Abteilung ›Schiffbau, Flug- und Heerwesen‹ geleitet hatte.[450] Dieser Fachbereich nahm einen größeren Teil des AEG-Werks Wedel/Industriestraße in Anspruch. Seine Produktpalette umfaßte im militärischen Bereich (Stand 1987):

> *»Elektrische, elektronische und optoelektronische Geräte und Systeme für Heer und Luftwaffe wie Beobachtungs- und Zielgeräte mit unterschiedlichen optronischen Techniken für Tag- und Nachteinsatz, Feuerleit- und Stabilisierungsanlagen, Ausbildungs-Simulatoren, elektrische Bordnetzsysteme für Flugzeuge, Flugkörper und Panzer, Stromversorgungssysteme und elektronische Einrichtungen für militärische Anlagen. Cockpit-Displays und Avionikkomponenten, Radome für Flugzeuge, Fahrzeuge und Landanlagen, Testsysteme für elektronische Baugruppen und Systeme, Überwachungs- und Sicherungsanlagen für Freigelände und Gebäude.«*[451]

Konkret war das Wedeler Werk in der Industriestraße u.a. an folgenden Rüstungsprojekten – z.T. schon vor 1980 – beteiligt:

- Waffenstabilisierungs- und Turmantriebssysteme[452] für

  - den Kampfpanzer Leopard 2 (hierzu ➞ Blohm + Voss, Maschinenbau),
  - den Flak-Panzer Roland aus deutsch-französischer Koproduktion (auch hierzu ➞ Blohm + Voss, Maschinenbau),

- das Flak-Panzerfahrzeug Wildcat von Krauss-Maffei,
- den leichten Panzer M 41 der dänischen Armee (Kampfwertsteigerung ab Mitte der 80er Jahre),
- den israelischen Kampfpanzer Merkava, von dem nach Expertenschätzungen seit den 70er Jahren bis 1994 ca. 1.000 Stück produziert worden sind und der von der israelischen Armee bei den Kämpfen im Libanon eingesetzt worden ist.[453]

- Feuerleitrechner FLER-HG für 250 Panzer Leopard 1A4 der Bundeswehr,[454]

- Nachtsichtgeräte des Typs Passive Fernseh-Ziel- und Beobachtungsanlage PZB 200, von denen bis 1987 ca. 1.500 Stück produziert wurden[455], u.a. für

  - die 114 ab 1978 an Kanada gelieferten Panzer Leopard 1,
  - den in Argentinien produzierten Schützenpanzer VCTP,
  - die Nachrüstung türkischer Panzer vom Typ Leopard 1 und M 48.

- Elektro-Installationen für Marinestützpunkte in Thailand und evtl. in Indonesien,[456]

- Cockpitgeräte für Kampfflugzeug Tornado (TV-Tabular Display Unit),

- Radome (Schutzhauben für Radarantennen) für Kampfflugzeug Tornado, Transportflugzeug Transall, Flugabwehrrakete Hawk, Flugabwehrsystem Roland und große Bodenradaranlagen,[457]

- Enteisungssysteme für Kampfflugzeug Tornado, Jagdflugzeug Alpha Jet, Panzerabwehrhubschrauber PAH-1, US-Kampfhubschrauber Apache.[458]

Auch die Vorarbeiten für die Programme ›Jäger 90‹ und Panzerabwehrhubschrauber PAH 2 gingen, wie im Geschäftsbericht für 1988 vermerkt wurde, kontinuierlich weiter.[459]

Fachbereich ›Raumfahrt, Neue Technologien‹
Dieser Fachbereich hatte seinen Sitz ebenfalls im Werk Industriestraße in Wedel. Für zahlreiche nationale und internationale Raumfahrtprogramme lieferte er Stromversorgungssysteme auf Solarbasis. 1985 waren AEG-Solargeneratoren bereits in über

100 Satelliten im Einsatz. Obwohl Näheres hierüber nicht bekannt ist, kann davon ausgegangen werden, daß ein Teil dieser Satelliten von der NASA, der ESA (European Space Administration) bzw. nationalen Weltraumbehörden zu militärischen Zwecken ins All geschossen wurden.

Anläßlich einer Besichtigung des Wedeler AEG-Werks durch den schleswig-holsteinischen Ministerpräsidenten Barschel im April 1985 sprach sich der AEG-Vorstandsvorsitzende Heinz Dürr für eine deutsche Beteiligung am amerikanischen SDI-Weltraumrüstungsprogramm aus.[460] AEG gründete sogar eine firmeninterne SDI-Studiengruppe,[461] von der man später allerdings nichts mehr hörte.

Auf dem Gebiet der terrestrischen (nicht auf die Raumfahrt bezogenen) Solartechnik produzierte AEG aufklappbare Solargeneratoren für militärische Anwendungen. Mit solchen Anlagen können in abgelegenen Operationsgebieten z.B. Funkgeräte gespeist werden.[462] Nach einem taz-Bericht wurden 1986 in Nicaragua AEG-Solarsysteme des Typs PQ 10-20-02 für den militärischen Einsatz bei gefangengenommenen Contras entdeckt.[463] Wegen der sehr hohen Produktionskosten hat AEG die Fertigung solcher Solargeneratoren wieder eingestellt.

Eine Liefer- und Leistungsübersicht von 1980 führte für den AEG-Fachbereich ›Raumfahrt, Neue Technologien‹ noch ein weiteres Geschäftsfeld in der Grauzone zwischen ziviler und militärischer Bedeutung auf: Urananreicherungsanlagen. Konkret genannt wurden dort z.B. Antriebe für Gasultrazentrifugen. Seit den 70er Jahren produzierte AEG Wedel Teilsysteme für die in deutsch-holländisch-britischer Kooperation errichtete Urananreicherungsanlage in Almelo (Niederlande). Zumindest Großbritannien soll Almelo auch militärisch nutzen, nämlich zur Produktion von hochangereichertem Uran für die eigenen Atom-U-Boote.[464] Wahrscheinlich kurz nach 1980 hat AEG Wedel die Zulieferaktivitäten für die Urananreicherungstechnik eingestellt.

Konversion?

Um 1982 rief der IG-Metall-Vertrauenskörper des AEG-Geschäftsbereichs Hamburg/Wedel einen Arbeitskreis ›Neue Produkte‹ ins Leben. In der Grundsatzerklärung wurde festgestellt, der Standort sei bei einer weitgehend festgefahrenen Produktionspalette und einem Rüstungsanteil von über 50 Prozent *»von einer zunehmend unsicheren Arbeitsplatzsituation gekennzeichnet«*. Der Arbeitskreis wolle darauf hinarbeiten, daß die vorhandenen hochentwickelten Technologien angewendet würden, um die Beschäftigung zu sichern und gesellschaftlich sinnvolle Alternativen zur Rüstungsproduktion zu finden. Allerdings: Im Gegensatz zu dem Arbeitskreis ›Alternative Fertigung‹ bei ➞ Blohm + Voss bestand der AEG-Arbeitskreis nur kurze Zeit.[465]

In Einzelfällen fanden die von AEG für militärische Zwecke entwickelten Techniken und Verfahren eine zivile Nutzanwendung. So lieferte die von Ingenieuren des Fachbereichs ›Flugwesen und Sondertechnik‹ entwickelte Technik der kameragelenkten Zielverfolgung die Grundlage für Anlagen zur Automatisierung der Brief-und Paketsortierung.[466]

Gute Chancen für eine Ausweitung ziviler und zugleich ökologisch zukunftsweisender Aktivitäten schienen sich AEG vor allem im Bereich der terrestrischen Solartechnik zu bieten, obwohl auch hier – wie dargestellt – militärische Einsatzmöglichkeiten bestehen. Das Bundesministerium für Forschung und Technologie finanzierte ab 1977 ein langfristiges Entwicklungsprogramm, in dessen Rahmen AEG Wedel Wege zu einer stark verbesserten Wirtschaftlichkeit der Sonnenenergienutzung aufzeigen sollte.[467] Die Kosten pro ein Watt Solargeneratorleistung sollten von 100 DM (Stand 1977) auf fünf DM gesenkt werden. Das ehrgeizige Ziel wurde nicht ganz erreicht: Bis 1987 konnten die Kosten auf zwölf bis 13 DM pro Watt reduziert werden.

Mit öffentlichen Mitteln abgesichert, war es AEG möglich, im Solarbereich konkrete Einzelprojekte zu realisieren. 1983 ging das größte Solarkraftwerk Europas auf der Nordseeinsel Pellworm in Betrieb. In verschiedenen Ländern der Dritten Welt kamen kleinere Solargeneratoren von AEG zum Einsatz, so in Indonesien, Ägypten und Mexiko. In dem indonesischen Dorf Picon z.B. übernahmen solarbetriebene Wasserpumpen die Reisfeldbewässerung.[468] Im April 1987 nahm AEG in Wedel ein neues Werk für die kommerzielle Herstellung von Solarzellen bzw. Solarmodulen in Betrieb.

Die ursprüngliche Ankündigung von 1985, die Zahl der in diesem Bereich Beschäftigten werde von 400 auf 600 steigen,[469] wurde allerdings nicht eingehalten. Niemand ahnte 1987, daß die Hoffnungen, die man in die Solartechnik als ziviles Produktionsfeld für Wedel setzte, schon wenige Jahre später zerstört werden sollten. Die Umstrukturierungspolitik der neuen Muttergesellschaft, der Dasa, führte bis 1996 zur fast vollständigen Aufgabe des Solarstandorts Wedel (Näheres hierzu → Telefunken Systemtechnik GmbH TST/Dasa-Produktbereich ›Energie- und Anlagentechnik‹).

Aeronaval Ingenieurtechnik GmbH

20459 Hamburg (Neustadt), Schaartor 1 (bis 1997)
Stammkapital: 50.000 DM – Geschäftsführer: Friedrich Detlev Boerner

Seit 1971 ist die Hamburger Firma Komplementärin, also persönlich haftende Gesellschafterin der Aeronaval Ingenieurtechnik GmbH & Co. KG in Wiesbaden (Abraham-Lincoln-Straße 16).

1987 bezeichnete sich Aeronaval (Wiesbaden) zusammen mit ihrer Wiesbadener Partnerfirma F.I.T. Fahrzeug-Ingenieurtechnik GmbH als *»spezialisiert auf Leistungen für Wehrtechnik und insbesondere industrielle Großprojekte«*. Schwerpunkt der Firmentätigkeiten sei *»die Unterstützung bei der Konzeption, Definition, Beschaffung/Einführung und Nutzung komplexer Waffensysteme oder technischer Großprojekte«*. Seit Anfang der 70er Jahre habe man an *»zahlreichen Projekten für die Bundeswehr und Exportkunden«* mitgewirkt. 1986/87 hatten Aeronaval/F.I.T. zusammen einen Mitarbeiterstamm von ca. 200 Wehrtechnikexperten, Ingenieuren, Technikern, EDV-Spezialisten und anderen Fachkräften.[470]

Der Hamburger Aeronaval-Ableger ist laut Handelsregister Hamburg insbesondere mit der *»Durchführung von Studien-, Ingenieur- und sonstigen technischen Aufgaben auf den Gebieten der Schiffs- und Marinetechnik«* befaßt gewesen.[471] 1997 ist das Büro am Schaartor *»bis auf weiteres«* geschlossen worden.

Akzo Nobel Dexter Aerospace Finishes GmbH

22846 Norderstedt, Rathausallee 70

Die Firma, eine Tochter von Akzo Nobel Coatings International B.V. (Arnheim/Niederlande), liefert Farben und Lacke auch für die militärische Luftfahrt.[472]

Alemania-Impex Aussenhandel GmbH

20457 Hamburg (Altstadt), Hopfensack 11

Die Maklerfirma war im April 1992 an dem Versuch beteiligt, Panzerteile in den Iran zu verschiffen. Die Panzerteile, die als ›Metallschrott‹ deklariert waren, sollten auf dem Hamburger Frachter ›Blue Bird‹ von Rostock aus in den Iran gebracht werden (→ Jürgen Stahmer KG).[473]

ALSO GmbH und IBCOL Technical Services GmbH

21129 Hamburg (Finkenwerder), Neßdeich 77
bis 1989: 22559 Hamburg (Rissen), Melkerstieg 16

Stammkapital: 50.000,- DM – Geschäftsführer: Gerhard Bockhold (bis 1989), Hans-Gerd Schneider, Helmar Stellner (ab 1989)

Die Firma ALSO GmbH wurde 1983 gegründet. Das Kapital stellte zu 98 Prozent eine gleichnamige Firma in Singapur, die ALSO Private Limited. Die Abkürzung stand ursprünglich für Asian Logistic Support Organization, später für Aviation Logistic Support Organization. Als Gegenstand des Unternehmens wird im Handelsregister angegeben: *»die Beschaffung von Flugzeugteilen sowie die technisch-logistische Versorgung von technischen Geräten aller Art«*. In den ersten Jahren residierte die Firma in einer noblen Rissener Villa, die früher einmal Hans Albers gehört hatte.[474]

Die beiden ALSO-Unternehmen in Singapur und Hamburg präsentierten sich erstmals auf der Internationalen Luftfahrtausstellung 1984 in Hannover als Firmen der IBCOL-Gruppe, deren Zentrale die IBCOL Technical Services GmbH in Haar bei München ist.[475] Die ›taz‹ bezeichnete die IBCOL 1984 im Zusammenhang mit Südafrika-Geschäften als Verkaufsagentur von MBB.[476] Im ›International Defence Equipment Catalogue 1985/86‹ wies die ALSO GmbH auf ihre bisherigen Service-Leistungen für *»viele Luftwaffen«* hin und warb mit ihren engen Verbindungen zur internationalen Luftfahrtindustrie. Man könne Ersatzteile für Flugzeuge aller Typen liefern, auch für schwere Transportflugzeuge.[477]

ALSO-Geschäftsführer blieb bis zu seiner Abberufung 1989 Gerhard Bockhold, der danach die Geschäftsführung bei den Firmen G.L.O.S. und → IAS übernahm. Sein Nachfolger bei ALSO wurde Helmar Stellner. Seit etwa 1992 tritt die von Stellner geführte Firma nicht mehr unter der Bezeichnung ALSO, sondern unter dem Namen IBCOL in Erscheinung. Im internationalen Rüstungsfirmenregister von ›Jane's‹ wird die IBCOL nicht mit ihrer bayerischen, sondern mit der Hamburger Anschrift angegeben.[478]

Autoflug GmbH & Co.

Hauptverwaltung: Industriestr. 1, 25462 Rellingen
Geschäftsbereich ›Militärische Ausrüstung‹: 22761 Hamburg (Bahrenfeld), Leverkusenstr. 13

Stammkapital: 11,5 Mio. DM – Beschäftigte: 250, davon etwa 50 in Rellingen und 200 in Hamburg (1997) – Umsatz: ca. 80 Mio. DM (1996) – Geschäftsführer: Andreas Sedlmayr, Heinrich v. Paulgerg

90 Prozent der Gesellschaftsanteile werden von der Gebr. $edlmayr GmbH & Co (Rellingen) gehalten. Dahinter steht die Familie Sedlmayr aus München, die auch in der bayerischen Bierbrauerszene aktiv ist. Die übrigen fünf Prozent hält Dr. Hans-Georg Barth (Hamburg).

Um 1992 beschloß die Firmenleitung, sich von dem größten zivilen Produktionsbereich, dem Autozuliefergeschäft (Produktion von Sicherheitsgurten) zu trennen, begann aber das Engagement im militärischen Bereich zu verstärken. Sie verkaufte den Autozulieferbereich, in dem damals 900 von insgesamt ca. 1.200 Autoflug-Beschäftigten arbeiteten, an die zum schwedischen Electrolux-Konzern gehörende Firma Autoliv.[479] Dafür erwarb Autoflug 1992 den Geschäftszweig ›Luftfahrt‹ der in Konkurs gegangenen → Kurt Eichweber Präzisionsgerätewerk GmbH & Co. in Hamburg mit einem Jahresumsatz von zehn Mio. DM. Dies entsprach der *»strategischen Zielsetzung des Unternehmens, seine Position im militärischen Geschäft durch neue Aufgaben auf hohem technischen Niveau zu stabilisieren«*.[480] 1995 übernahm Autoflug außerdem Aufträge und Mitarbeiter der Hamburger Betriebsstätte von Steinheil Optronik GmbH.

Zu der Autoflug-Gruppe gehören weitere Unternehmen, darunter die 1991 gegründete GECO Systemtechnik GmbH und die 1995 gegründete Autoflug Lagerungstechnik GmbH in Brüsewitz/Schwerin.

Die Autoflug GmbH wurde 1919 von dem Flugpionier Gerhard Sedlmayr, der 1913 mit einem Sechs-Stunden-Flug einen deutschen Dauerflugrekord aufgestellt hatte, in Berlin-Johannisthal als ›Spezialhaus für das Automobil- und Flugwesen‹ gegründet.[481] Seit den 30er Jahren produzierte sie vor allem Irvin-Fallschirme, die zur Standardausrüstung der Deutschen Luftwaffe gehörten. Da der Standort Berlin für den Wiederaufbau des zerstörten Werks nach 1945 ausschied, siedelte sich das Unternehmen ab 1959 in Rellingen an. Dort nahm sie u.a. in Koproduktion mit dem britischem Unternehmen Martin-Baker die Fertigung von Schleudersitzen für das Kampfflugzeug Starfighter auf.

Beteiligung am Rüstungsgeschäft

Als *»wehrtechnische Produkte«* bietet die Firma an:

> *»Rettungs- und Sicherheitsgeräte wie Martin-Baker-Schleudersitze, energieverzehrende Hubschraubersitze, Fallschirme, Flugzeugbremsschirme, Fallschirm-Bergungssysteme, Anschnallgurt-Systeme, Schlauchboote, Rettungsinseln, Schwimm-*

westen, aufblasbare Zelte, Anti-g-Bekleidung [Anti-g-Bekleidung schützt den Körper von Kampfjetpiloten vor den Auswirkungen der enormen Beschleunigungskräfte, die beim Kurvenflug mit hohen Geschwindigkeiten auftreten, Anm. d. Autors], ABC-Schutzausrüstung, persönliche Ausrüstung für Piloten und Soldaten. Flugzeugausrüstung wie pneumatische Ventilsysteme, Anti-g-Ventile, Mehrfachlastträger, Navigationsinstrumente, Flug- und Taktiksimulator, Tankmeßeinrichtungen, Kabelbäume, Mikroprozessoren, elektronische Zugangskontrollen, Bodendienstprüfgeräte, Bergungsroboter. Mechanische Kreisel für Waffenstabilisierungsanlagen und Navigation. Langzeitlagersysteme, Modulare Schutzbehälter, Mobile Raumzellen, Überwachungs- und Steuerungssysteme. Service, Instandsetzung und Wartung, Software-Erstellung, Dokumentation, logistische Betreuung.«[482]

Für das Kampfflugzeug Tornado fertigte Autoflug Teile des Schleudersitzes Mk 10A sowie – in der Nachfolge von Eichweber – Meßanlagen für das Kraftstofftanksystem.

Sehr frühzeitig hat sich Autoflug für Aufträge aus dem Programm ›Jäger 90/Jäger 2000/European Fighter Aircraft EFA‹ interessiert. Bereits 1983 bot die Firma für dieses Projekt an: »*Schleudersitz, Kabinendach-Absprenganlage, Flugzeugpneumatik, Sauerstoffsystem, selbstdichtende Kraftstofftanks, Bremsschirm, ABC-Schutzausrüstung.*«[483] Durch die Übernahme der ursprünglich an die Steinheil Optronik GmbH vergebenen Entwicklungsaufträge ›EFA Fuel Level Sensor‹ und ›EFA Fuel Gauging Interface Unit‹ hat sich Autoflug eine weitere Scheibe des großen Eurofighter-Kuchens gesichert.

Einen energieabsorbierenden Helikoptersitz hat Autoflug zusammen mit Martin-Baker für den künftigen deutsch-französischen Panzerabwehr- bzw. Kampfhubschrauber ›Tiger‹ entwickelt. Dieser mit einer gepanzerten Schale verbundene Sitz soll »*die bei Abstürzen entstehende Aufprallenergie auf ein für die Besatzung erträgliches Maß*« reduzieren. Allein die Entwicklungskosten für den Sitz belaufen sich auf fünf Mio. DM.[484] Von dem Kampfhubschrauber Tiger sollen 215 Maschinen für das französische Militär und 212 für die Bundeswehr gebaut werden (Stand: September 1996).[485]

Umfangreich ist das Autoflug-Angebot im Bereich der Fall- und Flugzeugbremsschirme. Mit Fallschirmen dieses Herstellers können Soldaten, Lasten und auch Bomben vom Himmel segeln. Autoflug ist europäischer Produzent des Flugzeugbremsschirms VPCR (Variable Porosity Continuous Ribbon), der für das US-Kampfflugzeug F-16 Fighting Falcon genutzt wird. Zur Lieferpalette gehören ebenso Fallschirme für andere Kampfflugzeuge (F-4 Phantom, F-5 Tiger, F-104 Starfighter, Mirage, Hunter) und für verschiedene Kampf-, Aufklärungs- und Zielflugdrohnen.[486] Übri-

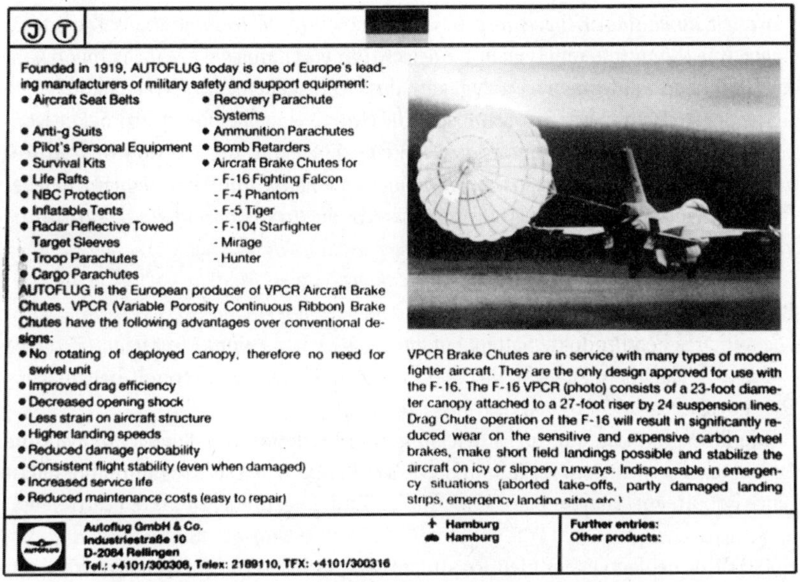

Anzeige aus: International Defence Equipment 1992/93

gens hat Autoflug auch für das europäische Projekt des Raumgleiters ›Hermes‹ ein dreistufiges Fallschirmsystem entwickelt.[487]

Autoflug bezeichnete sich 1983 als »*Spezialist mit mehr als 15jähriger Erfahrung in der Entwicklung und Fertigung von U-Boot-Rettungsflössen, die weltweit im Einsatz sind*«.[488] 1993 warb Autoflug in einer speziellen Anzeige für Minenfeldschuhe (SAWAPLAT-2), die Soldaten das Betreten von Minenfeldern ermöglichen sollen.[489] In der Tochterfirma Autoflug Lagerungstechnik GmbH in Brüsewitz werden »*intelligente Langzeitlagersysteme für den militärischen Bedarf projektiert und betreut*«.

Bavaria Keytronic Technologie GmbH (BKT)

22761 Hamburg (Bahrenfeld), Boschstr. 23
Stammkapital: 2 Mio. DM – Beschäftigte: ca. 80 (1992), 30 (1997)
Umsatz: 6 Mio. DM (1996) – Geschäftsführer: Michael Wacker (1987-93), Michael Joseph Rogerson (seit 1993)

Bis 1982 hieß die 1970 gegründete Firma noch Bourns-Keytronic Gesellschaft für flugtechnische Geräte mbH; Hauptgesellschafter war damals die Bourns Incorporated (Riverside/Kalifornien). Danach kam das Gesellschaftskapital vollständig in den Besitz der Kollsman System-Technik GmbH (München), die zunächst zum US-Konzern Sun Chemical Corporation (New York) gehörte und um 1987/88 von der Rogerson Aircraft Corporation aus den USA übernommen wurde. Seit einigen Jahren befindet sich die BKT direkt zu 100 Prozent im Besitz von Michael J. Rogerson aus Irvine/Kalifornien.

Beteiligung am Rüstungsgeschäft

Die militärischen Produkte hatten Anfang der 90er Jahre einen Umsatzanteil von 68 Prozent.[490] Nachdem sich die Firma von zivilen Aktivitäten getrennt hat, machen Rüstungsaufträge 95 Prozent des Umsatzes aus.[491]

Die Firma hat sich auf die Entwicklung und Fertigung von Aufzeichnungs- und Überwachungssystemen für militärische Zwecke spezialisiert. Im ›International Defence Equipment Catalogue 1985/86‹ war BKT mit folgenden Produkten vertreten:[492]

- DDVR (Display Data Video Recorder), ein Videorecorder von extrem kleiner Größe und geringem Gewicht (*»particularly suited for airborne and ground vehicular applications«*),
- Sensored Data Display System BK 140-0 for mil. use,
- HDDR (Head Down Display Recorder), eine Spezialfilmkamera für Militärflugzeuge.

Nach einem Bericht der ›taz‹ Hamburg hat BKT in den 80er Jahren 800 HDDR-Systeme für das Kampfflugzeug Tornado hergestellt.[493] Diese Zahlenangabe legt die Schlußfolgerung nahe, daß nicht nur die 322 Tornados der Bundeswehr, sondern auch die 385 britischen und 100 italienischen Tornados mit diesen Systemen ausgerüstet wurden. Demnach dürfte das HDDR-System bereits im harten Kriegseinsatz getestet worden sein, da britische und italienische Tornados im Golfkrieg 1991 an den Bombenangriffen gegen den Irak beteiligt waren.

Darüber hinaus hat BKT für die ECR-Tornados der deutschen Luftwaffe zwei Systeme zur Aufklärung und zur Aufzeichnung von Radardaten in Videotechnik entwickelt:[494]

- Airborne Video Data Acquisition System (AVDAS) und
- Display Video Recording System (DVRS).

Da die Nachrüstung des Tornados mit neuen Videokamerasystemen fortgesetzt wird, ist BKT in den nächsten Jahren relativ gut ausgelastet. Für Überwasserkriegsschiffe und U-Boote liefert BKT z.B. hochgenaue Geschwindigkeitsmeßsysteme (Log GMA 03).[495]

Blohm Maschinenbau GmbH/Körber AG

21033 Hamburg (Bergedorf), Kampchaussee 63-71
Kapital: 30 Mio. DM – Beschäftigte: 220 (1995) – Umsatz der Körber AG in der Sparte Werkzeugmaschinen: 362 Mio. DM (1995).

Die Blohm Maschinenbau GmbH produziert Flach- und Profilschleifmaschinen, flexible Schleifzentren für die Automobil- und Luftfahrtindustrie. Die Firma gehört zur Körber AG, deren Aktienkapital sich bis 1992 mehrheitlich im Besitz von Kurt A. Körber befand und nach dessen Tod vollständig auf die Körber-Stiftung übergegangen ist. Körber, ursprünglich spezialisiert auf Zigarettenmaschinen, hatte die 1924 von Robert Blohm gegründete Werkzeugmaschinenfabrik 1978 übernommen und zeitweise in seine Hauni-Werke integriert; 1989 hat er den Geschäftsbereich ›Hauni-Blohm Schleifmaschinen‹ wieder verselbständigt. Heute bildet die Blohm Maschinenbau GmbH zusammen mit Firmen im In- und Ausland die internationale Schleifring-Gruppe der Körber AG. Anfang der 80er Jahre wurde Körber nach Ausbau der Produktionskapazitäten zum Weltmarktführer in der Schleifmaschinentechnik; die Zahl der Beschäftigten in diesem Bereich stieg bis 1985 auf 380.[496]

Beteiligung am Rüstungsgeschäft

Insbesondere die Bestellungen führender Flugzeugturbinenhersteller aus Großbritannien (Rolls Royce) und ab 1985 aus den USA trugen zu diesem Aufschwung bei. Mit Blohm-Schleifanlagen wurden auch Teile des Kampfflugzeugs Tornado hergestellt.[497] Wegen der Lieferung von Schleifmaschinen tauchten die Hauni-Werke 1985 auf einer von Apartheidkritikern zusammengestellten Liste der Hamburger Südafrika-Lieferanten auf.[498] Während des Ersten Golfkriegs (1980-88) kam die Körber AG mit beiden Seiten ins Geschäft. 1985 und 1986 bestellte der Irak drei Schleifmaschinen für das Militärforschungszentrum ›Sa'ad 16‹ bei Mosul, in dem die Raketen- und C-Waffenrüstung vorangetrieben wurde. Die Körber AG bildete Personal zur Bedienung der Maschinen sowohl in Deutschland als auch im Irak aus.[499] Nach Angaben der Firma war das Geschäft genehmigt.

Im Jahr 1987 nahm die Körber AG einen Auftrag der staatlich-iranischen Defence Industries Organisation (DIO) an. Sie lieferte eine Schleifmaschine, mit der ein Teil des deutschen Schnellfeuergewehrs G 3 gefertigt werden konnte.[500] Firmensprecher Peter Reszczynski bestätigte 1988 die vom Fernsehmagazin ›Monitor‹ enthüllte Lieferung einer Flachschleifmaschine im Wert von 800.000 DM, wollte die Öffentlichkeit aber glauben machen, man habe von der militärischen Nutzung nichts gewußt. Dabei war es innerbetrieblich kein Geheimnis, daß dem Iran *»die maßgeschneiderte Software und Vorrichtung für bestimmte Waffenteile«* geliefert wurden. Die Bundesregierung ließ Anfang 1990 verlauten, es habe sich um eine ungenehmigte Ausfuhr gehandelt, und die Oberfinanzdirektion Hamburg habe ein Bußgeldverfahren eingeleitet[501] – das Ergebnis ist unbekannt geblieben.

Ungeachtet dieser Information aus Bonn erklärte der Hamburger Senat Anfang 1991 auf Anfrage, ihm sei nicht bekannt, daß *»Blohm Maschinenbau auch Güter produziert, die unter das Kriegswaffenkontrollgesetz fallen oder für militärische Zwecke eingesetzt werden können«*.[502] Krista Sager (Frauenfraktion) wertete diese Aussage als Beleg dafür, daß der Senat *»zu einem politischen Klima stillschweigender Duldung und Verharmlosung«* beitrage.[503] Dem positiven Image von Unternehmenschef Kurt A. Körber haben die Berichte über die Kriegsgeschäfte wenig geschadet. Im April 1991 erhielt Körber, der 1988 auf dem Werksgelände einen Eisensplitter einer sowjetischen SS-12-Rakete als Friedensdenkmal aufgestellt hatte, die Ehrenbürgerwürde Hamburgs.

Geschichte

Die Firma Robert Blohm war bereits zwischen 1934 und 1945 mit Rüstungsaufträgen befaßt.[504] Kurt A. Körber war im Zweiten Weltkrieg technischer Direktor einer Dresdener Maschinenfabrik und erfand ein Ortungsgerät, *»das bei Marine und Luftwaffe Anklang fand«*.[505]

BLOHM + VOSS

→ vgl. die ausführliche Darstellung auf den Seiten 19 – 150
→ Noske-Kaeser GmbH

BLOHM + VOSS INTERNATIONAL GMBH

20457 Hamburg (Steinwerder), Hermann-Blohm-Str. 5 / Am Elbtunnel 6

Diese Gesellschaft befindet sich zu je 50 Prozent im Besitz der Blohm + Voss GmbH und der Dresdner Bank AG.

Im Jahr 1990 übernahm Blohm + Voss International mit der Forschungsabteilung von → Jastram neben zivilen auch zwei militärische Forschungslinien. So befassen sich Ingenieure der Firma zum einen mit neuen Techniken zur Landminenlokalisierung und -entschärfung, zum anderen mit der Weiterentwicklung der Pioniertechnik (Überwinden von Wasserhindernissen bei Truppenbewegungen).[506]

August F.M. Bohnhoff

22529 Hamburg (Lokstedt), Nedderfeld 34

Produkte: Großkochanlagen, Schiffsküchen

In Sonderanfertigung liefert Bohnhoff Kücheninventar für Kriegsschiffe (z.B. für die Fregattenklasse 122).[507]
Im Zweiten Weltkrieg stellte die Firma, damals noch im Eimsbüttel ansässig, für die Luftwaffe Teile von Flugzeugmotoren her.[508]

BÜFA-BAEUERLE GmbH & Co.

→ F.A.C. van der Linden GmbH

CATIC Trading Development GmbH

22083 Hamburg, Hamburger Str. 11 (13. Stock)

Bei dieser am 9. November 1989 ins Handelsregister eingetragenen Gesellschaft handelt es sich um die Deutschlandvertretung der China National Aero-Technology Import & Export Corp. (CATIC), die ihren Hauptsitz in Peking hat. CATIC hat die Aufgabe, für die chinesische Luftfahrtindustrie Import- und Exportgeschäfte anzubahnen und abzuschließen. Zum Export bietet CATIC auch Kampf-, militärische Transport- und Trainingsflugzeuge, Helikopter, Flugzeugmotoren und Raketen an.

Die Tatsache, daß die Hamburger CATIC-Niederlassung in dem ›International Defense Directory‹ von Jane's aufgeführt wird, läßt den Schluß zu, daß hier auch rüstungsbezogene Geschäfte vermittelt werden.[509] Bemerkenswerterweise ist das Stammkapital der Hamburger Firma 1996 von 300.000 DM auf 3,1 Mio. DM erhöht worden.

C.O.E.L. Entwicklungsgesellschaft mbH

22880 Wedel, Rosengarten 10

Die Firma entwickelt Simulationsgerät für die Waffenausbildung. Auch kooperiert(e) sie mit dem Fachbereich Elektrotechnik der Bundeswehruniversität Hamburg im Forschungsschwerpunkt ›Klassifizierung von Tonsignalen‹.[510]

Consilium GmbH

20359 Hamburg (St. Pauli), Budapester Str. 49
Stammkapital: 435.000 DM – Beschäftigte: 20 (1995) – Umsatz: 4,1 Mio. DM (1994)

Die Consilium GmbH ist 1988 aus der Salén & Wicander GmbH hervorgegangen. Sie befaßt sich mit dem Verkauf von technischen Ausrüstungen für Schiffe. Sie ist eine Tochter der Consilium Marine Aktiebolag (Göteborg/Schweden), die weitere Dependancen in Italien, Großbritannien, Dänemark, den USA, Südkorea, Japan und China besitzt.

1991 erklärte die Firma, Anlagen aus dem Produktbereich von Consilium befänden sich auf den MEKO-Kriegsschiffen von → Blohm + Voss und auf insgesamt über 1.800 Seefahrzeugen der Bundesmarine, der NATO und anderer Seestreitkräfte.[511] Die Consilium GmbH gehörte zu den Sponsoren der Tagung ›Subcon' 95‹ in Kiel, mit der Reklame für die deutsche U-Boot-Technologie gemacht wurde.[512] Auf der Hamburger Schiffbaumesse SSM im Oktober 1996 warb Consilium u.a. für:

- AGILOG-Fahrtmeßanlagen, die von mehr als 20 Kriegsmarinen der Welt benutzt werden,
- Landehilfen für Schiffshelikopter,
- Windmeßsysteme für Kriegsschiffe.[513]

CREUTZMANN MICRO AND SECURITY ELECTRONIC KG

früher auch: Micro and Security Electronic KG (bzw. GmbH)

21033 Hamburg (Lohbrügge), Am Langberg 105
früher: Badestr. 36 (Rotherbaum), Schöne Aussicht 14 (Uhlenhorst), danach Efftingestr. 19 (Wandsbek)

Spezialität von Creutzmann ist der Verkauf von Ausrüstung für geheimdienstliche und militärische Zwecke. In Insiderpublikationen hat Micro and Security in den 80er Jahren für klassisches Schlapphut-Zubehör geworben, z.B. für als Füller getarnte Kassettenrecorder, für Geräte zum heimlichen Aufzeichnen von Telefonaten und für die kleinste Mikro-Fernsehkamera der Welt.[514] 1985 machte der ›Spiegel‹ auf Exportgeschäfte der Firma im militärischen Bereich aufmerksam. Zusammen mit der Firma Kranz Electronic (Steinbach/Taunus) bot Micro and Security ein von → Philips entwickeltes ›System ISA 2000‹ an, das mit Hilfe von Visieren, Kameras, Laser-Entfernungsmesser und Ballistik-Computer *»die Kampfkraft von Panzern bei Tag und Nacht«* (Werbetext) erhöhen sollte. In dem Bericht des ›Spiegels‹ hieß es:

> *»Micro-Chef Joachim Creutzmann, 48, der in einer mit Alarmanlagen gespickten Villa in der Schönen Aussicht residiert, hat noch andere Philips-Produkte im Programm. So zum Beispiel das BM 8042, ein Infrarot-Feuerleitgerät der zweiten Generation, das auf Maschinenwaffen oder zur Panzerbekämpfung bei Nacht eingesetzt werden kann. Zudem offeriert er das Wärmebildgerät TRM 7401, das in Panzern, Kriegsschiffen und Hubschraubern die Nacht zum Tage machen soll. Komplette Überwachungsfahrzeuge sind ebenso zu haben wie transportable Radarstationen, mit denen das eigene Artilleriefeuer überwacht wird.«*[515]

Zeitweise arbeitete das Hamburger Unternehmen mit der berüchtigten Waffenhandelsfirma Merex (Königswinter) zusammen. Der Hamburger Kaufmann Erwin Reichenberger, Inhaber der Vorgängerfirma Micro Electronic GmbH & Co. KG, verschwand im April 1976 *»irgendwo zwischen London und dem Nahen Osten«*.[516] Es wurde darüber spekuliert, ob der syrische oder irakische Geheimdienst ihn beseitigen ließ.

Die Micro + Security Electronic GmbH ist auch im 1993 erschienenen Rüstungsfirmenverzeichnis von Jane's als Lieferant von Überwachungs- und Abhörmitteln, optoelektronischen Geräten, Aufstandsbekämpfungs- und Polizeiausrüstung u.a. genannt.[517] Während diese GmbH inzwischen aus dem Handelsregister gelöscht wurde, besteht die Creutzmann Micro and Security KG weiter.

Daimler-Benz AG

→ Daimler-Benz Aerospace Airbus GmbH
→ debis Systemhaus GmbH
→ MTU Motoren- und Turbinen-Union Friedrichshafen GmbH

Daimler-Benz Aerospace Airbus GmbH

frühere Namen: Deutsche Airbus GmbH (1990-92), Deutsche Aerospace Airbus GmbH (1992-94)

21129 Hamburg (Finkenwerder), Kreetslag 10
Stammkapital: 930 Mio. DM – Beschäftigte: 14.000, davon 6.900 in Hamburg (1997) – Umsatz: 3,6 Mrd. DM (1995) – Vorsitzender der Geschäftsführung: Gustav Humbert

Die Daimler-Benz Aerospace Airbus GmbH (DA Airbus) ist eine Tochtergesellschaft der Daimler-Benz Aerospace AG (Dasa) in Ottobrunn. An der Dasa hält die Daimler-Benz AG über eine Holding 93,8 Prozent der Anteile; durch die → Hamburger Gesellschaft für Beteiligungsverwaltung mbH (HGV) ist die Stadt Hamburg mit 5,99 Prozent an der Dasa beteiligt. Im Aufsichtsrat von DA Airbus wird Hamburg seit 1990 durch Altbundeskanzler Helmut Schmidt vertreten.

DA Airbus befaßt sich in der Nachfolge von → MBB mit der Entwicklung und dem Bau von Verkehrs- und Transportflugzeugen. Zu dem Unternehmen gehören neben dem Hauptwerk in Hamburg-Finkenwerder drei Werke in Niedersachsen (Stade, Nordenham und Varel) sowie je ein Werk in Bremen, Baden-Württemberg (Laupheim) und Sachsen (Dresden). Im Werk Finkenwerder arbeiteten Ende 1992 noch 8.700 Menschen. Im Rahmen des umstrittenen ›Dolores‹-Arbeitsplatzvernichtungsprogramms von 1995 sollte die Belegschaftszahl auf 6.300 reduziert werden. Die unerwartete Flut von Aufträgen im Jahr 1996, die den Weltmarktanteil von Airbus bei größeren Verkehrsflugzeugen auf über 40 Prozent steigen läßt, hat die Unternehmensleitung inzwischen dazu bewogen, einen Personalstand von 7.200 anzustreben.

Wegen der Ausweitung der Produktion soll das Werksgelände von Finkenwerder bis Ende 1998 um 34 Hektar vergrößert werden.

Die DA Airbus mit ihren sieben deutschen Werken ist zu rund einem Drittel am Bau des europäischen Airbus beteiligt. An der europäischen Vertriebsfirma Airbus Industrie hält sie einen Anteil von 37,9 Prozent; ihre Kooperationspartner sind Aérospatiale (Frankreich, ebenfalls 37,9 Prozent), British Aerospace (20 Prozent) und Casa (Spanien, 4,2 Prozent). Die Aufgaben des Hamburger Werks liegen in der Entwicklung und Konstruktion, der Rumpfmontage aller Airbus-Flugzeuge, deren Ausrüstung mit sämtlichen flugwichtigen Systemen und in der Endmontage der Airbus-Typen A321 und A319 (künftig auch A320).

Beteiligung am Rüstungsgeschäft

Militärische Airbus-Versionen

Über eine mögliche militärische Verwendung des Airbus ist schon in den 70er und 80er Jahren viel gesprochen worden. ›Le Monde‹ berichtete 1975, Südafrika habe den Airbus A300 *»mit eingebauten Tanks zum Auftanken der Mirage-Düsenjäger Südafrikas in der Luft bestellt«* – dies wurde vom Unternehmen und der Bundesregierung jedoch dementiert.[518] Eine 1986 von der Friedensliste in Bonn vorgelegte Dokumentation enthielt technische Zeichnungen von MBB, die den Airbus wahlweise als Flugzeug zur Seeaufklärung, zum Minenlegen, zur Bekämpfung von Kriegsschiffen und als Kommandozentrale zeigten. Auch ›Monitor‹ berichtete damals von Plänen, den neuen Airbus-Typ 320 als U-Boot-Jäger zu verwenden. Die Airbus GmbH in München erklärte daraufhin, ein militärisches Entwicklungsvorhaben Airbus gebe es nicht; die MBB-Entwicklungsabteilung in Hamburg habe nur *»ganz abstrakt«* bestimmte Konzepte geprüft.[519] Anderthalb Jahre später, im Januar 1988, ging MBB in die Offensive und präsentierte auf der Luftfahrtmesse Asian Aerospace in Singapur die militärische Airbus-Version ATT 300 (Airbus Tanker Transport). Konkret wurde angeboten, gebrauchte Großraumflugzeuge des Typs A300B4 zu Tankflugzeugen, Truppentransportern oder Kommandozentralen umzurüsten.[520] 1995 meldete DA Airbus den offenbar ersten Auftrag dieser Art – aus Südafrika. Im Rahmen eines Joint Ventures mit dem südafrikanischen Luftfahrtunternehmen Simera sollten in Johannesburg vier Passagierflugzeuge des Typs A300B4 in militärische Transportflugzeuge umgebaut werden.[521] Der Umbau dürfte inzwischen abgeschlossen sein.

Mittlerweile bietet DA Airbus die zweistrahlige A310 und die vierstrahlige A340 in der Version ›Multi Role Tanker Transport‹ (MRTT) für militärische Zwecke an.[522] Als

Truppentransporter könne die A310 bis zu 270 Soldaten befördern, erklärte Airbus-Vertriebsleiter Wolfgang Müller, und in der Tankervariante könne das Flugzeug in der Luft Kampfjets mit Treibstoff versorgen, die in weit entfernte Gebiete verlegt werden sollen.[523] Für den Zeitraum von 1998 bis 2010 könnten, so glaubt man in der Lobby, rund 100 MRTT-Flugzeuge geordert werden.[524]

1991 wurde gemeldet, die deutsche und die französische Regierung wollten 20 (je zehn) militärische Großtransportflugzeuge der neuen Airbus-Langstreckenversion A340 erwerben,[525] aber aus dem Vorhaben wurde erst einmal nichts. Vom mittelgroßen Airbus-Typ A310 sind sechs Flugzeuge bei der Luftwaffe von Kanada, fünf Maschinen bei der Bundeswehr-Flugbereitschaft, zwei in Frankreich und eine unbekannte Anzahl in Thailand im Einsatz.[526] Die Forderungen der deutschen Luftwaffe nach Beschaffung von zusätzlichen Airbus A310 und deren Umrüstung zu Transport- und Tankflugzeugen noch vor dem Jahr 2000 sind seit 1995 in den zuständigen Parlamentsausschüssen behandelt worden. Zeitweise entstand der Eindruck, daß Minister Rühe das Projekt nicht für vorrangig hielt, doch im Juli 1997 ist folgende Entscheidung bekannt geworden: »*Die Luftwaffe läßt in Hamburg und Dresden zwei gebrauchte Airbusse des Typs A 310 zu Mehrzwecktransportern umbauen.*« Die Umrüstung soll bis 1999 abgeschlossen sein.[527]

Im September 1994 fand der Erstflug des neuen, in seiner äußeren Form an einen Wal erinnernden Supertransporters ›Beluga‹ statt. Am Bau dieses Flugzeugs ist das Hamburger Airbus-Werk ebenfalls beteiligt. Mit den vier ersten Beluga-Maschinen werden Airbus-Großbauteile zu den Endmontagewerken geflogen. Aber auch an andere Verwendungen wird gedacht: Beispielsweise könnte die Beluga »*militärisches Großgerät für UNO-Einsätze an Krisenschwerpunkte bringen*«.[528] In seinen riesigen Laderaum passen z.B. bis zu acht Hubschrauber.

Der künftige ›Kampfzonentransporter‹ FLA/FTA

Viel größere Erwartungen verknüpfen sich aber für DA Airbus mit dem Projekt eines taktischen Transportflugzeugs, das bei der Bundeswehr und in Frankreich die Transall-Maschinen ersetzen, in weiteren europäischen Streitkräften eingeführt und nach Möglichkeit in die weite Welt exportiert werden soll:

> »*Der Bedarf der Luftwaffen der am Programm beteiligten Länder wird auf 300 bis 350 Flugzeuge im Wert von mindestens 45 Milliarden DM geschätzt. Da einem solchen Flugzeug gute Exportchancen eingeräumt werden können, kann mit einem weltweiten Absatz von bis zu 400 weiteren Exemplaren gerechnet werden.*«[529]

COMPUTERSIMULATION DES GEPLANTEN MILITÄRTRANSPORTERS FLA/FTA

An der Spitze der Liste potentieller Besteller steht die Bundeswehr, die schon bisher die weltweit drittgrößte Lufttransportflotte unterhalten hat. Sie will sich 75 Maschinen zulegen, jede einzelne wird weit über 100 Mio. DM kosten. Die anderen WEU-Staaten peilen folgende Stückzahlen an: Frankreich 50, Italien 50, Großbritannien 40-50, Spanien 45, die Türkei 20-30 und Portugal 12.[530]

»Wir brauchen keinen Airbus als Ersatz, sondern einen Kampfzonentransporter«, mit diesen Worten verdeutlichte 1993 ein hochrangiger Offizier die Ansprüche der deutschen Luftwaffe für die Transall-Nachfolge.[531] Der viermotorige Militärtransporter soll eine Nutzlast von 25 t, wozu auch leichte Panzerfahrzeuge gehören können, über 3700 km ohne Zwischenlandung transportieren können. In Varianten könnte er auch als Tankflugzeug für Kampfjets und als maritimes Patrouillenflugzeug gebaut werden.

Seit Jahren wird von Wirtschaft und Politik um dieses Vorhaben heftigst gepokert – ähnlich wie um den Eurofighter. Schon in den 80er Jahren versuchte ein internationales Konsortium, in dem neben europäischen Flugzeugherstellern mit Lockheed noch ein US-Konzern vertreten war, den Zukunftsmarkt für militärische Transportflugzeuge mit dem Projekt FIMA (Future International Medium Airlifter) zu besetzen.[532] 1991 bildeten Firmen aus fünf europäischen NATO-Staaten ein neues Konsortium, die ›Euroflag‹ mit Sitz in Rom, mit dem Ziel, für die Westeuropäische Union (WEU) ein ›Future Large Aircraft‹ (FLA) zu entwerfen. Neben DA Airbus beteiligten sich am Kapital der Euroflag: Aérospatiale (Frankreich), British Aerospace (Großbritannien), Alenia (Italien) und Casa (Spanien). Firmen aus der Türkei, Portugal und Belgien erhielten den Status von assoziierten Partnern. 1991/92 wurde eine vorläufige ›Machbarkeitsstudie‹ ausgearbeitet. 90 Beschäftigte des Hamburger Airbus-Werks wurden mit der Erarbeitung eines Handbuchs für das geplante Flugzeug betraut.[533]

Ein zweite, umfassendere Machbarkeitsstudie legte die Euroflag 1995 vor. In demselben Jahr wurde die Euroflag wieder aufgelöst und eine neue Gesellschaft mit dem Namen Airbus Military Company (Sitz Toulouse) gegründet, der aber dieselben Firmen angehören.[534] Das Projekt heißt jetzt nicht mehr Future Large Aircraft, sondern ›Future Transport Aircraft‹ (FTA). Im April 1996 ging man von folgendem Zeitplan aus: Beginn der Vorentwicklungsphase 1996, Beginn der Entwicklungs- und Beschaffungsphase 1999, Erstflug 2002, Beginn des Serienzulaufs 2003/2004, Serienzulauf bei der deutschen Luftwaffe 2008 bis 2016.[535]

Im Hamburger Entwicklungssimulator von DA Airbus wurde 1996 im Auftrag des Bundesamts für Wehrtechnik und Beschaffung das Tiefflugverhalten des künftigen Militärtransporters getestet. Man kam zu dem Ergebnis, *»daß militärischer Tiefflug auch mit Airbus-Avionik möglich ist«*.[536]

Die Debatte um die Finanzierung des FTA ist von merkwürdigen Wendungen geprägt. Die Entwicklungskosten für den Transporter wurden 1995 auf insgesamt acht Mrd. DM veranschlagt. Von der Dasa-Lobby gedrängt, erklärte das Verteidigungsministerium im Oktober 1995, bis zum Jahr 2009 für die Entwicklung des Flugzeugs 4,3 Milliarden DM bereitstellen zu wollen. Im Februar 1996 wurde die Finanzplanung aber durch eine Erklärung Frankreichs über den Haufen geworfen: *»Wir haben nicht die Mittel, uns an der Entwicklung dieser Maschine zu beteiligen.«*[537]

Beim Treffen von Kohl und Chirac im Juni 1996 hieß es dann, beide Länder gingen nun davon aus, daß die Industrie ohne eine staatliche Übernahme von Entwicklungskosten ein Angebot für das FTA mache.[538] Entsprechend werden auch im Bundesetat für die nächsten Jahre keine Mittel für das Militärprojekt eingeplant. Die Entwicklung des Flugzeugs soll in Verantwortung der Industrie erfolgen (›Commercial Approach‹). Natürlich lassen sich die beteiligten Konzerne nur darauf ein, wenn die Regierungen feste Bestellverpflichtungen eingehen und ihnen für später eine attraktive Gewinnperspektive bieten. Nach dem Planungsstand von Oktober 1996 soll der Bundeshaushalt erstmals im Jahr 2005 mit Ausgaben für den FTA belastet werden.[539]

Zu denen, die auf eine baldige Realisierung des Kampfzonentransporters gedrängt haben, gehörten – neben der Dasa-Führung – der Gesamtbetriebsratschef bei DA Airbus, Erwin Hilbrink, und prominente Sozialdemokraten, so Niedersachsens Ministerpräsident Gerhard Schröder und die bayerische SPD-Vorsitzende Renate Schmidt.[540]

Der Hamburger Senat hat zwar erklärt, seine Beteiligung an der Dasa diene dem Ziel, *»Hamburg als Zentrum der deutschen zivilen Luftfahrtindustrie für die Zukunft abzusichern«*.[541] Auf das Zivile kommt es ihm dabei allerdings nicht an. Nach eigenem Bekenntnis von 1995 setzt er sich dafür ein, daß das Werk Finkenwerder an der Produktion des Kampfzonentransporters beteiligt wird.[542] Schon 1988/89 hatte der Senat bei den Verhandlungen mit Daimler-Benz als Gegenleistung für die Hamburger Zustimmung zur Übernahme von MBB durch Daimler-Benz auch die Zusicherung gefordert und erhalten, daß DA Airbus die Systemführung beim Transall-Nachfolger vorbehalten werde.[543]

Kritik/Proteste

Die Grünen-Fraktion im Europaparlament wandte sich 1994 – zumindest anfangs mit Erfolg – gegen einen Antrag, durch den 10 Mio. DM aus dem Haushalt des Parlaments für den Einstieg in das FLA/FTA-Projekts bewilligt werden sollte.[544]

Der Hamburger GAL-Bürgerschaftsabgeordnete Alexander Porschke warf dem Senat im Juni 1995 vor, durch seine Aktivitäten zugunsten der FLA/FTA-Produktion in Hamburg eine *»Konversion in die falsche Richtung, nämlich von ziviler zu Rüstungsproduktion«* zu unterstützen.

Der bei DA Airbus in Hamburg tätige Diplom-Ingenieur Udo Schuldt, Mitbegründer des dortigen Arbeitskreises ›Neue Produktion‹, hat in einem Buchbeitrag ausgeführt: *»...Mit einem Bruchteil des Geldes, das in die Produktion des FLA fließen soll, könnten aber zivile Arbeitsplätze geschaffen werden, die darüber hinaus auch noch wesentlich dauerhafter wären.«*[545]

Debeg GmbH

22763 Hamburg (Othmarschen), Behringstr. 120
Stammkapital: 6 Mio. DM – Beschäftigte: 400 weltweit (1986) – Umsatz: 80 Mio. DM (1983)

Debeg ist eine Abkürzung für den ursprünglichen Firmennamen, Deutsche Betriebsgesellschaft für drahtlose Telegrafie (gegr. 1911).[546] In den 80er Jahren bestimmte – nach dem Rückzug von Siemens aus der Debeg – die Muttergesellschaft AEG die Entwicklung der Firma. Um 1987/88 verlor die Debeg ihre relative Eigenständigkeit, ihre Belegschaft wurde in den AEG-Fachbereich ›Marinetechnik‹ integriert. 1990/91 wurde die unternehmensrechtlich weiter existierende Debeg vom Bremer Vulkan übernommen und der → STN ATLAS Elektronik zugeordnet. Heute wird der Traditionsname Debeg von STN ATLAS allenfalls noch zu Vertriebszwecken genutzt.

Mit Schiffsfunkstationen, Satellitenkommunikationsanlagen, Navigationssystemen und Radaranlagen hat Debeg eine große Zahl von zivilen und militärischen Schiffen ausgestattet; an Bedeutung gewannen in den 80er Jahren auch landbezogene Kommunikationssysteme. Zu den militärischen Kunden gehörte nicht nur die

Bundeswehr,[547] es liegen allerdings keine genauen Angaben zum Umfang und zur Entwicklung des Rüstungsgeschäfts vor. Um 1987 war die Debeg an der Lieferung einer Elektrowerkstatt für die nigerianische Marinebasis Apapa beteiligt.[548] Zu verweisen ist hier ferner auf die Aktivitäten der Debeg-Tochter → MESA.

debis Systemhaus GmbH

22339 Hamburg (Hummelsbüttel), Lademannbogen 21-23
Stammkapital: 150,72 Mio. DM

In der 1990 gegründeten debis Systemhaus GmbH hat Daimler-Benz verschiedene Aktivitäten im Softwarebereich zusammengefaßt. Die Anteile am Kapital liegen seit 1997 zu 100 Prozent über die Daimler-Benz InterServices (debis) AG bei der Daimler-Benz AG.

Die Gesellschaft führt die Geschäftstätigkeit der → SCS weiter und ist auch im Bereich militärischer Projekte tätig. Nähere Einzelheiten wollte die Firma nicht mitteilen.

Deutsche BP Holding Aktiengesellschaft

22297 Hamburg (Winterhude), Überseering 2

Von 1978 bis etwa 1986 war die stark in der Rüstung engagierte Softwarefirma → SCS eine Tochter der Deutschen BP.

›Der Spiegel‹ berichtete 1990, die BP sei in den 80er Jahren am Aufbau des irakischen Rüstungszentrums ›Sa'ad 16‹ bei Mosul beteiligt gewesen. BP räumte nur ein, dem Irak vor dem Embargo *»handelsübliche Ware wie Schmierstoffe und so weiter«* geliefert zu haben, dementierte aber die Lieferung technischer Ausrüstung. Von der einzigen Tochterfirma, die dazu in der Lage gewesen sei, habe man sich schon vor Jahren getrennt.[549]

Deutsche Nyco GmbH

22297 Hamburg (Winterhude), Überseering 9
Stammkapital: 100.000 DM

Die Firma ist seit 1980 als deutsche Vertriebsgesellschaft des französischen Schmierstoffherstellers Nyco S.A. (Paris) tätig. Ein Schwerpunkt der Nyco-Aktivitäten liegt im Bereich von Spezialschmierstoffen zur militärischen Anwendung (Flugzeuge, Kriegsschiffe, Panzer).[550] Wie viele andere Armeen verwendet auch die Bundeswehr Nyco-Produkte.

DMT Marinetechnik GmbH (1990-92)

22763 Hamburg (Othmarschen), Behringstr. 120
Werk: 22880 Wedel, Industriestr. 29
Stammkapital: 22 Mio. DM (1991) – Beschäftigte: 1555, davon 417 Ingenieure, ferner 117 Auszubildende (Ende 1990), 1603 (Ende 1991) – Umsatz: 304 Mio. DM, davon 32 % Exportanteil (1990); 487 Mio. DM, davon 56 % Exportanteil (1991) – Geschäftsführer: Klaus Dieter Gerster, Hans E.W. Hoffmann, Helmut Meyer-Baumeister

Die DMT Marinetechnik führte ab 1.1.1990 – zunächst noch als 100prozentige Tochter der → Telefunken Systemtechnik GmbH (TST) – die Geschäftsaktivitäten des einstigen AEG-Fachbereichs Marinetechnik weiter. Mit Wirkung vom 23. Juli 1990 wurde die DMT, entsprechend einer Auflage, die Bundeswirtschaftsminister Haussmann 1989 an die Genehmigung der Übernahme von MBB durch Daimler-Benz geknüpft hatte, aus dem Imperium des Daimler-Benz-Konzerns herausgelöst. Die → STN Systemtechnik Nord GmbH, eine Holding des Bremer Vulkans, übernahm zunächst 51 Prozent der DMT-Anteile, zum 30. September 1991 auch die übrigen 49 Prozent.

Die DMT stellte allerdings nur eine Übergangslösung im Zuge der Bildung eines großen norddeutschen Hochtechnologie- bzw. Rüstungsverbunds dar. Mitte 1992 wurden die ehemaligen Marinetechnikbereiche von AEG in Hamburg/Wedel und von MBB in Bremen zu einem gemeinsamen Unternehmen unter dem Dach des Bremer Vulkans zusammengeschlossen. Dies erfolgte auf dem Wege der Verschmelzung der DMT (Hamburg) mit der MSG Marine- und Sondertechnik GmbH (Bremen) bei gleichzeitiger Umbenennung in → STN Systemtechnik Nord. Dieser Vorgang wurde mit der Eintragung ins Handelsregister am 30.6.1992 rechtswirksam. Es wurde vereinbart, daß die Verschmelzung mit wirtschaftlicher Rückwirkung ab 1.1.1992 gelten sollte. In diesem Firmenabschnitt werden daher nur die Geschäftsjahre 1990 und 1991 behandelt (zur weiteren Entwicklung → STN ATLAS Elektronik GmbH).

Beteiligung am Rüstungsgeschäft

Die Umsatzerlöse in den einzelnen Tätigkeitsbereichen betrugen in Mio. DM:[551]

Jahr	1990	1991
Marinesysteme und -logistik	23,6	14,8
Marine-Informationstechnik	28,2	29,5
Unterwassertechnik	85,6	251,8
Schiffs-, Offshore- und Meerestechnik	97,8	123,6
Service	67,2	65,7
Sonstiges	1,6	1,5
Gesamt	304,0	486,9

Unterstellt man, daß der im zivilen Bereich erzielte Umsatz im wesentlichen dem Umsatz der Schiffs-, Offshore- und Meerestechnik und etwa der Hälfte des Umsatzes im Servicebereich entsprach, ergibt sich, daß der militärische Umsatzanteil 1990 bei 56 und 1991 bei 68 Prozent lag.

1990 konnte *»für die Fregatten F 123 der Bundesmarine ein nennenswerter Auftrag zur Lieferung von E-Installation und Automationsanlagen sowie Dienstleistungen hereingenommen werden«*.[552] Die vier Fregatten dieser Klasse wurden 1992-96 bei → Blohm + Voss, HDW, den Thyssen-Nordseewerken und dem Bremer Vulkan gebaut.

In der Zeitschrift ›Naval Forces‹ wurde die DMT Marinetechnik 1991 im Zusammenhang mit einer nicht erklärten Abkürzung, MTDS, erwähnt. MTDS, so hieß es dort, sei Bestandteil des DMT-Konzepts zur Modernisierung und Standardisierung von Waffensystemen auf existierenden Kriegsschiffen.[553] Das Kürzel MTDS steht offenbar für ›Marine Tactical Data System‹ oder ›Modular Tactical Data System‹.

Torpedos – auch für Taiwan

Auf die sogenannte Unterwassertechnik – dies ist eine freundliche Umschreibung für Unterwasserwaffen – entfiel im Jahr 1990 ein Anteil von 28,2 Prozent am DMT-Gesamtumsatz, 1991 sogar ein Anteil von 51,7 Prozent (vgl. obige Übersicht). Geld brachten – wie zuvor beim AEG-Fachbereich Marinetechnik und wie später bei der STN – vor allem Torpedos.

Im Lagebericht der DMT für das Geschäftsjahr 1991 heißt es: *»Die Umsatzsteigerung gegenüber dem Vorjahr resultiert im wesentlichen aus der Abrechnung von Exportaufträgen im Bereich der Unterwassertechnik.«*[554] Wohin die Unterwasserwaffen exportiert wurden, ist dieser Quelle nicht zu entnehmen; dies erfährt man aber zumindest teilweise aus dem Geschäftsbericht des Mutterkonzerns Bremer Vulkan: »In der Unterwassertechnik wurden umfangreiche Teillieferungen für Indonesien und Korea vorgenommen.«[555]

Hinsichtlich des Empfängerlands Korea ist klar, daß der Hinweis im Geschäftsbericht des Bremer Vulkans sich auf die Lieferung von Torpedos für die ersten drei der von Südkorea bestellten U-Boote bezogen hat. 1989 hatte HDW in Kiel mit dem Bau des U-Boot-Prototyps begonnen, 1990 lief auch das Nachbauprogramm auf der koreanischen Werft Daewoo an. Die koreanischen U-Boote sind mit jeweils 14 Torpedos des Typs SUT Mod. 2 ausgerüstet. Es handelt sich laut ›Jane's Defence Weekly‹ um die ersten deutschen Exporttorpedos, die mit einem Audio-Kanal zur Übertragung analoger Signale vom Zielsuchkopf zur Leitstelle im U-Boot ausgerüstet sind.[556]

Im Fall Indonesien betrafen die erwähnten Teillieferungen die 1982 von ➞ AEG und dem indonesischen Forschungs- und Technologieminister Habibi eingefädelte Torpedoproduktion bei P.T. Nurtanio. Ein Teil der dort mit deutschem Material endmontierten SUT-Torpedos mag das Waffenarsenal der indonesischen Seestreitkräfte vergrößert haben. Ein wesentlicher Teil ist aber von Indonesien an ein anderes Land geliefert worden: Taiwan! Belege hierfür finden sich in voneinander unabhängigen Insiderpublikationen, die in Sachen Seekriegsrüstung – wohl auch dank geheimdienstlicher Quellen – über einen außergewöhnlich guten Informationsstand verfügen. In dem US-amerikanischen Verzeichnis ›The Naval Institute Guide to the Combat Fleets of the World 1995‹ heißt es unter dem Stichwort Taiwan: Etwa 200 in Indonesien gebaute, in Westdeutschland entwickelte SUT-Drahtlenktorpedos wurden 1988 zur Nutzung durch U-Boote bestellt.[557] Und aus ›Jane's Fighting Ships‹, Ausgabe 1995/96, ist zu entnehmen: Die taiwanesischen U-Boote ›Hai Lung‹ und ›Hai Hu‹, die 1982-88 auf einer holländischen Werft gebaut wurden, führen je 20 SUT-Torpedos aus indonesischer Lizenzproduktion mit sich.[558] Nach derselben Quelle hat Taiwans Marine auch den aus US-Beständen übernommenen Uralt-U-Booten ›Hai Shih‹ und ›Hai Bao‹ durch SUT-Torpedos neue Kampfkraft verliehen.

Offensichtlich erhielt auch Pakistan zu einem bisher nicht sicher bestimmbaren Zeitpunkt (vor oder nach 1990) Torpedos aus deutsch-indonesischer Koproduktion. Dieses Land hat seit 1988 mehrere (drei oder mehr) Klein-U-Boote in Dienst gestellt, die von der italienischen Werft Cosmos (Livorno) konstruiert wurden. Bewaffnet sind die Zwerg-U-Boote, wie Jane's erstmals 1994 berichtete, mit Unterwassergeschossen des deutschen Typs SUT.[559] Auch die größeren U-Boote Pakistans (Hangor-Klasse) können diesen Torpedotyp abfeuern.

Die Bundesregierung hat 1997 auf Anfrage erklärt, sie habe »*keine Erkenntnisse über den Export von Torpedos oder Torpedoteilen*« nach Taiwan und Pakistan.[560] Zugleich hat sie mitgeteilt, daß im Rahmen der Torpedo-Koproduktion mit Indonesien eine Regelung hinsichtlich des Endverbleibs getroffen worden sei: »*Diese Regelung läßt eine Weitergabe der Materialpakete bzw. der Torpedos an dritte Länder nur mit Einwilligung der Bundesregierung zu.*«[561] Da zumindest die Torpedolieferung an Taiwan angesichts der mehrfach bestätigten Informationslage als Fakt gelten muß, bleiben nur zwei Deutungsmöglichkeiten: Entweder hat Indonesien die Bundesregierung durch heimliche Torpedoexporte hintergangen, dann dürfte letztere die betont freundschaftlichen Beziehungen zum Suharto/Habibi-Regime nicht länger fortsetzen, oder die Bundesregierung täuscht Unwissenheit nur vor (dies ist die wahrscheinlichere Variante).

Im Dezember 1991 sicherte sich die DMT einen neuen Großauftrag in der Unterwassertechnik. Damals bestellten die deutsche und die norwegische Marine ›Seehecht‹-Torpedos mit einem Gesamtwert von 415 Mio. DM (zur Abwicklung dieses Geschäfts → STN ATLAS Elektronik).

Die DMT ist in der Nachfolge von AEG auch weiter als Anbieterin von Seeminen aufgetreten. Eine aus der deutsch-dänischen Seemine SAI (= SM G 4) abgeleitete Exportvariante AIM (Anti-Invasion Mine) scheint jedoch auf dem Weltmarkt keinen Erfolg gehabt zu haben.[562]

Konversion?

Zitat aus dem Lagebericht der DMT für 1991: »*Zusätzlich von den von Kunden bezahlten Entwicklungsaufträgen wurden umfangreiche Eigenmittel für Forschung und Entwicklung eingesetzt, insbesondere um den Anteil des zivilen Geschäftes zu steigern, wobei die aus der Wehrtechnik gewonnenen Erkenntnisse eine gute technologische Basis bilden.*« Ein grundsätzlicher Ausstieg aus dem Rüstungsgeschäft wurde von der DMT aber nicht angestrebt.

Konkrete Konversionsvorschläge sind auch bei der DMT von einem Arbeitskreis Alternative Produktion entwickelt worden. Eine Idee bestand darin, den neuentwickelten Torpedomotor (160 PS) als Antrieb für ein Elektroauto zu nutzen. Gießmann/Wehner schreiben zu diesem Vorschlag:

> »*Hier hätte sich eine sehr gute Möglichkeit der Produktkonversion angeboten. Damit hätte man in den von schweizer Unternehmen dominierten Markt einsteigen können. Diese Möglichkeit wurde von seiten der Geschäftsleitung immer abgelehnt, ebenso wie die Entwicklung eines elektronisch angetriebenen Fahrrades. Diese Ablehnung führte auf Seiten der hier engagierten Beschäftigten zu erheblichen Frustrationen.*«[563]

Es muß allerdings angemerkt werden, daß allein der Motor des Torpedos 150.000 DM kostet. Ein solcher Preis macht es im Grunde schon unmöglich, sich mit einem neuen Produkt auf dem zivilen Markt durchzusetzen.[564]

Drehtainer GmbH Spezial-Container- und Fahrzeugbau

22113 Hamburg (Billbrook), Bredowstr. 19
Stammkapital: 550.000 DM

Die Container-Sonderbau-Firma besteht seit 1983. Drehtainer bietet ein Container-Hebegerät (›Lifttainer‹) und Spezial-Container auch für militärische Anwendungen an. In einer Anzeige in ›Wehrtechnik‹ warb die Firma 1994 mit dem Slogan »*DREHTAINER macht mobil*«.[565] Die Anzeige ist dort im Zusammenhang mit einem Artikel eines Oberstleutnants vom Heeresamt abgedruckt, in dem es um das Be- und Entladen von Containern in »*Einsatzländern mit zerstörter oder nicht vorhandener Infrastruktur*« geht. Die Zeitschrift ›Soldat und Technik‹ stellte 1995 den von Drehtainer entwickelten ›Internal Flat Rak‹ (IFR) als »*neuen Lösungsvorschlag für den Transport von BW-Versorgungsgütern und Munition bei Auslandseinsätzen*« vor.[566]

Drews GmbH

22335 Hamburg (Groß Borstel), Sportallee 54a
bis 1984/85: Usedomstr. 1-5 (Tonndorf)
Kapital: 1,5 Mio. DM – Beschäftigte: 94 (1983), 55 (1995) – Umsatz: 10 Mio. DM (1980), 20 Mio. DM (1994)

Die Drews GmbH ist im Bereich der Schiffs-, Industrie- und Gebäudeklimatisierung tätig. Im Rahmen eines Joint Ventures unterhält Drews eine Filiale in Indonesien: die P.T. Citra Drews Indonesia mit Hauptsitz in Surabaya und einem Büro in Djakarta.

Die Firma wurde 1946 von Dipl.-Ing. Gerhard Drews (1908-92) gegründet. Dieser hatte zuvor u.a. als Konstrukteur im Kriegsschiffbau von Blohm & Voss gearbeitet.[567]

Beteiligung am Rüstungsgeschäft

In einer Übersicht der ›Wehrtechnik‹ über die deutsche Marineausrüstungsindustrie hieß es 1983 zur Firma Drews:

»Besondere Erfahrung hat das Unternehmen bei der Be- und Entlüftung sowie Klimatisierung von Sonderschiffen. Das Unternehmen liefert darüber hinaus ABC-Schutzanlagen. ... Zu den Abnehmern gehören vornehmlich deutsche Werften sowie solche im außereuropäischen Ausland.«[568]

Auch heute ist Drews weiter im Kriegsschiffbau engagiert, wie einem aktuellen Werbeprospekt zu entnehmen ist:

»DREWS-Anlagen sind an Bord von Marineschiffen auf allen Weltmeeren im Einsatz. Wahlweise können diese Anlagen in amagnetischer, schock- und/oder rüttelsicherer Ausführung geliefert werden. Auch Schutzluftanlagen gegen die verheerenden Wirkungen von ABC-Waffen gehören zur Drews-Produktpalette. Selbstverständlich sind diese Anlagen nach den speziellen Bedürfnissen der Auftraggeber entwickelt und bestens gerüstet für den Einsatz unter härtesten klimatischen Bedingungen. DREWS übernimmt Schulungen und liefert für jede einzelne Anlage eine umfangreiche Dokumentation, die Betrieb, Wartung, Materialerhaltung und Ersatzteilbevorratung so kostengünstig wie möglich macht.«[569]

ABC-Filterstationen von Drews wurden u.a. in die zwei Helikopter-Korvetten ›Muray Jib‹ und ›Das‹ eingebaut, welche die Lürssen-Werft 1990/91 an die Vereinigten Arabischen Emirate auslieferte. Drews produziert auch Kälte- und Frischwassererzeugungsanlagen für Kriegsschiffe. Z.B. sind die für die Türkei gebauten MEKO-200-Fregatten von → Blohm + Voss mit Frischwassererzeugern von Drews ausgerüstet.[570] Wahrscheinlich ist die Drews-Tochter in Surabaya/Indonesien Zulieferer der dortigen Staatswerft, P.T. PAL Indonesia, die nicht nur im Handels-, sondern auch im Kriegsschiffbau tätig ist.

Kurt Eichweber Präzisionsgerätewerk (GmbH & Co.) (bis 1992)

22761 Hamburg (Bahrenfeld), Leverkusenstr. 13
bis 1985: Schützenstr. 75-85
Kommanditkapital: 2,5 Mio. DM (1990) – Beschäftigte: 250 (1981), 450 (1987), 240 (1992) – Umsatz: ca. 40 Mio. DM (1990)

Die Firma befand sich stets im Besitz von Kurt Eichweber und seiner Frau Herta. Als persönlich haftende Gesellschafterin des Unternehmens fungierte von 1962 bis 1974 die → Precitronic Gesellschaft für Feinmechanik und Electronic mbH, von 1974 bis 1992 die Eichweber GmbH. Am 31.3.1992 beantragte das Unternehmen Konkurs, nachdem Löhne und Gehälter nicht mehr ausbezahlt werden konnten. Jahrelange betriebsinterne Auseinandersetzungen waren dem vorausgegangen. Im Juni 1992 wurden die Anlagen und Geräte zweier Produktionsbereiche mit 1.800 Posten versteigert.[571] Die Auflösung der Gesellschaft erfolgte formell am 2. Oktober 1992 durch die Eröffnung des Konkursverfahrens. Den Luftfahrtbereich erwarb die → Autoflug GmbH & Co., Rellingen. Kurt und Herta Eichweber machten für den Abstieg das zurückgehende Rüstungsgeschäft verantwortlich; ehemalige Mitarbeiter erklärten dagegen, einzige Ursache hierfür sei ›Mißmanagement‹ gewesen.[572]

Beteiligung am Rüstungsgeschäft

Kurt Eichweber hatte als junger Ingenieur während des Zweiten Weltkriegs nach eigener Aussage »*technisch interessante Aufgaben zu lösen und wehrtechnische Erzeugnisse allgemein kennengelernt*«.[573] Sein Betrieb produzierte nach der Firmengründung 1949 zunächst Sondergeräte für die britische, die belgische und die französische Armee, ab 1955 auch für die Bundeswehr.

Seit den 60er Jahren war die Entwicklung von Schußsimulatoren zum Kriegstraining ein Spezialgebiet der Firma. Hierbei nutzte Eichweber die Möglichkeit, Laser als Medium für die Simulation direkt gerichteter Schüsse einzusetzen. Der 1964 erstmals vorgestellte taktische Lichtschußsimulator ›talissi‹ wurde in den 70er und 80er Jahren durch Nutzung von Halbleiterlasern technisch weiterentwickelt. Mit den talissi-Schußsimulatoren kann unter Verzicht auf Übungsmunition intensive Schieß- und Gefechtsausbildung betrieben werden, bei der eine Messung der Trefferquoten erfolgt. Eichweber präsentierte Simulatoren insbesondere für Kampfpanzer (Leopard 1 und 2, M48, M60, AMX30) und Panzervernichtungswaffen (Milan, TOW, Dragon, HOT), seit 1987 auch für Handwaffen. Als Käufer von talissi-Simulatoren sind außer der Bundeswehr die Streitkräfte der USA, der Niederlande und der Schweiz bekannt geworden.[574] Außerdem weisen Indizien darauf hin, daß die türkische Armee zu den Kunden der Hamburger Firma gehörte; auf der Rüstungsausstellung ›Idea '87‹ in Ankara präsentierte Eichweber in Verbindung mit einer türkischen Firma u.a. Simulatoren für die Antipanzerwaffe Milan.[575]

Für den Luftwaffensektor umfaßte das Eichweber-Angebot: »*Entwicklung, Fertigung, Lizenzen, Instandsetzung, Materialbewirtschaftung, Dokumentation, Handbücher – Flugüberwachungs-, Triebwerksüberwachungs-, Navigations- und Kreiselgeräte, Magnetfeldsonden, Bordelektrik, Kraftstoffmengenmeß- und steuergeräte.*«[576]

Um 1971 hatte sich Eichweber in das anlaufende Produktionsprogramm für das Kampfflugzeug MRCA/Tornado einklinken können und die Fertigung von Kraftstoffmeßanlagen übernommen. Für die Entwicklung eines Tankmeßsystems für den Jäger 90/Eurofighter gab Eichweber bis 1992 nach eigenen Angaben neun Mio. DM aus.[577]

Die Firma Eichweber war bis zum Konkurs 1992 verantwortlich für die Instandhaltung des ab 1965 eingeführten Flug- und Taktiksimulators ›Breguet-Atlantic‹.

Von den 450 Eichweber-Beschäftigten im Jahr 1987 waren 120 in Forschung und Entwicklung tätig. Ingenieure von Eichweber haben auf Wehrtechnik-Tagungen wiederholt über ihre Arbeit berichtet.[578] Kurt Eichweber war über viele Jahre Mitglied im ›Rüstungswirtschaftlichen Arbeitskreis‹ (RAK), in dem Vertreter der führenden deutschen Rüstungsfirmen mit Repräsentanten der Bonner Militärbürokratie über aktuelle Fragen beraten.

Kritik/Proteste

Im Frühjahr 1983 machte in Hamburg ein Aufkleber mit der Aufschrift »*Kennen Sie Kurt Eichweber?*« die Runde, der auf die militärischen Aktivitäten der bis dahin weitgehend unbekannten Firma aufmerksam machte.[579] Am 5.5.1983 fand vor dem Firmengebäude eine Kundgebung mit ca. 200 TeilnehmerInnen statt, zu der aus dem autonomen Spektrum aufgerufen worden war und bei der gegen die Rüstungsproduktion bei Eichweber lautstark protestiert wurde.[580] Die Polizei setzte Schlagstöcke ein, um DemonstrantInnen daran zu hindern, Parolen auf die Straße zu malen.

Fahrrad-Demos zu Rüstungsbetrieben im Raum Altona/Bahrenfeld am 24.9. und 29.10.1983 führten ebenfalls bei Eichweber vorbei. Am 23.1.1991 kam es im Rahmen einer Frauendemonstration gegen den Golfkrieg zu einer Aktion mit roter Farbe vor dem Eichweber-Gebäude in der Leverkusenstraße.[581]

Elekluft Elektronik- und Luftgeräte GmbH

Hauptsitz: 53121 Bonn, Justus-Von-Liebig-Str. 18
Bildungszentrum: 22525 Hamburg (Stellingen), Kleine Bahnstr. 10

Elekluft ist eine 100prozentige Tochter der Dasa (bis 1989 der AEG) und stark in der militärischen Nachrichten-, Radar- und Überwachungstechnik engagiert.[582] Insgesamt beschäftigt Elekluft etwa 700 Personen; im Bereich Schulung sind ca. 100 Ausbilder tätig. Im Hamburger Elekluft-Bildungszentrum finden Fortbildungen und Umschulungen in verschiedenen elektronikbezogenen Berufen statt; Bundeswehrangehörige können hierbei besondere Förderungsmöglichkeiten in Anspruch nehmen.

ELNA Elektro-Navigation und Industrie GmbH

25462 Rellingen, Siemensstr. 35
Stammkapital: 1,4 Mio. DM – Beschäftigte: 93 (1994) – Umsatz: 22,5 Mio. DM (1982), 26 Mio. DM (1994) – Geschäftsführer: Peter Schick (seit 1974)

Die ELNA ist als Handels-, Dienstleistungs- und Systemhaus vor allem für Schiffbau und Schiffahrt in den Bereichen Navigation, Kommunikation, Sondertechnik, Marineautomation, Schiffsmaschinenbau, Brandmelde- und Sicherheitstechnik tätig. Im Vordergrund steht der Vertrieb von Produkten ausländischer Hersteller, die Beratung und Projektierung, der Einbau von Anlagen, die Schulung von Personal und der Kundendienst. ELNA befindet sich in 100prozentigem Besitz des Hamburger Familienunternehmens Ernst Ludwig Schick KG. Zweigniederlassungen und Kundendienststellen unterhält die ELNA in Bremen, Bremerhaven, Duisburg, Kiel, Wilhelmshaven und seit 1990 in Rostock.

Die ELNA wurde 1952 von vier Ingenieuren als Vertriebs- und Servicefirma des britischen Radar- und Echolotherstellers Kelvin Hughes in Hamburg gegründet. Mitte der 60er Jahre zog die Firma von der Englischen Planke (Stadtteil Neustadt) zunächst in das hafennahe Gewerbegebiet von Hammerbrook/Hamm-Süd, 1972 dann nach Rellingen um. Als Geschäftsführer trat neben Herbert Praefke zunehmend Ernst Ludwig Schick in Erscheinung. 1973 erfolgte die Eingliederung der ELNA in die Ernst Ludwig Schick KG (Hamburg).

Beteiligung am Rüstungsgeschäft

Zur Ausrüstung militärischer Schiffe bietet ELNA an:
Wechselsprech- und Rufanlagen, Radaranlagen, integrierte Navigationssysteme, GPS-Satellitennavigatoren, Satellitenvermessungssysteme, Radarsimulatoren, Minenjagd-Sonarsysteme, Kommunikationsbojen, elektronische Plottische, Bathythermographen, integrierte Maschinenüberwachungs- und Alarmanlagen, Dieseldiagnosesysteme, Temperaturfühler, Signalverstärker, Druckwandler, Tankinhaltsmeßanlagen u.a.[583]

1984 wickelte die ELNA einen Auftrag für die Ausrüstung indischer U-Boote bei HDW Kiel ab.[584] Die ELNA inseriert oft in der Fachzeitschrift ›Marineforum‹. In Anzeigen wies sie 1995 z.B. darauf hin, daß sie *»für schwimmende Einheiten der Bundesmarine und Marineflieger«* komplexe Seenot- und Sicherheitsfunksysteme geliefert habe.[585] Besonders bemerkenswert ist eine ganzseitige ELNA-Anzeige für ein von ihr vertriebenes Farbradarsichtgerät von Kelvin Hughes.[586] Dieses auf allen Kriegsschiffstypen verwendbare Taktische Farbdisplay werde *»bereits von über 14 Marinen weltweit eingesetzt«*, nämlich in: Großbritannien, Australien, Belgien, Kanada, Griechenland, den Niederlanden, Indonesien, Irland, Kenia, Norwegen, Oman, Pakistan, Katar, Singapur, Spanien und der Türkei. Über den abgebildeten Flaggen all dieser Staaten steht die rhetorische Frage: *»Wo steht die Bundesmarine?«* – sinngemäß wie: Warum hat die Bundesmarine das Gerät noch nicht bestellt?

1996 erhielt ELNA von der Bundesmarine einen Großauftrag: Die Firma soll die acht Fregatten der Klasse 122 mit komplexen Navigationsradaranlagen Nucleus-2 5000 ARPA von Kelvin Hughes ausstatten. Begründung: die bisherigen Anlagen an Bord dieser Schiffe seien *»veraltet«*.[587] Außerdem bestellte die Bundeswehr bei der ELNA derartige Radaranlagen für die Marineortungsschule und das Marinearsenal sowie Ausbildungsgerät für die Fernmeldeschule der Marine in Flensburg.

ELNA vertritt neben Kelvin Hughes noch andere internationale High-Tech- und Rüstungsunternehmen, darunter MSI-Defence Systems, GEC Alsthom, Magnavox und Marconi Underwater Systems.[588] Als Beispiel für ein dual-use-Produkt aus dem Lieferprogramm von ELNA sei das in einen Reisekoffer integrierte, mobile Kommunikationsterminal MAGNAPhone des Herstellers Magnavox genannt. Mit ihm ist eine *»weltweite netzunabhängige, abhörsichere Satellitenkommunikation«* möglich.[589]

Konversion?

Geschäftsführer Schick äußerte 1990 die Befürchtung, daß mittelständische Unternehmen wie die ELNA gegen den neuen maritimen Elektronikverbund Systemtechnik Nord des Bremer Vulkans kaum noch würde konkurrieren können, und zwar *»besonders, wenn die Marineaufträge ausbleiben, wie angesichts der Entspannung zu erwarten ist«*.[590] ELNA, so Schicks erklärtes Ziel, sollte Zuwächse vor allem außerhalb des maritimen Bereichs erzielen. Ernsthafte Bestrebungen, aus dem Militärgeschäft auszusteigen, waren in der Firmenpolitik der ELNA jedoch nicht zu erkennen.

ESW – Extel Systems Wedel, Gesellschaft für Ausrüstung mbH & Co KG

22876 Wedel, Industriestr. 23-33
Beschäftigte: 716, davon 639 in Wedel und 77 in Essen (1996) -
Umsatz: ca. 160 Mio. DM (1995) – Geschäftsführer: Rainer Grün, Gerd Eckle

Die Gesellschaft wurde zum 1. Juli 1994 von der Deutschen Aerospace AG (Dasa) gegründet und handelsrechtlich zum 1. September 1994 eingetragen. Die ESW führt einen wesentlichen Teil der Aktivitäten fort, die früher bei der → AEG, Fachbereich Flugwesen und Sondertechnik, ab 1989 bei der → Telefunken System Technik GmbH (TST) und ab 1992 beim Dasa-Produktbereich ›Energie- und Anlagentechnik‹ angesiedelt waren. Von den knapp 1.400 Beschäftigten dieses Dasa-Bereichs in Wedel wurden ca. 630 von der ESW übernommen.

Die Dasa gründete die ESW bereits in der Absicht, sie möglichst bald günstig zu verkaufen. Doch wurde in der angestrebten Frist bis Mitte 1995 kein entsprechender Käufer gefunden. Nach langwierigen Verhandlungen erfolgte im August 1996 ein Management-Buy-out dergestalt, daß 20 Prozent des Firmenkapitals auf sechs ESW-Manager übergingen. Dabei erwarben die Geschäftsführer, Rainer Grün und Gerd Eckle, je 6,5 Prozent, vier weitere Führungskräfte die verbleibenden sieben Prozent. 80 Prozent der Gesellschaftsanteile gingen in die Hand amerikanischer und englischer Rentenfonds über – eine Beteiligung, die durch die Londoner Investitionsbank Schroders & Partner vermittelt wurde. Das unternehmerische Sagen soll aber nach Aussage von Grün allein beim Management in Wedel liegen.[591]

Die 70-80 ESW-Beschäftigten im Außenwerk Essen entwickeln und fertigen hochausgenutzte Motoren und Generatoren.

Beteiligung am Rüstungsgeschäft

Der Anteil des militärischen Geschäfts der ESW betrug 1994 ca. 70 Prozent.[592] Obwohl Vertreter der ESW verschiedentlich erklärt haben, das militärische Know-how zunehmend für die Entwicklung ziviler Produkte nutzen zu wollen, wurde der Anteil der Rüstungsproduktion auch noch 1996 mit 70 Prozent angegeben.[593] Zu den Kernarbeitsgebieten im Rüstungsbereich gehören: elektrische Richt- und Waffenantriebe, Stabilisierungssysteme und Duellsimulation.

Aus dem Geschäftsbericht 1994 der Dasa entnehmen wir:

»Das Arbeitsgebiet Ausrüstung, das in der neu gegründeten ESW – Extel System Wedel, Gesellschaft für Ausrüstungen GmbH konzentriert wurde, hat bei elektrischen Turm-/Waffenantrieben weltweit eine technologisch führende Stellung inne. Mit den elektrischen Turmantrieben sind wir an den Kampfwertsteigerungsprogrammen für die Panzer Leopard 2 der Bundeswehr, der niederländischen und der norwegischen Streitkräfte beteiligt. Einen entsprechenden Auftrag erhielten wir im Berichtsjahr auch aus Schweden.«[594]

Mit der Fertigung der elektrischen Turmantriebe für die zunächst 120 von Schweden bestellten Leopard-2-Panzer (der Auftrag soll evtl. auf 210 Panzer aufgestockt werden) wurde 1995 begonnen.[595] Auch für das neue Großprojekt ›Panzerhaubitze 2000‹ soll ESW einen sehr leistungsfähigen Richtantrieb beisteuern.[596]

Das im Zusammenhang mit den Panzerturmantrieben häufig fallende Stichwort ›Stabilisierung‹ bezieht sich auf die Technik, mit deren Hilfe die Bordkanone des Panzers ungeachtet heftiger Fahrbewegungen das zu vernichtende Ziel sicher erfassen kann. Stabilisierungsanlagen liefert ESW auch für Sensorsysteme auf Marineschiffen und in militärischen Drohnen. Beim Bau des Kampfhubschraubers ›Tiger‹ ist ESW für die Stabilisierung des Mastvisiers ›Osiris‹ zuständig.[597]

Ein Riesengeschäft scheint sich ESW im Bereich ›Duellsimulatoren‹ zu versprechen. ›Soldat und Technik‹ sprach 1995 von der *»Möglichkeit, daß ESW zum Marktführer in der Duellsimulation aufsteigt«*.[598] Die Duellsimulatoren ›AGDUS‹ bzw. ›SIMSTAR‹ sind hochgenaue Lasermeßsysteme, die im Verbund mit den Originalwaffensystemen eingesetzt werden. Mit ihnen können Soldaten den Kampfeinsatz von Panzern, Panzerabwehrsystemen und Handwaffen trainieren, ohne einen scharfen Schutz abzugeben. Im Juli 1994 erhielt ESW – sozusagen als Startgeschenk des Bundes zur Firmengründung – den Serienauftrag über 5.600 AGDUS-Duellsimulatoren für Handwaffen. Gleichzeitig wurde die Option für die Lieferung von weiteren 2.400 Stück für das Gefechtsübungszentrum vertraglich geregelt.[599] Für das erste Los der AGDUS Handwaffen hatte der Rüstungsbewilligungsausschuß des Haushaltsausschusses, geleitet von dem schleswig-holsteinischen CDU-Abgeordneten Dietrich Austermann, am 29. Juni 1994 einen Betrag von 78,2 Mio. DM bereitgestellt.[600] Die Übergabe der ersten Handwaffen-Duellsimulatoren fand am 7. Februar 1996 auf dem Truppenübungsplatz Hammelburg statt, wo die Bundeswehr in großem Stil Krieg spielt. Es soll allerdings, wie ein Insider berichtet hat, enorme Schwierigkeiten bereitet haben, die AGDUS-Technik in den Griff zu bekommen.

Für zahlreiche weitere Waffensysteme hat ESW ebenfalls Simulatoren entwickelt. Teilweise wohl schon in der Fertigung, teilweise noch in der Planungsphase befinden

ESW-EXTEL SYSTEMS WEDEL – ein Unternehmen mit Tradition und ein verläßlicher Partner der Bundeswehr.

Die ESW ist hervorgegangen aus der AEG Marine und Sondertechnik, Wedel wurde in Telefunken Systemtechnik überführt, mit der Deutschen Aerospace verschmolzen und ist seit Herbst '94 Ihr Partner für komplexe Lösungen bei Komponenten, Geräten, Anlagen und Subsystemen für Heer, Marine und Luftwaffe.

Unsere Kernarbeitsgebiete sind weiterhin:

- Stabilisierungssysteme
- Elektrische Antriebssysteme
- Stromversorgungssysteme und elektrische Maschinen
- Ausbildungssysteme
- Meß- und Prüfsysteme
- Luftfahrtausrüstung
- Service und Logistik

ESW-EXTEL SYSTEMS WEDEL ist der kompetente nationale Partner der Bundeswehr.

AEG

ESW-EXTEL SYSTEMS WEDEL
Gesellschaft für Ausrüstung mbH
Industriestraße 23-33
22876 Wedel
Telefon (0 41 03) 60 36 71
Telefax (0 41 03) 60 45 03

Anzeige aus: Soldat und Technik 8/95

sich Duellsimulatoren für die Panzerfaust 3, die Panzerabwehrwaffen ›Milan‹ und ›TOW‹, den Spähpanzer ›Marder‹, den Kleinpanzer ›Wiesel‹, die Panzerabwehrrichtmine und den Spähpanzer ›Luchs‹.

Wenn der Eurofighter 2000 realisiert wird, soll ESW das Radom (die Schutzhaube für Radarantennen in der Flugzeugspitze) fertigen und für die Bordstromversorgung zuständig sein.[601] Frostschutz- und Enteisungsanlagen entwickelt und fertigt ESW auch für verschiedene Militärhubschrauber (z.B. Rotorblattenteisung für den NH 90, den US-Kampfhubschrauber ›Apache‹ sowie den englischen Hubschrauber ›EH 101 Merlin‹).

ESW ist Mitglied im Arbeitskreis ›Wehrtechnik der Industrie in Schleswig-Holstein‹.

Konversion?

Bei Gründung der ESW rief der Wedeler Betriebsrat Mitte 1994 einen ›Arbeitskreis Alternative Fertigung‹ mit dem Ziel ins Leben, *»die Abhängigkeit vom Militärgeschäft in der ESW aufzubrechen«*.[602] In einem Fall erfolgte die Übertragung der für den Kampfpanzer Leopard entwickelten elektrischen Neigetechnik auf den Zivilsektor: *»Ein wichtiger Vorstoß in die zivile Anwendung militärischer Antriebstechnik gelang uns mit der Hereinnahme eines Auftrags über 50 Systeme für Neigezüge der Deutschen Bahn.«*[603] Insgesamt jedoch ist die Abhängigkeit von der Rüstungsproduktion bei der ESW sehr hoch geblieben, und die Firmenleitung bemüht sich weiter sehr gezielt um neue Militäraufträge.

Exportgesellschaft Siegmund Robinow & Son

20354 Hamburg (Neustadt), Fehlandtstr. 6

Die Firma handelt u.a. mit Pistolen, Revolvern, Gewehren und Uniformen.[604]

F.A.C. van der Linden GmbH & Co.

21107 Hamburg (Wilhelmsburg), Georg-Wilhelm-Str. 357
früher: Fritz-Reuter-Str. 32 (Neu Wulmstorf)

F.A.C. van der Linden ist verbunden mit den unter derselben Anschrift ansässigen Firmen BÜFA-BAEUERLE GmbH & Co. und Relius Coatings GmbH & Co.

Geliefert werden Schiffsfarben, auch »*Anstrich- und Beschichtungssysteme für den Bereich Wehrtechnik*«, so für die MEKO-Fregatten von Blohm + Voss und für U-Boote.[605]

Fahrzeugwerkstätten Falkenried GmbH (FFG)

20251 Hamburg (Hoheluft-Ost), Falkenried 7-19
Stammkapital: 8 Mio. DM – Beschäftigte: 397 (1995) – Umsatz: 60,8 Mio. DM (1995)

Die FFG ist eine 100prozentige Tochter der Hamburger Hochbahn AG (HHA), die ihrerseits über die → Hamburger Gesellschaft für Beteiligungsverwaltung mbH (HGV) zu 98,2 Prozent der Freien und Hansestadt Hamburg gehört. Hauptaufgabe der FFG ist die Instandsetzung des gesamten Wagenparks des Oberflächenverkehrs der HHA und die Instandhaltung der HHA-Haltestellen mit den dort befindlichen Anlagen. Weitere Geschäftsfelder sind die Produktion von Serien- und Ersatzteilen für ein großes deutsches Automobilunternehmen (Daimler Benz AG), der Sonderfahrzeugbau für den Flughafenbereich sowie Arbeiten im Auftrag der Bundeswehr.

Die FFG geht auf die Wagenbauanstalt Falkenried zurück, die ab 1892 über viele Jahrzehnte vor allem Straßenbahnwagen produzierte und instand setzte. Während der Weltkriege wurde sie jeweils zu militärischen Arbeiten herangezogen; im Zweiten Weltkrieg kamen dort auch Kriegsgefangene zum Einsatz. Den heutigen Namen trägt die FFG seit 1962.[606]

Beteiligung am Rüstungsgeschäft

Von der Bundeswehr erhält die FFG kontinuierlich Aufträge. An den Werkstatterlösen war die Bundeswehr 1989 mit 3,6 Mio. DM (5,6 Prozent des Umsatzerlöses) beteiligt, 1994 mit 5,5 Mio. DM (neun Prozent).[607] Bei der FFG wurden in neuerer Zeit Bundeswehr-LKWs zu UN-Fahrzeugen umgespritzt.[608]

FDG Fregatten Definititions-Gesellschaft mbH (1986-90)

Überseering 8, 22297 Hamburg (Winterhude)
Stammkapital: 1 Mio. DM – Vorsitzender der Geschäftsführung: Vizeadmiral a.D. Ansgar Bethge (zuvor Marineinspekteur)

Die Firma bestand von 1986 bis 1990. An der FDG beteiligten sich zu jeweils 20 Prozent die Werften Blohm + Voss, Bremer Vulkan und HDW sowie die Elektronikkonzerne AEG (ab 1989 TST) und Siemens.

Die FDG wirkte als deutsche Leitfirma bei der Definition der NATO-Fregatte für die 90er Jahre (NFR-90) mit. Zusammen mit entsprechenden Leitfirmen aus sieben anderen NATO-Staaten beteiligte sie sich an der → Internationalen Schiffs-Studien-Gesellschaft. Die 1987-89 durchgeführten Arbeiten hatten am Ende kein greifbares Ergebnis, da die verschiedenen Interessen der acht beteiligten NATO-Staaten und ihrer Rüstungsindustrien eine Verständigung auf ein gemeinsames Kriegsschiffskonzept nicht zuließen (Näheres hierzu → Internationale Schiffs-Studien-Gesellschaft). Die Gesellschafter der FDG mußten aber unter dem Scheitern nicht ›leiden‹, da Bonn bereits im Juni 1987 beschlossen hatte, noch ein nationales Programm zum Bau von vier Fregatten (Projekt ›Fregatte 94‹, Klasse F 123) ›dazwischenzuschieben‹.

Foxboro Deutschland GmbH

Hauptsitz in Düsseldorf
Niederlassung: 22085 Hamburg (Uhlenhorst), Winterhuder Weg 29

1990 nahm die Staatsanwaltschaft Darmstadt Ermittlungen gegen die Firma auf, weil deren Hamburger Büro am Giftgasgeschäft der → W.E.T. mit dem Irak beteiligt gewesen sein soll. Foxboro soll Know-how und Steueranlagen für die Herstellung von Giftgas im irakischen Asmara geliefert haben.[609] Später wurde darüber nicht mehr berichtet.

Germanischer Lloyd AG

20459 Hamburg (Neustadt), Vorsetzen 32
Grundkapital: 240.000 DM – Beschäftigte: weltweit 1.505, davon ca. 750 in Hamburg (1996) – Umsatz: 235 Mio. DM (1996) – Vorstand: Eike Lehmann, Hans-G. Payer, Rainer Schöndube

Der Germanische Lloyd (GL) wurde 1867 in Hamburg zur Klassifikation von Seeschiffen gegründet. Heute ist er als technische Sachverständigenorganisation für die Überwachung von Bau und Betrieb von ca. 5.000 See- und Binnenschiffen sowie Anlagen der Meeres-, Unterwasser-, Windenergie- und Umwelttechnik tätig. Er betreibt eine umfangreiche Forschung auf diesen Gebieten. In den letzten Jahrzehnten hat sich der GL von einer hauptsächlich national operierenden Gesellschaft zu einem Weltkonzern mit über 400 Vertretungen in 119 Ländern (1996) entwickelt. 1996 war das erfolgreichste Geschäftsjahr in der Unternehmensgeschichte: Der Umsatz erhöhte sich gegenüber dem Vorjahr um zwölf Prozent.[610]

Beteiligung am Rüstungsgeschäft

Kaum bekannt sind die umfangreichen Tätigkeiten des GL in der maritimen Rüstung.[611] Beim Bau von Fregatten, U-Booten, Schnellbooten und Tendern der Bundesmarine wirkt er seit vielen Jahren mit. Der Erfahrungsaustausch mit der Bundeswehr ist durch regelmäßige Veranstaltungen in der GL-Zentrale institutionalisiert. Für die geplante U-Boot-Klasse 212 hat die Gesellschaft die Entwicklung der außenluftunabhängigen Antriebsanlage, die als wesentliche Neuerung gilt, durch ein Erprobungsprogramm unterstützt. Ein neuartiges Torpedo-Antriebssystem (von ➞ STN ATLAS) wurde 1994 vom GL einer sicherheitstechnischen Analyse unterzogen.

Der GL hat darüber hinaus vielfältige Geschäftsbeziehungen zu ausländischen Kriegsschiffswerften und Seestreitkräften. So ist er für die komplette ›Güteprüfung‹ der drei griechischen MEKO-Fregatten zuständig, die mit Hilfe von ➞ Blohm + Voss auf der Hellenic Shipyard in Skaramanga gebaut werden. Beim Bau von vier Raketenschnellbooten durch die britische Werft Vosper Thornycraft für das Emirat Katar übernahm der GL 1993-96 Güteprüfung und Bauaufsicht. Immer wieder neue Aufträge erhält der GL seit Anfang der 80er Jahre von der argentinischen Kriegsmarine. Für die Bauaufsicht war die Hamburger Gesellschaft auch bei jenen vier vorgeblich ›zivilen‹ Schiffen zuständig, die von Abeking & Rasmussen, Lemwerder, 1990/91 nach Taiwan exportiert wurden und die sich dann als Minensuchboote entpuppten.[612] Der indonesischen Staatswerft P.T. PAL Indonesia (Surabaya) bescheinigte die Germanischer Lloyd Certification GmbH (GLC) 1994, die Qualitätsnorm ISO 9001 auch im Kriegsschiffbau zu erfüllen. Allein im Jahr 1995 war der GL u.a. mit Aufträgen der mexikanischen, kolumbianischen, argentinischen, katarischen, saudi-arabischen, griechischen, türkischen, australischen, israelischen und südkoreanischen Seestreitkräfte befaßt.

GfP Gesellschaft für Projektmanagement mbH & Co. KG (1979 – 1996)

20354 Hamburg (Neustadt), Poststr. 18

Kapital: 3 Mio. DM (seit 1986) – Beschäftigte: 58 Angestellte (1981), 116 (1988), 60 (1995) – Umsatz: 5,9 Mio. DM (1980), 23,6 Mio. DM (1986), 12 Mio. DM (1995)

Die Firma war darauf spezialisiert, andere Unternehmen in Fragen der Betriebsorganisation zu beraten und beim Management von Einzelprojekten zu unterstützen. Von 1979 bis 1993 wurde die GfP vom Axel-Springer-Verlag beherrscht, der zunächst mit 75 Prozent, seit 1984 mit 68 Prozent und seit 1989 mit 70 Prozent am Firmenkapital beteiligt war. Die übrigen Anteile hielt im wesentlichen der Unternehmensberater Wilhelm Duhme (Quickborn).

In den Jahren 1993-95 wurden die Beteiligungsverhältnisse vollständig neugeordnet:[613] Die Axel Springer Verlag AG gab *»im Rahmen ihrer Konzentration auf die Kerngebiete der gedruckten und elektronischen Medien«* ihre GfP-Anteile in zwei Schritten ab. Auch Duhme trennte sich von seinem Anteil. Der Bremer Vulkan erwarb über verschiedene Transaktionen 75 Prozent am GfP-Kapital und gliederte die Firma seiner Vulkan Software und Systeme GmbH (VSS), Bremen, an. Der Niedergang des Bremer Vulkans führte im Endeffekt dazu, daß auch für die GfP Konkurs angemeldet und Anfang Juli 1996 ihre Geschäftstätigkeit eingestellt wurde.

Beteiligung am Rüstungsgeschäft

›Wehrtechnik‹ nannte 1983 als Beispiele für die Tätigkeit der GfP auf dem Militärsektor:[614]

- Unterstützung beim Projektmanagement für die EloKa-Anlage FL 1800 für die Fregatte F 122 (Auftragnehmer AEG),
- Erarbeitung von Konzepten zur Feuerleitanlage und zu Waffeneinsatzfunktionen für das U-Boot Klasse 210 (von dem die Thyssen Nordseewerke in Emden sechs Stück für Norwegen baute),
- Erstellung von Software für Lenkverfahren und Angriffstechniken von Torpedos (→ AEG-Fachbereich Marinetechnik in Wedel),
- Konzeption und Realisierung eines Datenbanksystems für Logistikaufgaben beim Bau der Argentinien-Fregatten durch → Blohm + Voss.

In einer ganzseitigen Anzeige im ›International Defence Equipment Catalogue 1985/86‹ machte die GfP auf ihre Fähigkeiten beim Rüstungs-Projektmanagement aufmerksam.[615]

G + H Montage GmbH

Hauptsitz: 67059 Ludwigshafen, Bürgermeister-Grünzweig-Str. 1
Schiffbauabteilung: 22113 Hamburg (Billbrook), Bredowstr. 10

G + H steht für Grünzweig und Hartmann. Die Firma in Ludwigshafen ist auf Antennenschutzsysteme, elektromagnetisch geschützte, abhörsichere Räume und auf Isoliertechnik für militärische Anwendungen (z.B. Tornado) spezialisiert. Für Kriegsschiffe liefern die Niederlassung in Hamburg sowie eine weitere in Bremen (Grabenstr. 17) Isoliermaterialien zum Feuerschutz und zur Geräuschminderung.[616] G + H Montage gehört zu den Hauptunterauftragnehmern beim Bau der türkischen MEKO-Fregatten.

GKSS-Forschungszentrum Geesthacht GmbH

21502 Geesthacht, Max-Planck-Str.
Stammkapital: 80.000 DM – Beschäftigte: rund 800 (1997)

Das GKSS-Forschungszentrum Geesthacht GmbH ging 1979 aus der 1956 gegründeten Gesellschaft für Kernenergieverwertung in Schiffbau und Schiffahrt (GKSS) hervor. Es ist eines der 16 nationalen Forschungszentren, die in der Hermann von Helmholtz-Gemeinschaft Deutscher Forschungszentren zusammengeschlossen sind. Die Forschungsreaktoren und andere Anlagen werden laut GKSS schwerpunktmäßig zur Materialforschung, Umweltforschung und zur Trenn- und Verfahrenstechnik genutzt. Ein weiterer Forschungsschwerpunkt war von 1983 bis 1993 die Unterwassertechnik. Am Stammkapital der GKSS sind beteiligt: die Bundesrepublik mit 46,3 Prozent, die vier norddeutschen Bundesländer mit zusammen fünf Prozent, der GKSS-Förderverein mit 16,2 und verschiedene Wirtschaftsunternehmen mit 32,5 Prozent. Die für die GKSS erforderlichen Zuschüsse werden zu 90 Prozent vom Bund und zu zehn Prozent von den Ländern getragen.

Beteiligung am Rüstungsgeschäft

Im Jahr 1989 erschien eine Dokumentation unter dem Titel *»Atomforschung in Geesthacht – Schleichwege zur Atombombe?«*. Die fünfköpfige Redaktionsgruppe des Arbeitskreises ›Atomwaffenverzicht ins Grundgesetz!‹ hat die Entwicklung der GKSS vor allem in der Zeit vor 1980 untersucht und ist aufgrund dieser Recherchen zu folgenden Ergebnissen gekommen:

»In Geesthacht existiert eine atomare Infrastruktur, die mit den Forschungsreaktoren, den Heißen Zellen und weiteren Forschungsgeräten labormäßig eine Plutoniumwirtschaft möglich macht. Laut Aussage des ehemaligen Forschungsministers Volker Hauff (SPD) ist das die ausreichende Infrastruktur zum Bau einer Atombombe. ... In Geesthacht wird bzw. wurde auch real Plutoniumforschung betrieben, und zwar mit erschreckender Zielstrebigkeit bis ins Detail. ... Geesthachter Forscher beschäftigten sich bereits seit Anfang der 50er Jahre auch direkt mit der Technik von Atombomben. ... Atomtransporte aus Geesthacht gingen in militärische Wiederaufarbeitungsanlagen wie im französischen Marcoule ... «

Die Dokumentation berichtet auch über die Kooperation der GKSS mit brasilianischen Einrichtungen, die 1972 begann. Das Augenmerk der Brasilianer galt hierbei vor allem der Entwicklung eines Atomreaktors für U-Boote, wenn nicht gar dem Ziel der Produktion von Atomwaffen. Durch den Bau des Atomschiffs ›Otto Hahn‹, das 1968 seine erste Fahrt mit Reaktorantrieb absolviert hatte, verfügte die GKSS über Erfahrungen, die für die Brasilianer von größtem Interesse waren. In der genannten Publikation wird festgestellt: *» Von 9 Atomforschern aus Geesthacht ist namentlich bekannt, daß sie zumindest an einem Projekt des brasilianischen ›Parallel-Programms‹ – dem zum Bau eines atomaren U-Boot-Reaktors – unterstützend mitgewirkt haben.«*[617] Bis in die 90er Jahre hinein hat das brasilianische Militär die Arbeiten an dem 50-Megawatt-Reaktor für das geplante U-Boot vorangetrieben; 1995 wurde erklärt, die Realisierung des Projekts werde um ein Jahrzehnt verschoben.[618]

Die wissenschaftlichen Fähigkeiten und Einrichtungen der GKSS werden in starkem Umfang auch von der Industrie genutzt, darunter von Unternehmen, die im Rüstungssektor eine prominente Rolle spielen.[619] Hierzu gehören MTU München, Rheinmetall, Rohde & Schwarz, HDW Kiel und das durch seine U-Boot-Entwürfe bekannte Ingenieurkontor Lübeck (IKL). Die Entwicklungsarbeiten an neuen hochbelastbaren, bruchfesten Werkstoffen (z.B. auf der Basis von Titansiliziden und Titanaluminiden) dürften zumindest teilweise militärische Relevanz besitzen. Die Forschungen zur Verbesserung der Tauchtechnik haben ihren Niederschlag in Patenten gefunden, die auch in ›Wehrtechnik‹ genannt wurden.[620] Verschiedentlich arbeitet die GKSS auch direkt mit militärischen Einrichtungen zusammen, so mit den Bundeswehruniversitäten in Hamburg und München. In den 80er Jahren führte die Wehrwissenschaftliche Dienststelle der Bundeswehr für ABC-Schutz (Munster) Bestrahlungsversuche in den Forschungsreaktoren der GKSS durch. Über mehrere Jahre war die GKSS mit einem Seegangsatlas für die Nord- und Ostsee befaßt – Auftraggeber: das Amt für Wehrgeophysik in Traben-Trabach.

Geschichte

In der Gründungsphase der GKSS (1955/56) setzte sich auf der politischen Ebene vor allem die Hamburger Behörde für Wirtschaft und Verkehr für das Nuklearforschungszentrum ein; anfangs hatte die Gesellschaft ihren Sitz auch in der Hamburger Innenstadt. Zum GKSS-Standort wurde dann aber 1956 ein Teil des Geländes in Geesthacht bestimmt, auf dem die Dynamit-Nobel-AG bis 1945 Munition produziert hatte. An der Gründung der GKSS im Jahr 1956 waren mehrere Personen mit unrühmlicher Vergangenheit beteiligt, darunter die im Zweiten Weltkrieg mit militärischen Atomprojekten befaßten Physiker Kurt Diebner, Erich Bagge und Paul Harteck, aber auch der zum Generaldirektor der AG Weser aufgestiegene Heinrich Schliephake, der 1944 als Direktor bei Blohm + Voss maßgeblich bei der Einrichtung eines KZ-Außenlagers mitgewirkt hatte.[621]

Griephan Verlag GmbH & Co. KG

20097 Hamburg (Hammerbrook), Nordkanalstr. 36

Der Griephan Verlag, der zur Verlagsgruppe Deutscher Verkehrs-Verlag gehört, gibt wöchentlich den ›Griephan Brief Wehrdienst‹ heraus, ein Informationsorgan für die Rüstungswirtschaft. Die Redaktion dieses Lobbyblatts arbeitet in Bonn (Pressehaus I, Heussallee 2-10) und berichtet auf der Basis von Insider-Informationen aus dem Verteidigungsministerium, dem Haushalts- und dem Verteidigungsausschuß des Bundestags über den Stand militärischer Beschaffungsvorhaben. Abonnenten des ›Wehrdiensts‹ erhalten im Jahr zusätzlich:

- vier Ausgaben von ›Griephan Special Wehrdienst‹, in dem Schwerpunktthemen wie ›Rüstungstechnik im Netz‹ abgehandelt werden,
- drei Ausgaben von ›Griephan Bonn Kontakt‹ mit Anschriften von für Beschaffungsvorhaben wichtigen Politikern, wehrtechnischen Dienststellen, Militärattachés und den Lobbyisten der Rüstungsszene.

Darüber hinaus erscheint im Griephan Verlag eine Buchreihe ›Griephan Praxis‹, die im normalen Buchhandel nicht erhältlich ist. In dieser Reihe hat z.B. der ehemalige Präsident des Bundesamts für Wehrtechnik und Beschaffung, Heinz Gläser, das Buch ›Das Bundeswehr-Geschäft‹ veröffentlicht. Gläser erklärt darin, wie militärische Großprojekte vergeben werden und wie man an Aufträge kommt.

Alfons Haar Maschinenbau GmbH & Co.

22547 Hamburg (Lurup), Fangdieckstr. 67
Produkte: Tafelstanzautomaten, Betankungsanlagen

Haar lieferte für mehrere Exportkriegsschiffe von Blohm + Voss, auch für die Türkei-Fregatten, Anlagen zum Nachtanken der Bordhubschrauber.[622] In Anzeigen hat die Firma auch Betankungsanlagen für Flugzeuge und Panzer angeboten.

Hamann Wassertechnik GmbH

21217 Seevetal, Brookdamm 6
bis ca. 1993 : Waldgraben 3 (Seevetal)

Hamann befaßt sich mit der Produktion von Anlagen zur Reinigung von Abwässern auf zivilen und militärischen Schiffen. Der Exportanteil ist hoch. Servicestationen für Hamann-Anlagen bestehen in Italien, Irland, Bulgarien, den Niederlanden, Rußland, Singapur und der Volksrepublik China.[623]

Der Anteil der Anlagen für Marineschiffe belief sich um 1982 auf ein Viertel des Umsatzes.[624] Abwasseraufbereitungsanlagen von Hamann wurden u.a. eingebaut in:

- den 1985 fertiggestellten Hubschrauberträger ›Guiseppe Garibaldi‹, das Flaggschiff der italienischen Marine,
- die Fregatten der LUPO-Klasse, von denen vier für Italien (1974-80), sechs für Venezuela (1976-82), vier für Peru (1974-87) und weitere vier für den Irak (1982-87) gebaut wurden (die Schiffe für den Irak wurden nicht mehr ausgeliefert und 1992 in die italienische Flotte eingegliedert),
- die 1993 in Dienst gestellten italienischen Flugkörper-Zerstörer ›Luigi Durand de la Penne‹[625] und ›Francesco Mimbelli‹.

Hamburg-Südamerikanische Dampfschiffahrts-Gesellschaft Eggert & Amsinck KG (Hamburg-Süd)

Hamburg, Ost-West-Str. 59-61
Kapital: 1 Mio. DM – Umsatz: 1,7 Mrd. DM (1996)

Die Hamburg-Süd befindet sich seit 1934 teilweise, seit 1961 ganz im Besitz der Bielefelder Unternehmerfamilie Oetker. Ein 1996 angedachter Zusammenschluß mit Hapag-Lloyd kam nicht zustande.

Im November 1987 entdeckte der italienische Zoll im Hafen von Palermo (Sizilien) bei einer Routinekontrolle an Bord des Hamburg-Süd-Frachters ›Cap Saray‹, der auf dem Weg von der Türkei nach Emden war, zwei Panzerhaubitzen.[626] Da die für den Transit von Rüstungsmaterial erforderliche Genehmigung des italienischen Innenministeriums fehlte, wurde der Kapitän Klaus Stomberg inhaftiert. Ein Schnellgericht verurteilte ihn wegen ›illegalen Waffentransports‹ zu zwei Jahren Gefängnis auf Bewährung und setzte ihn danach sofort auf freien Fuß. Das Schiff einschließlich Ladung wurde mit der Auflage freigegeben, daß die Haubitzen ins Herkunftsland Türkei zurückzutransportieren seien.

Der Hintergrund des Vorfalls war folgender: Zunächst hatte die ›Cap Saray‹ in Charterfahrt für das deutsche Verteidigungsministerium gebrauchte Militär-LKWs in die Türkei gebracht. Auf dem Rückweg hatte das Schiff die zwei Haubitzen an Bord genommen, welche die türkische Armee in Deutschland reparieren und umrüsten lassen wollte. Es handelte sich nicht um einen Einzelfall. Das ›Hamburger Abendblatt‹ berichtete: *»Die ›Cap Saray‹ hat schon häufiger militärisches Gerät aus den Beständen der Bundeswehr zum NATO-Partner Türkei transportiert; auch Teile des Alliierten Einsatzkommandos der NATO (›NATO-Feuerwehr‹) befanden sich schon an Bord.«*

Hamburger Gesellschaft für Beteiligungsverwaltung mbH – HGV

20095 Hamburg (Altstadt), Mönckebergstr. 31
Stammkapital: 420 Mio. DM – Geschäftsführer: Dr. Peter Ollmann (seit 1992), Manfred Reuter (seit 1996)

Die HGV dient der Freien und Hansestadt Hamburg als Holding für verschiedene städtische Unternehmen (Hamburger Hochbahn AG, Hamburger Wasserwerke GmbH, Sprinkenhof AG u.a.) und zur Verwaltung von Anteilen an weiteren Gesellschaften. Als Geschäftsführer der HGV war von 1989 bis 1996 Günter Elste tätig, der zugleich Vorsitzender der SPD-Bürgerschaftsfraktion war.

Beteiligung am Rüstungsgeschäft

Durch die HGV ist Hamburg – als einziges Bundesland – am größten deutschen Rüstungskonzern beteiligt, der Daimler Benz Aerospace AG (Dasa). An der Dasa-

Holding Daimler Benz Luft- und Raumfahrt Holding AG, München, halten zur Zeit: Daimler-Benz selbst 93,83 Prozent, die HGV 5,99 Prozent und sonstige Aktionäre 0,18 Prozent. In absoluten Zahlen ausgedrückt, ist die HGV mit 120,3 Mio. DM am 2,008 Mrd. DM betragenden Grundkapital der Dasa-Holding beteiligt.

Dieses finanzielle Engagement geht auf das Jahr 1976 zurück. Damals überraschte Bürgermeister Hans-Ulrich Klose die Öffentlichkeit mit der Mitteilung, daß die Stadt der Familie Blohm einen größeren Anteil an dem Luftfahrt- und Rüstungskonzern → Messerschmitt-Bölkow-Blohm (MBB) abkaufen werde.[627] Hauptbegründung: Sicherung der Arbeitsplätze im Flugzeugwerk von Finkenwerder. Die Beteiligung finanzierte Hamburg durch Kredite, weshalb der Hamburger Senat die – zum großen Teil aus der Rüstung stammenden – Erträge der MBB-Beteiligung zur Kreditzinstilgung verwandte.

Die HGV war in den 80er Jahren nicht direkt am MBB-Kapital beteiligt, sondern über eine Zwischenholding mit dem Namen Bayerisch-Hamburgische Beteiligungsgesellschaft mbH (BHB), mit der Hamburger und bayerische MBB-Anteile und -Interessen gebündelt wurden. Sitz der BHB war Hamburg (Ost-West-Str. 12).

Im Zuge der Übernahme von MBB durch Daimler-Benz tauschte die HGV 1990 den Hamburger Anteil an MBB in Höhe von 18,255 Prozent des Stammkapitals wertgleich in eine Beteiligung an der neugegründeten Dasa in Höhe von 6,99 Prozent ein. Die Option, sich statt dessen mit einem höheren Anteil (bis zu 19 Prozent) an der Hamburger Dasa-Tochter → Daimler-Benz Aerospace Airbus GmbH zu beteiligen, nahm der Hamburger Senat nicht wahr. Diese Entscheidung wurde nicht unwesentlich durch die Zusage von Daimler-Benz beeinflußt, Hamburg bei Beteiligung an der Dasa jährlich eine Garantiedividende zu zahlen, die an die Daimler-Benz-Aktie gekoppelt ist.[628] Insofern hat Hamburg ein finanzielles Eigeninteresse daran, daß es Daimler-Benz gut geht und daß auch die süddeutschen Rüstungsstandorte des Konzerns florieren. Kann unter diesen Umständen erwartet werden, daß der Hamburger Senat sich gegen Militärprojekte wie den Eurofighter 2000 oder gegen bedeutende Rüstungsexportgeschäfte ausspricht, mit denen Daimler-Benz seine Gewinne steigern kann?

Vertreter Hamburgs im Aufsichtsrat der Dasa wurde 1990 zunächst der ehemalige Reemtsma-Chef Rudolf Schlenker, nach dessen Tod übernahm Wirtschaftssenator Rittershaus im November 1994 diese Funktion.

HAMBURGER HAFEN- UND LAGERHAUS-AG (HHLA)

20457 Hamburg (Altstadt), Bei St. Annen 1
Grundkapital: 104,2 Mio. DM – Beschäftigte der HHLA-Gruppe: 3.500, davon HHLA selbst ca. 1.750 (1996) – Konzernumsatz: 583,6 Mio. DM (1995) – Vorstandsvorsitzender: Peter Dietrich

Die HHLA befindet sich zu 100 Prozent im Besitz der Hansestadt Hamburg. Sie ist der größte Umschlagbetrieb im Hamburger Hafen auf dem Stückgut-/Containersektor und überhaupt das größte Hafenunternehmen Deutschlands. 1995 hat die HHLA 3.951 Seeschiffe abgefertigt, 16,7 Mio. Tonnen Stückgut und 15,1 Mio. Tonnen Container umgeschlagen. Das ganze Bestreben der Unternehmensleitung geht dahin, im nationalen und internationalen Konkurrenzkampf weiteres Ladungsaufkommen hinzuzugewinnen.

Beteiligung am Rüstungsgeschäft

In dem Verdacht, am Export- und Transitverkehr mit Waffen und Rüstungsgütern beteiligt zu sein, steht die HHLA schon seit Jahren. Aber weder die Stadt noch der Vorstand wollten hierüber Auskunft geben. Die Beantwortung einer parlamentarischen Anfrage zu diesem Punkt lehnte der Senat 1986 mit der Begründung ab, als privatrechtlich organisiertes Unternehmen genieße die HHLA *»Vertrauensschutz hinsichtlich ihrer Geschäftsinterna«*.[629]

»Hafen: GAL überfiel Waffen-Schuppen« – mit dieser Schlagzeile kam einige Monate später die Hamburg-Ausgabe der Bild-Zeitung heraus.[630] Was war geschehen? Vertreterinnen der GAL-Bürgerschaftsfraktion und Mitglieder anderer Gruppen hatten am 4. Dezember 1986 dem HHLA-Terminal am Burchardkai einen unangemeldeten Besuch abgestattet und dabei in Halle 3 verschiedene Kisten mit Schußwaffen und Munition gefunden, die auf dem Schiff ›Transvaal‹ nach Südafrika gebracht werden sollten. Die bevorstehende Lieferung wurde von den AktionsteilnehmerInnen als Verstoß gegen das vom UN-Sicherheitsrat 1977 gegen Südafrika verhängte vollständige Waffenembargo kritisiert.

Wie Beschäftigte und auch der damalige HHLA-Chef, Ex-Senator Hellmuth Kern, bestätigten, wurden bei HHLA schon seit Jahren Container und Kisten mit Waffen (Gewehre, Revolver, Pistolen) ausgepackt, der Inhalt gezählt und in Seecontainer umgeladen. Es stellte sich heraus, daß im Hamburger Hafen Pistolen und anderen Schußwaffen, die als Sport- und Jagdwaffen ausgegeben werden können und somit nicht unter die Definition von Kriegswaffen fallen, im Transit vielfach ohne jegliche

Genehmigung umgeschlagen werden können.[631] Typen und Mengen der transitfreien Waffen werden statistisch nicht erfaßt. Der Senat erklärte, für eine Unterbindung dieser Transporte gebe es keine rechtliche Handhabe. HHLA-Vorstandsmitglied Peter Dietrich erkannte an der Waffenlieferung – *»ich glaube, für die südafrikanische Polizei«* – nichts Ungewöhnliches und befand: *»Es ist nicht unsere Aufgabe, Lieferungen politisch zu zensieren.«*[632]

Hamburgische Schiffbau-Versuchsanstalt GmbH (HSVA)

22305 Hamburg (Barmbek-Nord), Bramfelder Str. 164
Stammkapital: 400.000 DM – Beschäftigte: 140 (1985), 83 (1996)
Umsatz: 13,7 Mio. DM (1982), 11,6 Mio. DM (1995) – Geschäftsführer: Prof. Odo Krappinger (bis 1988), Dr. Hans G. Payer (1988-94), Dr.-Ing. Gerhard Jensen (seit 1994)

Die HSVA befaßt sich mit experimentellen und theoretischen Untersuchungen für Schiffbau, Schiffahrt, Offshore-Technik und Eistechnik. Mit Hilfe von Modellen von Schiffen und anderen Wassergeräten werden in verschiedenen Tanks und Becken Tests zu Manövrierfähigkeit, Seegangsfestigkeit und zu Fragen wie der Propeller-Kavitation und der Hydroakustik durchgeführt. Etwa 50 Modelle durchlaufen jährlich das Versuchsprogramm.[633]

An der HSVA sind 28 Unternehmen aus Schiffbau, Schiffahrt und Meerestechnik als Gesellschafter beteiligt. Anfang 1997 besaßen die höchsten Einzelanteile: der → Germanische Lloyd, → Blohm + Voss, HDW, der Bremer Vulkan und die Schichau Seebeckwerft (beide in Konkurs) sowie die Thyssen Nordseewerke. Die Freie und Hansestadt Hamburg besitzt zwar keine Geschäftsanteile an der GmbH, doch wird die HSVA zu den Unternehmen ›unter staatlicher Einflußnahme‹ gezählt. Dies ist darauf zurückzuführen, daß Hamburg das Betriebsgelände aufgrund eines Vertrags von 1913 der HSVA unentgeltlich überläßt. Aus diesem Grund ist die Stadt auch im Aufsichtsrat der GmbH vertreten.

Geschichte

Die HSVA wurde 1913 als erste kommerzielle Schiffbau-Versuchsanstalten in Deutschland gegründet. Nachdem die Tätigkeit der HSVA bereits in ihrer Anfangsphase durch Forschungen für Kriegszwecke geprägt worden war (1915-18: Versuche mit U-Boot-Modellen), erhöhte sich ihre militärische Bedeutung ab 1930 wieder, und zwar mit der Inbetriebnahme eines Schleppkanals für hohe Geschwindigkeiten, an dem auch die japanische Marine großes Interesse zeigte.[634] In der NS-Zeit vergrößerte sich das HSVA-Personal von weniger als 70 auf 120 Beschäftigte. Der 1930 gebaute Schleppkanal wurde 1934 an die Deutsche Versuchsanstalt für Luftfahrt verpachtet. Ab 1937 führte die HSVA verstärkt Druckmessungen an Torpedos und Flugzeugkanzeln durch. Für die Erweiterung der Anlagen erhielt die HSVA während des Zweiten Weltkriegs Zuschüsse von der Kriegsmarine, dem Luftfahrtministerium und dem Hamburger Staat. Nach 1945 ließen die Briten die HSVA, die 1943 bereits schwer beschädigt worden war, demontieren. Am 22. Februar 1952 wurde der Grundstein für den Wiederaufbau der HSVA gelegt.

Beteiligung am Rüstungsgeschäft

Die HSVA führt in erheblichem Umfang Untersuchungen für militärische Projekte durch. Diese betreffen sowohl Beschaffungsvorhaben der Bundesmarine als auch solche ausländischer Seestreitkräfte.

Schon vor 1980 fanden in der HSVA ausgiebige Tests für die MEKO-Exportfregatten von → Blohm + Voss statt.[635] Daneben wurden hier hydrodynamische Modellversuche für ein U-Boot-Rettungssystem vorgenommen, das erstmals in indische U-Boote eingebaut wurde (die ersten beiden U-Boote für Indien wurden 1982-86 bei HDW produziert).[636] Als Blohm + Voss 1990-92 im Rahmen einer Vorkonstruktion Korvetten der Reihe MEKO 100 entwickelte, wurden bei der HSVA in ausführlichen Modellversuchen die Linien dieses Kriegsschiffstyps optimiert.[637]

Ende 1992 begannen Versuchsreihen für Luftkissen-Katamarane, sogenannte ›SES-Fahrzeuge‹ (Surface Effect Ships), – ein Projekt, das vom Bundesministerium für Forschung und Technologie gefördert wird, mit dem aber auch militärische Interessen verknüpft sind (vgl. die Entwurfsarbeiten von → Blohm + Voss und der → Marinetechnik GmbH zu SES-Fahrzeugen).[638] Auch beim Projekt ›Mehrzweckschiff‹ der Bundesmarine wurde die HSVA beteiligt.[639]

Im Jahr 1986 bat die GAL-Bürgerschaftsfraktion den Senat um Auskunft, für welche Kriegsschiffstypen in der HSVA in den letzten zehn Jahren Modellversuche durchgeführt worden seien und welche Institutionen und Unternehmen diese in Auftrag gegeben hätten. Der Senat erklärte, es widerspräche *»den Grundsätzen des Datenschutzes, wenn Interna aus dem Geschäftsleben einer privaten GmbH veröffentlicht würden«*.[640]

Über den Umfang und die bewußte Förderung der rüstungsbezogenen Forschung in dieser ›gemeinnützigen‹ Forschungseinrichtung informiert ein 1995 veröffentlichter Beitrag eines HSVA-Abteilungsleiters, aus dem die folgenden Auszüge zitiert sind:

»Seit Dezember 1989 steht dem BWB (Bundesamt für Wehrtechnik und Beschaffung, Anm. d. Verf.) und der Marine mit dem Hydrodynamik- und Kavitationstunnel HYKAT bei der Hamburgischen Schiffbau-Versuchsanstalt HSVA eine der weltweit modernsten Versuchseinrichtungen zur Vermessung von Schiffs-, Boots- und Strömungskörpermodellen sowie zum Testen von Schiffsantriebs- und Schiffspropulsionsorganen zur Verfügung. Bereits während der Planungsphase wurden die Anforderungen aus dem Bereich der Wehrtechnik See an die verschiedenen technischen Geräte der Marine berücksichtigt. So wurde neben der Verwirklichung einer großen Meßstrecke mit sehr guten Strömungseigenschaften besonders Wert auf gute hydroakustische Eigenschaften gelegt. (...) Für die Untersuchung der Manövriereigenschaften von Torpedos und U-Booten wurde eine separate Versuchseinrichtung gebaut (...) Trotz der Einschränkung durch die endliche Begrenzung der Meßstrecke bietet der Oszillator (auch in Zusammenhang mit den hydroakustischen Gegebenheiten des HYKAT) außergewöhnliche Untersuchungsmöglichkeiten, unter anderem für Flugkörper. Die intensive Nutzung dieser Versuchseinrichtung in den vergangenen Jahren – auch durch ausländische Marinen bzw. Torpedoentwickler – hat dies eindrucksvoll unter Beweis gestellt. (...) Seit 1990 wurden und werden sowohl im Auftrag des BWB als auch in der Direktbeauftragung durch einzelne Firmen und Konsortien wehrtechnische Untersuchungen an Modellen und an Original wehrtechnischem Material gemacht.«[641]

Im Einzelnen erfolgten im HYKAT Messungen für:

- die Fregatten der Klassen 122 und 123,
- das U-Boot U 212,
- die Torpedos DM2A3, DM2A4, LCAW,
- das Unterwasserfahrzeug Pinguin B 3
- verschiedene Sonarplattformen und
- Schleppantennen.

Neben den Kriegsschiffswerften gehört demnach der Torpedo- und U-Boot-Sonar-Entwickler → STN ATLAS Elektronik zu den Hauptnutzern dieser Anlage. Zu den Zielen der im HYKAT vorgenommenen Untersuchungen gehört die *»Verbesserung des Geräuschverhaltens von Fregatten- und Torpedopropellern«*[642]. Militärisch hat diese Zielsetzung folgenden Hintergrund: Je leiser z.B. Torpedopropeller arbeiten, desto geringer ist die Wahrscheinlichkeit, daß die Besatzung des gegnerischen Schiffs das Herannahen des Torpedos bemerkt, und desto größer ist die Wahrscheinlichkeit, daß das Schiff getroffen und versenkt werden kann.

1996 rechnete die HSVA mit neuen Aufträgen des BWB im Zusammenhang mit dem Projekt Fregatte 124 und mit der Studie NAOS (›Nichtakustische Signatur‹).

Wie hat sich der Hamburger Senat in der Frage der Rüstungsforschung an der HSVA und speziell des Baus des HYKAT verhalten? Noch 1986 erklärte er gegenüber der GAL-Fraktion, er habe »*für die in der Anfrage bezeichneten Zwecke (Modellversuche für den Kriegsschiffbau, d. Verf.) seit dem Wiederaufbau der Forschungsanstalt nach 1945 keine Haushaltsmittel zur Verfügung gestellt*«. Das muß sich spätestens kurz darauf geändert haben. Denn in einem 1991 erschienenen Beitrag dankten zwei HSVA-Vertreter nicht nur dem Forschungs- und dem Verteidigungsminister, sondern auch »*und nicht zuletzt der Freien und Hansestadt Hamburg*« für die finanzielle Unterstützung des 1986 bis 1989 realisierten HYKAT-Projekts.[643]

Proteste/Kritik

Als die GAL-Bürgerschaftsfraktion 1995 ihren Antrag ›Konversion statt Rüstungsproduktion in Hamburg‹ einbrachte, forderte sie im dritten Punkt, daß »*Hamburger öffentliche Institutionen die Forschung und Entwicklung für militärische Zwecke einstellen*« sollten. (Bemerkung des Autors: Die HSVA zu den öffentlichen Institutionen zu rechnen, erscheint etwas problematisch; bei ihr handelt es sich, wie ausgeführt, um eine kommerzielle Einrichtung, auf welche die Stadt durch ihren Vertreter im Aufsichtsrat allerdings Einfluß ausüben kann.) In der Begründung zum Antrag führte die GAL aus: »*Die Forschung z.B. an der Schiffbauversuchsanstalt über die hydrodynamischen Eigenschaften von Torpedos werden als Beitrag zur Waffenperfektionierung abgelehnt.*«[644] Im Wirtschaftsausschuß der Bürgerschaft, in den der GAL-Antrag überwiesen worden war, lehnten die Vertreter von SPD, CDU und STATT Partei die oben zitierte dritte Forderung des Antrags ab.[645]

Handelsgesellschaft Scharfe m.b.H. & Co.

22549 Hamburg (Osdorf), Brandstücken 21

Die 1971 gegründete Handelsgesellschaft Scharfe, deren alleiniger Gesellschafter seit 1990 Thomas Scharfe ist, verwaltet Gewerbeimmobilien in den USA, Kanada und Hamburg, ist aber zunehmend auch im Bereich der ›Sicherheitselektronik‹ aktiv.

Mit Wirkung ab 1.1.1996 hat Scharfe von der → STN ATLAS Elektronik GmbH 51 Prozent der Anteile an der Firma → C. Plath GmbH Nautisch-Elektronische Technik übernommen, die auch Streitkräfte und Geheimdienste mit Funkortungssystemen u.a. beliefert.[646] Bereits seit 1992 ist Scharfe mehrheitlich an der Fugon GmbH, Berlin, beteiligt. Fugon ist ebenfalls im Bereich Funküberwachung und Funkortung aktiv.

HAPAG-LLOYD AG

20095 Hamburg (Altstadt), Ballindamm 25
Grundkapital: 135 Mio. DM – Beschäftigte weltweit: 9.000, davon Seeleute: 550 (1996) – Umsatz insgesamt: 4,4 Mrd. DM, davon in der Linienschiffahrt: 2,4 Mrd. DM (1995) – Vorstandsvorsitzender: Bernd Wrede (seit 1993)

Hapag-Lloyd feiert 1997 das 150jährige Bestehen, wobei hierbei das Gründungsjahr 1847 der Hamburg-Amerikanischen Packetfahrt Actiengesellschaft (Hapag) zugrunde gelegt wird. Das heutige Unternehmen ist 1970 durch die Fusion der Großreedereien Hapag und Norddeutscher Lloyd, Bremen, entstanden. Die Schwerpunkte von Hapag-Lloyd liegen in der Container-Linienschiffahrt, im Tourismus und im Flugverkehr. Die Linienschiffahrt ist Anfang 1997 unter dem Namen Hapag-Lloyd Container Linie GmbH verselbständigt worden. Zur Containerflotte gehören 18 Frachtschiffe (Stand 1996); ihr Kennzeichen ist das Wort ›Express‹ im Schiffsnamen. Die Schiffe transportieren jährlich über eine Mio. Container.[647]

Das Management von Hapag-Lloyd hat einer möglichen militärischen Verwendung der eigenen Handelsschiffe stets positiv gegenübergestanden. Der stellvertretende Leiter der Abteilung Schiffahrtspolitik und Planung von Hapag-Lloyd, Otto J. Seiler, wies 1983 in der Zeitschrift ›Nauticus‹ auf die gute Zusammenarbeit zwischen Bundesmarine und Handelsmarine hin. In Lehrgängen würden Handelsschiffsoffiziere *»in der Führung ihrer Schiffe im Geleit unter kriegsmäßigen Bedingungen und im Zusammenspiel mit Sicherungsstreitkräften«* geschult.[648]

Das ›Hamburger Abendblatt‹ berichtete am 4. September 1987:

»Neben den Wettbewerbshilfen des Bundes und des Landes Schleswig-Holstein fließt auch Geld aus dem Verteidigungshaushalt in die sechs Containerschiffsneubauten, die Hapag-Lloyd und Hamburg-Süd bei HDW in Kiel bzw. Flender in Lübeck bestellt haben. Das Verteidigungsministerium beteiligt sich aus eingesparten

Haushaltsmitteln, um sich den ›Zugriff auf den Containerschiffsraum der beiden Großreedereien im Spannungs- und Verteidigungsfall zu sichern, auch wenn die Frachter unter fremder Flagge fahren‹. Damit werde ein weiterer Schritt getan, ›im Falle des Ausflaggens deutscher Schiffe die Transportkapazität der NATO zu erhalten‹, heißt es.«

Nach Informationen der ÖTV wurde u.a. der Bau der beiden 235 m langen Containerschiffe ›Bonn Express‹ und ›Heidelberg Express‹, die HDW 1989 an Hapag-Lloyd ablieferte, aus Mitteln des Militärhaushalts gefördert.

Kritik/Proteste

1983 verteilten zwei als Betriebsräte tätige Handelsschiffsoffiziere an Bord des Hapag-Lloyd-Schiffs ›Alemania Express‹ eine Resolution, in der die ÖTV aufgerufen wurde, einen *»Boykott gegen die Verladung, Löschung sowie den Transport der Nachrüstungswaffen Pershing II und Cruise Missile«* zu organisieren. Hapag-Lloyd reagierte mit drei Kündigungen und zwei Abmahnungen. Der Kapitän, der die Resolution unterschrieben hatte, wurde sofort vom Schiff geholt. Eine gerichtliche Auseinandersetzung vermied das Unternehmen durch Zurücknahme der Kündigungen.[649]

Die ÖTV befaßte sich auf ihrem Gewerkschaftstag vom Juni 1988 mit der Möglichkeit des Einsatzes von deutschen Handelsschiffen bei kriegerischen Auseinandersetzungen und sprach sich gegen *»jede Bewaffnung von Handelsschiffen«* aus.[650]

Hartmann & Weiss GmbH

22143 Hamburg (Rahlstedt), Rahlstedter Bahnhofstr. 47
Stammkapital: 50.000 DM – Geschäftsführer: Gerhard Hartmann, Otto R. Weiss

Die 1981 gegründete Büchsenmacherfirma verkauft und exportiert u.a. Revolver, Pistolen und Doppelflinten.[651]

Hatlapa Uetersener Maschinenfabrik GmbH & Co.

25436 Uetersen, Tornescher Weg 5-7
Stammkapital: 3,09 Mio. DM (1994) – Beschäftigte: 300 (1996) – Umsatz: 94,4 Mio. DM (1993) – Geschäftsführer: Hubertus M. Hatlapa

Das 1919 von Max Hatlapa gegründete Unternehmen ist ein bedeutender Zulieferer der Schiffbauindustrie. Hauptprodukte sind: Decksmaschinen, Rudermaschinen und Kompressoren. HATLAPA hat 38 Auslandsvertretungen, davon sieben mit Ersatzteillagern.

Hatlapa produziert auch Maschinen für Kriegsschiffe. Die Firma warb für entsprechende Produkte im ›International Defence Equipment Catalogue 1985/86‹.[652] Sie gehört zu den Haupt-Unterauftragnehmern beim Bau der MEKO-Kriegsschiffe durch ➞ Blohm + Voss.[653]

Heinkel Elektro-Aggregate GmbH (bis 1994)

22371 Hamburg, Postfach 65 11 45

Nach Recherchen der ›Spiegel‹-Redakteure Leyendecker und Rickelmann gehörte die Firma zu den Zulieferern für die Giftgasfabrik im libyischen Rabta.[654] Aus dem Hamburger Handelsregister wurde sie 1994 gelöscht.

Hans und Klaus Heinrich/Schiffahrtskontor Altes Land GmbH

21720 Steinkirchen, Bürgerei 29

Das Schiff ›Frauke‹ des Reeders Hans Heinrich diente dem dänischen Charterer Poulsen zumindest zwischen 1984 und 1987 zur Lieferung von Granaten, Schießpulver, Sprengstoff und Munition an den Iran sowie von Bombengehäusen an dessen Kriegsgegner Irak.[655] Für Rüstungslieferungen an beide Kriegsparteien wurden damals auch die Frachtschiffe ›Anneliese Oltmann‹ und ›Calypso‹ eingesetzt, die ebenfalls der auf ›ungewöhnliche Schwerguttransporte‹ spezialisierten Reederfamilie Heinrich gehörten.

Helling KG für Industrieprodukte und Anlagenbau GmbH & Co.

22525 Hamburg (Eidelstedt), Sylvesterallee 2

Das Lieferprogramm umfaßt eine große Vielfalt von Produkten, es reicht von Geräten zur Materialprüfung über medizinische Instrumente bis hin zur Polizeiausrüstung und Überwachungstechnik.

Für Flugzeugbau und Rüstungstechnik sind die von Helling angebotenen Verfahren zur zerstörungsfreien Materialprüfung bei hochwertigen Bauteilen von Interesse. Verschiedene Prüfmittel entsprechen militärischen Spezifikationen. Im Bereich ›Polizei und Kriminaltechnik‹ bietet Helling z.B. Nachtsichtgerät, Helme, Schutzschilder (riot shields) und Tränengas an.[656]

Hermes Kreditversicherungs AG

Hauptverwaltung: 22763 Hamburg (Ottensen), Friedensallee 254
Niederlassung: 20097 Hamburg (Hammerbrook), Sachsenkamp 5
Grundkapital: 104 Mio. DM – Beschäftigte: gesamte AG 1.860, davon 418 im Mandatsgeschäft (1996) – Vorstandsvorsitzender: Wolf-Ingo Darius

Hermes ist *»der führende private Kreditversicherer in Deutschland und weltweit einer der größten Anbieter«* (Selbstdarstellung). 1996 ist Hermes in den Mehrheitsbesitz der Allianz AG (München) übergegangen. Im Zuge eines Milliardendeals erwarb die Allianz zu ihrer bisherigen 25-Prozent-Beteiligung an Hermes ein 50,3-Prozent-Paket von der Münchener Rückversicherungs-Gesellschaft AG. Außerdem kaufte die Allianz den Anteil der Colonia Versicherungs AG (Köln) auf, so daß ihr Hermes nun zu rund 90 Prozent gehört.[657] Im Beirat von Hermes sitzt seit 1967 übrigens auch Altbundeskanzler Helmut Schmidt.

Von den verschiedenen Versicherungsbereichen, in denen Hermes tätig ist, interessiert hier nur das sogenannte ›Mandatsgeschäft‹. *»Im Auftrag und für Rechnung der Bundesrepublik Deutschland«* bearbeitet Hermes federführend die staatlichen Ausfuhrgarantien und Ausfuhrbürgschaften. Deutsche Unternehmen erhalten hierdurch Deckungsschutz für politische und wirtschaftliche Risiken aus Exportgeschäften. Wenn ein ausländischer Kunde infolge von Krieg, Revolution, Embargo, Devisenknappheit oder ähnlichem seinen Zahlungsverpflichtungen nicht nachkommt, springt hierfür der Bund, sprich der Steuerzahler, ein, um den Exporteur vor Verlusten zu schützen.[658]

Von Ausfuhrgarantien wird bei Geschäften mit ausländischen Privatkunden gesprochen, von Ausfuhrbürgschaften bei solchen mit ausländischen Regierungsstellen. Über die Gewährung von Hermes-Bürgschaften entscheidet ein Interministerieller Ausschuß, in dem die Bundesministerien für Wirtschaft, Finanzen, Auswärtiges und wirtschaftliche Zusammenarbeit und Entwicklung vertreten sind. Die Hermes-Bürgschaften sind ein wirtschaftspolitisches Instrument zur Ankurbelung der deutschen Exporte und zur Erschließung neuer Märkte. Zugleich können sie von der Bundesregierung als politisches Druckmittel gegenüber den Empfängerländern genutzt werden.

Bis 1982 haben sich die Hermes-Bürgschaften selbst finanziert, seitdem verursachen sie – z.T. ein Resultat der internationalen Schuldenkrise – Defizite. Die Entschädigungsleistungen haben den Bundeshaushalt 1995 kassenmäßig mit 1,5 Mrd. DM und 1996 mit 867 Mio. DM belastet. Als der SPD-Bundestagsabgeordnete Lambinus 1982 die Bundesregierung fragte, in welcher Höhe Kriegswaffen- und Rüstungsexporte in den vergangenen drei Jahren durch Hermes-Bürgschaften abgesichert worden seien, verweigerte der Parlamentarische Staatssekretär Grüner *»aus Gründen der Vertraulichkeit«* die Antwort.[659] Übliche Praxis der Bundesregierung ist es seit vielen Jahren, den Haushaltsausschuß unter dem Mantel der Verschwiegenheit über wichtige und heikle Hermes-Bürgschaften zu informieren. Anfang der 90er Jahre ist die Geheimniskrämerei wenigstens punktuell durchbrochen worden. So bezifferte die Bundesregierung die 1991/92 übernommenen Hermes-Deckungen für militärische Exportgeschäfte auf 773,1 Mio. DM.[660] Eine für den Haushaltsausschuß bestimmte Übersicht des Finanzministeriums vom 25.10.1993 listete aktuelle Deckungszusagen für Rüstungsexporte in einem Umfang von über 2,2 Mrd. DM auf.[661]

Hermes-Bürgschaften für Rüstungsgeschäfte[662]

Algerien	2 Seeraumüberwachungs-Flugzeuge Dornier 228-212 Bürgschaft: 33,1 Mio. DM (1992)
	50 Feldküchen, Ersatzteile für Patrouillenboote, Nachrichtentechnik Bürgschaft: 18,6 Mio. DM (1992)
Argentinien	2 U-Boote und Materialpakete für 2 weitere U-Boote (Thyssen Nordseewerke) Kabinettsbeschluß für die Bürgschaft: 30.11.1977 2 U-Boote wurden 1980-85 gebaut, die beiden anderen nicht fertiggestellt.
Ecuador	Digitalisierung des Militärrichtfunknetzes Bürgschaft: 9,5 Mio. DM (1992)

Griechenland	1 Fregatte und Materialpakete für 3 weitere Fregatten (Blohm + Voss) Bürgschaft: Höhe nicht bekannt, Vertragsabschluß: 1989, Bauzeit: 1990-2000
	400 Feuerleitsysteme für Panzer Molf 48 Bürgschaft: 342,3 Mio. DM (1992)
Indien	2 U-Boote und Materialpakete für 2 weitere U-Boote (HDW) Auftragswert: knapp 1.000 Mio. DM, Vertragsabschluß: 1981/83, Bauzeit: 1982-94
	100 Torpedos für die indischen U-Boote (AEG) Auftragswert: 180,5 Mio. DM, Vertragsabschluß: 1983 oder früher
Indonesien	2 U-Boote (HDW) Gewährung der Bürgschaft: Februar 1977 Bauzeit: 1977-81
	Umbau von 39 Kriegsschiffen der früheren DDR-Marine und Werftmodernisierung (Ferrostaal, Peene-Werft Wolgast, Neptun-Werft Rostock, Siemens)[663] Bürgschaft: 698,9 Mio. DM (1993), Umbauzeit: 1993-96
Iran	Notstromanlagen für Militärkrankenhäuser und Kasernen Bürgschaft: 6,9 Mio. DM (1992)
Kolumbien	Fernmeldeeinrichtungen für die Armee Gewährung der Bürgschaft: 1988
Libyen	Militärcamps, Infrastruktureinrichtungen Gewährung von Bürgschaften: bis 1978
Malaysia	2 Korvetten (HDW) Vertragsabschluß 1981, Bauzeit: 1982-84

	Marine-Stützpunkt ›Lumut‹ (Thyssen Rheinstahl Technik, B + V) Bauzeit: 1982-84
Philippinen	Motoren/Ersatzteile für 3 Patrouillenboote Bürgschaft: 14,5 Mio. DM (1992)
Rumänien	Kurzwellenanlagen für Verteidigungsministerium Bürgschaft: 9,6 Mio. DM (1992)
Südkorea	Materialpakete für 3 U-Boote (HDW) Bürgschaft: 696 (+ 51) Mio. DM (1994)
Saudi-Arabien	Militärbauten, darunter Radarunterstände an 23 Standorten für 2,586 Mrd. DM Gewährungszeitraum 1979-84
Türkei	2 Fregatten und Materialpakete für 2 weitere Fregatten (Blohm + Voss/HDW) Bürgschaft: 800 Mio. DM (Juli 1983), Bauzeit: 1983-89
	Materialpakete für 4 U-Boote (HDW) Bürgschaft: 874 Mio. DM, Vertragsabschluß 1987/93, Bauzeit: 1989-1999
	2 Fregatten und Materialpakete für 2 weitere Fregatten (Blohm + Voss) Bürgschaft: 1.100 Mio. DM, Vertragsabschluß: 1990/92/94
	Verpackungsmaschinen für Munition von Handfeuerwaffen Bürgschaft: 1,0 Mio. DM (1992)
	1 Raketenschnellboot und Materialpakete für 2 weitere Schnellboote (Lürssen-Werft) Bürgschaft: 318 Mio. DM (Hauptbetrag 1993 bewilligt), Bauzeit: 1994-98

	590 Militär-Unimogs (Mercedes-Benz) Bürgschaft: 48,8 Mio. DM (1996)
Vereinigte Arabische Emirate	Ausrüstung für Marineschulungszentrum Bürgschaft: 16,2 Mio. DM (1992)

Die Tabelle zeigt, daß zu den Hauptnutznießern der Hermes-Bürgschaften Unternehmen der deutschen Kriegsschiffsindustrie zählen, vor allem HDW und Blohm + Voss. Die vorstehende Übersicht ist mit Sicherheit unvollständig. Nicht berücksichtigt sind hier Bürgschaften in zweistelliger Milliardenhöhe für die Atomgeschäfte, die seit den 70er Jahren mit Brasilien, Argentinien, Iran u.a. vereinbart wurden.[664] Zu beachten sind ferner die Hermes-Bürgschaften für Exporte mit dual-use-Charakter. Darunter fallen z.B. die 1993 verbürgten Lieferungen von Hubschraubern BO 105 und BK 117 nach Argentinien, Botswana, Swasiland, an die Philippinen und die Tschechische Republik.

Unklarheit besteht darüber, ob auch verschiedene militärisch bedeutsame Lieferungen an den Irak mit Hermes-Bürgschaften abgesichert wurden. 1982 dementierte die Bundesregierung eine Meldung, wonach sie Ausfuhrbürgschaften für den Bau von 40 Luftschutzbunkern in Bagdad übernommen habe; der Auftrag sei an die ausländische Konkurrenz gegangen.[665] Demgegenüber wurde 1991 in einer Militärzeitschrift berichtet, die deutsche Firma Heilit + Woerner (München) habe 90 Bunker in Bagdad errichtet.[666] Auf die Frage, ob die Ausrüstung des Regierungsbunkers von Saddam Hussein ganz oder teilweise durch Ausfuhrbürgschaften begünstigt wurde, erklärte die Bundesregierung 1993 kategorisch, Hermes-Bürgschaften für Exporte in den Irak seien *»nur für Projekte mit zivilen Zwecken gewährt worden«*.[667] Zweifel bleiben. Nach einem Bericht des Fernsehmagazins ›Panorama‹ vom 29. Januar 1991 hatte der Bund sogar Teillieferungen für die Modernisierung der irakischen Scud-Raketen mit einer 1,5-Millionen-Bürgschaft abgesichert.

Kritik/Proteste

Bereits Ende der 70er und Anfang der 80er Jahre kritisierten Dritte-Welt-Gruppen und Entwicklungspolitiker, die Gewährung von Hermes-Bürgschaften würde zur Fehlentwicklung und Überschuldung in Ländern der Dritten Welt beitragen. Sie wandten sich gegen die Förderung des Handels mit repressiven Regimen (vor allem mit Südafrika) und des Rüstungsexports.[668]

Am 13. März 1991 besetzten über 70 Rüstungsgegnerinnen und -gegner das Foyer der Hermes Kreditversicherungs AG. Der Zugang wurde zeitweise blockiert; auf einem Transparent hieß es »*Hermes – Schutzgott deutscher Exporteure ist der Todesengel armer Länder*«.[669]

1992/93 erarbeitete Thomas Fues für die Bonner Informationsstelle ›Weltwirtschaft, Ökologie & Entwicklung‹ (WEED) eine Studie mit dem Titel ›Ökologische und entwicklungspolitische Kritik der Hermes-Bürgschaften‹; diese regte die öffentliche Diskussion an. Gegen rüstungsexportfördernde Hermes-Bürgschaften sprachen sich die Bundestagsfraktion der SPD, Vertreter und Vertreterinnen der PDS, des Bundes der Katholischen Jugend, von Misereor, terre des hommes und Germanwatch/Regionalgruppe Hamburg aus.[670] Im Oktober 1993 brachte die Gruppe Bündnis 90/Die Grünen im Bundestag einen Gesetzentwurf ein, der u.a. vorsah, die Übernahme von Ausfuhrgewährleistungen für mittelbare und unmittelbare Rüstungslieferungen zu untersagen.[671]

Als Ergebnis einer intensiven Beschäftigung mit den Hermes-Bürgschaften empfahl die Gemeinsame Konferenz Kirche und Entwicklung (GKKE) 1994 vier Grundsätze, die künftig bei der Bürgschaftsvergabe beachtet werden sollten. Ein Grundsatz lautete: »*Keine Bürgschaftsübernahme für die Lieferung von Gütern, die für militärische Zwecke bestimmt sind*«.[672] Auf dem Hamburger Kirchentag 1995 machten die Kampagne ›Produzieren für das Leben – Rüstungsexporte stoppen!‹ (Wiesbaden) und die BUKO-Kampagne ›Stoppt den Rüstungsexport‹ (Bremen) auf das Thema Hermes-Bürgschaften aufmerksam. Es traten auf dem Kirchentagsgelände ›Hermes-Götterboten‹ in Erscheinung, die als Tausendmarkscheine getarnte Flugzettel gegen die Hermes-Waffenexportförderung verteilten.

Der Hamburger Ostermarsch 1996 begann beim Hermes-Hochhaus; Hartmut Ring (Informationskreis Rüstungsgeschäfte in Hamburg) ging in der Auftaktkundgebung auf die Bedeutung dieser Gesellschaft ein.

Howaldtswerke-Deutsche Werft AG (bis 1986/88)

Werk Ross: Hamburg (Steinwerder), Roßweg 20

Von den früheren drei HDW-Werken in Hamburg war nach der Aufgabe der Standorte Finkenwerder (1973) und Reiherstieg (1979 beschlossen) nur noch das Werk Ross mit 4.600 Beschäftigten (1982) übrig.

1983 wurde deutlich, daß HDW seine Aktivitäten ganz in Kiel konzentrieren wollte; der Vorstand beschloß die Einstellung des Schiffneubaus in Hamburg. Die Besetzung der Werft durch die protestierende Belegschaft im September 1983 konnte den

Niedergang nicht verhindern. 1985 erwarb Blohm + Voss das HDW-Werk Ross mit den verbliebenen 2.200 Beschäftigten, wandelte dieses 1986 in die Ross Industrie GmbH um und stellte den dortigen Betrieb Ende 1988 vollständig ein.

Die Aktivitäten von HDW im Kriegsschiffbau waren schon damals schwerpunktmäßig in Kiel angesiedelt, dennoch war auch das Hamburger Werk Ross in gewissem Umfang mit militärischer Produktion befaßt. So waren hier 1978/79 zwei Landungsboote des Typs LST 1300 für die nigerianischen Streitkräfte gebaut worden.[673] Zur Produktionspalette gehörten während der 80er Jahre auch einige Komponenten für U-Boote und Überwasserkriegsschiffe (z.B. Simplex-Stabilisatoren).[674]

WENZL HRUBY K.G.

20097 Hamburg (Hammerbrook), Wendenstr. 23
Kapital: 500.000 (?) DM (1994)[675] – Beschäftigte: 12 (1994) – Umsatz: 5 Mio. DM (1994) – Geschäftsführer: Wenzl Hruby

Im Hamburger Handelsregister sind zwei Unternehmen auf den Namen des Kaufmanns Wenzl (gelegentlich auch: Wenzel) Hruby eingetragen: die Wenzl Hruby K.G. (HRA 66949) und die Firma FIELDMASTER Wenzel Hruby (HRA 74477). Es handelt sich aber um eine Unternehmenseinheit, die sich mit Herstellung, Entwicklung und Vertrieb von Funksprechgeräten, Zubehör und Spezialelektronik befaßt. An der Wenzl Hruby K.G. ist seit 1966 als Kommanditistin die Firma Eltron Establishment (Vaduz/Liechtenstein) beteiligt.

In den 80er Jahren bestand noch eine weitere Firma, die Wenzel Hruby GmbH mit Sitz in der Badestraße 36 (Rotherbaum).

Beteiligung am Rüstungsgeschäft

Wenzl Hruby kam 1981/82 mit dem Irak ins Geschäft; es ging um die Ausrüstung und Ausbildung einer sogenannten Antiterroreinheit. Nach einem Bericht der ›taz‹ wurde der Kontakt vom Bundesnachrichtendienst vermittelt.[676] Der Rüstungs- und Geheimdienstkritiker Schmidt-Eenboom schreibt über die Rolle von Hruby:

> *»Am 3. März 1982 unterzeichnete Ibrahim S. Ali als Vertreter des irakischen Innenministeriums in den Hamburger Geschäftsräumen der Firma zwei Geheimverträge zur Ausbildung und waffentechnischen Ausstattung seiner Sondereinheiten im Umfang von etwa 10 Millionen DM. Von Mai bis August 1982 fand die Aus-*

bildung im Irak statt, und das Hamburger Unternehmen lieferte auch die zugesagten Ausrüstungen – unter anderem 32 Daimler Benz 380 SE und 280 GE, diverse weitere Fahrzeuge, Videoausrüstungen und Schießstände, Sprengstoff und Munition, darunter 5000 Blendgranaten (Mogadischu-Bomben). Nur bei der vereinbarten Lieferung von 600 Maschinenpistolen MP5 und 125 G-3-Gewehren kam es zu Schwierigkeiten. Die Bundesregierung erteilte keine Ausfuhrgenehmigung, da der Irak sich im Kriegszustand befand. Ebenso erfolglos war der Versuch von Hruby, solche Waffen über Heckler und Koch in London zu besorgen. Letztlich konnte er wenigstens 125 Scharfschützengewehre bei Steyr in Wien beschaffen. Für die Ausbildung gewann das Hamburger Unternehmen als Chef eines achtköpfigen Teams den GSG-9-Mann Ludwig Heerwagen, der bereits vom Februar 1981 bis zum Februar 1982 in Saudi-Arabien Antiterroreinheiten trainiert hatte.«[677]

Nach Aussage von Heerwagen bestellten die Iraker für ihre Spezialeinheit bei Hruby außerdem Abseilgerät, kugelsichere Helme, Spezialleitern usw.[678] Nach Beendigung der viermonatigen Ausbildung kam es unter den Geschäftspartnern zu Zwistigkeiten; die Iraker beschwerten sich, Hruby habe nicht alle Waren geliefert, die sie schon bezahlt hätten. Heerwagen war unzufrieden, weil er von dem versprochenen Honorar in Höhe von 800.000 DM seiner Aussage zufolge nur 100.000 DM von Hruby erhalten hatte. Bei einem Treffen Anfang 1983 in Hamburg machte Hruby den Irakern Hoffnung, daß er die Maschinenpistolen wahrscheinlich doch noch über eine andere Bezugsadresse beschaffen könne. Ob es dazu gekommen ist, ist nicht bekannt.

Das von der Staatsanwaltschaft München gegen Wenzl Hruby eingeleitete und von Hamburg fortgeführte Verfahren wegen des Verdachts auf Verstoß gegen das Kriegswaffenkontrollgesetz wurde mangels hinreichenden Tatverdachts im März 1990 eingestellt.[679]

IAS Industrial & Airborne Systems Handelsgesellschaft mbH

22767 Hamburg (Altona-Altstadt), Königstr. 30
Stammkapital: 320.000 DM – Geschäftsführer: Gerhard Bockhold (1989-91), Uwe K. Lehrke (seit 1989), Jens F.K. Jacobsen (seit 1991)

Gegenstand des 1980 gegründeten Unternehmens ist die »*Vertretung von Handels-, Industrie-, Luft- und Schiffahrtsinteressen, der Handel mit und die Vermittlung von Gerätschaften, Ersatzteilen, Maschinen, Werkzeugen und sonstigen Bedarfsgütern sowie die Durchführung von Beratungen im In- und Ausland*«.[680]

Nach Jane's Rüstungsfirmenverzeichnis bietet die Firma einen 24-Stunden-Logistikservice für High-Tech-Produkte und Dienstleistungen.[681]

IBCOL Technical Services GmbH

→ ALSO GmbH

Internationale Schiffs-Studien-Gesellschaft mbH (ISS) (1984-1990)

1984-86: 22041 Hamburg (Wandsbek), Lotharstr. 6
1987-90: 22297 Hamburg (Winterhude), Überseering 8
Stammkapital: 56.000 DM – Beschäftigte: 360 (1987), 198 (1989)[682] – Geschäftsführer: Earl de Rohan Barondes, Kanada (1984-89), Joaquin Coello Brufau, Spanien (1989-90)

Die Internationale Schiffs-Studien-Gesellschaft wurde am 21. Februar 1984 gegründet; zum 1. April 1990 wurde sie wieder aufgelöst. Als Gegenstand des Unternehmens wurde im Handelsregister lediglich angegeben: *»die Durchführung von Studien für internationale Schiffsprojekte«*. Weder diese Eintragung noch das vergleichsweise bescheidene Stammkapital ließen erkennen, daß die neue Firma eines der größten Rüstungsprojekte der NATO technisch vorbereiten sollte. Es ging um die Planung einer standardisierten NATO-Fregatte für die 90er Jahre (NFR-90).

An der Gründung der ISS waren zunächst sieben nationale Leitfirmen beteiligt, hinter denen nach Angaben der ›Wehrtechnik‹ ca. 130 Firmen standen.[683] Die deutsche Seite wurde durch die → MTG Marinetechnik GmbH (Hamburg) vertreten. Neben ihr beteiligten sich 1984 an der ISS:

- British Shipbuilders (London) für Großbritannien,
- Thomson-CSF S.A. (Paris) für Frankreich,
- Empresa Nacional Bazan de Construcciones Navales Militares S.A. (Madrid) für Spanien,
- Cantieri Navali Riuniti SpA (Genua) für Italien,
- Hollandse Signaalapparaten B.V. (Hengelo) für die Niederlande,
- Acres Management Services Co. Ltd. (Toronto) für Kanada.

Als achte Firma kaufte sich im Februar 1985 zur Vertretung der USA die Westinghouse Overseas Service Corporation (Baltimore) in die ISS ein. Zum Vorsitzenden des Aufsichtsrats der ISS wurde Eckard Rohkamm von Blohm + Voss bestimmt.

Beteiligung am Rüstungsgeschäft

Den geplanten Fregatten NFR-90 wurde innerhalb der NATO große Bedeutung beigemessen. Von der Standardisierung der NATO-Fregatte versprach man sich nicht unerhebliche Kostenvorteile gegenüber nationalen Eigenentwicklungen, aber auch eine bessere Kooperation bei gemeinsamen Militäreinsätzen. Die modulare Bauweise (Vorreiter: → Blohm + Voss) sollte es den einzelnen Ländern zugleich ermöglichen, für den Eigenbedarf optimierte Varianten zu beschaffen. Nach Angaben von Anfang der 80er Jahre sollten mindestens 50 Fregatten gebaut werden, davon acht für die Bundesmarine.[684] Später hieß es sogar, eine Marktanalyse habe ergeben, *»daß weltweit 150 bis 200 dieser Fregatten benötigt werden«*, davon könnten rund 60 auf die acht beteiligten NATO-Länder entfallen.[685] Legt man den 1989 genannten Stückpreis von 800 Mio. DM zugrunde, wären bei Realisierung dieser Wunschvorstellungen Staatsgelder in astronomischer Höhe fällig geworden: 48 Mrd. DM für 60 NATO-Fregatten bzw. 120 Mrd. DM für 150 weltweit verkaufte Fregatten. Die Tätigkeit der ISS bezog sich auf zwei Phasen der Fregattenplanung: auf die Konzeptphase 1984-86 und die Definitionsphase 1987-90.

Konzeptphase

Die ISS wurde 1984 mit der Aufgabenstellung gegründet, eine Durchführbarkeitsstudie für das Projekt ›NATO Frigate Replacement for the 1990s‹ auszuarbeiten. Die Kosten für die Untersuchung wurden auf 15 Mio. US-Dollar festgeschrieben. Davon übernahm jedes beteiligte Land ein Achtel. Begleitet wurde die Studienarbeit von einer NATO-Dienststelle mit der Bezeichnung ›Project Management Office‹ (PMO), die in einem Nachbargebäude in der Lotharstraße 6 einquartiert wurde. Am 29. Oktober 1985 legte die ISS einen rd. 10.000 Seiten starken Ergebnisbericht dem NFR-90-Lenkungsausschuß der NATO vor. Er enthielt nicht weniger als 18 verschiedene Entwürfe für die Fregatte, die ungefähr 4.400 Tonnen verdrängen sollte.[686]

Definitionsphase

Mit dem Abschluß der Durchführbarkeitsstudie war der Gründungszweck der ISS eigentlich erfüllt. Doch dann wurde 1985/86 beschlossen, Hamburg auch für die nächste, wesentlich arbeitsintensivere Etappe der Fregattenplanung, die sogenannte Definitionsphase, als Standort zu wählen. Hierfür wurde die International Joint Venture Company (IJVC) ins Leben gerufen; man beschloß aber, für diese den Namen Internationale Schiffs-Studien-Gesellschaft mbH weiterzuverwenden. Als deutsche Leitfirma für diese neue ISS wurde von fünf führenden Unternehmen der deutschen Kriegsschiffsindustrie die ➞ FDG Fregatten-Definitions-Gesellschaft gegründet.

Der Hamburger Senat hatte sich nach eigenem Bekunden *»mit Nachdruck«* dafür eingesetzt, daß Hamburg zum zentralen Planungsstandort für das NFR-90-Projekt ausgewählt wurde.[687] In die diesbezüglichen Verhandlungen war vor allem der Zweite Bürgermeister und Beauftragte Hamburgs in Bonn, Alfons Pawelczyk, eingeschaltet. Pawelczyk wies zur Begründung des Senatsinteresses darauf hin, daß ca. 460 Mitarbeiter zusätzlich in Hamburg arbeiten würden. Weiter erklärte er: *»Überdies gibt es eine gute Chance für eine bessere Auslastung der Hamburger Werften. Damit wird die Attraktivität des Standortes Hamburg erneut unter Beweis gestellt.«* Tatsächlich leistete das Rüstungsprojekt keinen erkennbaren Beitrag zur Bekämpfung der Arbeitslosigkeit in der Stadt, denn im wesentlichen führte es nur zu einem zeitlich befristeten Aufenthalt einer größeren Zahl von hochspezialisierten Experten in Hamburg.

Da die Firmenräume in der Lotharstraße für die Definitionsphase nicht ausreichten, begann das Bonner Verteidigungsministerium mit Hilfe der MTG Marinetechnik GmbH und des Zweiten Bürgermeisters, nach einem neuen Standort für die ISS zu suchen. Zunächst wurde hierfür die Gesamtschule Kielkoppelstraße in Hamburg-Rahlstedt ins Auge gefaßt, dann entschied man sich jedoch für einen sechsstöckigen Bürokomplex am Überseering 8 in der City-Nord. 1987, nach aufwendigem Umbau zu einer streng abgeschirmten, festungsartigen Sicherheitszone, nahmen dort 360 Rüstungsspezialisten der ISS und ihrer deutschen Beteiligungsfirma FDG sowie 80 Mitarbeiter der NATO-Dienststelle PMO die Arbeit auf. Rund 160 Mio. DM wurden als Kosten für die Definitionsphase einkalkuliert.

Als treibende Kraft trat zu Beginn der Definitionsphase die deutsche Seite in Erscheinung. Aber nach dem 1987 gefaßten Beschluß, vor den NFR-90-Fregatten noch vier Fregatten der Klasse F 123 in nationaler Eigenregie zu bauen, ließ das deutsche Interesse offenbar nach.

Das ganze Fregattenvorhaben scheiterte schließlich im Herbst 1989, noch bevor die Definitionsphase abgeschlossen war. Der Abbruch des Projekts hing aber nicht mit den politischen Umwälzungen in Europa ab November 1989 zusammen, entsprang also nicht etwa der Erkenntnis, daß man auf die Fregatten verzichten könnte. Entscheidend war vielmehr, daß unter den acht beteiligten Ländern kein Einvernehmen über das Zwischenergebnis der NFR-90-Definition und damit über ein einheitliches Schiff, den Kostenrahmen sowie das weitere Vorgehen erzielt werden konnte.[688] Insbesondere spielten hierbei die Rivalitäten, die aus der parallelen Entwicklung zweier unterschiedlicher Flugabwehrsysteme für die Fregatte resultierten, eine Rolle. Zuerst verabschiedete sich im September 1989 Großbritannien aus dem Programm. In der Sitzung des ISS-Aufsichtsrats am 12. Oktober 1989 erklärten außerdem die französischen und italienischen Gesellschafter den Rückzug aus der Gesellschaft. Am 15. Dezember 1989 gab der deutsche Sprecher im NFR-Lenkungsausschuß den Austritt aus dem Vorhaben bekannt, am 29. Dezember 1989 und 2. Januar 1990 folgten entsprechende Verlautbarungen Spaniens und der Niederlande. Am 18. Januar 1990 erklärte der NFR-Lenkungsausschuß das Vorhaben, das Millionen verschlungen hatte, für beendet.

Nach dem Scheitern des NFR-90-Projekts suchten die sechs westeuropäischen NATO-Länder nach neuen Kooperationswegen, um doch noch an ihre Fregatten zu kommen. Auf der einen Seite taten sich die Kriegsschiffsindustrien von Großbritannien, Frankreich und Italien zu einer neuen International Joint Venture Company (diesmal mit Sitz in London) für ihr Fregattenprogramm ›Horizon‹ zusammen, auf der anderen Seite vereinbarten Deutschland, die Niederlande und Spanien, beim Fregattenbau zu kooperieren (Näheres hierzu ➞ Blohm + Voss, F 124).

Kritik/Proteste

In der Nacht zum Ostermontag 1985 explodierte im Keller des ISS-Bürogebäudes in der Lotharstraße ein Sprengsatz. Der Anschlag richtete nach Presseberichten mittleren Sachschaden an.[689] Die ›Illegale militante kämpfende Einheit Jonas Thimme‹ begründete ihre Aktion in einem Bekenneranruf beim ›Hamburger Abendblatt‹ damit, daß in diesem Gebäude »*Kriegsschiffe für den Einsatz gegen die weltweiten Befreiungskämpfe*« entwickelt würden. Beim Ostermarsch, der wenige Stunden später durch Hamburg zog, distanzierten sich Sprecher des Hamburger Forums (Klaus Balzer) und der SPD (Prof. Dr. Leonhard Hajen) von solchen Bombenattacken gegen Rüstungsfirmen.

Als im August 1986 bekannt wurde, daß demnächst eine nicht näher bezeichnete Institution der NATO zwecks Planung neuer Kriegsschiffe die Gesamtschule Kielkoppelstraße in Hamburg-Rahlstedt in Beschlag nehmen würde[690], regte sich unter Schülern, deren Eltern und im Stadtteil umgehend Protest. Zwar war bereits zuvor wegen sinkender Anmeldezahlen von der Schließung der Schule nach Ende des Schuljahres 1986/87 gesprochen worden, doch der Beschluß des Hamburger Senats vom 12. August 1986, die Schule vorzeitig bis zum Oktober 1986 zu räumen, sorgte für Erbitterung.[691] Fast 200 aufgebrachte Eltern bereiteten am 19. August dem Hamburger Schulrat Neckel wegen dieser Entscheidung ›einen ungemütlichen Abend‹. In der Bürgerschaft forderte die GAL-Fraktion den Senat auf, den Räumungsbeschluß zurückzunehmen. In einer Veranstaltung am 29. August im Gemeindesaal der Rahlstedter

Trinitatiskirche wurde eine Bürgerinitiative unter dem Motto *»Schüler raus – NATO rein – Wir sagen nein!«* gegründet. Am 11. September 1986 teilte das Verteidigungsministerium offiziell mit, daß kein Interesse mehr an dem Schulobjekt bestehe.[692]

Der lokale Protest, der in Rahlstedt begonnen hatte, setzte sich nach der Entscheidung für den Standort Überseering 8 im Bezirk Hamburg-Nord fort. Dort bildete sich Anfang 1987 ein Arbeitskreis gegen die Ansiedlung des Fregattenprojekts in der City-Nord. Unterstützung erhielt dieser Zusammenschluß von KommunalpolitikerInnen nicht nur der GAL, sondern auch der SPD, z.B. von Walter Wellinghausen, dem SPD-Fraktionsvorsitzenden in der Bezirksversammlung Hamburg-Nord. Der Arbeitskreis forderte über den Einzelfall hinaus, der Hamburger Senat möge seine Rüstungsansiedlungs-Politik beenden; statt dessen solle in Hamburg eine Stiftung zur Förderung der Rüstungskonversion eingerichtet werden. Auch die DKP Hamburg wandte sich 1987 mit einer Dokumentation gegen das NATO-Vorhaben in der City-Nord.[693]

Am 9. November 1987 veranstaltete die Bezirksversammlung Hamburg-Nord eine öffentliche Anhörung zur Ansiedlung des Kriegsschiffsprojekts. Eingeladene Vertreter der Hamburger Friedensbewegung (Hamburger Forum, Hamburger Friedenskoordination u.a.) kamen mit Hintergrundinformationen und Kritik zu Wort.

Trotz der angeführten Aktivitäten und Veranstaltungen wurde die Tatsache, daß in Hamburg an einem Rüstungsprojekt von höchster militärischer Bedeutung gearbeitet wurde, nur von einem sehr kleinen Teil der Öffentlichkeit wahrgenommen. Nur so ist zu erklären, daß die Bürgerschaftsabgeordnete Angela Friedrich (GAL) 1989 eine Anfrage unter dem Titel *»Mysteriöses Gebäude am Überseering 8«* einbrachte[694]. Sie wollte vom Senat wissen, warum am Eingang jeglicher Hinweis auf die Nutzung des Gebäudes fehle und warum das Gebäude *»mit Stacheldraht, Kameras und anderen Menschenbeunruhigungsgeräten gesichert ist«*. Der Senat betrieb die übliche Geheimniskrämerei und gab lediglich bekannt, daß das Gebäude *»von einer Dienststelle des Bundes«* gemietet worden sei. Angesichts wilder Spekulationen (bei Radio Hamburg war sogar von einer möglichen Spionagezentrale die Rede) trat das NFR-90-Projektmanagement wenig später ›die Flucht nach vorn‹ an: ›Abendblatt‹-Militärreporter Günter Stiller durfte die Leserschaft über das *»Geheimnis der ›Festung‹ «* aufklären.[695]

Hellmut Jagalla GmbH

22399 Hamburg (Poppenbüttel), Poppenbüttler Hauptstr. 14
Produkte: Schockgeprüfte Spezialsitze für Überwasserkampfschiffe, U-Boote und andere militärische Anwendungen.[696]

Jastram GmbH & Co. KG

21033 Hamburg (Bergedorf), Billwerder Billdeich 6

Jastram produziert manövriertechnische Anlagen für Schiffe.

Bis 1990 war die Firma auch in der militärtechnischen Forschung und Entwicklung aktiv (förderndes Mitglied der Deutschen Gesellschaft für Wehrtechnik). Forschungsschwerpunkte waren die Entdeckung von Landminen (›Identifikation bodenverlegter Störkörper‹)[697] und militärische Pioniertechnik. Ende 1990 übernahm Blohm + Voss die Forschungsabteilung von Jastram.[698] Seitdem wird diese unter dem Namen JAFO-Technologie als Zweigniederlassung der → Blohm + Voss International GmbH weitergeführt. Jastram ist nach eigener Aussage heute nicht mehr im militärischen Bereich tätig.

Jenoptik Impulsphysik GmbH

22869 Schenefeld, Achter de Weiden 10
früher: Hamburg (Rissen), Sülldorfer Landstr. 400
Gegr. 1949 – Beschäftigte: 59 (1995) – Umsatz: 14 Mio. DM (um 1994/95)

Impulstechnik wurde 1989 vom Firmengründer Früngel an die Salzgitter Elektronik GmbH verkauft, kam später zur Preussag-Tochter Hagenuk und befindet sich seit 1995 im Besitz der Jenoptik GmbH in Jena, die ihrerseits zu 100 Prozent dem Land Thüringen gehört.

Die Firma hat sich *»mit einem Marktanteil von 40 Prozent zum Weltmarktführer bei meteorologischen Systemen für Flughäfen, Wasserstraßen, Autobahnen und für die militärische Nutzung entwickelt«*.[699] Der Exportanteil liegt bei 80 Prozent. Von Bedeutung für die Militärluftfahrt sind z.B. die Systeme zur Messung der Wolkendichte und der Sichtweite. Bereits 1984 erschien eine Anzeige der Firma in der spanischsprachigen ›Tecnologia Militar‹.[700]

Kabelwerke Friedrich C. Ehlers GmbH & Co.

22113 Hamburg (Billbrook), Bredowstr. 34
früher: Gotenstr. 10 (Hammerbrook)
Beschäftigte: 185 (1996)

Im ›Navy Systems Department‹ entwickelt und fertigt die Firma insbesondere Anlagen und Systeme für die Minenräumtechnik. Sie war u.a. an dem 1987-91 realisierten Bau von zehn Minensuchern des Typs 343 für die Bundesmarine beteiligt.[701]

KAEFER ISOLIERTECHNIK GMBH & CO.

Hauptsitz: 28195 Bremen, Bürgermeister-Smidt-Str. 70
Zweigniederlassung: 22113 Hamburg (Billbrook), Bredowstr. 16

Die Firma liefert Systeme zur Geräuschminderung, Wärmeisolierung und zum Brandschutz auch für Überwasserkriegsschiffe und U-Boote.[702]

KAUS & STEINHAUSEN G.M.B.H. (BIS 1996)

Verwaltung: Eiffestr. 80, 20537 Hamburg (Borgfelde)
Werk: Berzeliusstr. 72, 22113 Hamburg (Billbrook)
Stammkapital: 3 Mio. DM – Beschäftigte: 205 (1995, mit Tochterfirmen) – Umsatz: 130 Mio. DM (1995, mit Tochterfirmen) -
Geschäftsführer: Rudolf Schüren (1975-88), Reiner Arend (1988-92), Klaus Gassner (1992-96)

Das um 1938 / 39 von Karl Kaus und Eugen Steinhausen gegründete Unternehmen ist auf dem Gebiet des Schrott- und Nichteisen-Metallhandels sowie in der Verschrottung von Munition und der Bearbeitung von Sprengstoffen tätig gewesen. Eine 95-Prozent-Kapitalmehrheit an Kaus & Steinhausen (K & S) lag bis ca. 1994 bei der Tochter des Firmengründers Karl Kaus, Dr. Lieselotte Klaproth (Bonn), danach beim Geschäftsführer Klaus Gassner. Zu der Firmengruppe von K & S gehörten als Tochtergesellschaften: Jacobs & Kaus GmbH (Hamburg, Spezialität: Kabelzerlegung), Kaus & Steinhausen Delaboriergesellschaft mbH, Werk Dragahn (Karwitz bei Dannenberg) und EBV Entsorgungs-Betriebsgesellschaft mbH (Vogelgesang/Sachsen). Das Aus für K & S kam am 26. Juni 1996 durch Eröffnung des Konkursverfahrens.

Beteiligung am Rüstungsgeschäft
K & S hat im positiv zu würdigenden Unterschied zu den meisten anderen Firmen dieses Registers ihr Geld nicht mit der Herstellung, sondern der Vernichtung von Waf-

fen verdient. Generell sollte aber nicht übersehen werden, daß auch die Beseitigung von Waffen und Munition ein Geschäft darstellt, das aus der vorherigen Verschwendung öffentlicher Ressourcen für Rüstungszwecke resultiert. Die Ausgaben für die Munitionsvernichtung sind so gesehen keine ›Kosten der Abrüstung‹, sondern in Wirklichkeit Zusatzkosten früherer Aufrüstung.

In einem Zeitungsbericht hieß es 1994 über die Firma:

»Kaus & Steinhausen ist einer der Großen in Europa in der Munitionsvernichtung, der älteste Delaborierbetrieb in Deutschland, und war bei der Entsorgung von Bundeswehr-Lagermunition bis 1993 quasi Monopolist. Auch für die Armeen der Niederlande, der USA, der Schweiz und anderer Nationen arbeitet die Gruppe. Ein Geschäft ohne Ende: Alle paar Jahre muß die für den Ernstfall auf Lager liegende Munition erneuert werden. Fünf Prozent Gewinn springen für den ›Zerstörer‹ heraus, bei Bundeswehraufträgen gilt Preisrecht.«[703]

Das Werk Dragahn der Tochterfirma Kaus & Steinhausen Delaborierungsgesellschaft mbH im Kreis Lüchow-Dannenberg war lange Zeit der bedeutendste deutsche Betrieb im Bereich der Munitionsvernichtung. 1993 wurden im Werk Dragahn 3,3 Mio. Stück Munition von acht Armeen zerlegt und entsorgt – von der Gewehrpatrone bis zur Bombe.[704]

Die dort ohne Emissionsschutz unter freiem Himmel praktizierte Munitionsverbrennung und die Pläne von K & S, die Dragahner Kapazitäten durch Errichtung neuer Anlagen zu vergrößern, zogen allerdings ab 1991 die hartnäckige Kritik der ›Bürgerinitiative Umweltschutz Lüchow-Dannenberg‹ auf sich. Unter Hinweis auf die Tatsache, daß das Dragahner Gelände 1938-45 von der Hamburger Waaren-Commissions-Aktiengesellschaft (Waco) zur Herstellung von Sprengstoff, Granaten und Bomben genutzt worden war, forderte die Bürgerinitiative Altlastensanierung statt Neubau.[705] Daß K & S alles andere als ein ökologischer Musterbetrieb war, hatte sich schon in einem anderen Fall gezeigt: Bis 1985 hatte die Firma auch auf dem Standort Grauerort bei Stade Munition entsorgt. Nach der Aufgabe dieser Betriebsstätte wurde amtlich festgestellt, daß das gesamte Gelände mit Asche und ausgeglühten Munitionsteilen hochgradig belastet war.[706]

Die Auflösung der NVA schien zu Beginn der 90er Jahre für K & S hervorragende Expansionsperspektiven zu bieten. 1990 gründete die Hamburger Firma gemeinsam mit dem Nürnberger Rüstungsunternehmen Diehl die EBV Entsorgungs-Betriebsgesellschaft mbH in Vogelgesang bei Torgau (Sachsen). Diehl hielt zunächst 70 Prozent am EBV-Kapital, K & S die übrigen 30 Prozent. Nach dem Ausstieg von Diehl wurde K & S 1994 alleiniger Eigentümer der sächsischen Firma. Damals arbeiteten 120 Beschäftigte der EBV an der Delaborierung von NVA-Munition; K & S besaß damit die *»größte Vernichtungsanlage für großkalibrige Rohrwaffenmunition in Europa«*.[707] 1995 wurde gemeldet, daß die EBV seit ihrer Gründung bereits über 60.000 Tonnen unterschiedlichster Munitionsarten aus NVA-Beständen entsorgt habe.[708]

Allerdings bekam K & S immer deutlicher den Konkurrenzdruck anderer Unternehmen zu spüren, die in das Geschäft neu eingestiegen waren. Auch Großkonzerne wie die Dasa und Rheinmetall (u.a. über die Tochter ➞ Nico Pyrotechnik) hatten sich inzwischen auf dem ›explodierenden Markt‹ der Munitionsvernichtung etabliert. Im September 1995 kam die erste Warnmeldung von K & S: Weil deutsche Munition vorrangig in den neuen Bundesländern entschärft werde, seien die 100 Arbeitsplätze im niedersächsischen Werk Dragahn in Gefahr.[709] Da neue Aufträge weiter ausblieben, stellte das Werk bald darauf den Betrieb ein – K & S ging 1996 in Konkurs. Die ostdeutsche Tochter EBV wurde von einer anderen Hamburger Firma erworben: der Rieger & Winkler Verwaltungs GmbH (Bergstraße 7, 20095 Hamburg).

Koehlers Verlagsgesellschaft

➞ Verlagsgruppe Koehler/Mittler

Körber AG

➞ Blohm Maschinenbau GmbH

Carl W. Kopperschmidt GmbH

22926 Ahrensburg, Ewige Weide 1
bis 1990: Wandsbeker Str. 13 (Bramfeld)
Stammkapital: 2,5 Mio. DM – Beschäftigte: 220 (1983), 120 (1994) – Umsatz: 40 Mio. DM

Kopperschmidt stellt Kunststofferzeugnisse, insbesondere Acrylglasprodukte, her. Die Firma produzierte das einteilige Spezialglas-Kabinendach für das Kampfflugzeug Tornado.[710]

KUBE & KUBENZ INTERNATIONALE SPEDITIONS-GESELLSCHAFT

20097 Hamburg (Hammerbrook), Nagelsweg 39
Niederlassung: 22113 Hamburg, Werner-Siemens-Str. 89 (Billbrook)
Kapital: 11 Mio. DM – Beschäftigte: 240 (1994)
Umsatz: 127 Mio. DM (1994)

Die Spedition ist auf den Transport flüssiger und rieselfähiger Produkte in Tanklastzügen und Tankcontainern spezialisiert. Sie hat rund 100 eigene Tankzüge und 330 Tank-, Gas- und Silocontainer.[711]

Kube & Kubenz gehört zu den fünf Transport- und Logistikunternehmen, welche die Force Projection Logistics GbR mit Sitz in Düsseldorf gegründet haben. Diese soll die Bundeswehr bei künftigen Auslandseinsätzen in der Militärlogistik unterstützen.[712]

JAN LEKY HANDELSGESELLSCHAFT MBH

22967 Tremsbüttel, Kupfermühler Weg 7

Leky fiel 1992 als eine der Firmen auf, die speziell legierte Stahlteile für Panzer an den Iran liefern wollten.[713] Sie soll die Panzerteile, die das Schiff ›Blue Bird‹ bereits an Bord genommen hatte, bei der Neubrandenburger Maschinenbau GmbH gekauft und an die Hamburger Maklerfirma → Alemania-Impex weitervermittelt haben. Am 24.4.1992 wurden die Geschäftsräume in Tremsbüttel ebenso wie die der Alemania-Impex durchsucht, wobei nach Aussage eines Fahnders *»eine Menge belastender Unterlagen und Beweismittel sichergestellt«* wurde. Später hat man von dieser Affäre nichts mehr gehört.

LITTON SYSTEMS GMBH

22081 Hamburg (Barmbek), Stückenstr. 1-3

Diese seit 1974 unter diesem Namen existierende Tochterfirma des Litton-Konzerns hält als persönlich haftende Gesellschafterin den überwiegenden Anteil (93,2 Prozent) an der → C. Plath Navigation-Automation.

Loggers Schwingungstechnik GmbH

20095 Hamburg (Altstadt), Schauenburgerstr. 15-21
Stammkapital: 50.000 DM

Die 1988 gegründete Tochter der holländischen Firma Loggers beschäftigt sich mit Techniken und Komponenten zur Reduzierung von Schwingungen und Geräuschen. Im Bereich ›Defence Products‹ werden z.B. Schockfedern für die Militärtechnik angeboten.[714]

MAN B & W Diesel AG

Hauptsitz: 86153 Augsburg, Stadtbachstr. 1
Service-Center: 20457 Hamburg (Steinwerder), Roßweg 6

Die MAN B & W Diesel AG, die in Augsburg etwa 3.000 Personen beim Bau von Großdieselmaschinen und Turboladern beschäftigt, gehört zu 100 Prozent zum Münchner MAN-Konzern. Das Servicenetz von MAN B & W umfaßt weltweit 150 Stützpunkte.

Das Hamburger Zweigwerk hat jahrzehntelang Motoren von Kriegsschiffen der Bundesmarine gewartet, überholt und repariert. Die Bundeswehraufträge sind aufgrund der Einführung von Kriegsschiffen mit anderen Antriebssystemen (Gasturbinen, MTU-Dieseln) inzwischen weitgehend ausgelaufen. Da aber die Bundesregierung mehrere Kriegsschiffe mit MAN-Motoren an Griechenland und die Türkei abgegeben hat, erhält das Service-Center Roßweg jetzt von den Seestreitkräften dieser Länder Aufträge zur Ersatzteillieferung bzw. zur Instandsetzung.[715]

Geschichte

Das Service-Center am Roßweg ist der Rest des großen MAN-Komplexes, der 1939-42 für die Kriegsmarine im Hamburger Hafen errichtet wurde. Nach der ursprünglichen Planung sollten in den sechs MAN-Hallen Dieselmotoren für riesige Schlachtschiffe gebaut werden; wegen der Konzentration auf den U-Boot-Krieg wurden dann aber bis zum Kriegsende Dieselmotoren für U-Boote hergestellt.[716] Trotz Demontage konnte MAN die Hallen ab 1955 wieder in vollem Umfang zum Bau und zur Reparatur von Schiffsdieseln nutzen. Seit etwa 1969 – damals beschäftigte MAN in diesem Werk noch über 2.100 Menschen – hat das Unternehmen die Zahl der Arbeitsplätze immer weiter abgebaut und bis 1983 den Kessel- und Motorenbau eingestellt; nur der Reparaturbetrieb blieb. Der größte Teil der früheren MAN-Hallen wird heute von verschiedenen Hafenbetrieben zur Lagerung von Kaffee, Kakao, Getreide u.a. genutzt.

MESA Marine Elektronik Schiffselektronische Anlagen G.m.b.H.

22763 Hamburg (Othmarschen), Behringstr. 120
Stammkapital: 50.000 DM (seit 1984)

Die MESA wurde 1970 als Tochtergesellschaft der → Debeg GmbH gegründet und gehörte somit in den 80er Jahren zum AEG-Konzern, ab 1990 zur → DMT Marinetechnik GmbH. Später ging sie in der → STN ATLAS Elektronik auf. Ende der 80er oder Anfang der 90er Jahre verlor die MESA ihren Status als geschäftlich eigenständige Firma. (1992 wurde die MESA offenbar aus rein formalen Gründen in DMT Marinetechnik GmbH umbenannt).

›Wehrtechnik‹ berichtete 1983 über die MESA:

»Das Arbeitsgebiet der Firma umfaßt den Verkauf, die Installation und den Service von Kommunikationsanlagen, Funk- und Funkortungssystemen an Bord von Marine-Schiffen und Schiffen mit para-militärischem Auftrag (z.B. Küstenschutz). Zum Lieferprogramm gehören außerdem: Systeme für externe und interne Kommunikation, Systeme und Einzelgeräte für die Funknavigation und die in Eigenfertigung erstellten Geräte UHF-Wachempfänger MESA R 243. Wechselsprechanlage MESA 7740M sowie ein Zentrales Funkvermittlungssystem (ADM).« [717]

Hauptsächlich lebte die MESA offenbar von Rahmenverträgen für die Wartung und Instandsetzung von Radargerät der Bundesmarine. Um 1983 wickelte die MESA auch einen Großauftrag im Wert von 13,5 Mio. DM zur Ausrüstung eines Marinearsenals der Royal Malaysian Navy ab. Geliefert wurden komplett eingerichtete elektronische Arbeitsplätze mit 700 Meßgeräten und der Bestand für ein Ersatzteildepot mit ca. 13.000 verschiedenen Positionen.[718] Dieses Geschäft stand wahrscheinlich im Zusammenhang mit der Einrichtung des neuen malaysischen Marinestützpunkts Lumut, an der auch → Blohm + Voss wesentlich beteiligt war.

Messerschmitt-Bölkow-Blohm GmbH (MBB) (bis 1989)

Hauptsitz: München
Unternehmensbereich ›Transport- und Verkehrsflugzeuge‹: 21129 Hamburg (Finkenwerder), Kreetslag 10
Beschäftigte in Finkenwerder: 5.500 (1985)

Hamburgs großes Flugzeugwerk, das 1933 als Tochterfirma von → Blohm + Voss gegründet worden war, wurde 1969 eine Betriebsstätte des Luftfahrt- und Rüstungskonzerns Messerschmitt-Bölkow-Blohm (MBB), München. Die Eigentumsverhältnisse von MBB waren höchst verschachtelt und änderten sich oft. Ende 1985 verteilten sich die Kapitalanteile auf 13 verschiedene Gesellschafter. Siemens, Thyssen, Bosch, Allianz-Versicherung, Dresdener Bank und Bayerische Vereinsbank waren mit jeweils vier bis fünf Prozent beteiligt, die ursprünglich tonangebenden Namensgeber Messerschmitt, Bölkow und Blohm kamen zusammen noch auf 8,4 Prozent. Die höchsten Anteile hielten: der Freistaat Bayern (23,6 Prozent), das Land Hamburg (18,2 Prozent über die → Hamburger Gesellschaft für Beteiligungsverwaltung), das Land Bremen (zehn Prozent) sowie der französische Staatskonzern Aérospatiale (zehn Prozent). Hamburg wurde im Aufsichtsrat von MBB durch die sozialdemokratischen Senatoren Alfons Pawelczyk und Volker Lange vertreten.[719]

Spätestens 1987 nahm die Daimler-Benz AG mit den Gesellschaftern Verhandlungen über eine mögliche Mehrheitsbeteiligung an MBB auf. Nach der im September 1989 von Wirtschaftsminister Haussmann unter Auflagen erteilten Sondergenehmigung konnte Daimler-Benz MBB zum Kern seiner Aerospace-Sparte machen. Konsequenz für Hamburg: Das MBB-Werk Finkenwerder wurde Anfang 1990 Sitz der bis dahin in München ansässigen Deutschen Airbus GmbH, die heute → Daimler-Benz Aerospace Airbus GmbH heißt.

Beteiligung am Rüstungsgeschäft

Bei MBB Hamburg stand seit 1970 die Teilefertigung für den Airbus im Mittelpunkt der Produktion. Von einer rüstungsfreien Zone konnte jedoch keine Rede sein. Abgesehen von den Planungen für eine Airbus-Militärversion (hierzu → Daimler-Benz Aerospace Airbus GmbH), wirkte MBB Hamburg an der Produktion des deutsch-französischen Militärtransporters Transall C-160 mit. Als ›äußerst mobiles taktisches System‹ ermöglicht die Transall die rasche Verlegung von Truppen und Ausrüstung; auch Fallschirmjäger können aus ihr abgesetzt werden. Von den 169 Maschinen der ersten, 1967-72 ausgeführten Transall-Serie gingen 90 an die deutsche Luftwaffe, 50 an Frankreich, 20 an die Türkei und – entgegen aller Dementis – neun an Südafrika. Eine zweite, 1978-85 realisierte Serie umfaßte 35 Flugzeuge: 29 Transall-Maschinen erwarb Frankreich (davon vier für die Atomstreitkräfte), sechs gingen an Indonesien.[720]

Gerne hätte MBB auch dem Irán zwölf Transall-Maschinen verkauft. Das Bundeswirtschaftsministerium teilte MBB auf eine entsprechende Anfrage vom November 1984 mit, die Militärflugzeuge könnten allenfalls nach Beendigung des iranisch-irakischen Kriegs geliefert werden. Für MBB war dies kein Grund, die Verhandlungen mit dem iranischen Rüstungsamt DIO abzubrechen. Noch im März 1986 bestätigte die iranische Seite in einem Schreiben an MBB Hamburg, daß man in eine langfristige Kooperation – einschließlich späterer Transall-Lizenzproduktion im Iran – eintreten wolle. Zu einem Vertragsabschluß kam es dann jedoch nicht, zumal der amerikanische Fernsehsender ABC die Sache Anfang 1987 publik machte.[721]

Transall-Maschinen sind seit den 70er Jahren bei verschiedenen Militäroperationen zum Einsatz gekommen, etwa bei der türkischen Zypern-Invasion 1974 und bei den französischen Afrika-Interventionen (z.B. im Tschad), vermutlich auch bei den südafrikanischen Vorstößen nach Angola. Die deutschen Transall sind der Öffentlichkeit durch Einsätze bei humanitären Missionen (Abwurf von Lebensmittelpaketen) bekannt geworden. Vorrangig ist aber ihre Bedeutung als *»Rückgrat des militärischen Lufttransports«*.[722] Regelmäßig wurden und werden sie zur Versorgung deutscher Luftwaffeneinheiten im Ausland genutzt. Umfangreiche Logistikaufgaben übernahmen sie während des Zweiten Golfkriegs 1991 zugunsten der Anti-Irak-Koalition und bei der Somalia-Intervention 1994. Mit einem 1983 beschlossenen umfangreichen Instandsetzungs- und Modernisierungsprogramm für die deutschen und türkischen Transall wurde das Werk Lemwerder (Niedersachsen) betraut. Durch die noch nicht abgeschlossenen Maßnahmen sollen die Flugzeuge mindestens bis zum Jahr 2010 einsatzfähig bleiben.

Proteste/Kritik

Ein Zeichen setzte 1988 das Hamburger Thalia-Theater unter Intendant Jürgen Flimm, als es ein Sponsoring-Angebot von MBB ablehnte. Gegen Zahlung eines Betrags von 75.000 DM hatte MBB im Programmheft zu Hebbels ›Nibelungen‹ und auf den Plakaten genannt werden wollen. Das Ensemble wollte sich aber bei einer Inszenierung, die sich auch mit dem deutschen Militarismus befaßte, nicht ausgerechnet vom führenden deutschen Rüstungskonzern fördern lassen.[723] Diese Haltung brachte dem Theater einige Anfeindungen ein.

Metallverarbeitungsgesellschaft Schubert & Co.

22525 Hamburg (Bahrenfeld), Lederstr. 28

Die MVG Schubert liefert Transportsysteme zum Einbau auf Kriegsschiffen, darunter Munitionslifte und Torpedohebevorrichtungen. Die Firma gehört zu den Hauptunterauftragnehmern beim Bau der MEKO-Fregatten durch Blohm + Voss.[724]

Rud. Otto Meyer

→ ROM

MGG Micro-Glühlampen-Gesellschaft Menzel GmbH

21465 Wentorf, Hamburger Landstr. 1

Die Firma stellt Miniatur-Glühlampen in schock- und vibrationsfester Ausführung her, die speziell in Luft- und Raumfahrt, Datenverarbeitung und Wehrtechnik Verwendung finden.[725]

Micro + Security Electronic GmbH

→ Creutzmann Micro + Security Electronic KG

E.S. Mittler & Sohn GmbH

→ Verlagsgruppe Koehler/Mittler

MKS MaK-KraussMaffei-Sondertechnik GmbH (1979 bis ca. 1983)

22453 Hamburg (Groß Borstel), Haldenstieg 5a

Diese gemeinsame Tochter der beiden deutschen Kampfpanzerproduzenten Krauss-Maffei (München) und Krupp MaK (Kiel) wurde 1979 gegründet, um bei der Konzipierung eines zukünftigen deutsch-französischen Panzers mitzuwirken.[726] Etwa 100 Ingenieure sollen hier gearbeitet haben. Frankreich stieg im November 1982 aus dem Panzerprojekt aus, woraufhin sich auch die Hamburger Entwicklungsfirma auflöste.

MTG Marinetechnik GmbH

22041 Hamburg (Wandsbek), Wandsbeker Königstr. 62
Stammkapital: 6 Mio. DM – Beschäftigte: ca. 150 (1982), 175 (1990), ca. 110 (1994) – Umsatz: 27 Mio. DM (1983) – Geschäftsführer: Franz-Josef Görgen (1978-96), Werner Kurz (seit 1997)

Die MTG Marinetechnik GmbH ist das zentrale Entwurfs- und Planungsbüro für Überwasserkriegsschiffe in Deutschland. Die Firma wurde 1966 auf Initiative des Verteidigungsministeriums gegründet.[727] Die Marinetechnik Planungsgesellschaft mbH, so der anfängliche Name, hatte zunächst nur die Funktion einer zusammenfassenden Klammer für drei Einzelfirmen: die MSG Marine-Schiffstechnik Planungsgesellschaft mbH, die MEG Marine-Elektronik Planungsgesellschaft mbH sowie die 1972 hinzugekommene MUG Marine-Unterwasserregelanlagen Planungsgesellschaft mbH. 1982 wurden MSG, MEG und MUG zu der MTG Marinetechnik GmbH verschmolzen.

An der MTG sind die führenden am Kriegsschiffbau interessierten Unternehmen beteiligt. Die Beteiligungsverhältnisse haben sich seit 1985 erheblich verändert (vgl. Schaubilder). AEG (bzw. TST) und MBB mußten ihre MTG-Anteile 1990 aufgrund ministerieller Auflagen veräußern, die Daimler-Benz bei der Übernahme von MBB zu erfüllen hatte.[728] Mit dem lange Zeit doppelt beteiligten Krupp-Konzern und der Philips-Tochter Hollandse Signaalapparaten stiegen 1989-92 zwei weitere wichtige Gesellschafter aus der MTG aus. Demgegenüber haben die verbliebenen Gesellschafter, Blohm + Voss, Bremer Vulkan, HDW, Lürssen und Siemens, ihre Anteile deutlich erhöht, wobei allerdings der Bremer Vulkan aufgrund des Konkurses aus diesem Kreis bald ausscheiden wird. Statt der Standard Elektrik AG (SEL, jetzt Alcatel SEL AG) ist nun die → Rohde & Schwarz GmbH & Co KG an der MTG beteiligt.

Beteiligung am Rüstungsgeschäft
Im Jahr 1982 wurde eine Übersicht über die 43 wichtigsten bis dahin von der MTG bearbeiteten Rüstungsprojekte veröffentlicht.[729]

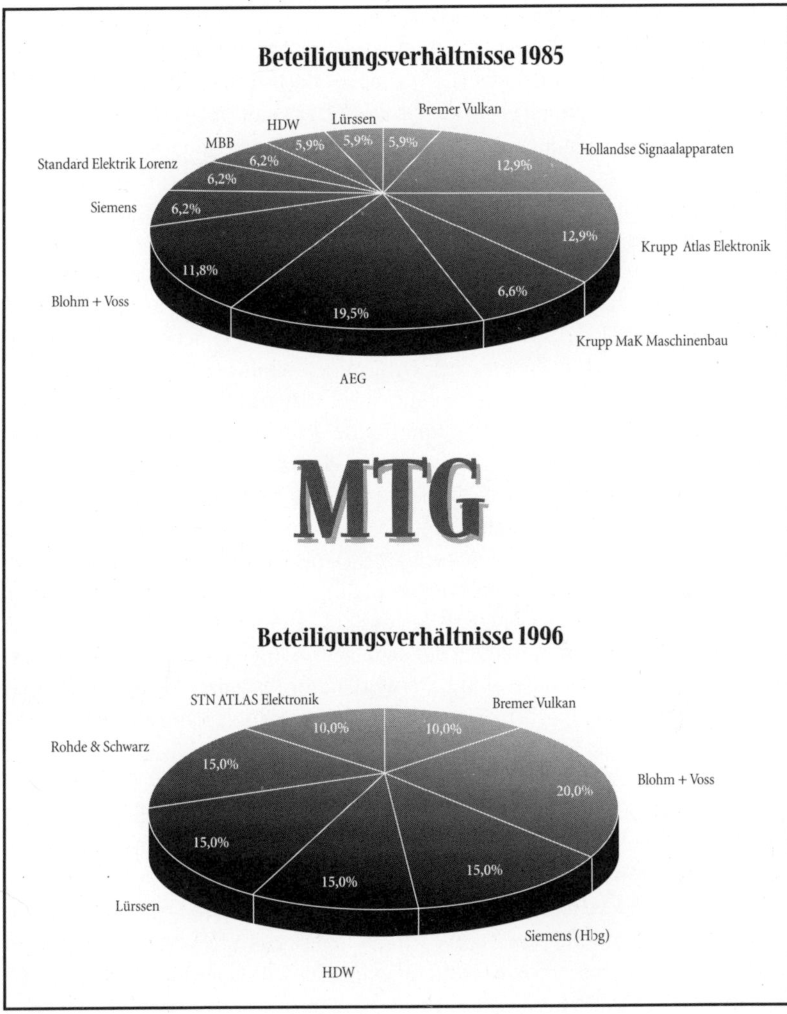

Nachdem die MTG in den 70er Jahren die Fregatte F 122 entworfen und geplant hatte, wurde sie in den 80er Jahren an den Planungen für die NATO-Fregatte 90 beteiligt. In der Konzeptphase 1984-86 vertrat sie die deutsche Seite als nationale Führungsfirma in der neugegründeten ➟ Internationalen Schiffs-Studien-Gesellschaft mbH (ISS). Zusammen mit Unternehmen aus sieben anderen NATO-Staaten erarbeitete die MTG 1984/85 eine Durchführbarkeitsstudie für das Fregattenprojekt. Zwar scheiterte 1989/90 das NATO-Vorhaben, doch flossen die bisherigen Planungsarbeiten teilweise in die Fregattenprojekte F 123 und F 124 (→ Blohm + Voss) ein.

›Unkonventionelle‹ Marinefahrzeuge

Seit vielen Jahren befaßt sich die MTG mit dem Entwurf neuartiger, ›unkonventioneller‹ Marineschiffe. War sie schon in den 70er Jahren im Rahmen des NATO-Projekts PHM an der Entwicklung eines Tragflügelboots (S-Boot 162, in den USA unter dem Namen ›Pegasus‹ realisiert) beteiligt gewesen, hat sie in neuerer Zeit umfangreiche Studien zu zwei anderen Konzepten des Kriegsschiffdesigns ausgeführt. Die in diesem Zusammenhang relevanten Abkürzungen lauten SES und SWATH.[730]

SES steht für ›Surface Effect Ship‹; im Deutschen wird von Seitenwand-Luftkissenfahrzeugen gesprochen. Bei der ›Flugfahrt‹ eines SES wird der größte Teil des Schiffsgewichts von einem durch Gebläse erzeugtes Luftkissen getragen, wodurch hohe Geschwindigkeiten ermöglicht werden. Die vom Bundesverteidigungsministerium finanzierten SES-Studien laufen seit 1984. Die MTG erarbeitete 1984-88 die Entwurfsstudie für das schnelle Erprobungsboot SES 700; dabei kam es zu einer engen Zusammenarbeit mit dem US Naval Sea System Command. Ein nach Plänen der MTG gebautes Experimentalmodell mit dem Namen ›MOSES‹ kam ab 1991 bei der Wehrtechnischen Dienststelle 71 in Eckernförde zum Testeinsatz. Die MTG hat darüber hinaus die Einsatzmöglichkeiten von SES-Fahrzeugen als Schnellboot, für die U-Boot-Jagd und für die Minenbekämpfung untersucht.

SWATH ist die Abkürzung für ›Small Waterplane Area Twin Hull‹. Beim SWATH handelt es sich um einen Katamaran, dessen zwei Rümpfe U-Boot-ähnliche Tauchkörper sind, die über Wasser mit einer Plattform verbunden sind. Auf der SWATH-Technologie basiert der MTG-Entwurf für das geplante neue Wehrforschungsschiff (Klasse 752), um dessen Bau sich inzwischen mehrere Werften beworben haben. Die SWATH-Bauweise könnte künftig auch für große Kriegsschiffe gewählt werden; dies zeigt der von MTG erarbeitete Entwurf für einen Hubschrauberträger mit einer Verdrängung von ca. 5.000 t.

Die Debatte um das sogenannte ›Mehrzweckschiff‹

Aufsehen erregte 1995 der Plan der Bundeswehr, sich für Auslandseinsätze ein großes ›Mehrzweckschiff‹ zuzulegen.[731] Mit dem Entwurf war 1994 die MTG betraut worden. Für dieses kombinierte Führungs-, Transport- und Lazarettschiff, das nicht allein von der Marine, sondern auch von den anderen Teilstreitkräften der Bundeswehr zum weltweiten Einsatz genutzt werden sollte, wurde eine Länge von 196 m und eine Verdrängung von fast 20.000 t angepeilt.

Konkreter Anlaß für die Initiierung des Vorhabens waren angebliche Defizite, die 1994 beim Rücktransport der Bundeswehrkontingente aus Somalia aufgetreten sein sollen. Generalinspekteur Naumann wies den Inspekteur der Marine am 6. Februar 1994 an, *»vertiefte Überlegungen zur Beschaffung eines Führungsschiffes anzustellen«*, und machte die hohe Priorität deutlich, mit der das Projekt vorangetrieben werden sollte; noch vor dem Jahr 2000 sollte das Schiff einsatzbereit sein. Innerhalb weniger Wochen wurde ein taktisches Konzept geschrieben, wobei ungewöhnlicherweise – um Zeit zu sparen – die MTG bereits in dieser Phase an den Überlegungen beteiligt wurde. Der sich anschließende Auftrag zur Ausarbeitung eines Schiffsentwurfs kam der MTG angesichts des zu diesem Zeitpunkt eher dünnen Auftragspolsters *»wie gerufen«*[732].

Bereits im Frühjahr 1995 veröffentlichten Fachblätter der Rüstungslobby Einzelheiten aus der ca. zehn Mio. DM teuren MTG-Studie.[733] Danach sollte das geplante Schiff eine Reichweite von 7.500 Seemeilen erhalten, ein Heereskontingent von ca. 700 Mann aufnehmen und dank seiner Roll-on-Roll-off-Fähigkeit auch ca. 271 Rad- und Panzerfahrzeuge transportieren können. Darüber hinaus sollte es mit acht Hubschraubern, zwei eigenen Landungsbooten sowie einem 70-Betten-Lazarett mit zwei Operationsräumen ausgestattet werden. Die Kosten des Schiffs wurden mit 500 Mio., an anderer Stelle sogar mit mindestens 620 Mio. DM angegeben.[734]

Die immensen Kosten waren es dann auch, die das Projekt vorerst wieder in den Schubladen verschwinden ließen. Dabei spielten ganz offenkundig auch konkurrierende Rüstungsinteressen eine Rolle, d.h. die Befürchtung, die Aufwendungen für das Riesenschiff würden die Finanzierung anderer Rüstungsprojekte blockieren. Es fiel jedenfalls auf, daß der Vorsitzende des Verteidigungsausschusses, der CSU-Abgeordnete Dr. Klaus Rose, Anfang März 1995 in einem ›Welt‹-Artikel öffentlich gegen das Mehrzweckschiff Stellung bezog.[735] Roses Aufsatz wurde in der ›Wehrtechnik‹ mit deutlicher Irritation registriert und der Verdacht angesprochen, der CSU-Abgeordnete vertrete *»regionale Industrieinteressen«*[736] – mit anderen Worten: die Interessen der bayerischen Rüstungsindustrie, die vom Bau eines Mehrzweckschiffs wenig profitieren würde. Aber auch der niedersächsische CDU-Abgeordnete Thomas Kossendey sprach sich wegen der *»Verdrängungseffekte«* im Militäretat gegen das Großvorhaben aus.[737] Selbst Marineinspekteur Hans-Rudolf Boehmer machte deutlich, daß er lieber mehrere andere Kriegsschiffe als ein großes Mehrzweckschiff anschaffen würde.

Hatte das Projekt bis dahin »*Rühes allerhöchste Protektion*« genossen,[738] ließ der Verteidigungsminister angesichts der deutlich werdenden Widerstände Anfang Mai 1995 erklären, es gebe zur Zeit »*keinen politischen Handlungsbedarf für eine Entscheidung*«. Ob die ›Arche Naumann‹, wie das Schiff im Hinblick auf den Hauptinitiator des Vorhabens tituliert wurde, damit endgültig vom Tisch ist, ist allerdings fraglich. Mit Sicherheit wird von militärischer Seite weiter versucht werden, den »*Bedarf an Kapazität für Transport, Sanitätsunterstützung sowie Führungsfähigkeit*« zu decken – Beobachter gehen davon aus, daß das Vorhaben in abgespeckter Form irgendwann wieder aufgenommen wird.[739]

Unabhängig hiervon ist interessant, daß sich der Hamburger SPD-Bundestagsabgeordnete (Ex-Oberst und Ex-Senator) Peter Zumkley in der Debatte von 1995 auf die Seite Naumanns geschlagen hat. Rühe, so kritisierte Zumkley, habe alle konzeptionellen Überlegungen für das Schiff einstellen lassen, obwohl Bundeswehr-Generalinspekteur Naumann weiterhin Bedarf sehe.[740] Zumkley vertritt den Wahlkreis Hamburg-Wandsbek, in dem die MTG ihren Sitz hat. Und sicherlich sind die Äußerungen Zumkleys auch in dem Licht des großen Interesses zu sehen, das Blohm + Voss am Bau des Mehrzweckschiffs geäußert hat.

Korvetten

Zu den neuesten und wichtigsten Marineprojekten, mit deren planerischer Vorbereitung die MTG befaßt ist, gehört das Korvettenprogramm. Militärischer Hintergrund: die Bundesmarine will sich ein neues Seekriegsmittel »*zum Randmeereinsatz in einem erweiterten Aufgabenspektrum*« anschaffen. Die MTG hat vergleichende Untersuchungen in bezug auf drei verschiedene Korvettentypen angestellt, bei denen es um die Frage gegangen ist, ob die Korvette eine konventionelle Schiffsform erhalten oder als SWATH- oder SES-Fahrzeug realisiert werden soll.[741] Weitere Informationen zur Korvettenplanung finden sich im Teil über Blohm + Voss (Abschnitt ›Kriegsschiffe für Deutschland‹).

Auslandsaufträge

Seit 1972 hat die MTG auch Entwurfs- und Planungsarbeiten für ausländische Seestreitkräfte ausgeführt. So hat die MTG folgende Kriegsschiffe entworfen oder war an ihrer Konzeption beteiligt:

- zwei Landungsschiffe für Nigeria, gebaut bei HDW Hamburg 1978/79,
- vier große Korvetten FS 1500 für Kolumbien, gebaut bei HDW Kiel 1981-84,
- zwei große Korvetten FS 1500 für Malaysia, gebaut bei HDW Kiel 1983/84,

- vier kleine Fregatten der Inhauma-Klasse für Brasilien, gebaut auf zwei brasilianischen Werften 1983-94 (mit dem Bau einer fünften Fregatte wurde 1995 begonnen).[742]

In den letzten Jahren ist nichts Neues über Auslandsaufträge der MTG bekannt geworden. Daß sie weiterhin an Exportgeschäften interessiert ist, belegt eine für die ›Wehrtechnik‹ verfaßte Firmenstellungnahme von 1993, mit der die MTG sich den Forderungen nach Verbesserung der Exportrahmenbedingungen anschloß.[743]

Tochter MIZ

In Wilhemshaven besitzt die MTG eine militärische Tochterfirma: die Materialinformationszentrum Gesellschaft für Logistik mbH, kurz MIZ. Das 1968/69 von MTG und MBB gegründete Unternehmen ist als Partner von Streitkräften und Rüstungsproduzenten spezialisiert auf Fragen der Nutzungs- und Produktionslogistik, auf die Konzeption von Informationssystemen und technische Dokumentationsaufgaben.[744] 1990 gab der Gesellschafter MBB seinen 50-Prozent-Anteil an der MIZ ab; seither befindet sich die Wilhelmshavener Firma zu 100 Prozent im Besitz der MTG. Ihr Know-how stellt die MIZ gerne auch ausländischen Militärs zur Verfügung.[745] Sie kümmerte sich z.B. um die Ausbildung von Besatzungen für die vier Minensuchboote, die 1990/91 illegal nach Taiwan exportiert wurden.[746]

Konversion?

Im Jahr 1990 hieß es, durch die Kürzungen im deutschen Militäretat habe die MTG *»über Nacht 41 Prozent ihres Auftragsvolumens«* eingebüßt.[747] Die Firma wandte sich in dieser Situation an Senator Horst Gobrecht (SPD) und an die Bundestagsabgeordneten Klaus Francke (CDU Wandsbek), Michael von Schmude (CDU Stormarn Süd) sowie Peter Zumkley (SPD Wandsbek), um von ihnen Unterstützung zu erhalten. Senator Gobrecht wollte allerdings nicht zusagen, daß die Stadt dem Unternehmen beim ›Grundproblem Konversion‹ helfen würde.

Die Bereitschaft zur Konversion war damals in der MTG anscheinend vorhanden. Im ›Hamburger Abendblatt‹ war zu lesen:

> *»Die MTG hat inzwischen begonnen, sich nach anderen Betätigungsfeldern umzusehen. Die hochqualifizierten MTG-Mitarbeiter (Ingenieure, Mathematiker, Informatiker, Physiker) können sich vorstellen, sich vor allem auf den Gebieten Energie-, Umwelt- und Transporttechnik zu engagieren. So denkt man an Windkraftanlagen auf See. Die im Marineschiffbau entwickelte ›Halbtauchertechnik‹ wurde im Entwurf*

eines kleinen Luxus- und Kreuzfahrtschiffes umgesetzt, gleichzeitig entwickelte MTG auf der Basis der SES-Technologie eine schnelle Passagier- und Autofähre.«[748]

Von Aktivitäten der MTG auf dem zivilen Sektor hat man seitdem allerdings nichts mehr gehört. Nach einer deutlichen Reduzierung des Personals 1990/91 erklärte die Firma 1993, sie bleibe *»der Verteidigungstechnik auf dem Gebiet der Marine/See verpflichtet«*.[749] Die Rüstungsplaner wollten keinesfalls auf sie verzichten: *»Ein Verlust der noch bestehenden Fähigkeiten der MTG ... würde sich mittelfristig verheerend auf die Realisierung von Marineschiffen und andere Bereiche der Wehrtechnik See auswirken.«*[750]

Kritik/Proteste

Um 1984 brachte eine anonyme Gruppe ein Flugblatt gegen die MTG heraus (Titel: *»Kriegsplanung in Wandsbek«*).

MTU Motoren- und Turbinen-Union Friedrichshafen GmbH

Hauptsitz: 88040 Friedrichshafen
Stützpunkt Hamburg: 21149 Hamburg (Hausbruch), Försterkamp 9

Seit 1985 gehört die MTU zum Daimler-Benz-Konzern. Vom Stammkapital entfallen 88,4 Prozent auf die Daimler-Benz Dieselantriebe GbR, die übrigen 11,6 Prozent auf die Familien Maybach und von Brandenstein-Zeppelin.[751] MTU Friedrichshafen ist laut Selbstdarstellung *»einer der weltweit führenden Anbieter von hochwertigen Antriebssystemen für Land-, Wasser- und Schienenfahrzeuge«*. Bis 1995 hat MTU nach eigener Aussage über 15.000 Marinemotoren an die Streitkräfte von über 50 Ländern geliefert.[752]

»Im Stützpunkt Hamburg hatten wir ca. 50 Mitarbeiter im Einsatz. Von dort werden insbesondere unsere Motoren bei der Bundesmarine gewartet, repariert und mit Ersatzteilen versorgt.« (MTU-Geschäftsbericht 1994)

Mühlhan + Co International

21107 Hamburg (Wilhelmsburg), Schlinckstr. 3

Die Firma empfiehlt sich als *»spezialisierter Partner«* für Korrosionsschutz bzw. Korrosionskontrolle bei Kriegsschiffen.[753]

Wm H. Müller & Co.

20457 Hamburg (Altstadt), Brook 6 und Spitaler Str.32

Wm H. Müller gehört zum Handels- und Transportkonzern Internatio-Müller (Deutschland) GmbH (Essen), dessen Kapital von vier Firmen aus Rotterdam gehalten wird. Die Hamburger Niederlassung ist als Linienagent und Schiffsmakler tätig.

Beteiligung am Rüstungsgeschäft
Müller ist seit Jahren als Schiffsmakler für die Verschiffung von militärischem Material in die Türkei in Erscheinung getreten.[754] 1983 fiel erstmals die große Zahl von Militär-LKWs auf, die im Hamburger Hafen bei Schuppen 69 und 70 (Grevenhofkai) auf türkische Frachtschiffe der Reederei DB Deniz Nakliyati verladen wurden. Es handelte sich um ›Überschußmaterial‹ der Bundeswehr, das die Bundesregierung der Türkei als unentgeltliche Materialhilfe überließ. Die Militärlaster kamen per Bahn aus den Bundeswehrdepots von Glinde und Hesedorf, ihr Bestimmungsort war der türkische Hafen Derince. Seitdem ist hier immer wieder die Verschiffung von Rüstungsmaterial für die Türkei beobachtet worden. Neben Militär-LKWs gelangen auf diesem Wege auch Teile der Blohm+Voss-Fregatten, die in der Türkei nachgebaut werden, zum Empfänger.

Kritik/Proteste
1984 nahm sich die in Altona gegründete ›Initiative gegen NATO-Nachschub‹ vor: »*Wir wollen die Verschiffung von Bundeswehr-LKWs öffentlich machen mit dem langfristigen Ziel, sie politisch und praktisch unmöglich zu machen.*« Am 24. Oktober 1984 wurde im Rahmen einer kombinierten Elb- und Landdemonstration der türkische Frachter ›Konya‹ beim Festmachen behindert. Nach dieser Aktion fanden einige Monate lang dort keine Militärlasterverschiffungen mehr statt. Am 24. März 1994 kam es zu einer Protestkundgebung gegen die Rüstungsgeschäfte mit der Türkei vor dem Büro der Firma Wm H. Müller & Co. in der Spitaler Str. 32.

Munters GmbH

Zentrale: 21035 Hamburg (Allermöhe), Hans-Duncker-Str. 14
Tochterfirma: Munters Trocknungs-Service GmbH, Süderstr. 165 (Hammerbrook)

Stammkapital: 2 Mio. DM (seit 1988) – Beschäftigte: 70 (1995)
Umsatz: ca. 24 Mio. DM (1995) – Geschäftsführer: Hans-Jürgen Tiebel (seit 1989), Mikael Lilius (1992-96), Carl-Anders Jagraeus (seit 1996)

Munters ist spezialisiert auf Anlagen zur Luftentfeuchtung; Grundlage ist dabei eine spezielle, von Carl Munters entwickelte Technologie. Verwendung finden die Anlagen in verschiedenen Industriebereichen, in der Wasser- und Energieversorgung, in der Pharma- und Lebensmittelherstellung, aber auch in der Wehrtechnik.

Die Munters GmbH steht unter schwedischem Einfluß: Ihr Kapital befindet sich zu 100 Prozent im Besitz der Munters Beteiligungsgesellschaft mbH, Hamburg, die von der Tour & Andersson GmbH (Mülheim a.d. Ruhr) beherrscht wird. Letztere ist wiederum eine 100prozentige Tochter des schwedischen Großhandelsunternehmens Tour & Andersson AB, Västerhaninge bei Stockholm. Neben dem Hamburger Stammhaus existieren in Österreich und in der Schweiz Zweigniederlassungen (Munters Trocknungs-Service GmbH, Wien, und Munters AG, Basel). Diese drei Firmen ›betreuen‹ zugleich den ost- und südosteuropäischen Markt; auch zu den verschiedenen Nachfolgestaaten des ehemaligen Jugoslawien scheinen feste Geschäftsbeziehungen zu bestehen. Zum internationalen Netz der Munters Incentive Group gehören darüber hinaus Firmen im übrigen Europa, in den USA, Mexiko, Brasilien, Südafrika, Australien, Singapur, Hongkong und China.

Beteiligung am Rüstungsgeschäft

In einer Anzeige warb Munters 1993 damit, »*mehr als 20 Jahre Erfahrung in der Wehrtechnik*« zu haben.[755] In einer sechs Jahre zuvor erschienenen Werbung hatte die Firma erklärt, sogar schon »*seit 30 Jahren der erfahrene Partner beim Einsatz modernster Luftentfeuchtung in der Wehrtechnik*«[756] zu sein. In einem Rüstungsfirmen-Katalog verwies Munters 1992 auf seine weltweite Aktivitäten.[757]

Als militärische Anwendungsbereiche der Luftentfeuchtung werden in einem Munters-Prospekt von 1994 aufgeführt:

- Trocknung, Verarbeitung, Transport und Lagerung von Sprengstoffen, Raketentreibstoffen und Leuchtspurmunition,
- Schutz vor Verderb/Schimmelbildung in Ausrüstungslagern und bei Verpflegungsvorräten,
- Korrosionsverhütung und Trockenluftkonservierung bei Panzern, Radfahrzeugen, Flugzeugen, Schiffen, Fernmeldegeräten, Raketen, Radaranlagen, Handfeuerwaffen, Haubitzen und aufgelegten Schiffen,

ANZEIGE AUS: WEHRTECHNIK 5/93

- Schwitzwasserverhinderung in Munitionsbunkern, Stollen, Kasernen und Schiffsräumen.

HEINRICH NICKEL GMBH

Hauptsitz: 57518 Betzdorf
Niederlassung Hamburg: 22305 Hamburg (Barmbek-Nord), Meisenstr. 19, früher: Humboldtstr. 57-59 (Barmbek-Süd), danach Brauhausstieg 15 (Wandsbek)

Die Nickel-Gruppe befaßt sich mit gebäudetechnischem Anlagenbau und der Produktion von klima- und lufttechnischen Komponenten. Sie gehört seit vielen Jahren zum französischen Konzern Société Générale d'Entreprise S.G.E. (Rueil-Malmaison).

»*Bekannte Bauten in aller Welt wurden mit NICKEL-Systemen ausgerüstet*«,[758] darauf ist die Firma stolz. Hierzu gehörte z.B. eine um 1987/88 für das ägyptische Militär errichtete Raketenfabrik in Abu Zabaal: »... *die Hamburger Nickel Klimatechnik lieferte Aggregate, mit deren Hilfe sich in den Chemikalien-Lagern, Mixer-Bunkern und Treibstoff-Abfülltürmen die Temperaturen auf Bruchteile eines Grades stabilisieren lassen. Das ist wichtig, um Selbstentzündungen der brisanten Explosivstoffe zu verhindern*«.[759]

Nach dem Muster der ägyptischen Fabrik wurde ab 1987 von weitgehend denselben Firmen eine Fabrik für den Irak gebaut.[760] Nickel kam Anfang 1991 in den Verdacht, auch beim Irak-Geschäft mitgewirkt zu haben.[761] Der Name der Firma stand auf einer 87 deutsche Irak-Lieferanten umfassenden Liste, die im Auftrag des Außenpolitischen Ausschusses des US-Senats zusammengestellt worden war. Über Ergebnisse einer Prüfung des Verdachts gegen Nickel ist nichts bekannt.

Nico-Pyrotechnik Hanns-Jürgen Diederichs GmbH & Co. KG

22943 Trittau, Bei der Feuerwerkerei 4
Kapital: 7 Mio. DM – Beschäftigte: 650 (mit Tochterfirmen), davon ca. 250 in Trittau (1996) – Umsatz: 125 Mio. DM (1996)
Geschäftsführer: Hanns-Jürgen Diederichs jr. (seit 1983)

Ursprünglich als Unternehmen zur Herstellung von Klein- und Großfeuerwerk sowie Notsignalen gegründet, befaßt sich Nico-Pyrotechnik seit 1957 auch mit der Entwicklung und Fertigung von militärischen Produkten. Mit Silvesterfeuerwerk macht Nico-Pyrotechnik rund die Hälfte des Umsatzes.[762] Nico stiftet Hamburg gelegentlich auch Großfeuerwerke, z.B. beim ›Alstervergnügen‹, und betreibt auf diese Weise Imagepflege. Seit 1970 hält der einschlägig bekannte Rüstungskonzern Rheinmetall (genauer: die Rheinmetall Industrie AG, Ratingen) bei Nico 51 Prozent der Kommanditeinlage; die übrigen 49 Prozent liegen bei Hanns-Jürgen Diederichs jr. (Kuddewörde).

Nico verfügt über ein Netz internationaler Verbindungen. 1978 gründete die Trittauer Firma mit Chartered Industries of Singapore die Chartered Pyrotechnic Industries, 1979 folgte das Joint Venture Konic Inc. in Südkorea. Die Nico International Trading Inc. betreibt die Handelsgeschäfte im südostasiatischen Raum. In den letzten zehn Jahren hat Nico folgende Firmen erworben: die E. Liebenwein Schult KG in St. Veit an der Glan/Österreich (1988), die Pyrotechnik Silberhütte im Harz/Sachsen-Anhalt (1991), die Oskar Lünig GmbH & Co. KG in Stuttgart (1992) und St. Stephan Zaphiroff Pyrotechnische Fabrik in Berlin (1994). Außerdem wurde 1992 die Nico Pyroprecision Inc. in Ottawa (Kanada) gegründet und 1993 ein 49-Prozent-Anteil an der Pyrotechnik AB in Kungsbacka (Schweden) übernommen.[763]

Beteiligung am Rüstungsgeschäft

Im militärischen Bereich bietet Nico, wie ›Soldat und Technik‹ in einem PR-Artikel schreibt, *»eine Produktpalette, die nahezu den gesamten Bedarf an pyrotechnischen Produkten moderner Streitkräfte aus einer Hand abdeckt.«*[764]

Wehrtechnisches Lieferprogramm von Nico-Pyrotechnik :[765]

- Übungssysteme für Mörser
  Zwischen 1967 und 1985 wurden diese Systeme bereits in 35 Armeen der Welt eingeführt. Zu den Käufern gehörten neben der Bundeswehr, der US-Army und mehreren europäischen Streitkräften auch Indien, Indonesien, Peru und Südkorea.

- Übungssysteme für die Panzerfaust 3 und andere panzerbrechende Waffen
  Die Übungsmunition für die Panzerfaust 3 wurde ab 1990 von der Bundeswehr eingeführt.

- Übungsmunition für 40-mm-Pistole und Gewehraufsätze
  1985 bestellte die Bundeswehr 4.000.000 Schuß 40-mm-Übungsmunition bei Nico.

- Weapon Effect Signature Simulator
  Dieses System für Schießübungen ist von den Streitkräften der Niederlande und von Singapur gekauft worden.

- Landminen-Übungssystem

- Luftzielsimulator LZS 5000 für Flugabwehrsysteme

- Leucht- und Signalmittel
  Das weitgefächerte Nico-Angebot wurde 1992 durch eine 116-mm-Leuchtrakete – »*ideal für die schnelle Beleuchtung eines Gefechtsfeldes*« – ergänzt.

- Leuchtspurmunition für Panzermunition

- Farbrauchkörper in neun verschiedenen Farben

- Tarnnebel in verschiedenen Größen und mit verschiedenen Brennzeiten für Heeres- und Marinezwecke
  Geliefert werden die Nebelvarianten HC (Hexachloräthan, toxisch), NT (nichttoxisch), IR (auch gegen Infrarot-Ortung), KM (Infanterienebel) und – seit 1993 als Weltneuheit – ein Multispektralnebel NG 19. Letzterer wirkt auch gegen Millimeterwellen, mit denen die Zielsuchköpfe von Flugkörpern arbeiten.

- CN-Tränengaskörper zum Einsatz bei Demonstrationen u.ä. (riot control)

- Schock-/Blendgranaten z.B. zur Terroristenbekämpfung

1995 veranstaltete eine Gruppe deutscher Rüstungsunternehmen im Rahmen einer Ausstellung der US-Army (AUSA) in Washington einen ›Heeresabend der deutschen Industrie‹ – zu den Gastgebern gehörte neben Managern von Rheinmetall, Wegmann und Thyssen Henschel auch Nico-Geschäftsführer Diederichs jr.[766]

Nico ist seit vielen Jahren Mitglied der Deutschen Gesellschaft für Wehrtechnik (DWT). Bei der Jahrestagung 1995 der DWT-Sektion Schleswig-Holstein referierte der Laborleiter von Nico-Pyrotechnik, Dr. Krone, zum Thema ›Pyrotechnische Nebel zur Tarnung und Täuschung im visuellen, infraroten und Radar-Bereich‹.[767]

Durch die Pyrotechnik Silberhütte im Harz, die seit 1991 zu zwei Dritteln Nico und zu einem Drittel dem Sportwaffenhersteller Umarex (Arnsberg) gehört, hat das Trittauer Unternehmen auch im Bereich Munitions-Delaborierung Fuß gefaßt. Bis 1995 hat die Silberhütte über 6.000 Tonnen Leucht-, Signal- und Leuchtspurmunition der ehemaligen DDR-Streitkäfte entsorgt. Zusammen mit der Universität Dortmund hat Nico sich mit dem Problem der Entsorgung zeitabgelaufener Nebelmunition befaßt; insbesondere die Beseitigung der HC-Nebel ist wegen ihrer toxischen Bestandteile kompliziert.[768]

NORDERWERFT KOMMANDITGESELLSCHAFT GMBH & CO.

20457 Hamburg (Steinwerder), Ellerholzdamm 13

Die Norderwerft ist seit 1972 eine Tochtergesellschaft der → Sietas-Werft. 1980-82 stellte sich das Unternehmen von Schiffsneubau auf Schiffsreparatur und -umbau um. 1988 wurde eine neue, über 200 m lange Kaianlage in Betrieb genommen, für deren Bau die Stadt 13,5 Mio. DM bereitstellte.

Die Werft wurde 1906 vom Harburger Werftbesitzer Holtz gegründet; bald gehörte die Kaiserliche Marine zu den Hauptkunden. Nach 1933 baute die Norderwerft neben Fischdampfern auch Torpedotransportschiffe, Flugsicherungsschiffe, Vorpostenboote und andere Spezialeinheiten für Marine und Luftwaffe. Luftangriffe zerstörten die Werft im Zweiten Weltkrieg zu 70 Prozent.[769]

Beteiligung am Rüstungsgeschäft

Die Aufträge der Bundesmarine wurden 1988 vom Betriebsleiter Norbert Schroeder als *»unser Standbein«* bezeichnet. Sie sicherten damals eine 25prozentige Auslastung.[770] Im selben Jahr modernisierte die Norderwerft den Versorger und Munitionstransporter ›Offenburg‹.[771] Spezialisiert ist die Werft auch auf Transportlogistik (Seeversorgung von Kriegsschiffen). 1987 belief sich der militärische Umsatz auf 11,5 Mio. DM, 1991 auf nur 3,8 Mio. DM; sein Anteil am Gesamtumsatz betrug in diesen Jahren 45,9 bzw. elf Prozent.[772] Die Konkurrenz ostdeutscher Werften ließ den Umfang der Militäraufträge Anfang der 90er Jahre zurückgehen.

NOSKE-KAESER GMBH

22525 Hamburg (Bahrenfeld), Schnackenburgallee 47-51
Stammkapital: 11 Mio. DM – Beschäftigte: 825 (1982), 608 (1989), 529 (1995) – Umsatz: 100-130 Mio. DM (Anfang der 80er Jahre), 157 Mio. DM (1994/95) – Geschäftsführer: Lothar Draeger (bis 1996), Dr. Rolf B. Francke (seit 1980), Dr.-Ing. Reinhard Kunow (seit 1996), Udo Hütten (seit 1997)

Noske-Kaeser befaßt sich mit der Planung, Konstruktion, Installation und Wartung von Anlagen für Schiffe, Fahrzeuge, Gebäude und Industriekomplexe in den Bereichen Klima-, Kälte und Wärmetechnik, Umweltsimulation, Rohrleitung und Feuerschutz.

Die Noske-Kaeser GmbH ist eine Tochterfirma von → Blohm + Voss und gehört somit zum Thyssen-Konzern. Seit Anfang der 80er Jahre hat die Blohm + Voss AG einen Anteil von 96,4 Prozent am Stammkapital gehalten, der 1995 auf die Blohm + Voss Industrie GmbH übergegangen ist. Die übrigen 3,6 Prozent liegen bei der schwedischen Gesellschaft ABB Fläkt Marine AB. Nachdem Noske-Kaeser über mehrere Jahre Gewinne gemeldet hat, ist für das Geschäftsjahr 1994/95 erstmals ein negatives Ergebnis ausgewiesen worden (Verlust: 1,4 Mio. DM).[773]

Den Geschäftsbereich ›Technische Gebäudeausrüstung‹ hat die Firma 1996 zur Noske-Kaeser Gebäudetechnik GmbH, Düsseldorf, verselbständigt. In Deutschland hat Noske-Kaeser darüber hinaus Niederlassungen in Bremerhaven, Dresden, Frankfurt, Moers, München und Rostock. Auslandsvertretungen besitzt die Firma in 23 Ländern, darunter Argentinien, Australien, Griechenland, Indien, Indonesien, Japan, Malaysia, Neuseeland, Singapur, Südkorea, Taiwan, der Türkei und Vietnam (Stand Juni 1996).

Geschichte

Noske-Kaeser geht auf zwei verschiedene Firmen für Lüftungs- und Heizungsbau zurück: eine 1879 von Robert F. Noske in Altona gegründete Maschinenfabrik und auf den 1914 gegründeten, zunächst in Eimsbüttel ansässigen Betrieb von Anton Kaeser. Zur Geschichte beider Firmen gehört die Tradition im Rüstungsgeschäft: Die Firma R. Noske Nachfolger lieferte bereits in der Kaiserzeit Heizungsanlagen für die Kriegsschiffe der deutschen Marine. Über Noske in der NS-Zeit ist in einer Firmenchronik zu lesen:

> *»Während des 2. Weltkrieges stehen wieder Marineaufträge im Vordergrund, u.a. Lüftungs- und Heizungsanlagen für Großkampfschiffe und U-Boote. Auch U-995, original wieder instandgesetzt und vor dem Ehrenmal Laboe aufgestellt, ist mit Noske-Anlagen ausgerüstet. Aber auch der Gebäudebau, die technische Gebäudeausrüstung florierte. Ende der 30er Jahre projektierte und installierte das Unternehmen Zentralheizungsanlagen für Kasernen und Rohrleitungen für Hydrierwerke.«*[774]

Die andere Vorgängerfirma, Kaeser, befaßte sich im Zweiten Weltkrieg u.a. mit der Konstruktion und Montage von Klima- und Gasschutzanlagen für Luftschutzbunker.[775]

1976 wurde zunächst die Firma R. Noske Nachfolger von der Blohm + Voss AG erworben. 1979 kaufte die Werft auch die Anton Kaeser GmbH & Co., worauf der Zusammenschluß beider Firmen zur Noske-Kaeser GmbH folgte.

Beteiligung am Rüstungsgeschäft

Ein wesentliches Tätigkeitsfeld von Noske-Kaeser ist weiterhin die Produktion klimatechnischer Anlagen für Kriegsschiffe. Der lüftungstechnische Aufwand ist bei Kriegsschiffen wesentlich höher als bei Handelsschiffen, da erstere *»immer unter einem bestimmten Verschlußzustand gefahren«*[776] werden und meistens auch gegen die Wirkung von atomaren, chemischen und biologischen Waffen abgeschottet werden sollen.

Beim Bau deutscher Kriegsschiffe besitzt Noske-Kaeser für bestimmte lüftungstechnische Anlagen praktisch ein Monopol. Die Bundesmarine hat für alle Neubauten den Einbau eines von Noske (und AEG) entwickelten, 1970 erstmals erprobten Systems zum Schutz vor ABC-Waffen festgeschrieben. Es handelt sich dabei um das sogenannte DSK-System (Dauer-Schutzluft-Klimasystem).[777]

Noske-Kaeser ist darüber hinaus in sehr erheblichem Umfang im Rüstungsexport aktiv. Die Firma stattet nicht nur diejenigen Kriegsschiffe, die bei der Muttergesellschaft Blohm + Voss für ausländische Streitkräfte gebaut bzw. entworfen werden, mit

GROSS IM TÜRKEI-GESCHÄFT: NOSKE-KAESER-ANZEIGE AUS NAVAL FORCES, SPECIAL ISSUE 4/97

Klimaanlagen einschließlich ABC-Schutzfiltern aus, sondern beliefert auch zahlreiche andere deutsche[778] und ausländische Kriegsschiffswerften. Es ist bekannt, daß Noske-Kaeser-Anlagen auf Kriegsschiffen u.a. der folgenden Länder installiert sind: Argentinien, Australien, Belgien, Dänemark, Indonesien, Malaysia, Marokko, Neuseeland, Niederlande, Nigeria, Norwegen, Portugal, Spanien, Südkorea, Türkei, USA, Venezuela.[779]

Welchen Umfang das Marinegeschäft in den 80er Jahren annahm, zeigt die Veränderung der Zahlenangaben in der Firmen-Selbstdarstellung: Von 1956 bis 1982 hatte Noske-Kaeser *»weit über 600 Marinefahrzeuge in über 30 Ländern der Welt mit ihren Produkten und Anlagen ausgerüstet«*.[780] 1987 erklärte die Firma, sie habe inzwischen die Erfahrung aus der *»Abwicklung von mehr als 1000 Marineschiffen für über 40 Länder«*.[781]

Noske-Kaeser beteiligt sich auch an der Weiterentwicklung der Seekriegstechnologie, etwa an den Bemühungen, Kampfboote für den Gegner ›unsichtbar‹ zu machen. 1988 patentierte die Firma ein Verfahren, durch das ein Stealth-Schnellboot mittels eines Wassersprühschleiers vollständig unentdeckbar gemacht werden soll.[782]

Noske-Kaeser gehörte zu den Sponsoren der internationalen U-Boot-Konferenz ›Subcon' 95‹, welche die deutsche U-Boot-Industrie zu Zwecken der Werbung und zur Anbahnung neuer Exportgeschäfte 1995 in Kiel veranstaltete.[783] Für U-Boote fertigt die Firma u.a. Schraubenkälteaggregate.

Aufgrund des ›Erfahrungsschatzes‹ im Kriegsschiffbau konnte Noske-Kaeser das Militärgeschäft auch auf den Bau von Klima- und ABC-Anlagen für Panzer, andere militärische Fahrzeuge, Elektronik-Shelter sowie für ›Landanlagen‹ ausdehnen.[784]

Abluftwaschanlage für irakisches C- und B-Waffen-Labor

Der ›Stern‹ berichtete in seiner Ausgabe vom 7.2.1991 über das irakische Projekt ›Diyala‹, das nach Erkenntnissen des CIA und des israelischen Geheimdienstes Mossad mit Hilfe deutscher Firmen zu einem Zentrum für die Entwicklung und Erprobung chemischer und bakteriologischer Kampfstoffe ausgebaut worden war. Es hieß dort u.a.:

»Die Düsseldorfer Firma Thyssen Rheinstahl Technik (TRT) schloß 1980/81 mit der ›Republic of Iraq, State Constructional Contracting Company‹ Verträge über die Einrichtung eines ›chemischen Labors Diyala‹ (Kosten: 11,9 Millionen Mark), eines ›Gästehauses‹ (7,4 Millionen Mark) und eines ›Theaters‹ (2,1 Millionen Mark). Für die Ausführung schaltete Thyssen Rheinstahl mindestens acht deutsche Firmen als Subunternehmer ein. ... Die Hamburger Firma Noske-Kaeser (eine Tochter der Blohm & Voss-Werft, die wiederum mehrheitlich Thyssen gehört) installierte – neben Klimaanlagen und Kühlräumen – eine aufwendige Abluftwaschanlage für die Labors, wie sie selbst ein Experte, der mit der Affäre um die libyische Giftgasfabrik in Rabita befaßt war, ›noch nicht gesehen hat‹. Auch die Chemiker Dr. Braungart und Dr. Meissner halten die Abluftwaschanlage, im Verhältnis zu den zehn Einzellabors, für ›weit überdimensioniert‹. ›Die Abluftanlage gab einem zu denken‹, so auch ein Thyssen-Mitarbeiter zum STERN, ›weil die Iraker sonst mit Umweltschutz nichts am Hut haben.‹ Maschinenbau-Ingenieur Peter Heinrich, Projektleiter von Noske-Kaeser in ›Diyala‹: ›Ich wäre damals überhaupt nicht auf die Idee gekommen, daß da was Schlimmes eingebaut wurde. Auf Nachfrage wurde uns nur gesagt, die Anlage müsse gegen schwefelige Säure resistent sein. Wenn Sie da keinen Luftwäscher einbauen und draußen geht jemand vorbei, steht der im Freien.‹ Heinrich bekam erst jetzt einen Schreck, als er über CNN-TV eine Satellitenaufnahme von Salman Pak sah und hörte, dort würden vermutlich biologische Kampfstoffe hergestellt. ›Für mich war das damals ein Job wie jeder andere. Ich habe die Sache für sauber gehalten. Heute sehe ich das anders.‹ «

Eine Firma, die auf Anlagen zum Schutz vor ABC-Waffen spezialisiert ist, beteiligt sich also in einem Land, das sich gerade im Kriegszustand (mit dem Iran) befindet und wegen des Einsatzes von chemischen Waffen international angeprangert wird, auf einem militärisch hochgesicherten Areal am Aufbau von Chemielabors – und der Projektleiter dieser Firma will von einem militärischen Hintergrund des Ganzen nichts geahnt haben? Um diese Darstellung zu akzeptieren, muß man schon eine große Portion Gutgläubigkeit mitbringen.

In ihrer Großen Anfrage zu Rüstungsproduktion und Waffenhandel in Hamburg wollte die Bürgerschaftsfraktion der GAL im Mai 1995 wissen, ob und, wenn ja, mit welchem Ergebnis gegen die Firma Noske-Kaeser wegen des oben beschriebenen Irak-Geschäfts ermittelt worden sei. Die Antwort des Senats lautete: *»Ein entsprechendes Verfahren konnte bei den Strafverfolgungsbehörden nicht ermittelt werden.«*[785]

Oil Tanking GmbH

20459 Hamburg (Neustadt), Admiralitätsstr. 55
Tanklager Kattwykstr. 12 (Wilhelmsburg) und Moorburger Elbdeich 76 (Moorburg)

Die 1972 gegründete Gesellschaft gehört der Marquard & Bahls AG (früher Marquard & Bahls GmbH). Sie befaßt sich mit dem Umschlag, der Lagerung und der Bearbeitung von Mineralölen sowie mit der Vermietung von Tanklagern.

Das Unternehmen hat zumindest bis Ende der 80er Jahre Treibstoffbestände für die Bundeswehr und die US-Armee vorgehalten. Im Jahr 1988 erhielt es von der US-Armee im Zusammenhang mit der Vermietung von Treibstoffeinrichtungen Aufträge im Wert von 5,15 Mio. US-Dollar.[786] Nach Auskunft der Firma hat dieses seinerzeit *»sehr nette Geschäft«* mit den Streitkräften für die Oil Tanking GmbH heute wegen der Verringerung der strategischen Bestände durch die USA und der politischen Veränderungen in Europa keine Bedeutung mehr.[787]

Olympus Optical Co. (Europa) GmbH

20097 Hamburg (Hammerbrook), Wendenstr. 14-16
Stammkapital: 57 Mio. DM – Beschäftigte in Hamburg: 976 (1996) – Umsatz: 267,2 Mio. DM (1995/96)

Der japanische Olympus-Konzern ist einer der weltweit bedeutendsten Hersteller von Kameras, Endoskopen für Medizin und Industrie, Mikroskopen, biomedizinischen Produkten und Bürokommunikation. In Europa steuert die Hamburger Olympus-Zentrale sämtliche Marketing-, Vertriebs- und Serviceaktivitäten.

In der Produktgruppe ›Industrie-Endoskope‹ produziert Olympus seit vielen Jahren Boroskope, Fiberskope, u.a. zur Untersuchung von Hohlräumen. Im militärischen Bereich kommen diese Geräte z.B. bei der Inspektion von Flugzeugtriebwerken, speziellen Such- und Überwachungsaufgaben und bei der Qualitätskontrolle in der Rüstungsproduktion zum Einsatz.[788] 1996 kündigte Olympus an, in Hamburg ein neues Service-Center für Endoskope aufzubauen, durch das 100 neue Arbeitsplätze geschaffen werden sollen.[789] Olympus ist in einem 1985 gedruckten Mitgliederverzeichnis der Deutschen Gesellschaft für Wehrtechnik als förderndes Mitglied aufgeführt.

OPEC Petro-Chemie Vertriebsges.m.b.H.

20095 Hamburg (Altstadt), Große Bäckerstr. 4
Stammkapital: 50.000 DM

Die Im- und Exportfirma handelt mit Chemikalien, Pharmarohstoffen, Düngemitteln, Schädlingsbekämpfungsmitteln u.a. Zu den lieferbaren Produkten gehören laut ›Hamburger Export-Handbuch‹ auch: Schießpulver, zubereitete Sprengstoffe, Zündschnüre, Zündhütchen, Sprengkapseln und elektrische Zünder.[790]

Pen-Tsao-Materia-Medica-Center GmbH

20095 Hamburg (Altstadt), Bergstr. 11
Stammkapital: 1 Mio. DM – Beschäftigte: 4 (1989)

Es handelt sich um das Hamburger Handelsbüro des in Hongkong ansässigen Unternehmens Pen-Tsao-Materia-Medica Ltd., das sich mit dem Im- und Export von Pharmarohstoffen befaßt.

Die Firma hat nach den Recherchen von ›Spiegel‹- und ›Stern‹-Redakteuren bei der ›Rabta-Affäre‹, der getarnten Lieferung einer Giftgasfabrik nach Libyen, eine Rolle gespielt.[791] Dies ist allerdings von dem Geschäftsführer der Hamburger Firma dementiert worden. Die Schlüsselfigur bei dem 1989 endgültig aufgedeckten Libyen-Geschäft, Jürgen Hippenstiel-Imhausen von der Imhausen Chemie GmbH (Lahr/Schwarzwald), hat nach einem Pressebericht die Hamburger Pen-Tsao-Niederlassung im April 1987 gegründet.[792] Er soll die Absicht verfolgt haben, die Ausfuhren für das libyische Projekt ›Pharma 150‹ als Lieferungen für Pen-Tsao in Hongkong zu tarnen. Anfang Januar 1989 gingen zunächst die Oberfinanzdirektionen Freiburg und Hamburg mit Außenwirtschaftsprüfungen dem Verdacht gegen Imhausen und Pen-Tsao nach, ohne zu belastenden Ergebnissen zu kommen.[793] Am 25. Januar wurden die verschiedenen Imhausen-Firmen im Bundesgebiet, also auch Pen-Tsao in Hamburg, auf Weisung der Offenburger Staatsanwaltschaft durchsucht. Nach allen Dementis bestätigte sich schließlich doch, daß Imhausen Libyen zu der C-Waffen-Fabrik in Rabta verholfen hatte. Er wurde im Juni 1990 zu fünf Jahren Haft verurteilt.

Philips GmbH

Hauptniederlassung: 20099 Hamburg (St. Georg), Steindamm 94

Zu den Philips-Standorten in Hamburg gehören:

- 22529 Hamburg (Lokstedt), Stresemannallee 101: Philips GmbH Semiconductor Röhren- und Halbleiterwerke (RHW), bis 1990: Valvo Röhren- und Halbleiterwerke;

- 22419 Hamburg (Langenhorn), Essener Str. 4: Philips GmbH Werk für Elektronische Bauelemente, bis 1990: Valvo Werk für Elektronische Bauelemente;

- 21147 Hamburg (Hausbruch), Georg-Heyken-Str. 1: Philips Entwicklungs- und Testzentrum;

- 22335 Hamburg (Ohlsdorf), Röntgenstr. 24-26: Philips Industrial X-Ray GmbH (früher: Röntgen-Müller) und Philips Patentverwaltung GmbH;

- 22145 Hamburg (Rahlstedt), Meiendorfer Str. 205: Philips Industrial Electronics Deutschland GmbH;

- 20099 Hamburg (St. Georg), Alexanderstr. 1: Philips Components.

Kapital: 1.150 Mio. DM (1995) – Beschäftigte: 17.000 (bundesweit), davon 6.000 in Hamburg (1996) – Umsatz: knapp 8,7 Mrd. DM (1996) – Vorsitzender der Geschäftsführung: Manfred Schmidt

Die Philips GmbH mit Hauptsitz in Hamburg ist eine der größten Tochtergesellschaften des holländischen Elektronikriesens Philips (Eindhoven). Hamburg gilt als deutsche Philips-Stadt. In den 80er Jahren war Philips mit 9.000 Beschäftigten in Hamburg sogar der größte private Arbeitgeber der Hansestadt. Die Ankündigung von 1987, Philips werde in Hamburg-Hausbruch *»das größte Mikroelektronik-Werk der Bundesrepublik«*[794] errichten, wurde allerdings nicht realisiert. In Hausbruch entstand keine Mega-Chipfabrik, sondern ein Entwicklungszentrum von deutlich geringeren Dimensionen. Bedeutende Werke und Forschungslaboratorien besitzt die Philips GmbH im übrigen in Aachen und Wetzlar.

Beteiligung am Rüstungsgeschäft

Anfang der 80er Jahre war Philips in Hamburg nach Recherchen einer rüstungskritischen Initiative mit der Entwicklung und Fertigung von Elektronikteilen für Panzer und Schnellboote der Klasse 143A und von Laserablenktechnik befaßt.[795] Für den ab 1986 bei der Bundeswehr eingeführten Minenwerfer ›Skorpion‹ produzierte Valvo in Hamburg integrierte Schaltkreise.[796] Bei Röntgenmüller bestellte die Bundeswehr 1988 400 Feldröntgengeräte. Von etwa 1983 bis 1992 arbeitete Philips Components in Hamburg an der Entwicklung von Platin-Silicid-Detektoren zur Verbesserung der militärischen Nachtsicht- und Wärmebildtechnik.[797]

Von den im übrigen Bundesgebiet ansässigen Tochterfirmen der Philips GmbH waren in den 80er Jahren auf dem Rüstungssektor stark aktiv:

- Radarleit GmbH, Kiel (Feuerleitanlagen), mit einer Außenstelle bei Blohm + Voss in Hamburg;[798]
- Elektro Spezial GmbH, Bremen (Nachtsichtgerät, Zünder u.a.);[799]
- Philips Kommunikations Industrie AG (PKI), Nürnberg und Köln (militärische Kommunikationssysteme und Kabeltechnik).[800]

Radarleit und Elektro Spezial wurden 1985 zum Philips-Unternehmensbereich ›Systeme und Sondertechnik‹ zusammengefaßt (1989: 1.000 Beschäftigte, Jahresumsatz ca. 160 Mio. DM, Rüstungsanteil ca. 85 Prozent).

Bereits vor dem weltpolitischem Umbruch von 1989 traf die holländische Konzernzentrale von Philips die ungewöhnliche und aufsehenerregende Entscheidung, sich weltweit aus dem Rüstungsgeschäft zurückzuziehen. Zuerst gab sie ihre militärischen Aktivitäten in Schweden an Bofors ab, dann ihre Rüstungsfirmen in den Niederlanden, Belgien und Frankreich an die französische Thomson-CSF-Gruppe.[801] 1990 trennte sich dann auch die Hamburger Philips GmbH von den Wehrtechnik-Standorten in Kiel und Bremen, aus denen im Zuge eines Management-Buy-outs die Deutsche Systemtechnik GmbH (DST) hervorging.[802] Wesentliche Aktivitäten der Philips Kommunikations Industrie AG (Nürnberg) sind 1996 an den US-Konzern AT&T verkauft worden.

Nach Auskunft eines Firmensprechers findet bei der Philips GmbH heute *»keine direkte Rüstungsproduktion«* mehr statt. Offen bleibt die Frage, ob von den mehr als 200 Mio. Chips, die jährlich das Lokstedter Philips-Werk verlassen,[803] nicht doch ein Teil am Ende für militärische Systeme genutzt wird. Wozu andere Unternehmen diese Halbfertigprodukte am Ende verwenden, wisse man bei Philips nicht, so der Firmensprecher. Keine Aussage kann hier über die mögliche Rüstungsrelevanz des Entwicklungs- und Testzentrums in Hausbruch getroffen werden, das soeben erheblich erweitert worden ist (Grundsteinlegung für den Neubau durch Bürgermeister Voscherau am 13.12.1995). Auffällig ist, wie oft die Philips Patentverwaltung weiterhin in der Patentschau der ›Wehrtechnik‹ genannt wird. Häufig beziehen sich die von Philips angemeldeten Patente auf funktechnische Neuerungen.

Kritik/Proteste

Im Hamburger Philips-Forschungslaboratorium wurde 1985/86 heftig über das von US-Präsident Reagan initiierte Weltraumrüstungsprogramm SDI und eine mögliche Beteiligung deutscher Firmen diskutiert. In einem Offenen Brief an Bundeskanzler Kohl erklärten 164 der 400 Beschäftigten des Forschungslaboratoriums, sie würden eine Mitarbeit am SDI-Projekt ablehnen, da die Militarisierung des Weltraums die Hoffnungen auf Abrüstung zunichte machen und ein riesiges Potential an wissenschaftlichen und finanziellen Mitteln vergeuden würde.[804]

Geschichte

Im Zweiten Weltkrieg führte das Lokstedter Valvo-Werk an der Stresemannallee 101 (damals Horst-Wessel-Allee 101) Aufträge der Luftwaffe aus. Nach Darstellung von Gertrud Meyer, die damals Laborangestellte bei Valvo war und nach 1945 über den Hamburger Widerstand in der NS-Zeit publiziert hat, wurde der Valvo-Betrieb auch während des Kriegs von Vertretern der Philips-Zentrale in Eindhoven kontrolliert. Zum Einsatz kamen hier dienstverpflichtete Arbeiter aus den Niederlanden, ab 1942/43 auch verschleppte Frauen und junge Mädchen aus der Sowjetunion und Polen. Da diese sogenannten Ostarbeiterinnen bei Alarm nicht mit in den Luftschutzbunker gehen durften, kamen 140 von ihnen bei dem Luftangriff vom 18.6.1944 ums Leben.[805]

Bei einem zweiten Hamburger Philips-Unternehmen, der C.H.F. Müller Röntgenwerke AG (›Röntgen-Müller‹, heute Philips Industrial X-Ray GmbH), wurden im Zweiten Weltkrieg ebenfalls Zwangsarbeiter verschiedener Nationen eingesetzt.

KZ-Häftlinge aus Neuengamme und Auschwitz mußten 1944/45 für Philips-Valvo in den Außenlagern Porta Westfalica und Horneburg (bei Buxtehude) Zwangsarbeit leisten. Als Jan Philipp Reemtsma 1988 auch die Philips GmbH um eine finanzielle Unterstützung der KZ-Gedenkstätte Neuengamme bat, reagierte diese freundlich ablehnend. Begründung: Der niederländische Philips-Konzern in Eindhoven habe im Krieg unter sogenannter Feindverwaltung gestanden; das Unternehmen sei zwar nicht enteignet, aber Führung und Leitung seien dem eigenen Management *»völlig entzogen«* worden.[806] Eine genauere Klärung der damaligen Verantwortlichkeiten für die deutschen Philips-Werke wäre wünschenswert.

Phoenix AG

Sitz und Hauptwerk: 21079 Hamburg (Harburg), Hannoversche Str. 88
Zweigwerk: 21079 Hamburg (Heimfeld), Seehafenstr. 16
Grundkapital: 75 Mio. DM – Beschäftigte: 9.100 weltweit (1997), 2.900 in Hamburg (1996) – Umsatz: 1,4 Mrd. DM (1996) – Vorstandsvorsitzender: Konrad Ellegast

Phoenix entwickelt und fertigt an 19 Standorten im In- und Ausland eine Vielzahl technischer Gummi- und Kunststoffwaren. Das Unternehmen hat in den vergangenen Jahren seine Aktivitäten im Ausland stark ausgeweitet, so in Ungarn, Malaysia, Indien und in der Türkei. Der überwiegende Teil der Phoenix-Aktien befindet sich in Streubesitz; größere Anteile besitzen die Prowest-Beteiligungsgesellschaft mbH in Düsseldorf (13,3 Prozent) und die Deutsche Bank AG (zehn Prozent).

Ende der 70er Jahre produzierte Phoenix noch Reifen für Militär-LKWs, z.B. für den Hersteller MAN.[807] Aus der Produktion von Autoreifen ist Phoenix aber seitdem ausgestiegen.

1980 wurde bekannt: *»Die Harburger Gummiwerke Phoenix AG verbrauchen jährlich rund 200 Gramm des hochgefährlichen Kampfgases Stickstofflost, um die Qualität von gummierten Stoffen zu prüfen, die seit zehn Jahren für die Bundeswehr hergestellt wer-*

den.«[808] Die Bestrahlungsversuche, welche die Phoenix AG in den Forschungsreaktoren der ➞ GKSS durchführen ließ, sind möglicherweise in demselben Kontext zu sehen.[809]

Auch heute entwickelt und fertigt Phoenix gummierte Schutzanzugsmaterialien für die militärische Nutzung.[810]

PK Electronic International (GmbH & Co.) KG

22081 Hamburg (Barmbek-Süd), Marschnerstieg 5-7
früher: Heidenkampsweg 74 (Hammerbrook)

Die Firmengruppe PK Electronic International befaßt sich mit der Herstellung und dem weltweiten Vertrieb von elektronischen Anlagen und Spezialgerät für Militär, Geheimdienste und sogenannte Sicherheitskräfte. Das Kürzel PK steht für den Firmengründer Peter Klüver, der über weitverzweigte Auslandskontakte verfügt. Zur Gruppe PK Electronic International gehören auch Schwesterfirmen in England (Kingston-upon-Thames, 55 Eden Street) und in den USA (New York, 405 Park Avenue).[811]

Die Angebotspalette reicht von der ordinären Abhörwanze, getarnten Sendeanlagen, Nachtsicht- und Geheimkameras, Infrarot- und Lasergeräten über gepanzerte Mannschaftswagen, Übungsmunition und militärische Pyrotechnik bis hin zu Handschellen, Tränengas und Elektro-Schlagstöcken; nicht zuletzt bietet PK auch Schulungsprogramme für ›Antiterroreinheiten‹ an. Schon 1985 berichtete ›Der Spiegel‹ über dubiose Geschäfte der PK Electronic, die sich als *»größter Produzent der Welt für Geheim-Elektronik«* rühmte, mit dem saudi-arabischen Geheimdienst.[812]

Als das Unternehmen 1986/87 expandieren und seinen Sitz vom Heidenkampsweg in den Grasweg (Winterhude) verlegen wollte, lehnte die Bezirksversammlung Hamburg-Nord die Ansiedlung der *» Waffenelektronik- und Schnüffelbedarfsfirma«* (›taz‹) ab. Auf die Drohung der PK Electronic, mit den 65 eigenen Arbeitsplätzen und gut 150 Arbeitsplätzen der Subunternehmen nach London abzuwandern, reagierte der Senat umgehend und sorgte mit einer Weisung vom 26. April 1988 gegenüber dem Bezirk dafür, daß die *»High-Tech-Firma«* in Hamburg gehalten wurde.[813] Die PK Electronic konnte sich im Marschnerstieg 5-7 einen neuen Firmensitz aufbauen. Nach den Informationen, die inzwischen über die Rolle der PK Electronic International, insbesondere beim Handel mit Elektro-Schlagstöcken, bekannt wurden, müßte dem Senat seine damalige Intervention eigentlich peinlich sein. ›Focus‹ berichtete 1995 unter der Überschrift *»Knüppel für Folterknechte«* über die Firma:

»Auf der Kundenliste stehen Angola, Sudan, Nigeria und Taiwan – allesamt nicht gerade bekannt für peniblen Umgang mit den Menschenrechten. 1991 kassierte die Firma PK ein Bußgeld von 5.000 DM für eine nicht genehmigte Ausfuhr nach Taiwan. 1992 wurde eine Ladung von Tränengas und Elektro-Schlagstöcken für Angola in Belgien gestoppt, weil die Transitgenehmigung fehlte. Im Herbst 1994 belieferte PK eine Firma in Amman/Jordanien, die westlichen Geheimdiensten ›als mögliche Umgehungsfirma‹ für Embargolieferungen in den Irak gilt. Erst vor zwei Monaten registrierten die holländischen Sicherheitsbehörden die Hanseaten als Lieferanten ›konventioneller Kriegswaffen‹.«[814]

Übrigens: Sogenannte ›Zwangsmittel‹ wie die Elektro-Schlagstöcke können bisher aus Deutschland ohne Genehmigung überallhin exportiert werden.

C. Plath Navigation – Automation

22081 Hamburg (Barmbek), Stückenstr. 1-3
bis ca. 1991 unter dem Namen ›C. Plath Fabrik nautischer Instrumente‹ in der Gertigstr. 48 (Winterhude)
Kapital: 2,2 Mio. DM (1996) – Beschäftigte: 280 (1982), 50 (1994) – Umsatz: 30 Mio. DM (1986) – Geschäftsführer: Norbert Kliemann (bis ca. 1991), Richard Hopman (seit ca. 1991)

Die Geschäftstätigkeit besteht in der Entwicklung, im Vertrieb und in der Wartung von Navigations- und Automationsgeräten für Schiffahrt und Industrie. Die Firma liefert vor allem Kreisel-und Magnetkompasse, Sextanten, Autopiloten für die Schiffahrt und Satellitennavigationsempfänger.

Das Unternehmen gehört seit 1962 / 63 zu dem Firmennetz des amerikanischen Technologie- und Rüstungskonzerns Litton Industries (Zentrale: Beverly Hills). Persönlich haftende Gesellschafterin ist die in demselben Gebäude ansässige → Litton-Systems GmbH. Die Kapitalanteile liegen seit Anfang der 80er Jahre zu 93,18 Prozent bei dieser Gesellschaft und zu 6,82 Prozent bei der LITEF GmbH (früher Hellige GmbH), in Freiburg/Breisgau.

Ein schwerer Einschnitt in die bisherige Unternehmensstruktur erfolgte 1991/92. Unter Hinweis auf die schlechte Wettbewerbssituation im Schiffbau kündigte die Firmenleitung im September 1991 an, die eigene Produktion in Hamburg einzustellen.[815] Nur noch der Vertrieb, der Service und die Systementwicklung wurden hier aufrechterhalten, bestimmte Fertigungen wurden zum Schwesterunternehmen LITEF nach Freiburg verlagert. Die Belegschaft in Hamburg verkleinerte sich von 180 auf 50. Einen 45-Prozent-Anteil hält die Firma an der → C. Plath GmbH Nautisch-Elektronische Technik in Hammerbrook.

Geschichte

Die Firmengeschichte geht bis auf das Jahr 1837 zurück.[816] Im Ersten Weltkrieg erhielt die Firma, die bis dahin ganz überwiegend Kreiselkompasse für die Handelsschiffahrt produziert hatte, erstmals in großem Umfang Militäraufträge. Die Aufrüstung ab 1933 führte bei C. Plath zu einer solchen Produktionsausweitung, daß 1935/37 eine neue Betriebsstätte in Bahrenfeld aufgebaut wurde (Bahrenfelder Chaussee 139). 1937 arbeiteten bei Plath bereits 400 Beschäftigte, hauptsächlich an Aufträgen der Luftwaffe. Bis 1942 stieg die Beschäftigtenzahl auf ca. 650; darunter waren laut Jerchow etwa 40 russische Fremdarbeiterinnen. Zwangsarbeiter russischer und polnischer Herkunft wurden außerdem in einer Anfang 1944 in Betrieb genommenen Plath-Produktionsstätte in Scharfenwiese/Polen eingesetzt. Plath fertigte damals auch Magnetkompaß-Baugruppen für Hitlers Vergeltungswaffe V 1.

Trotz der 1948 erfolgten Demontage des Bahrenfelder Betriebs konnte Plath bereits 1949 wieder mit der Produktion nautischer Instrumente beginnen. Die 1950 eingerichtete Abteilung ›Funknavigation‹ wurde 1954 in die selbständige → C. Plath Nautisch-Elektronische Technik GmbH umgewandelt.

Die Übernahme durch den US-Konzern Litton 1962/63 stand im unmittelbaren Zusammenhang mit dem Beginn des deutschen Starfighter-Beschaffungsprogramms: Plath produzierte seitdem schwerpunktmäßig das von Litton für den Starfighter entwickelte Trägheitsnavigationssystem LN-3. Bis 1968 wurden dort über 1000 Exemplare dieses Systems gefertigt; rund 500 Personen waren bei Plath allein im LN-3-Bereich tätig. Ein weiteres Rüstungsprojekt war die Entwicklung des Navigationssystems PL-41 für die Bundesmarine (später bei LITEF in Freiburg in Serie auch mit großen Exporterfolgen produziert). 1987 ehrte der Hamburger Senat die Firma zu ihrem 150jährigen Bestehen mit einem offiziellen Empfang und einer firmengeschichtlichen Ausstellung in der Rathaushalle.

Beteiligung am Rüstungsgeschäft

Für die Fregatten F 122 der Bundesmarine fertigte Plath digitale Peilwertübertragungsanlagen und Navigationsdatenverteiler.[817] Auf jeden Fall bis 1987, wahrscheinlich aber noch bis zur Zäsur von 1991 lieferte Plath *»eine Vielzahl hochgenauer me-*

chanischer Bauteile« für das Marinenavigationssystem PL-41 zur Endfertigung an LITEF, Freiburg.[818] Die ›taz‹ Hamburg berichtete, in den 80er Jahren habe Plath auch am Tornado-Kampfflugzeugprogramm mitgewirkt.[819] Hierfür konnte allerdings kein Beleg ermittelt werden.

Beiträge zur irakischen Raketen- und Atomrüstung?

Im September 1990 durchsuchte die Zollfahndung die Firmenräume von C. Plath, die sich damals noch in der Gertigstraße befanden. Worum es dabei ging, wurde erst später deutlich: um die Frage, ob C. Plath dem Irak Ende der 80er Jahre bei der Aufrüstung in besonders sensiblen Bereichen geholfen hat.

Ende Januar 1991 – zwei Wochen nach Beginn des Golfkriegs – meldete ›Der Spiegel‹, die Hamburger Firma C. Plath stehe *»im Verdacht, an etlichen Kreiselkompassen für die irakische Scud B gebastelt zu haben«*.[820] Den von Plath gelieferten Spezialkompassen komme besondere militärische Bedeutung zu, so hieß es bald in anderen Medien, weil sie die Zielgenauigkeit der Scud-Geschosse verbessern könnten. Es wurde von einem Auftragswert von 30 Mio. DM gesprochen. Die Firma stritt alles ab.

Später kam ein weiterer Verdacht hinzu, der die irakische Atomrüstung betraf. Durch Anfragen der Frauenfraktion in der Hamburger Bürgerschaft wurde zwar bekannt, daß die Staatsanwaltschaft beim Landgericht Hamburg seit dem 31. Januar 1991 mit einem Vorgang *»Vertragsabschlüsse zur Lieferung von Maschinenteilen für eine Gas-Ultra-Zentrifuge in den Irak im Jahre 1989«* befaßt war.[821] Doch auf die Frage von Krista Sager, welche Hamburger Firma die Verträge abgeschlossen hätte, wollte der Senat *»aus Gründen des Daten-und Persönlichkeitsschutzes«* nicht antworten. Im Dezember 1992 wurde der Schleier der Diskretion jedoch gelüftet. Das ›Hamburger Abendblatt‹ berichtete:

> *»Das Hamburger Unternehmen C. Plath soll einer der Hauptzulieferer bei Saddam Husseins Kernwaffenprogramm gewesen sein. Das geht aus einem bislang unveröffentlichten Bericht hervor, der dem Weltsicherheitsrat vorliegt. Die Wiener Internationale Atomenergieagentur (IAEO) hatte die geheime Studie im Mai dieses Jahres (d.h. 1992, d.Verf.) ausgearbeitet. Demnach soll die Firma eine Zentrifuge hergestellt haben, mit der Irak Waffenuran für Sprengköpfe anreichern wollte.«*[822]

Die Ermittlungen der Hamburger Staatsanwaltschaft, so wurde damals angekündigt, würden wohl noch bis zum Herbst 1993 dauern. Verschiedene Gutachter seien eingeschaltet worden, die prüfen sollten, *»ob die Firma Plath überhaupt belangt werden kann.«*[823]

Der Prozeß hat sich immer weiter verzögert. Es wurde zwar am 25. November 1994 gegen zwei Plath-Verantwortliche, den ehemaligen Geschäftsführer Dr. Kliemann und Produktionsleiter Günter Schmidt, Anklage erhoben, aber im März 1995 lehnte das Landgericht die Eröffnung des Hauptverfahrens ab. Nach einigem Hin und Her innerhalb der Justiz hieß es Anfang 1996, daß es nun doch zu einer Gerichtsverhandlung vor der Großen Strafkammer 15 kommen solle. Allerdings stand bis zum Juni 1997 noch immer kein Prozeßtermin fest. Möglicherweise hängt die Verzögerung des Verfahrens damit zusammen, daß immer wieder neue Informationen über die Verwicklung deutscher Unternehmen bzw. deutscher Spezialisten in das irakische Atomrüstungsprogramm bekannt werden. In neuerer Zeit haben ›Der Spiegel‹ und andere Medien vor allem über den Ingenieur Karl-Heinz Schaab aus Kaufbeuren berichtet, der zusammen mit dem inzwischen gestorbenen Bruno Stemmler eine wichtige Rolle beim Gaszentrifugen-Geschäft gespielt haben soll.[824]

Konversion?

Der Vertriebsleiter von C. Plath, Heinrich J. Drespe, versicherte im Dezember 1992 der Öffentlichkeit, daß die Firma seit 1991 *»ganz bestimmt nicht mehr«* auf dem Rüstungssektor tätig sei.[825] Zu fragen ist allerdings, ob Neuentwicklungen wie der vollelektronische faseroptische Kreiselkompaß, den C. Plath im Oktober 1996 auf der Messe ›Shipbuilding Machinery & Marine Technology‹ in Hamburg vorstellte, nicht auch für den Kriegsschiffssektor bedeutsam sind.

Proteste/Kritik

Ende April 1984 veranstaltete die Friedensgruppe der Bodelschwingh-Gemeinde Winterhude eine 27stündige Mahnwache vor dem Plath-Gebäude in der Gertigstraße unter dem Motto ›Leben wider den Tod – Stoppt den Rüstungswahnsinn‹.[826]

Am 1. Februar 1991 kam es bei Plath im Zusammenhang mit dem Golfkrieg zu einer Blockadeaktion. Das ›Hamburger Abendblatt‹ berichtete: *»Rund 100 Frauen und Männer haben am Freitag morgen knapp zwei Stunden lang die Zufahrt zum Werksgelände der Firma C. Plath an der Gertigstraße (Winterhude) blockiert. Mit der friedlichen Aktion protestierte die Gruppe gegen Lieferungen des Unternehmens in den Irak (...)«*.[827] Laut taz nahmen an der Aktion etwa 70 KriegsgegnerInnen teil. Die Unternehmensleitung war auf die Blockade offensichtlich vorbereitet und hatte der Belegschaft für die Morgenstunden freigegeben.[828]

C. PLATH GMBH NAUTISCH-ELEKTRONISCHE TECHNIK

20097 Hamburg (Hammerbrook), Gotenstr. 18
Stammkapital: 1,0 Mio. DM – Beschäftigte: 145 (1981), 115 (1995) – Umsatz: 31 Mio. DM (1994) – Geschäftsführer: Jürgen Wächtler (seit 1978), Dr. Klaus Pfaff (seit 1989)

Die Firma entwickelt und produziert Geräte und Anlagen zur Funkpeilung (Funkortung, Funküberwachung), die in der Handelsschiffahrt, bei der Flugsicherung und in der zivilen Fernmeldeverwaltung, in starkem Maße aber auch im militärischen und nachrichtendienstlichen Bereich eingesetzt werden. Auf dem *»Sektor der zunehmend wieder interessanter werdenden Funkpeilung«*, so schrieb die ›Frankfurter Allgemeine‹ 1987 über C. Plath, hätten *»selbst die USA den Produkten dieses Hauses nichts Vergleichbares entgegenzusetzen«*.[829]

1980 lag eine 51-Prozent-Mehrheit am Gesellschaftskapital bei der Fried. Krupp GmbH, Essen, die 1983 auf deren Tochter Krupp Atlas Elektronik GmbH, Bremen, überging. Als der Bremer Vulkan 1991 die Atlas Elektronik von Krupp übernahm, kam auch der Mehrheitsanteil an der C. Plath GmbH unter die Kontrolle des Bremer Vulkans. Zum 1.1.1996 erwarb dann die → Handelsgesellschaft Scharfe m.b.H. & Co. aus Hamburg den 51-Prozent-Anteil von der Vulkan-Tochter STN ATLAS Elektronik. 45 Prozent am Kapital lagen stets bei der Firma → C. Plath Navigation – Automation; bzw. bei deren Mutterkonzern Litton. Die restlichen vier Prozent wurden bis etwa 1983 vom Firmengründer Dr. Maximilian Wächtler (s. unten) gehalten, seitdem befinden sie sich im Besitz von dessen Sohn Jürgen Wächtler.

Die Firma ist sehr aktiv auf dem Gebiet der Forschung und Entwicklung. Bis 1994 wurden von ihr bereits über 300 Patente angemeldet. Für Feldversuche stehen ihr in der Umgebung von Hamburg drei verschiedene Versuchsgelände zur Verfügung.[830]

Eng mit der C. Plath GmbH verbunden ist die 1974 gegründete Dr. Wächtler G.m.b.H. (Bahrenfelder Str. 27, Ottensen), die sich mit speziellen Forschungs- und Entwicklungsaufgaben auf dem Gebiet der Nachrichtentechnik, insbesondere des Funkpeilwesens, befaßt.

C. Plath übernimmt auch die Schulung von Bedienungspersonal und die Wartung von gelieferten Systemen.

Geschichte

Die C. Plath Nautisch-Elektronische Technik GmbH ist 1954 aus der 1950 geschaffenen Abteilung Funknavigation der C. Plath Fabrik nautischer Instrumente (heute: C.

Plath Navigation – Automation) hervorgegangen.[831] Treibende Kraft war dabei Dr. Maximilian Wächtler, auf dessen Initiative sich damals auch die Atlaswerke in Bremen an der neuen Firma beteiligten.

Dr. Maximilian Wächtler (geb. 1900) gilt in Fachkreisen als »*Nestor der Peiltechnik in Deutschland*« und wird von manchen gar als ›Peilpabst‹ verehrt.[832] Dutzende von Erfindungen und Patenten gehen auf ihn zurück. Frühzeitig stellte er seine Fähigkeiten in den Dienst der deutschen Aufrüstung: von 1929 bis 1945 war er bei der Nachrichtenmittelversuchsanstalt der Marine in Kiel tätig. Hohe Weltkriegsoffiziere wie Kapitän zur See a.D. Bonatz und Generalleutnant a.D. Harlinghausen hoben in einer 1980 zu Dr. Wächtlers 80. Geburtstag erschienenen Festschrift dessen »*hohe Verdienste*« um die Verbesserung des militärischen Funkpeilwesens vor 1945 hervor.[833] Militärischen Forderungen blieb er auch danach »*stets aufgeschlossen*« (Bonatz). Ein Fernmeldespezialist, der ab 1961 bei der Bundeswehr arbeitete, bescheinigte im Rückblick: »*Die Ausrüstung des Heeres mit Sichtfunkpeilern brachte oft Probleme mit sich, die ohne die Hilfe Dr. Wächtlers nicht zu klären waren.*«[834] Der Bundeswehroffizier Rudolf Grabenau widmete sein Buch ›Funküberwachung und Elektronische Kampfführung‹ (Stuttgart 1986) Dr. Wächtler persönlich.

Beteiligung am Rüstungsgeschäft

Zu den militärischen Produkten, der Firma gehören Navigationspeilanlagen, vor allem aber Geräte und Antennen für die elektronische Kampfführung (EloKa). Wie in einem Firmenprospekt von Plath ausgeführt wird, besteht das Ziel der EloKa darin, »*Informationen über den Gegner zu gewinnen, seine Aufklärung zu täuschen, seine Waffenwirkung zu beeinträchtigen, sowie die eigene Einsatzfähigkeit unter dem Gesichtspunkt einer funkelektronischen Bedrohung zu erhalten*«.[835] Weiter heißt es in derselben Quelle:

»*Die EloKa umfaßt*

- *Fernmelde-Elektronische Aufklärung (SIGINT = Signal Intelligence),*
- *Elektronische Unterstützungsmaßnahmen (ESM = Electronic Support Measures),*
- *Elektronische Gegenmaßnahmen (ECM = Electronic Countermeasures) und*
- *Elektronische Schutzmaßnahmen (ECCM = Electronic Counter-Countermeasures).*«

Plath hat sich auf die Entwicklung automatischer, fernkommandierbare Peilnetze mit zentraler Auswertung spezialisiert.[836]

Als Meilensteine in der Firmengeschichte verzeichnet Plath:

»1976: Erstes automatisches Funkaufklärungssystem für die Bundeswehr ... 1988: Vollautomatisches landesweites Peilsystem mit ›Punktwolke‹-Ortung... 1992: Fernbedienbare, leicht verlegbare, abgesetzte Peilshelter für außerordentlich beweglichen Einsatz.«

Plath bietet Funkpeilsysteme für unterschiedliche Frequenzbereiche und Einsatzmöglichkeiten (mobiler, semimobiler und stationärer Einsatz) an. In ›Jane's Military Communications 1996-97‹ werden folgende, von Plath produzierte Anlagen aufgeführt:[837]

- 1160 Automatic VHF DF System: ein System zur Funkpeilung (›Direction Finding‹ = DF), zu dem vier mit langen, ausfahrbaren Antennen und diverser Elektronik ausgerüstete Fahrzeuge gehören und das von verschiedenen NATO-Ländern erworben worden ist;
- SFP 5200 Sichtfunkpeiler, bei mehreren Streitkräften im Einsatz;
- DFP 5300 Peilfunk- und Analysier-Ausrüstung, seit 1994 im Einsatz;
- DF 90 Funkpeilsystem mit acht Sichtfunkpeilern, seit Anfang der 90er Jahre im Einsatz;
- AMPLUS 14 DF Equipment: *»a high performance VHF/UHF direction finding receiver«*, neu;
- KE 385.2, tragbarer Miniatur-Empfänger, seit 1995 im Einsatz.

In den 80er Jahren hat der Mutterkonzern Krupp über die Geschäftsentwicklung und Großaufträge der Firma nur wenig verlauten lassen. Am inhaltsreichsten war noch die Mitteilung im Geschäftsbericht 1987:

»Das Tochterunternehmen C. Plath GmbH, Nautisch-Elektronische Technik erhielt von öffentlichen Auftraggebern aus dem In- und Ausland größere Aufträge, die u.a. die Entwicklung und Lieferung eines rechnergestützten Peilkommandierungssystems und einer Fernwirkanlage zur Überwachung und Steuerung von Peilsystemen umfassen. Zur Ortung extrem schneller und frequenzagiler Sender wird ein ›frequenzoffener‹ Funkpeiler entwickelt.«[838]

Etwas auskunftsfreudiger zeigte sich ab 1991 die neue Muttergesellschaft Bremer Vulkan; zumindest wurden nun einige Empfängerländer genannt. Im Geschäftsbericht 1991 hieß es zu C. Plath: *»Großaufträge aus Finnland und Griechenland wurden erfolgreich abgewickelt«*, weitere Aufträge aus Dänemark und Frankreich hätten noch nicht abgerechnet werden können.[839] Für 1992 wurde der Geschäftsverlauf wie folgt dargestellt:

»Während der Umsatz der Plath GmbH auf Vorjahresniveau liegt, konnte der Auftragseingang um 58 % gesteigert werden. 90 % des Umsatzes wurden mit dem Vertrieb eigenentwickelter, moderner Funkpeilanlagen für die staatliche Funküberwachung im Kurzwellenbereich erzielt. Bordeigene und küstengebundene Peilanlagen stellen den Rest des Umsatzes. Aus dem 53%igen Exportgeschäft sind Lieferungen an die Schweiz, die Niederlande und Frankreich besonders hervorzuheben. Die deutsche Bundeswehr erhielt im Jahre 1992 die ersten neuen Kurzwellen-Peilsysteme aus einem bis in das laufende Geschäftsjahr (d.h. 1993, d. Verf.) hineinreichenden Großprojekt.«[840]

Für 1994 fiel die Bilanz für Plath nicht so positiv aus: der Auftragseingang blieb *»aufgrund von Kürzungen der Verteidigungsbudgets mehrerer Länder deutlich unter Plan«*.[841]

Die C. Plath GmbH ist im übrigen Kooperationspartner der Hamburger Bundeswehruniversität, Fachbereich ›Elektrotechnik – Allgemeine Nachrichtentechnik‹ (Prof. Dr.-Ing. Heinz-Dieter vom Stein). Gegenstand der Kooperation ist die Optimierung der Verarbeitung von Peilsignalen.[842]

Precitronic Gesellschaft für Feinmechanik und Electronic mbH

22457 Hamburg (Schnelsen), Holsteiner Chaussee 379
früher: Schützenstr. 85 bzw. Leverkusenstr. 25 (Bahrenfeld)
Stammkapital: 50.000 DM – Geschäftsführer: Kurt Eichweber

Die 1962 gegründete Firma fungierte bis 1975 als persönlich haftende Gesellschafterin der Firma → Kurt Eichweber. Danach befaßte sie sich im wesentlichen mit Erfindungen, Patenten und Lizenzvergaben. Im Gegensatz zu der 1992 in Konkurs gegangenen Kurt Eichweber Präzisionsgerätewerk (GmbH & Co.) besteht die Firma noch.[843]

Die Firma meldete wiederholt rüstungstechnische Innovationen zum Patent an, so um 1984 u.a.:

- ein Verfahren zum Tarnen eines Seefahrzeugs gegen Ortung,
- ein Verfahren zum Aufspüren von Hubschraubern,
- das Prinzip der Treibspiegel-Geschoßführung.[844]

Rheinhold & Mahla AG

Hauptsitz: 80992 München, Gneisenaustr. 15
Schiffbauabteilung Hamburg: 21107 Hamburg (Wilhelmsburg), Witternstr. 2, früher: Isebekstr. 33a (Altona-Nord)

In einer Anzeige von 1988 stellten sich die Schiffbaufilialen der Firma in Hamburg, Bremen, Bremerhaven und Kiel als Spezialisten für den Hitze-, Lärm- und Feuerschutz auf Fregatten, Korvetten, Patrouillenbooten und U-Booten dar.

Rheinhold & Mahla gehört zu den Hauptunterauftragnehmern von Blohm + Voss beim Bau der MEKO-Fregatten.[845]

Rochem RO-Wasserbehandlung GmbH

21107 Hamburg (Wilhelmsburg), Stenzelring 14a
Stammkapital: 4,5 Mio. DM – Beschäftigte: 75 (1996)

Rochem befaßt sich mit der Herstellung von Anlagen zur Entsalzung und Reinigung von Meerwasser für die Frischwasserversorgung auf Schiffen. Die Firma wurde 1982 gegründet und ist seitdem rasch expandiert. Sie bietet weltweiten Service sowie Ersatzteillieferung durch Vertretungen und Tochterfirmen rund um die Welt.

Die Firma Rochem hat in einer ganzseitigen Anzeige im ›International Defence Equipment Catalogue 1992/93‹ ihre Umkehrosmose-Scheiben-Modul-Technologie als beste Wahl (*»best choice«*) für die Trinkwasserversorgung auf Kriegsschiffen bezeichnet.[846] Ihre Anlagen, so heißt es dort, seien zur Installation auf Korvetten, Fregatten, Minenjagdbooten, Patrouillenbooten, Zerstörern, Flugzeugträgern und U-Booten geeignet. Von den über 600 Rochem-Anlagen, die weltweit auf Schiffen im Einsatz seien, befänden sich mehr als 200 Anlagen auf Marineschiffen.

Auf der Hamburger Schiffbaumesse SSM '96 warb Rochem mit folgendem Text:

»ROCHEM RO Trinkwasser-Erzeuger auf über 400 Marineschiffen jeder Art und Größe entsprechen den NATO-Anforderungen für Schock, Vibration, Körper/Luft-Schall, EMV bei Verwendung von nur halogen-freien Werkstoffen«.

Rohde & Schwarz Vertriebs-GmbH

Hauptsitz: 81671 München, Mühldorfstr. 15
Zweigniederlassung: 22309 Hamburg (Steilshoop), Steilshooper Allee 47

Die Muttergesellschaft Rohde & Schwarz GmbH & Co. KG (München) ist in den Geschäftsbereichen Meßtechnik, Funkkommunikation, Überwachungs- und Ortungstechnik, Hörfunk- und Fernsehtechnik sowie Mobilfunk tätig. Zu dem weltweiten Vertriebs- und Servicenetz gehören Niederlassungen in über 70 Ländern der Erde – eine davon ist die in Hamburg.

»Seit Bestehen der Bundeswehr liefert Rohde & Schwarz an Heer, Luftwaffe und Marine Funktrupps und Funkausstattung verschiedenster Konfigurationen sowie Geräte und Systeme der Erfassungs- und Analysetechnik für spezielle Aufgaben.«[847]

Die Hamburger Niederlassung befaßt sich offensichtlich besonders mit Fernmeldesystemen für Kriegsschiffe.[848] Auf fast allen Schiffen und Booten der Bundesmarine finden sich Funkausstattungen von Rohde & Schwarz. 1991 erhielt die Firma den ersten Systemauftrag für die Integration der gesamten externen und internen Kommunikation der Fregatten 123 (Brandenburg-Klasse). Die Position als *»weltweit anerkannter Systemlieferant für militärische Schiffskommunikation«*[849] will Rohde & Schwarz auch verstärkt für Exportgeschäfte nutzen.

Einen 15-Prozent-Anteil hält Rohde & Schwarz seit einigen Jahren an der Kriegsschiffs-Planungsgesellschaft ➞ MTG Marinetechnik GmbH.

ROM (Rud. Otto Meyer)

22339 Hamburg (Hummelsbüttel), Lademannbogen 12
früher: Tilsiter Str. 162 (Wandsbek)
Beschäftigte: ca. 4.000 weltweit, davon 750 in Hamburg (1996) – Umsatz der ROM-Gruppe: 1,1 Mrd. DM (1996)

ROM ist ein weltweit aktives Unternehmen der technischen Gebäudeausrüstung. Ein Schwerpunkt der Hamburger Betriebsstätte sind Entwurf und Montage von klimatechnischen und anderen Anlagen für den Schiff- und Dockbau. Tochtergesellschaften hat ROM in Singapur, Spanien, Tschechien und Rußland.

ROM wurde 1858 auf der Hamburger Elbinsel Peute von Rudolph Otto Meyer als Heizungsfirma gegründet. In einer Anzeige von 1978 behauptete ROM, man sei »*seit 1917 ununterbrochen für deutsche und ausländische Werften im Marineschiffbau tätig*«, was vermutlich nicht ganz korrekt ist. Nach dem Zweiten Weltkrieg wurde ROM als ehemaliger Rüstungsbetrieb auf die Demontageliste gesetzt; es erfolgte aber nur eine Teildemontage.[850]

Beteiligung am Rüstungsgeschäft

Während ROM in den 70er Jahren noch offensiv mit seinen wehrtechnischen Aktivitäten beim Kriegsschiff- und Bunkerbau warb,[851] hat das Unternehmen später über diese nicht mehr viel hören lassen. Seit Oktober 1992 ist die auf Schiffskältemaschinen spezialisierte VSG Verfahrenstechnik für Schiffsbetrieb GmbH eine 100prozentige Tochter von ROM. Die VSG (frühere Anschrift: Heselstücken 17 in Groß Borstel) besitzt eigene Rüstungserfahrung: Sie hat für die MEKO-Exportfregatten von Blohm + Voss eine neue Generation von sogenannten Kaltwassersätzen entwickelt und gefertigt. Jede MEKO 360 (geliefert an Nigeria und Argentinien) erhielt 38 Klima- und Kühlanlagen von VSG; einige von ihnen waren für die Munitionskammern der Schiffe bestimmt.[852] Schiffskälteanlagen wird ROM auch zum anstehenden Bau der Fregattenklasse 124 beisteuern.

ROTEXCHEMIE INTERNATIONAL HANDELS-GMBH & CO.

22301 Hamburg, Körnerstr. 34
Umsatz: ca. 100 Mio. DM (1995) – Beschäftigte: 50 (1996)

Rotexchemie ist ein weltweit orientiertes Exportunternehmen mit Schwerpunkt im Handel von Chemikalien und Pharma-Rohstoffen.

Ende September 1990 entdeckten türkische Behörden in Mersin an Bord des polnischen Frachters ›Wloclawek‹ 100 t der Chemikalie Natriumzyanid – ein Grundstoff zur Herstellung von Blausäure und des Kampfgases Tabun. Offiziell war die Fracht für den iranischen Bergbau bestimmt, doch kam schnell die Vermutung auf, daß die Stoffe in der iranischen oder irakischen C-Waffen-Rüstung Verwendung finden sollten. Das polnische Schiff war im Hamburger India-Hafen (Schuppen 52) im Auftrag der Lieferfirma Rotexchemie mit den Fässern beladen worden.[853] Die Hamburger Staatsanwaltschaft leitete 1990 gegen Verantwortliche des Unternehmens

Ermittlungen wegen der Lieferung von insgesamt 1.059 Fässern Natriumzyanid an den Iran ein.

Der Fall erregte in Hamburg 1990/91 vorübergehend erhebliches Aufsehen. Die ›Friedensgruppe im Goldbekhaus‹ forderte auf einem Flugblatt, die Rotexchemie bis zur Klärung der Vorwürfe zu schließen und die Verantwortlichen der Firma sowie die für die Exportgenehmigung zuständigen Stellen scharf zu bestrafen. Von der Justiz wurde das Geschäft tatsächlich als Verstoß gegen das Außenwirtschaftsgesetzes gewertet, zu einer scharfen Bestrafung kam es aber nicht. Der Firmenverantwortliche mußte eine Geldstrafe von 70 Tagessätzen à 150 DM zahlen,[854] also insgesamt 10.500 DM für 1.059 Giftfässer – knapp zehn DM pro Tonne.

SCS Scientific Control Systems GmbH

Hamburg (Langenhorn), Oehleckerring 40

Die 1969 vom englischen Ölmulti British Petroleum (BP) gegründete Softwarefirma entwickelte sich bis zum Anfang der 80er Jahre zum größten Beratungsunternehmen für Organisation, Automation und Datenverarbeitung in der Bundesrepublik Deutschland. Von 1978 bis etwa 1986 befand sich SCS im Besitz der Deutschen BP (Hamburg), kehrte dann für kurze Zeit zur britischen BP bzw. deren Tochter Scicon zurück. Nach mehrfachem Besitzerwechsel (Systems Design, Cap Gemini) erwarb um 1990 Daimler-Benz die Mehrheit an dem Unternehmen, das nun als ➞ debis Systemhaus GmbH weitergeführt wird.

Einen Schwerpunkt der Hamburger SCS-Aktivitäten bildete seit Mitte der 70er Jahre der Rüstungssektor. Die von SCS entwickelten, computergestützten Systeme umfaßten: elektronische Kampfführungssysteme (Fregatte F-122), Führungsinformationssysteme (›Heros‹ für das Heer, ›Eifel 2‹ für die Luftwaffe), Systeme zur automatischen Luft-/Seeraumüberwachung, Systeme für Waffeneinsatz und -steuerung.[855]

Eine Gruppe der Revolutionären Zellen ließ in der Nacht vom 1. zum 2. September 1985 bei SCS in Langenhorn eine Bombe hochgehen. Ein Teil des Inventars wurde zerstört. Begründet wurde der Anschlag in einem Bekennerschreiben mit einer *»radikalen, praktischen Kritik der totalen Organisation der Gesellschaft durch big business und seine allgegenwärtige Technik«*.[856]

RICHARD SEIFERT & CO GMBH & CO KG

22926 Ahrensburg, Bogenstr. 41
Beschäftigte: 270 (1996)

Spezialität der Firma sind Geräte und Systeme für die industrielle Röntgenprüfung. Seifert hat Tochterfirmen in den USA (in den Staaten Pennsylvania und Oregon), in Großbritannien (Olney) und in Rußland (St. Petersburg).

Im militärischen Bereich fertigt Seifert Durchleuchtungs- und andere Prüfsysteme für Munition, Wurfbomben, großkalibrige Geschosse und Raketenmotoren. Zu den »*kundenspezifischen Einrichtungen für den Nuklearbereich*« gehört ein Durchleuchtungssystem, daß die »*hochgenaue Justierung von Bauteilen für Gasultrazentrifugen zur Urananreicherung*« ermöglicht.[857]

Das Unternehmen lieferte dem Irak 1989 eine Anlage zur Prüfung von Granatenzündern. Als offizieller Auftraggeber trat der chilenische Waffenkonzern Cardoen auf, der mit seiner Bremer Spedition Cifco dem Irak eine komplette Fabrik für Bombenzünder beschaffte. Die Firmenleitung erklärte nach Bekanntwerden des Geschäfts, sie habe den Hintergrund des Auftrags nicht gekannt. Ein Seifert-Arbeiter erklärte aber: »*Die Firma wußte hundertprozentig, wofür die Anlage ist.*« Iraker hätten die Firma selbst besucht und die Anlage mit Granatenprüflingen getestet.[858]

SERCK COMO GMBH

Verwaltung/Materialwirtschaft/Service: 22041 Hamburg (Wandsbek), Brauhausstr. 21-23 (früher Tilsiter Str. 90)
Vertrieb/Engineering (seit 1989): 21502 Geesthacht, Pankower Str. 16
Stammkapital: 750.000 DM – Beschäftigte: 80 (in Hamburg und Geesthacht, 1997)

Bis 1987 gehörte die Firma Serck GmbH zum englischen Unternehmen Serck Heat Transfer, Birmingham; nach der Übernahme durch das Management ist sie in Serck Como GmbH umbenannt worden.

Serck Como produziert Großanlagen wie Wärmeübertrager und Frischwassererzeuger für Seeschiffe. Das Hamburger Unternehmen ist in den 80er und 90er Jahren am Bau der Fregattenklassen 122 und 123 für die Bundesmarine beteiligt gewesen und wird auch beim Fregattenprojekt F 124 zu den Zulieferern gehören.[859] Darüber hinaus liefert die Firma Anlagen für die MEKO-Exportfregatten von ->Blohm + Voss.

SGH Spezial Gerätebau Hamburg GmbH

20354 Hamburg (Neustadt), Neuer Wall 42
früher: Hamburg (Finkenwerder), Hein-Sass-Weg 28
Kapital: 5,05 Mio. DM – Beschäftigte: 300 (1983) – Umsatz: 55 Mio. DM (1983) – Geschäftsführer: Ephraim Halpern (bis 1983), F. Michael Boemke

Die SGH wurde 1978 als 100prozentiges Tochterunternehmen des israelischen Elektronik- und Rüstungskonzerns Tadiran Israel Electronics Ltd. (Tel Aviv) gegründet.

Anlaß für die Gründung der Firma war 1978 offensichtlich ein 45-Millionen-Auftrag der Bundeswehr, den die Vorgängerfirma, die Bau- und Montage GmbH, wegen Konkurses nicht mehr ausführen konnte. Tadiran sicherte sich den Auftrag mit der Zusage gegenüber der Hamburger Wirtschaftsbehörde, den Betrieb in Finkenwerder längerfristig weiterzuführen.[860] Die SGH produzierte dann für die Bundeswehr *»transportable Fernmeldekabinen für diverse Einsatzmöglichkeiten«*.[861] In einer Anzeige hieß es 1983: *»SGH bietet eine große Shelter-Familie, die deutschen, amerikanischen und NATO-Forderungen entspricht.«*[862] Neben den mobilen Funkkabinen fertigte die Tadiran-Tochter – zumindest laut ›Hamburger Abendblatt‹ – *»auch Spezialcontainer für Raketen und andere Geschützmunition der Marine«*.[863]

Zum Geschäftsführer der SGH berief die Konzernleitung in Tel Aviv 1980 ihren Manager Ephraim Halpern, einen ehemaligen Major der israelischen Luftwaffe. Halpern wurde am 13. September 1983 Opfer eines Anschlags: Er wurde vor seiner Wohnung in der Rothenbaumchaussee (Harvestehude) erschossen.[864] Zwei Wochen später traf ein Bekennerbrief ein, in dem eine Gruppe namens ›17. September Sabra und Chatila Organisation‹ die Verantwortung für die Tat übernahm. Ein Jahr zuvor waren in den zwei palästinensischen Flüchtlingslagern Sabra und Chatila in Beirut 3.000 Menschen von den mit Israel verbündeten Falange-Milizen ermordet worden. Wer Halpern tatsächlich umgebracht hat, ist bis heute unklar.

Nach Halperns Tod übernahm der Hamburger Anwalt Dr. F. Michael Boemke bei der SGH die Geschäftsführung. Während der Produktionsbetrieb in Finkenwerder schon vor Jahren (um 1987) eingestellt worden ist, existiert die SGH als 100prozentige Tochter von Tadiran Limited (Sitz jetzt Holon, Israel) weiter – nun offenbar mit der Aufgabe einer Handelsvertretung.[865] Firmensitz ist die Anwaltskanzlei Bollmann, Kiesselbach & Partner am Neuen Wall, in der Boemke tätig ist.

SIEMENS AG

Zweigniederlassung Hamburg mit Bereich Anlagentechnik, Geschäftszweig Schiffbau: 20099 Hamburg (St. Georg), Lindenplatz 2
Fertigungs- und Servicezentrum: 20539 Hamburg (Rothenburgsort), Billwerder Neuer Deich 90/Ausschäger Elbdeich 2
Beschäftigte in Hamburg insgesamt: 2.400, davon ca. 500 in Rothenburgsort (Sept. 1996)

Die Siemens AG (München), Europas größter Elektrokonzern, beschäftigt weltweit 386.000 Menschen, davon 200.000 im Inland (Juni 1997). An dem Grundkapital (2,8 Mrd. DM) sind etwa 573.000 Aktionäre beteiligt, wobei 30 Prozent der Aktien bei Investmentgesellschaften und 15 Prozent bei Versicherungsgesellschaften (insbesondere Allianz) und Banken liegen. Vorstandsvorsitzender ist seit 1992 Heinrich von Pierer.

Beteiligung am Rüstungsgeschäft
Siemens ist in verschiedenen Rüstungssparten aktiv, tendiert aber dazu, diese Aktivitäten nach außen herunterzuspielen.[866] 1984 betrug der Militärumsatz des Gesamtkonzerns nach eigener Angabe gut 1,2 Mrd. DM. Im Geschäftsjahr 1995/96 machte allein der auf Militärelektronik spezialisierte Bereich ›Sicherungstechnik‹ (Sitz: Unterschleißheim bei München) einen Umsatz von 1,6 Mrd. DM.[867] Durch die Übernahme von Rüstungselektronikbereichen des britischen Herstellers Plessey (1989/90) hat Siemens seine Position als einer der weltweit führenden Anbieter auf diesem Gebiet ausgebaut.
Daß auch die Hamburger Niederlassung etwas mit dem Militärgeschäft zu tun hat, erfährt nur, wer Militärzeitschriften liest oder einschlägige Messen besucht. Für Fregatten, Korvetten, Schnellboote und Minenkampfsysteme liefert Siemens elektrische Bordnetzanlagen, Generatoren, schockfeste Schaltschränke, Transformatoren, Brückenfahrstände, schiffstechnische Leitstände, Batterien, batterielose Telefone, digitale Wechselsprechsysteme, Magnetischen Eigenschutz, Minenräumanlagen und vieles andere.[868] Im U-Boot-Bereich sind Propellerantriebe eine Spezialität von Siemens. 1983 hatte das Unternehmen bereits über 80 U-Boote von 13 Ländern mit Propellerantrieben ausgerüstet.[869]

ANZEIGE AUS: NAVAL FORCES, SPECIAL ISSUE 5/96

Seit 1967 war Siemens durch eine Kapitalbeteiligung mit ➞ Blohm + Voss verbunden; bei Kriegsschiffsgeschäften hat Siemens regelmäßig zu den Zulieferern von B + V gehört. 1986/87 half Siemens B + V auch beim Aufbau der nigerianischen Marinewerft Wilmot Point.[870] 1995 hat Siemens seinen 12,5-Prozent-Anteil an B + V an Thyssen verkauft. An der Kriegsschiffsplanungs-Gesellschaft ➞ MTG Marinetechnik GmbH ist die Hamburger Zweigniederlassung von Siemens inzwischen mit 15 Prozent (früher 6,2 Prozent) beteiligt.

Der ›Marine Report‹ von Siemens Hamburg hat 1996 als aktuelle Projekte, an denen man beteiligt ist, u.a. genannt:

- Bau von vier U-Booten des Typs U 212 bei HDW und Thyssen Nordseewerke,
- Bau von zwei Minenjagdbooten 332 bei Lürssen und Abeking & Rasmussen,
- Bau von vier Fregatten für Griechenland, acht Fregatten für Australien und zwei Fregatten für Neuseeland (hierzu ➞ Blohm + Voss).[871]

Speziell für Überwasserkriegsschiffe hat Siemens ein komplexes Automatisierungssystem mit der Bezeichnung NAUTOS entwickelt – das Unternehmen nennt es *»das System der Superlative«*. Mit NAUTOS werden die Schiffsanlagen, also der Antrieb, die Energieversorgung und die Schiffsbetriebstechnik gesteuert und überwacht. Das System wurde z.B. in die MEKO-Fregatten für Portugal (➞ Blohm + Voss) eingebaut. 1996 präsentierte Siemens Hamburg NAUTOS auf der malaysischen Rüstungsmesse DSA (Defence Services Asia) in Kuala Lumpur.[872]

Ein weiterer Siemens-Standort, der sich mit Seekriegsrüstung befaßt, befindet sich in Erlangen. Dort sind die Brennstoffzelle und der Permasyn-Motor für die künftige U-Boot-Klasse 212 entwickelt worden.[873]

In Hamburg unterhält Siemens außerdem einen eigenen Stützpunkt auf dem Gelände der Bundeswehruniversität (Holstenhofweg 85), der anscheinend für die Wartung der dort befindlichen Siemens-Anlagen zuständig ist.

J.J. Sietas KG Schiffswerft GmbH & Co

21129 Hamburg (Neuenfelde), Neuenfelder Fährdeich 88

Die 1635 gegründete Werft an der Mündung der Este in die Elbe befindet sich noch heute im Besitz der Familie Sietas. Im Gegensatz zu Blohm + Voss ist Sietas im Handelsschiffbau sehr erfolgreich. Die Werft hat in den letzten Jahren eine große Zahl von Containerschiffen, Spezialtransportschiffen und Fischereifahrzeugen ausgeführt. Die Zahl der Beschäftigten beträgt, einschließlich der zu Sietas gehörenden ➞ Norderwerft, ca. 1.500 (1997).

Die Werft bewarb sich 1986 um den Bau von fünf Mehrzweckbooten für die Bundesmarine.[874] Sie erhielt in diesem Zusammenhang zwar Besuch von Staatssekretär Timmermann aus dem Verteidigungsministerium und den CDU-Bundestagsabgeordneten Volker Rühe und Klaus Francke, doch der Auftrag ging an Lürssen und andere Werften. Reparaturen an Schiffen der Bundesmarine führt die Tochter Norderwerft aus.

Bei Sietas sind in den 80er Jahren auch mehrere Schiffe gebaut worden, die später für Waffentransporte in das iranisch-irakische Kriegsgebiet verwendet wurden. Dazu gehören die Schiffe ›Frauke‹ und ›Calypso‹ der Reederfamilie ➞ Heinrich ebenso wie die Frachter ›Blue Bird‹ (früher ›Gretl‹) und ›Katja‹ des Reeders ➞ Stahmer.[875]

SPERRY MARINE GMBH

22525 Hamburg (Stellingen), Kleine Bahnstr. 6
früher: Große Elbstr. 42 (Altona-Altstadt)

Die seit 1978 in Hamburg ansässige Tochter eines US-Computerkonzerns vertreibt u.a. Navigationsanlagen für Kriegsschiffe.[876]

JÜRGEN STAHMER KG

21635 Jork, Leeswig 137

Die Reederei von Jürgen Stahmer verfügt – Stand 1996 – über zwei Frachter: die ›Mandeb Bay‹ (ex-›Blue Sky‹, ex-›Inka Deede‹) und die ›Blue Bird‹ (ex-›Gretl‹), beide mit gut 3.100 BRT. In früheren Jahren gehörten auch kleinere Schiffe wie ›Katja‹ und ›Jan‹ zu seinem Bestand.

Beteiligung am Rüstungsgeschäft

Die Jürgen Stahmer KG ist durch den Transport von Kriegsmaterial bekannt geworden. Das ›Stader Tageblatt‹ berichtete 1987:

»Seit mindestens 15 Jahren arbeitet der Jorker Reeder Jürgen Stahmer mit dem internationalen Waffenschieber Finn Poulsen aus Dänemark zusammen. Aus den Positionslisten der Firma Lloyds, die den weltweiten Schiffsverkehr beobachtet, ist zu ersehen, daß Schiffe des Jorker Reeders seit 1972 oder 1973 für die dänische Reederei fahren.«[877]

Besonders mit seinem Frachter ›Gretl‹, heute ›Blue Bird‹, ist Stahmer wiederholt ins Gerede gekommen. Bei diesem Schiff ist der genannte Waffenschleuser Poulsen, der in Dänemark bereits 1983 wegen illegaler Rüstungstransporte nach Südafrika bestraft wurde, offenbar Miteigentümer. Die ›Gretl‹, 1986 von der → Sietas-Werft fertiggestellt, ist offenkundig für militärische Zwecke besonders geeignet: Schon auf der Jungfernreise fungierte sie als Begleitschiff für ein NATO-Manöver.

Eines der ersten kommerziellen Fahrtziele der ›Gretl‹ war – nach Angola – das Kriegsgebiet am Golf. Am 6. Februar 1987 lief die ›Gretl‹ vom portugiesischen Hafen Setubal aus, angeblich mit Ziel Singapur, doch an Bord war eine Waffenladung für den Iran.[878] Bei der Fracht handelte es sich um Produkte der portugiesischen Waffenfabrik Industriais Nacionais de Defensa (INDEP), vor allem um Mörser und dazugehörige Granaten, wohl auch um Schnellfeuergewehre, Minen und Boden-Luft-Raketen. Als die Presse den Fall publik machte, schalteten sich Bundesregierung und Hamburger Staatsanwaltschaft ein. Es entstand der Eindruck, daß die offiziellen Stellen das Schiff samt Ladung zurückholen und den Kriegstransport einer gründlichen Untersuchung unterziehen wollten. Doch es kam anders: Nach wochenlangem Rätselraten, wo das Schiff landen würde – es ging z.B. das Gerücht um, die ›Gretl‹ würde in Island entladen – gab Regierungssprecher Ost am 9. März 1987 bekannt, daß die Waffenfracht gerade vor Gibraltar auf ein anderes Schiff umgeladen werde. Namen und Herkunft dieses Schiffes wollte er nicht nennen – die Bundesregierung spielte selbst mit verdeckten Karten. Zu fast demselben Zeitpunkt wurde die ›Gretl‹ mit Genehmigung des Bundesverkehrsministeriums in ›Blue Bird‹ umbenannt. Sollte auf diese Weise die Kriegsladung für Khomeini ganz elegant von der ›Gretl‹ auf die ›Blue Bird‹ ›umgeladen‹ werden? Der Anwalt von Stahmer wies diesen Verdacht als unzutreffend zurück.

Was vor Gibraltar und hinter den Kulissen genau geschah, warum Stahmer sein Schiff umtaufte ist auch heute noch nicht eindeutig geklärt. Nach Angaben von Lloyds ging die ›Blue Bird‹ am 12. Mai 1987 im persisch-arabischen Golf vor Anker; Zielhafen: Bandar Abbas im Iran. Erst im September 1987 kehrte der Frachter leer nach Hamburg zurück; das Hamburger Abendblatt vermerkte lapidar: *»Die Kriegswaffen sind offenbar im Iran gelöscht worden.«*[879] Darüber, ob die Lieferung des Kriegsmaterials durchgesetzt wurde, weil sie im Zusammenhang mit der heimlichen US-Waffenhilfe für den Iran stand, kann ebenfalls nur spekuliert werden.

Im April 1992 fiel die ›Blue Bird‹ erneut auf. Diesmal hatte sie im Rostocker Hafen 1.400 t Konstruktions- und Ersatzteile für Panzer aus speziell legiertem Stahl geladen – wieder sollte die Reise in den Iran gehen.[880] Deklariert war die Fracht als ›Metallschrott‹. Ein Tip brachte die Rostocker Zollfahndung auf die Spur der geplanten Lieferung. Wie schon 1987 gab sich Stahmer ahnungslos. Seine dubiosen Geschäfte haben die Bundeswehr nicht davon abgehalten, die ›Blue Bird‹ auch für ihre Zwecke zu chartern. Im Sommer 1995 brachte das Schiff für den Deutschen Einsatzverband Kroatien einen Teil der militärischen Ausrüstung nach Split.

Stalco Industrie Anlagen GmbH

20148 Hamburg (Rotherbaum), Mittelweg 141

Hauptgesellschafter der Firma war 1990 eine Stalco AG in Liechtenstein, bei der es sich offenkundig um eine Briefkastenfirma handelte.

1990 kam der Verdacht auf, daß die Firma zu einem europäischen Firmengeflecht gehörte, das der Irak zu Rüstungskäufen und geheimdienstlichen Operationen nutzte. Laut ›Spiegel‹ galt sie sogar *»lange Zeit als einer der wichtigsten Lieferanten Bagdads«*.[881]

Der irakische Geschäftsführer der Stalco Hamburg, Aziz Dhia Ghanni, wurde am 15. Juli 1990 von seinem Landsmann Hammed Abdul Hassan im Wiener Hilton-Hotel ermordet. Beide waren Gesellschafter der Stalco Wien. Hassan gestand nach der Tat, Offizier des irakischen Nachrichtendienstes zu sein. Es gab Berichte, nach denen die Hamburger Stalco Kontakte zu dem österreichischen Patronenhersteller Hirtenberger unterhalten haben soll. Aber gute Beziehungen besaß Stalco auch zu der Havert Industrie-Handelsgesellschaft (Neu-Isenburg), die eine wichtige Rolle bei der Aufrüstung der irakischen Scud-B-Raketen gespielt haben soll.

Im ›Hamburger Abendblatt‹ (Überschrift *»Terrornest für den Irak?«*), in der ›taz‹ (*»Irak-Connection Wien-Hamburg?«*) und im ›Spiegel‹ wurde über die verdächtigen Aktivitäten der Firma berichtet. Ein Sprecher der Hamburger Zollbehörden erklärte Anfang 1991, die Firma Stalco sei dort *»nicht unbekannt«*; Hinweise auf mögliche Verstöße gegen das Außenwirtschafts- oder das Kriegswaffenkontrollgesetz würden überprüft. Als aber der Hamburger Senat 1995 nach dem Ergebnis der Ermittlungen gegen die Firma Stalco gefragt wurde, erklärte dieser: *»Ein entsprechendes Verfahren* *konnte bei den Strafverfolgungsbehörden nicht ermittelt werden.«*[882] Das erst aufgrund dieser Anfrage von der Hamburger Staatsanwaltschaft eingeleitete Ermittlungsverfahren hat offenbar nicht zu greifbaren Ergebnissen geführt.

Still GmbH

22113 Hamburg (Billbrook), Berzeliusstr. 10
Stammkapital: 70 Mio. DM – Beschäftigte: 5.346 (weltweit), davon 1.907 in Hamburg (1996) – Umsatz der Still-Gruppe: 1,49 Mrd. DM (1996)

Still ist einer der größten europäischen Hersteller von Gabelstaplern und Lagertechnik. Das 1920 von Hans Still gegründete Unternehmen hat 21 Werksniederlassungen in Deutschland und Tochtergesellschaften in 13 Ländern. Die Gesellschaft gehört zu 100 Prozent zur Linde AG, Wiesbaden.

Die Wehrtechnik-Abteilung von Still hatte bis 1985 bereits über 5.000 Stapler und Schlepper an 15 Streitkräfte verkauft.[883] Zu den Abnehmern gehörten die Bundeswehr, die US-Armee (Heer und Luftwaffe) sowie das niederländische, norwegische, spanische und italienische Militär. Anläßlich der Rüstungsmesse ›Idea '87‹ in Ankara, auf der Still sich präsentierte, berichtete die Zeitschrift ›Wehrtechnik‹ über die Firma: »*Im Bereich der Gabelstapler ist die US Army der beste militärische Kunde. Die Bundeswehr kommt erst an zweiter Stelle*«.[884] Auf der Liste der deutschen Auftragnehmer des US-Verteidigungsministeriums stand Still 1988 mit einem Auftragsumfang von 11,6 Mio. Dollar an siebter Stelle.[885] Anfang der 90er Jahre erklärte das Unternehmen, die Lieferungen an die US-Streitkräfte hätten aktuell keine Bedeutung mehr. Nach einer 1993 in der ›Wehrtechnik‹ erschienenen Meldung hat Still starke Aktivitäten zur Ausweitung des Osteuropageschäfts entwickelt.[886] Die Firma macht weiterhin in den einschlägigen Publikationen auf ihre »*Stapler und Schlepper für Streitkräfte*« aufmerksam.[887]

STN Systemtechnik Nord GmbH (1990-94) und STN ATLAS Elektronik GmbH (seit 1994)

Hauptsitz: zunächst 28199 Bremen, Hünefeldstr. 1-5, ab 1994: 28305 Bremen, Sebaldsbrücker Heerstr. 235

Zweigniederlassungen/Werke im Raum Hamburg:
22763 Hamburg (Othmarschen), Behringstr. 120
22880 Wedel, Industriestr. 29
Stammkapital: 190 Mio. DM (1994), 806 Mio. DM (1996)
Beschäftigte:

- STN insgesamt: 2.500 (1992), nach der Fusion mit Atlas: 5.182 (Ende 1994), 4.530 (Ende 1995), 4.300 (Anfang 1997)
- in Hamburg/Wedel: 1.400, davon knapp 1.000 in Hamburg und ca. 400 in Wedel (Anfang 1996); 1.000, davon ca. 700 in Hamburg und 300 in Wedel (Anfang 1997)

Umsatz: ca. 660 Mio. DM (1992), ca. 1.050 Mio. DM (1993), 1.872,6 Mio. DM (1994), 1.451 Mio. DM (1995)
Vorsitzender der Geschäftsführung: Hans E.W. Hoffmann (1990 bis 1997), Gerhard Krischer (ab 1997)

In der STN ATLAS sind 1990-94 drei große, stark rüstungsorientierte Unternehmenseinheiten des Bremer und Hamburger Raums vereinigt worden. Von 1990 bis Mitte 1992 fungierte die STN nur als Holding des Bremer Vulkan für zwei Neuerwerbungen: die ➞ DMT Marinetechnik GmbH (früher ➞ AEG) und die MSG Marine- und Sondertechnik GmbH (früher MBB Bremen). Anlaß für die Gründung der STN war der Umstand, daß Bundeswirtschaftsminister Haussmann am 8. September 1989 die Daimler-Benz AG im Zusammenhang mit der MBB-Übernahme verpflichtet hatte, sich von den Marinetechnikbereichen von AEG und MBB zu trennen. Am 8. November 1989 hatten auch die Regierungschefs der vier norddeutschen Bundesländer Einvernehmen über die Bildung eines maritimen Elektronik- und Rüstungsverbund mit dem Namen ›Systemtechnik Nord‹ erzielt.

1992 wurde durch Fusion von DMT und MSG aus der bisherigen Holding STN ein operatives Industrieunternehmen; zu diesem Zeitpunkt setzt die unten folgende Darstellung ein. 1994 folgte die Verschmelzung der STN mit dem Bremer Atlas-Elektronik-Komplex, den der Bremer Vulkan 1991 von Krupp erworben hatte. Seit der Eintragung ins Bremer Handelsregister am 30.8.1994 heißt das dadurch entstandene Großunternehmen STN ATLAS Elektronik GmbH.

Nach dem Zusammenbruch des Bremer-Vulkan-Verbunds im Februar 1996 weckte die STN als *»einziger gewinnträchtiger Vulkan-Unternehmensbereich«*[888] das Kauf- bzw. Beteiligungsinteresse zahlreicher Unternehmen (darunter Diehl, Dasa, Siemens,

Krauss-Maffei, Mannesmann, Rheinmetall, British Areospace). Insgesamt meldeten sich 36 Kaufinteressenten. Im November 1996 wurde bekannt: STN soll zum 1. Januar 1997 für 550 Mio. DM an ein Konsortium unter der unternehmerischen Führung des Panzer- Kanonen- und Munitionsherstellers Rheinmetall gehen. Rheinmetall hat sich in der Vergangenheit durch besonders rücksichtslose Rüstungsexportmethoden hervorgetan. Das Unternehmen besitzt durch die → Nico Pyrotechnik bereits eine Tochter im Hamburger Raum.

Neben Rheinmetall gehören zu dem STN-Erwerberkonsortium die finanzstarke Badenwerk AG in Karlsruhe (Hauptaktionär: das Land Baden-Württemberg) und die British Aerospace PLC (London), die u.a. im Kampfflugzeugbau engagiert ist. Man hat sich auf folgende Verteilung der Kapitalanteile geeinigt: Rheinmetall 26 Prozent, Badenwerk 25 Prozent, British Aerospace 49 Prozent. British Aerospace hat damit zwar den größten Einzelanteil, aber mit dem Badenwerk-Anteil ist sichergestellt, daß die Kapitalmehrheit, wie es das Bonner Verteidigungsministerium aus *»sicherheitspolitischen Überlegungen«* gefordert hat, in deutscher Hand bleibt. Eine Zeitlang bestanden Zweifel an der kartellrechtlichen Zulässigkeit des Deals. Doch am 8. Juli 1997 hat das Bundeskartellamt dem Erwerb von STN ATLAS durch das Dreierkonsortium zugestimmt. Allerdings muß ein Teil der heerestechnischen Aktivitäten (Panzerfeuerleitsysteme) in eine eigenständige Gesellschaft überführt werden, an der neben Rheinmetall und British Aerospace auch Krauss-Maffei und Wegmann mit je 25 Prozent beteiligt werden.[889]

Nach dem Vergleichsantrag des Bremer Vulkan im Februar 1996 kam es sowohl dem Bremer als auch dem Hamburger Senat vor allem darauf an, die STN ATLAS mit ihrem (angeblich) zukunftssicheren High-Tech-Potential für den jeweils eigenen Standort zu sichern. Gerne wird von der STN ATLAS als der ›Perle‹ oder gar dem ›Diamanten‹ aus dem Bremer-Vulkan-Verbund gesprochen, der Hauptgrund für deren Attraktivität wird jedoch verschwiegen: Das Unternehmen wird weiterhin mit unproduktiven und unsinnigen Rüstungsaufträgen gefüttert. Ohne die vom Steuerzahler bezahlten Millionensubventionen aus dem Verteidigungsetat und ohne Rüstungsexport wäre STN als Großunternehmen überhaupt nicht überlebensfähig.

Beteiligung am Rüstungsgeschäft

Einen Überblick über die Rüstungsaktivitäten von STN gibt die nebenstehende Selbstdarstellung von 1995:

Marinetechnik

STN ATLAS Elektronik ist national und international ein führender Hersteller von Ausrüstungen und Systemen für Überwasserfahrzeuge, Uboote und stationäre Anlagen. Sensor-, Führungs- und Feuerleitsysteme sowie Komponenten für unterschiedliche Ubootstypen, Minenjagd- und -suchboote ergänzen das Produktspektrum. Die Leistungsfähigkeit zeigt sich zum Beispiel in der Generalunternehmerschaft für die neuen Minenjagdboote MJ 332 der Bundesmarine hinsichtlich der Systemintegration und des Systemmanagements sowie die deutsche Marktführerschaft bei der Produktion von Schwergewichtstorpedos für Uboote.

Systemtechnik

Elektronische Geräte und Systeme für Heeres- und Luftfahrtanwendungen, satellitengestützte Kommunikation, Meß- und Prüftechnik sowie Logistik bilden die wesentlichen Tätigkeitsfelder. Ein Beispiel ist die Entwicklung von unbemannten Flugsystemen für Verteidigungsaufgaben und zivile Zwecke. STN ATLAS Elektronik liefert für die Landstreitkräfte von Bundeswehr und NATO u. a. Feuerleitanlagen, leichte Flugabwehrsysteme, Luft- und Bodenschallsensoren für Aufklärungszwecke sowie Meß- und Prüfsysteme zur Fehlerlokalisierung und Funktionsprüfung von Waffensystemen.

Simulationstechnik

Das Unternehmen gehört zu den weltweit führenden Anbietern in der Entwicklung und Produktion von Ausbildungssimulatoren. Die Produktpalette reicht von computerunterstützter Ausbildung bis zu kompletten Anlage- und Systemsimulationen. Marinesimulatoren für U-Jagd, Überwasserwaffensysteme und Minenjagd und komplette Schiffsführungssimulatoren sind nur einige Beispiele. Simulatoren für die Schieß- und Gefechtsausbildung an Panzern, Duellsimulatoren und die Entwicklung eines Gefechtsübungszentrums stellen die Kompetenz des Bereiches eindrucksvoll unter Beweis.

Schiffselektronik

Zum Leistungsspektrum zählen Systeme und Anlagen zur Kommunikation, Navigation, Schiffsbetriebstechnik und Energieversorgung an Bord von Schiffen aller Größenordnungen, bis hin zu integrierten Schiffsführungs- und Kommunikationssystemen. Das Unternehmen lieferte zum Beispiel für die Fregatte Klasse 123 wesentliche Teile der elektrischen Anlage, die Brückenpulte und den Schiffstechnischen Leitstand als Zentrale der kompletten schiffstechnischen Automatisierungs- und Überwachungsanlage.

STN ATLAS Elektronik GmbH
Sebaldsbrücker Heerstraße 235
D - 28305 Bremen
Tel.: (04 21) 4 57 - 0

ANZEIGE AUS: ›HANDBUCH DER BUNDESWEHR UND DER VERTEIDIGUNGSINDUSTRIE‹, 1995

Das Verhältnis zwischen militärischem und zivilem Umsatzanteil wird mit 60 : 40 angegeben (Stand: Anfang 1997). Im Jahr 1994 soll der Rüstungsanteil nach firmeninternen Angaben bei 67 Prozent, 1995 noch bei ca. 61 Prozent gelegen haben. Bei dieser Berechnung ist das dual-use-Geschäft jeweils dem zivilen Umsatz zugeschlagen worden.

Am Ende des Geschäftsjahres 1995 verfügte STN ATLAS über einen Auftragsbestand in Höhe von 2.362 Mio. DM. Bei einer Aufschlüsselung dieser Summe nach Geschäftsbereichen verstärkt sich der Eindruck, daß der Rüstungsanteil insgesamt bei mehr als 60 Prozent liegen dürfte:[890]

Geschäftsbereich	Auftragsbestand Ende 1995 in Mio. DM	Rüstungsanteil am Umsatz (1995)
Marinetechnik	1.132	über 90 %
Simulationstechnik	363	rd. 70 %
Systemtechnik	496	80 %
Schiffselektronik	371	20 %

Zu den wichtigsten Rüstungskunden außerhalb Europas gehören im Marinebereich ost- und südostasiatische Länder, neben Indonesien und Südkorea auch Malaysia und Thailand.[891] In der malaysischen Hauptstadt Kuala Lumpur hat STN ATLAS 1995 ein Regionalbüro eröffnet, mit dem die Aktivitäten im südostasiatischen Raum noch verstärkt werden sollen.[892]

Es ist nicht ganz unproblematisch, die STN-Betriebsstätten in Hamburg und Wedel mit ihren jetzt noch 1.000 Beschäftigten getrennt vom Gesamtunternehmen mit Sitz in Bremen zu betrachten, da es zwischen den Standorten zahlreiche Verflechtungen und Kapazitätsüberschneidungen gibt; keiner der Standorte ist nach Aussage des Betriebsratsvorsitzenden Erik Merks für sich autark. Generell läßt sich aber feststellen, daß die Bremer STN-Betriebsstätten ganz für die Geschäftsbereiche ›Simulationstechnik‹ und ›Systemtechnik‹, für einen beträchtlichen Teil des Geschäftsbereichs ›Marinetechnik‹ und einen kleinen Teil des Geschäftsbereichs ›Schiffselektronik‹ zuständig sind. Am Standort Hamburg/Wedel ist schwerpunktmäßig der Geschäftsbereich Schiffselektronik sowie ein bedeutendes Segment der Marinetechnik, nämlich die Entwicklung und Fertigung von Torpedos, ansässig. Das Verhältnis von militärischer zu ziviler Produktion soll in Hamburg/Wedel etwa 30 : 70 betragen.

Schiffselektronik

Der Geschäftsbereich Schiffselektronik hat zwar in den letzten Jahren eine größere Zahl von Aufträgen aus dem Handels- und Passagierschiffbau hereingeholt, größere

Gewinne wurden mit ihnen wegen des weltweiten Konkurrenzdrucks jedoch nicht erzielt.

Im militärischen Bereich hat der Geschäftsbereich, wie der obigen Übersicht zu entnehmen ist, z.B. wesentliche Teile für die vier Fregatten der Klasse F 123 geliefert. Laut ›Wehrtechnik‹ ist er auch am Entwurf der nächsten Fregattenklasse 124 beteiligt (Arbeitsgemeinschaft E-Technik).[893] Im STN-Lagebericht für 1995 wird für den Schiffselektronikbereich außerdem das Marineprogramm Tender 404 als wichtiger Umsatzträger genannt.

Waffen für den Unterwasserkrieg

Die Sparte ›Unterwassertechnik‹ setzte im Geschäftsjahr 1993 allein 230 Mio. DM um, was 22 Prozent des damaligen STN-Gesamtumsatzes entsprach.[894] STN ATLAS ist nach Aussage des Vorsitzenden der Geschäftsführung, Hans E.W. Hoffmann, »*Marktführer in der Entwicklung und Fertigung von Schwergewichtstorpedos*«.[895] Mit dem Werk in Wedel verfügt STN über eines der wenigen Torpedo-Zentren in Europa. Das Unternehmen rühmt sich, daß STN-Torpedos in 13 Seestreitkräften überall auf der Welt im Einsatz seien; über 80 U-Boote und etwa 40 Überwasserschiffe seien mit ihnen ausgerüstet.[896] In diesen Zahlenangaben sind – diesen Hinweis hielten die Werbestrategen von STN wohl für überflüssig – auch die von AEG und DMT bis 1991 produzierten Torpedos enthalten. Die Gesamtzahl der bis 1997 verkauften Unterwassergeschosse gibt STN ATLAS mit 1.440 an. Davon seien 860 an europäische Streitkräfte gegangen, 190 nach Südamerika und 390 in den Mittleren Osten und nach Asien.[897]

Die Fertigung des neuen Schwergewichtstorpedos ›Seehecht‹ in der Version DM2A3 hat seit 1992 für die Grundauslastung der STN-Unterwassertechnik gesorgt; dieses deutsch-norwegische Projekt ist für STN insgesamt ein wesentlicher Umsatzträger. Die erste Bestellung vom Dezember 1991 bezog sich auf 262 Torpedos mit einem Auftragswert von 415 Mio. DM (d.h.: im Durchschnitt kostet jeder einzelne Torpedo über 1.900.000 DM). Von den 262 Torpedos waren 146 zur Bewaffnung der sechs bei den Thyssen Nordseewerken in Emden für Norwegen gebauten U-Boote bestimmt, die übrigen 116 zur Umrüstung von zwölf deutschen U-Booten der Klasse 206A.[898] Die ersten Torpedos aus diesem Auftrag wurden 1993 ausgeliefert, die letzten sollen 1997 folgen. Ende 1995 orderte das Bundesamt für Wehrtechnik und Beschaffung nochmals 20 Torpedos DM2A3.[899]

Ein starker Exportartikel

Die Torpedos von STN ATLAS sind nach Aussage eines Insiders weiterhin »*ein starker Exportartikel*«. Ein Ende der Torpedo-Koproduktion mit Indonesien, die ➞ AEG

WERBEPROSPEKT

mit der Regierung in Djakarta 1982 vereinbart und welche die → DMT ab 1990 weitergeführt hatte, ist nicht in Sicht. STN ATLAS liefert weiterhin die wichtigsten Torpedokomponenten an den indonesischen Staatskonzern IPTN in Bandung, wo die Endmontage erfolgt.[900] Ob die Exporte von Indonesien in Drittländer (Taiwan, Pakistan) fortgesetzt werden, ist nicht bekannt. Im November 1996 erklärte Indonesien sein Interesse am Erwerb von fünf gebrauchten U-Booten der Bundesmarine. Im Februar 1997 hat die Bundesregierung dem Verkauf zugestimmt.[901] Für STN ATLAS dürften hierbei neue Torpedogeschäfte herausspringen.

Die STN-Unternehmensleitung hat in den vergangenen Jahren nichts unversucht gelassen, um die Bundesregierung doch noch zur Genehmigung der U-Boot-Lieferungen an Taiwan zu bewegen, allerdings ohne Unterstützung des eigenen Betriebsrats.[902] Im März 1996 unternahm STN-ATLAS-Chef Hoffmann mit Hilfe der ›Welt am Sonntag‹ einen neuen Vorstoß für das Projekt ›Lotus Taiwan‹, bei dem es um bis zu zehn U-Boote geht. Er lockte damit, daß bei Aufhebung des *»Exportverbots für deutsche U-Boote in Länder der Asien-Pazifik-Region«* 1.000 STN-ATLAS-Arbeitnehmer in Bremen und Wedel *»über einen längeren Zeitraum problemlos«* beschäftigt werden könnten.[903] Mit der Erwähnung des Standorts Wedel signalisierte Hoffmann, daß dort für die Taiwan-U-Boote die Torpedos (bzw. wieder Torpedoteile für die indonesische Lizenzproduktion) produziert werden würden.

Als Nachfolger der Exporttorpedos SST 4 und SUT präsentiert STN ATLAS auf dem Weltmarkt inzwischen das Modell ›Seahake‹, das weitestgehend mit dem Torpedo Seehecht/DM2A3 identisch ist. Der Leiter der Verkaufsabteilung für Unterwassertechnik, Dipl.-Ing. Gerd Rieper, nutzte die U-Boot-Konferenz ›Subcon `95‹ in Kiel, um auf diese Waffe aufmerksam zu machen.[904]

Erster Seahake-Kunde könnte Israel werden. Wie 1995 in Fachkreisen bekannt wurde, hat STN ATLAS die israelische Firma Electric Fuel Corporation beauftragt, eine neuartige Batterie auf Zinkoxygen-Basis für die Exportvariante des Seehechts zu entwickeln.[905] STN ATLAS hat sich dabei von der Aussicht auf ein Gegengeschäft leiten lassen: Man möchte die Torpedos für die drei israelischen U-Boote liefern, die zur Zeit von den Thyssen Nordseewerken in Emden gebaut werden. Die Bundesregierung, die den U-Boot-Bau für Israel (zugunsten von Thyssen und anderen) mit 1,1 Mrd. DM unterstützt, hat eine Exportgenehmigung für die Torpedos von STN bereits in Aussicht gestellt.[906]

Neue Torpedos braucht das Land

Die Bundesregierung glaubt, daß die weitere Perfektionierung der Unterwasserkriegsführung eine dringliche Aufgabe darstellt: Die Arbeiten an der Weiterentwicklung des Torpedotyps Seehecht werden mit Haushaltsmitteln in geheimgehaltener Höhe gefördert. Die nächste U-Boot-Generation der Klasse 212 soll unbedingt mit leistungsstärkeren Torpedos der Version DM2A4 ausgerüstet werden.

Bei näherem Hinsehen erweist sich, daß die Ausgaben für die Torpedo-Weiterentwicklung nichts mit einer realen Sicherheitsvorsorge zu tun haben, um so mehr aber mit Geschäftsinteressen und einem grotesken Konstruktionsehrgeiz, der durch verschiedene Ingenieurgruppen innerhalb eines Unternehmens angeheizt wird. Weil STN ATLAS in Bremen ein U-Boot-Sonar (CSU 90) entwickelt hat, das gegnerische Ziele aus noch weiterer Entfernung entdecken kann als dies die Vorgängermodelle konnten, muß dieselbe Firma jetzt in Hamburg/Wedel einen Torpedo mit noch größerer Reichweite entwickeln – schließlich will man die Vorzüge des Sonars auch nutzen können. Der Zusammenhang wird durch die folgende Aussage eines Militärexperten bestätigt:

> *»Die Entwicklung auf dem Gebiet der Plattformen, Sensoren und Effektoren hat dazu geführt, daß sich ein Leistungsloch auftut zwischen der Ortungsreichweite des tieffrequenten Sonars und der Waffeneinsatzreichweite bzw. Geschwindigkeit des Torpedos. Hieraus leitet sich die Notwendigkeit der Weiterentwicklung des eingeführten DM2A3 zum DM2A4 für U 212 ab.«*[907]

Bonn zahlt, keiner protestiert. Die nächste Rüstungslücke im Unterwasserbereich ist bereits entdeckt. Angesichts der Gefährlichkeit moderner Drahtlenktorpedos, die auch dank deutscher Exporte weit verbreitet sind, untersucht die deutsche Marine jetzt Konzepte zur Torpedoabwehr. Die *»wirksamste und dabei nicht unbedingt teuerste Lösung«* wäre nach Ansicht des zuständigen Marinewaffen-Dezernatsleiters ein *»Anti-Torpedo-Torpedo«*.[908] Es ist ziemlich klar, welches Unternehmen einen entsprechenden Entwicklungsauftrag erhalten würde: STN ATLAS. Wieder wird sichtbar: Die Dynamik der Zerstörungs- und Kriegsfantasie scheint nicht zu stoppen zu sein.

Zurück zum Entwicklungsvorhaben DM2A4: Um den Torpedo zu vervollkommnen, hat STN ATLAS weitere Versuchsreihen bei der → Hamburgischen Schiffbau-Versuchsanstalt GmbH durchführen lassen. Bei der Entwicklung eines neuen Hochleistungsantriebs, der dem Torpedo die größere Reichweite und Geschwindigkeit geben soll, arbeitet STN ATLAS mit französischen und italienischen Spezialfirmen zusammen.[909] Dies entspricht der von der Geschäftsführung generell ausgegebenen Devise, mit anderen europäischen Unternehmen ›strategische Allianzen‹ zur Sicherung der eigenen Marktposition einzugehen. Am wichtigsten ist STN ATLAS die Kooperation mit der französischen Industrie, auch weil diese nach den Worten von Hoffmann »*über langjährige Erfahrungen in der weltweiten Vermarktung wehrtechnischer Systeme*« verfügt.[910]

Durch die Kooperation mit dem 1993 gegründeten französisch-italienischen Gemeinschaftsunternehmen Eurotorp (in Sophia-Antipolis bei Nizza) hat sich STN ATLAS inzwischen auch Zugang zum Markt der Leichtgewichttorpedos verschafft. Für den Torpedo ›Impact‹ (MU-90) von Eurotorp entwickelt STN einen elektrischen Motor mit variabler Geschwindigkeit.[911] Es ist vorgesehen, die deutsche Seite später auch an der Serienfertigung zu beteiligen. Dies korrespondiert mit der Information, daß die neuen Fregatten F 124 (→ Blohm + Voss) mit diesen neuen Leichtgewichttorpedos bewaffnet werden sollen. Die Auslieferung des MU-90-Torpedos soll 1999 beginnen.

Die Produktion von Seeminen ist nach der Fusion von Systemtechnik Nord und Atlas Elektronik (1994) ganz in Bremen konzentriert worden. Damit wurden die Seeminenkapazitäten der früheren Konkurrenten AEG und Krupp Atlas Elektronik an einem Standort zusammengeführt.

Konversion?

Die Spitzenmanager von Bremer Vulkan und STN haben gegenüber der Öffentlichkeit immer wieder betont, daß man sich um eine Diversifikation in neue, zivile Bereiche bemühe. Wiederholt sprach man auch von Konversion, so im STN-Lagebericht für das Jahr 1992:

> »*Im Rahmen der Konversion werden große Anstrengungen unternommen, die in der Verteidigungstechnik erworbenen Fähigkeiten auf den Gebieten der Informatik, Sensorik und Datenübertragung im Bereich der Meeres-, Verkehrs- und Umwelttechnik zu übertragen. Erste Erfolge zeichneten sich im abgeschlossenen Geschäftsjahr ab.*«[912]

Konkret formulierte die STN-Geschäftsführung 1992 das Ziel, den Rüstungsanteil an den Erlösen bis 1995 von 70 auf 50 Prozent zurückzuführen.[913] Ein Jahr später kam die zwecks Konversion gegründete Sparte ›Meerestechnik/Neue Produkte‹ gerade einmal auf einen Umsatz von 9 Mio. DM, d.h. auf weniger als ein Prozent am damaligen STN-Gesamtumsatz. Das Streben nach firmeninterner ›Abrüstung‹ verlor offenbar nach der im Dezember 1992 abgehaltenen Planungskonferenz des Bundesverteidigungsministeriums etwas an Dringlichkeit. Denn nun ging man bei STN davon aus, daß sich für das eigene Unternehmen aus der Reduzierung des Rüstungsetats mittelfristig *»keine gravierenden Auswirkungen«* ergeben würden, *»da aufgrund des hohen, bis weit in die Mitte der 90er Jahre reichenden Auftragsbestandes von Mrd. DM 2,1 die Beschaffung weitgehend gesichert ist und die STN darüber hinaus in Marktsegmenten tätig ist, in denen Nachholbedarf beim Kunden (gemeint ist die Bundeswehr, d. Verf.) besteht.«*[914]

Gelegentlich wird von Firmenmanagern versucht, das Thema Konversion als argumentatives Druckmittel für mehr Rüstungsexporte zu instrumentalisieren. Dr. Triebold vom Vorstand des Bremer Vulkan erklärte 1993, die Forschungsgelder für zivile Projekte müßten aus Militäraufträgen finanziert werden, deshalb *»gefährde das Verbot des Taiwan-Auftrags auch die Konversion«* bei STN und Atlas Elektronik.[915]

Nach der Fusion von System Technik Nord und Atlas Elektronik im Jahr 1994 wurden neue Konversions- bzw. Diversifikationsplanungen für das Gesamtunternehmen entwickelt. STN-ATLAS-Chef Hoffmann hat angekündigt, im Jahr 2000 werde der Anteil wehrtechnischer Produkte an der Gesamtleistung *»auf weniger als 50 Prozent«* gesunken sein.[916] Ob dieses Ziel erreicht wird, erscheint fraglich und wird nicht zuletzt davon abhängen, wie erfolgreich ein 1995 gegründeter Konversionsausschuß arbeiten wird.

Dieser Konversionsausschuß ist innerhalb des Unternehmens fest institutionalisiert und hochrangig besetzt. Ihm gehören der Vorsitzende der Geschäftsführung, Vertreter der vier Geschäftsbereiche, zwei Marketingexperten, ein Vertreter der Personalabteilung und zwei Betriebsratsmitglieder als Arbeitnehmervertreter an. Im Gegensatz zu früheren Konversionsprojekten, deren Produkte zwar sinnvoll und technisch realisierbar, aber nicht verkaufbar waren, sollen jetzt nur noch Vorhaben vorangetrieben werden, die sich strikt an *»zukünftigen Markterfordernissen«* orientieren. Bei der Erweiterung des zivilen Geschäfts peilt STN insbesondere die Marktsegmente Verkehr, Umwelt, Kommunikation und Qualitätsmanagement an. Um den Rüstungsanteil des Geschäftsbereichs Marinetechnik zu senken, denkt man z.B. an Produkte wie diese:

- schiffahrtsorientierte Verkehrsleitsysteme (VTS = Vessel Traffic Services Systems),
- Objektsuchsonare für Forschungsschiffe,
- einen sog. "Sonoreaktor" zur Reduzierung von Klärschlamm,
- Anlagen zur Demontage von Altautos,
- autonome Unterwasserfahrzeuge für die Offshoreindustrie.

Die zur Projektentwicklung erforderlichen Mittel werden teilweise von STN ATLAS selbst, teilweise aus Fonds der EU, des Forschungsministeriums und des Bremer Senats bereitgestellt.

Auch wenn STN ATLAS also ernsthaft bemüht zu sein scheint, den Rüstungsanteil am Umsatz um etwa zehn bis 20 Prozentpunkte zu senken, so bleibt zugleich das Bestreben unverkennbar, im Militärgeschäft so viele Aufträge wie möglich hereinzuholen:

- Im STN-Lagebericht für 1995 heißt es: »*Die Bundeswehr und andere Streitkräfte der NATO-Mitgliedstaaten bereiten sich personell und materiell intensiv auf neue Einsatzstrategien – etwa auf dem Gebiet der Krisenreaktion – vor. Die dazu erforderliche Technik muß – in enger Abstimmung mit dem öffentlichen Auftraggeber – auf vielen Gebieten bereitgestellt werden. STN ATLAS Elektronik beteiligte sich auch 1995 intensiv an der Entwicklung entsprechender Anlagen und Systeme.*«[917]

- Wie sehr STN auch weiterhin auf den Rüstungsexport setzt, zeigt die rege Beteiligung des Unternehmens an internationalen Militärmessen. 1995/96 stellte STN z.B. auf der Messe für Heeres- und Marinerüstung IDEX in Abu Dhabi, ebenso auf den Rüstungsmessen ›Defence Seoul‹ in Südkorea und ›Defence Services Asia‹ (DSA) in Malaysia aus.[918]

Schließlich wird sich die Übernahme von STN ATLAS Elektronik durch das von Rheinmetall geführte Konsortium vermutlich nicht günstig auf die Konversions- bzw. Diversifikationsprojekte auswirken. Rheinmetall-Vorstandschef Hans U. Brauner ist dafür bekannt, daß er von Konversion nichts hält – für ihn ist das Wort nur eine Umschreibung für zivile Verlustgeschäfte.

Ad. Strüver KG (GmbH & Co.)

22453 Hamburg (Groß Borstel), Niendorfer Weg 11
Kapital: 4,7 Mio. DM (1993) – Beschäftigte: ca. 420 (1986), ca. 152 (1989), 25 (1996) – Umsatz: ca. 60 Mio. DM (1989), 16 Mio. DM (1995)

94 Prozent am Strüver-Kapital hält die Deutz AG (die bisherige Klöckner-Humboldt-Deutz AG), Köln, auf welche die Deutsche Bank maßgeblichen Einfluß ausübt. In den letzten Jahren ist Strüver von Deutz zu einer Firma für Vertrieb, Prüf- und Reparaturdienst zusammengestutzt worden; eine Produktion findet hier kaum noch statt.

Spezialität von Strüver sind auf Deutz-Diesel-Motoren beruhende Stromaggregate, die in unterschiedlichen Bereichen zum Einsatz kommen: zur Licht- und Krafterzeugung bei fehlender Netzversorgung, zur unterbrechungslosen Stromversorgung für EDV- und Kommunikationsanlagen, zum Start von Flugzeugen und Raketen. Im Organ der Hamburger Handelskammer wurden Bundeswehr und NATO 1989 als »*wichtige Kunden*« von Strüver bezeichnet.[919] Das Unternehmen hat in verschiedenen Publikationen um militärische Kunden geworben.[920] Inwieweit die Strüver-Kontakte zum Iran – die Firma ist in einem Verzeichnis der Deutsch-Iranischen Industrie- und Handelskammer aufgeführt – militärischer Art (gewesen) sind, ist nicht bekannt.[921]

Die Produktion von Flugfeldtankwagen wurde 1989 aus dem Unternehmen ausgegliedert (heute: Hünert Fahrzeugbau GmbH).

Telefunken Systemtechnik GmbH (TST) (1989-92) und Dasa-Produktbereich ›Energie- und Anlagentechnik‹ (1992-94)

Werk: 22880 Wedel, Industriestr. 23-33
Stammkapital TST: 250 Mio. DM (1990)
Beschäftigte:

- TST insgesamt 7.178 (Ende 1991)
- Wedel ca. 2.000 (1991), 1.285 (1993)

Umsatz: TST insgesamt 1.688 Mio. DM, davon Wedel ca. 400 Mio. DM (1990)
Vorsitzender der TST-Geschäftsführung: Dr.-Ing. Gerhard Jäger (1990-92), Leiter des Dasa-Produktbereichs Energie- und Anlagentechnik Dr. Eckehard Schmidt (ab 1992).

Die Telefunken Systemtechnik GmbH wurde am 21. März 1989 gegründet. Durch die TST brachte die Daimler-Benz AG die bisherigen Kapazitäten der → AEG in den Bereichen Luftfahrt, Raumfahrt und Rüstung unter das Dach ihrer neuen Hochtechnologietochter Deutsche Aerospace AG (Dasa), München. Die Übertragung der Aktivitäten von der AEG auf die 100prozentige Dasa-Tochter TST erfolgte am 30. Juni 1989. Betroffen waren hiervon die bisherigen AEG-Geschäftsbereiche ›Hochfrequenztechnik‹ (Ulm) und ›Marine- und Sondertechnik‹ (Hamburg/Wedel). Daneben übernahm die TST aus der Erbmasse der AEG die Tochterfirmen Eltro (Heidelberg), Elekluft (Bonn) und Telefunken Sendertechnik (Berlin). Von einem Teil des Wedeler AEG-Komplexes, dem Fachbereich Marinetechnik, mußte sich die TST allerdings schon 1990 wieder trennen, da dieser entsprechend einer Auflage des Bundesministers für Wirtschaft nicht in den neuen Daimler-Benz-Superkonzern eingegliedert werden durfte (→ DMT Marinetechnik GmbH).

Zum Hauptsitz der Telefunken System Technik GmbH wurde Ulm bestimmt, Wedel zum Sitz des Produktbereichs ›Energie- und Anlagentechnik‹. Schon nach dreijähriger Existenz wurde die TST allerdings wieder aus dem Handelsregister gelöscht. Am 30. September 1992 ging TST ebenso wie MBB in der Deutschen Aerospace AG auf. Aus dem Wedeler TST-Werk wurde dadurch der Produktbereich ›Energie- und Anlagentechnik‹ des Dasa-Geschäftsfelds ›Verteidigung und Zivile Systeme‹.

Im Oktober 1993 wurde der Plan der Dasa bekannt, den Standort Wedel vollständig aufzugeben.[922] An dem Rückzug der Dasa konnten auch die Proteste der Belegschaft nichts mehr ändern. In langen Verhandlungen versuchte der Betriebsrat, eine völlige Betriebsschließung zu verhindern und den Personalabbau ›sozialverträglich‹ zu gestalten. Im Endeffekt geschah folgendes:[923]

- Die Raumfahrtsolartechniker wurden nach Ottobrunn abgezogen, die Solarzellenfabrik später nach Erfurt verlagert.

- Um zumindest die Fertigung von Solarmodulen mit knapp 110 Arbeitsplätzen in Wedel zu erhalten, gründete die Dasa gemeinsam mit der RWE-Tochter NUKEM GmbH Mitte 1994 die Angewandte Solarenergie GmbH ASE – doch diese verlagerte die Produktion einige Monate später in die USA.

- Der Bereich ›Verkehrsleittechnik‹ (Straße und Flughafen) wurde an Dornier abgegeben, wobei 90 Mitarbeiter vorerst noch in Wedel bleiben konnten.

- 150 Beschäftigte wechselten zum 1.Oktober1994 zu einer neugegründeten Innovations- und Qualifizierungsgesellschaft (IQG), die 1996 wieder aufgelöst wurde.

- Als Hauptblock des früheren Werks blieb der Bereich ›Ausrüstung‹ mit vorwiegend militärischen Aktivitäten übrig, aus dem 1994 eine neue Firma, die → ESW Extel Systems Wedel, mit gut 630 Beschäftigten am Standort Wedel hervorging.

Beteiligung am Rüstungsgeschäft

Während sich die TST in Ulm und an anderen Standorten vor allem mit Radarsystemen, Funkgeräten und mit Systemen der elektronischen Kampfführung beschäftigte, lag der Rüstungsschwerpunkt des in Wedel ansässigen Produktbereichs Energie- und Anlagentechnik auf Antriebs- und Stabilisierungssystemen sowie auf Duellsimulatoren. Sowohl in Ulm als auch in Wedel bezog die TST über 50 Prozent ihres Auftragsvolumens aus der Rüstung.[924]

Für Turm- und Waffenantriebe hatte der AEG-Fachbereich ›Flugwesen und Sondertechnik‹ eine neue Technologie entwickelt, mit deren Vermarktung nun TST Wedel beginnen konnte. Statt der bisher hydraulischen Antriebe bot die Firma ab 1990 eine elektrische Antriebstechnik an (›Geardrive 90 BL‹).[925] Dem Konzept des elektrischen Antriebs verdankte TST *»eine weltweit führende Position bei Richt- und Stabilisierungsanlagen für Panzerwaffensysteme«*.[926] Aus Norwegen erhielt das Wedeler Werk 1989 einen ersten Serienauftrag für die Umrüstung von Leopard-1-Panzern auf diese Technik, an dem noch 1992 gearbeitet wurde. Als großen Erfolg verbuchte man 1992 die Entscheidung des deutschen Militärs, den elektrischen Turmantrieb für die Kampfwertsteigerung der Leopard-2-Panzer durch TST entwickeln und fertigen zu lassen. Mit dem italienischen Rüstungsproduzenten OTO Melara schloß TST 1990 einen Kooperationsvertrag zur Ausrüstung italienischer Panzer. Im folgenden Jahr konnte sich TST mit elektrischen Richtantrieben erstmals an einem nicht näher bezeichneten US-amerikanischen Panzerprojekt beteiligen.

›Stabilisierung‹ hieß auch das Zauberwort bei einer Reihe weiterer Rüstungsgeschäfte:

- für Truppenversuchssysteme der Panzerhaubitze 2000 begann TST 1990 mit der Herstellung von Stabilisierungssystemen;
- Stabilisierungsplattformen für Visiere konstruierte TST für die neue Antipanzerrakete Pars 3 und den Kampfhubschrauber Tiger;
- 1991 gingen bei TST *»weitere Aufträge über stabilisierte Radarplattformen für kanadische und dänische Fregatten«* ein;
- aus Griechenland erhielt TST Wedel 1993 *»einen Folgeauftrag über stabilisierte Spiegel für Zielgeräte«*.

Von zunehmender Bedeutung für TST war die Entwicklung und Fertigung sogenannter Duellsimulatoren, technisch aufwendiger Kriegsspielsysteme, mit denen Soldaten auf gefechtsmäßiges Verhalten (d.h. auf Treffen und Töten bei optimalem Eigenschutz) gedrillt werden. Zunächst führte TST die um 1988 von AEG begonnene Lieferung von Duellsimulatoren für den Kampfpanzer Leopard 2 fort. Ab

1990 produzierte das Unternehmen solche Simulatoren auch für den älteren Kampfpanzer Leopard 1. 1992 erhielt TST im Arbeitsgebiet Simulation einen *»ersten bedeutenden Auftrag für Gefechtsübungszentren«*. Weitere Duellsimulatoren entwickelten die Wedeler bis 1994 für Handwaffen sowie für die Antipanzerwaffen Pars 3 MR und Milan.

TST führte auch die von AEG begonnenen Entwicklungsarbeiten im Rahmen des Beschaffungsvorhabens ›Jäger 90/Eurofighter‹ weiter. Die Firma übernahm 1990 die Federführung im Konsortium zur Entwicklung des Nasenradoms (das ist die Schutzhaube für Radarantennen an der Flugzeugspitze). Über weitere Rüstungsaktivitäten des TST-Produktbereichs ›Energie-und Anlagentechnik‹ informieren die Dasa-Geschäftsberichte.

Geschäftsbericht 1990:

»Bei den Bildverarbeitungssystemen wurde die Miniaturisierung der Elektronik weiter vorangetrieben, vor allem im Hinblick auf ihre Verwendung im Panzerabwehrsystem Pars 3 und die Modernisierung des Waffensystems Roland ...«

Geschäftsbericht 1991:

»Seit 1984 haben wir 800 Rotorblatt-Enteisungsanlagen für den amerikanischen Hubschrauber Apache geliefert; 1991 erhielten wir Anschlußaufträge über weitere 120 Einheiten.«

»Von der Nato erhielt TST den Auftrag, für die Awacs-E-3A-Staffel in Geilenkirchen neue Aggregate für die Bodenstromversorgung zu entwickeln. Die ersten Seriengeräte wurden im Berichtsjahr von den zuständigen Stellen abgenommen.«

In der orbitalen Energietechnik war TST laut Dasa-Geschäftsbericht 1991 *»weltweit das einzige Unternehmen, das eine komplette Produktpalette von der Schlüsselkomponente Solarzelle über Solargeneratoren und Anlagen zur Energieaufbereitung und -speicherung bis hin zu kompletten Untersystemen anbietet«*. Wie beim Vorgängerunternehmen AEG ist schwer einzuschätzen, inwieweit den Raumfahrtprojekten, an denen die Wedeler Spezialisten bis zur Verlegung nach Ottobrunn 1994 mitwirkten, neben der zivilen auch eine militärische Bedeutung zukam. In einem Fall ist die Sachlage eindeutig: Für Frankreichs militärischen Aufklärungssatelliten SPOT IV wurde hier ein faltbarer Solargenerator produziert.[927] Andere Raumfahrtprojekte, an denen das Wedeler Werk beteiligt war, waren z.B. der deutsche Fernmeldesatellit DFS-Kopernikus, die europäischen Erderkundungssatelliten ERS-1 und ERS-2 und der Röntgensatellit Rosat. Ein *»dickes Auftragsvolumen«*[928] versprach man sich aber vor allem durch die Beteiligung an den Vorhaben ›Hermes‹ (Raumgleiter) und ›Columbus‹ (Raumstation), auf deren zumindest latente militärische Relevanz Beobachter verschiedentlich hingewiesen haben.

Konversion?

Mitte 1992 erklärte die Unternehmensleitung: *»Die Telefunken System Technik GmbH sieht sich bei zurückgehenden Aufträgen und sinkenden Umsätzen im militärischen Stammgeschäft in einer negativ verlaufenden Entwicklung, der durch Aktivitäten im zivilen Geschäft entgegengewirkt wird.«*[929] Zugleich bekannte sich die TST aber ausdrücklich zur Fortsetzung der Rüstungsaktivitäten; man werde sich *»verstärkt auf Systeme mit Defensivcharakter, vor allem bei Aufklärung und Führung, konzentrieren«*.

Insgesamt gelang es der TST nicht, im zivilen Bereich neue, dauerhaft tragfähige und gewinnbringende Perspektiven zu entwickeln, was sich in negativen Betriebsergebnissen und ab Oktober 1992 in Kurzarbeit niederschlug. Relativ gute Ergebnisse im Zivilgeschäft erzielte allenfalls die Flughafenausrüstung (Berlin-Schönefeld, München).

Im Sektor ›Solartechnik‹ realisierte TST einige beachtenswerte Projekte, so den Ausbau der Photovoltaikanlage auf der Nordseeinsel Pellworm und die Installation eines Solargenerators an einer Autobahn-Lärmschutzwand,[930] doch blieb man hier in hohem Maße von dem Zufluß öffentlicher Mittel abhängig. Es haperte weiterhin bei der Durchsetzung der Photovoltaik auf dem normalen Energiemarkt.[931] Das einzige in diesem Sektor bekannt gewordene Exportgeschäft bezog sich übrigens auf *»einen bedeutenden Auftrag im Iran über eine Solarzellen- und Modulfertigungsanlage«*;[932] über den dortigen Nutzungszusammenhang wurde nichts weiter berichtet. Infolge der Dasa-Politik ist heute von dem in AEG-Zeiten aufgebauten Solarzentrum Wedel fast nichts mehr übrig. Nur die von ehemaligen Mitarbeitern gegründete Kleinfirma Solarnova (13 Beschäftigte) versucht seit September 1996, in begrenztem Umfang die Fertigung von Photovoltaik-Modulen in Wedel weiterzuführen.[933]

Als Fazit bleibt: von der ab 1993 durchgesetzten Dasa-Strategie zum Kapazitätsabbau in Wedel waren die zivilen Bereiche stärker betroffen als die militärischen. Für das Nachfolgeunternehmen ➞ ESW zeichnete sich daher gegenüber der bisherigen Umsatzstruktur eine noch gesteigerte Rüstungsabhängigkeit ab.

Kritik/Proteste
»*Daimler macht den Norden platt*«, hieß es auf einem Transparent, als am 26. Oktober 1993 1.500 Menschen auf dem Wedeler Marktplatz gegen die Abbaupläne der Dasa demonstrierten.[934] Die Sorge um den eigenen Arbeitsplatz stand bei den Protesten im Vordergrund, so daß Forderungen nach einer konsequenten Konversion spielten keine wesentliche Rolle.

TMP Tenax Marine Paints GmbH

22525 Hamburg (Eidelstedt), Reichsbahnstr. 74-76
bis etwa 1987: Schnackenburgallee 62 (Bahrenfeld)

Ursprünglich steht die Abkürzung TMP für Torpedo Marine Paints.

Die Firma erklärte 1987/88 in Anzeigen, sie sei »*seit über 30 Jahren Lieferant geprüfter Anstrich- und Beschichtungsstoffe für alle Anwendungsbereiche der Bundesmarine*«.[935]

Triton-Belco AG

22081 Hamburg (Barmbek-Süd), Alter Teichweg 15-25
Grundkapital: 23,48 Mio. DM – Beschäftigte: 1.195 (Triton-Belco-Gruppe bundesweit), davon 220 in Hamburg (1996) – Gruppenumsatz: 447 Mio. DM (1996)

Triton-Belco ist ein Fachgroßhändler für Sanitär-, Heizungs- und Entsorgungsanlagen; das Unternehmen rüstet auch Schiffe aus. Die Triton-Belco AG gehört zur Gruppe der AGIV Aktiengesellschaft für Industrie und Verkehrswesen (Frankfurt), die ihrerseits von der Metallgesellschaft AG kontrolliert wird. Triton-Belco hat nicht nur Kriegsschiffe der Bundesmarine (Fregatten 122) mit Sanitäreinrichtungen ausgestattet, sondern gehört auch zu den Hauptunterauftragnehmern von → Blohm + Voss beim Bau der MEKO-Export-Fregatten.[936]

Valvo

→ Philips GmbH

Verlag Klaus D. Patzwall

22851 Norderstedt, Tangstedter Weg 52

Ein Schwerpunkt des Verlags sind Militaria, also Publikationen zur deutschen Militärgeschichte (insbesondere während der NS-Zeit), zu deutschen Waffen, Orden, Ehrenzeichen und Uniformen.[937] In der Schriftenreihe ›Führung und Truppe‹ sind bisher erschienen:

Bd. 1: ›Die deutsche Wehrmacht 1939-1945‹,
Bd. 2: ›Die Deutsche Luftwaffe 1939-1945‹,
Bd. 3: ›Die Waffen-SS und Ordnungspolizei 1939-1945‹,
Bd. 5: ›Die Bundeswehr 1955-1995‹.

Weitere Titel sprechen für sich: ›Deutsche Kampfmesser‹, ›Deutsche Koppelschlösser 1800-1945‹, ›Das Eiserne Kreuz – 1813 bis heute‹, ›Abkürzungen der Deutschen Wehrsprache‹, ›Die Inhaber der Anerkennungsurkunde des Oberbefehlshabers des Heeres für Flugzeugabschüsse 1941-1945‹, ›Die blanken Waffen der Sturmabteilungen, der Schutzstaffel und des NS-Kraftfahrkorps der NSDAP‹ usw. Der Verleger selbst ist Autor folgender Bücher: ›Zivilabzeichen der Deutschen Wehrmacht 1934-1945‹, ›Der SS-Totenkopfring. Seine illustrierte Geschichte 1933-1945‹ und ›Die Hitlerjugend im Spiegel ihrer Dokumente 1932-1945‹. Außerdem erscheint in dem Verlag zweimonatlich die Zeitschrift ›Militaria‹.

Verlagsgruppe Koehler/Mittler

21147 Hamburg (Hausbruch), Striepenweg 31

Durch die Ansiedlung dieser Verlagsgruppe im Jahr 1995 ist Hamburg zum wohl wichtigsten deutschen Verlagsort für Militärpublikationen geworden. Zu den Verlagen, die hier unter ein neues gemeinsames Dach gekommen sind, gehören: Koehlers Verlagsgesellschaft mbH, E.S. Mittler & Sohn GmbH, Maximilian-Verlag Dr. Kurt Schober GmbH Co. KG, Verlag Offene Worte, Verlag Europäische Wehrkunde GmbH und Wehrwissenschaftlicher Verlag GmbH. Die meisten der genannten Verlage waren zuvor in Herford ansässig. Geschäftsführer und offenkundig die bestimmende Gestalt in dieser Verlagsgruppe ist Peter Tamm, der militärbegeisterte frühere Chef des Springer-Verlags, der in Hamburg mit hohem Geldaufwand auch das ›Wissenschaftliche Institut für Schiffahrts- und Marinegeschichte‹ (Elbchaussee 277) aufgebaut hat. Am Mittler-Verlag ist Tamm selbst mit einer Einlage von 50.000 DM beteiligt. Weiterer Geschäftsführer der Verlagsgruppe Koehler/Mittler ist seit November 1996 Dr. Jürgen Rohweder, der zuvor Leiter der Öffentlichkeitsarbeit beim U-Boot-Bauer HDW in Kiel gewesen ist.[938]

Neben einer großen Anzahl von Büchern, die die deutsche Kriegs-und Militärgeschichte in ein positives Licht rücken oder der Verehrung einzelner Waffensysteme gewidmet sind, erscheinen in dieser Verlagsgruppe u.a. folgende Militär- und Rüstungszeitschriften:[939]

- ›Europäische Sicherheit‹ (in Fortführung der vereinigten Zeitschriften ›Europäische Wehrkunde‹, ›Wehrwissenschaftliche Rundschau‹ und ›Wehrforschung‹, steht besonders der Führungsakademie der Bundeswehr in Hamburg nahe);
- ›Marineforum‹ (berichtet über Seestreitkräfte und Marinerüstung, offizielles Organ der Marine-Offizier-Vereinigung);
- ›Militärgeschichte‹;
- ›Truppenpraxis/Wehrausbildung‹;
- ›Mittler-Brief‹ (Informationsdienst zur Militärpolitik).

Wer das Gesamtangebot dieser Verlagsgruppe studiert, bekommt einen Eindruck davon, wie sehr Waffenbegeisterung und latente Kriegssehnsucht in diesem Land nach wie vor vorhanden sind.

VSG Verfahrenstechnik für Schiffsbetrieb GmbH

→ ROM

W.E.T. Water Engineering Trading GmbH (1984 bis 1996)

20355 Hamburg (Neustadt), Hütten 86,
und 22761 Hamburg (Bahrenfeld), Leunastr. 48

Stammkapital: 170.000 DM – Beschäftigte: 4 – Geschäftsführer: Reinhold O. Krauskopf (1984-1996), Nazar Al-Kadhi (1986-1996), Peter Leifer (1986-88)

Ende März 1984 beschuldigte die ›New York Times‹ auf der Grundlage von CIA-Informationen die Firma Karl Kolb GmbH in Dreieich bei Frankfurt, dem Irak Laborausrüstungen und Einrichtungen zur Kampfstoffherstellung verkauft zu haben. Drei Wochen nach dieser ersten öffentlichen Anschuldigung, am 17. April 1984, wurde in Hamburg die W.E.T. gegründet, die bis 1988 als sog. ›Nordschiene‹ eine führende Rolle bei den deutschen Lieferungen für die irakische C-Waffen-Produktion übernehmen sollte.[940] Als Geschäftsführer der W.E.T. trat zunächst der Hamburger Elektrogroßhändler Reinhold Otto Krauskopf in Erscheinung, aber im Hintergrund waren an der Gründung drei Angestellte der Preussag AG (Hannover) wesentlich beteiligt: der Deutsch-Iraker Nazar Al-Kadhi als Leiter der Preussag-Abteilung im Irak sowie dessen Mitarbeiter Peter Leifer und Otto Holzer. Ende 1985 bzw. Anfang 1986 schieden die drei bei der Preussag aus; Al-Kadhi und Leifer wurden weitere W.E.T.-Geschäftsführer.

Der Großkunde im Irak war die State Establishment for Pesticides Production (SEPP), mit der zuvor schon die Karl Kolb GmbH und ihre Tochterfirmen Geschäfte gemacht hatten. Im Juli und September 1985 erhielt SEPP von der W.E.T. zunächst einmal 58 Tonnen Chemikalien, die als Vorprodukte zur Giftgasherstellung geeignet waren. Im selben Jahr wurde man sich handelseinig über das Projekt 33/85, d.h. über die Lieferung einer chemischen Anlage, die zur Herstellung von Lost (Senfgas) oder anderen Kampfstoffen genutzt werden konnte.

Nicht erst das von der irakischen Luftwaffe im März 1988 verübte Giftgas-Massaker von Halabja, bei dem wahllos über 5.000 Kurdinnen und Kurden umgebracht wurden, zeigte die Fähigkeit und Bereitschaft des Irak zum C-Waffen-Einsatz. Schon 1984 war durch eine UN-Beobachtergruppe bestätigt worden, daß das irakische Militär im Krieg gegen den Iran chemische Waffen einsetzte. Am 23. März 1986 verurteilte der UN-Sicherheitsrat formell die irakischen Giftgaseinsätze. Dies hielt die W.E.T.-Manager allerdings nicht davon ab, mit den Lieferungen für das Projekt 33/85 zu beginnen. Auch eine Rohrverschraubungsanlage für Granaten und Bomben des Kalibers 122 verschob die Firma 1986 in den Irak.

Neben Giftgasanlagen hat die W.E.T. der SEPP bei deutschen Spezialfirmen Brutschränke und Nährstoffe zur Herstellung biologischer Waffen besorgt, wobei man vorgab, die Lieferungen seien für Nigeria bestimmt.[941] Der Irak hat später zugegeben, 191 Gefechtsköpfe mit biologischen Kampfstoffen ausgerüstet zu haben, speziell mit Milzbrand-Bazillen.[942]

Am 19. Februar 1987 erfuhr die deutsche Öffentlichkeit erstmals durch einen Bericht des ›Stern‹ von den massenmordbegünstigenden W.E.T.-Geschäften. Im März 1987 verwies der Hamburger Senat anläßlich einer Anfrage der GAL-Fraktion darauf, daß bei der W.E.T. von den zuständigen Bundesstellen eine Außenwirtschaftsprüfung durchgeführt werde.[943] Kaum zu glauben, aber vom Landgericht Darmstadt 1996 bestätigt: Die W.E.T. setzte die kriminellen Lieferungen auch danach noch fort:[944]

- Die Teillieferungen für das erwähnte Projekt 33/85 gingen bis zum 14. Mai 1987 weiter.

- Unter der Projektbezeichnung 118/86 führte die W.E.T. am 13. April 1987 zur Herstellung von Kampfstoffen geeignete Flansche und Hähne mit PTFE-beschichteten Dichtungen illegal in den Irak aus.

- Unter der Projektbezeichnung MC 1 lieferte die W.E.T. zwischen dem 2. Juni 1987 und dem 29. Januar 1988 Chemieanlagenteile im Wert von 9 Mio. DM an die SEPP nach Fallujah.

Das Kapitel W.E.T. kann nicht geschrieben werden, ohne die geheimdienstliche Dimension der Geschäfte zu erwähnen, die allerdings später im Prozeß ausgeblendet blieb.[945] 1990 wurde trotz eines Vertuschungsversuchs bekannt, daß Geschäftsführer Peter Leifer von 1986 bis März 1988 für den BND gearbeitet hat. Noch stärker von Geheimnissen umwittert ist die Rolle von W.E.T.-Geschäfsführer Al-Kadhi. Er wurde am 26. August 1986 in Bagdad festgenommen und am 28. Januar 1987 zum Tode verurteilt. Angeblich soll er Gasmasken an den Erzfeind Iran verkauft haben; nicht abwegig erscheint aber die Annahme, der wahre Grund für das Todesurteil könnte seine Enttarnung als BND-Informant gewesen sein. Nach Interventionen von Bundespräsident von Weizsäcker und Außenminister Genscher wurde Al-Kadhi im Juli 1987 zu lebenslanger Haft begnadigt und später nach Deutschland abgeschoben.

Im März 1988 stellte die W.E.T. ihren Betrieb ein. Inzwischen war es im November 1987 auf Anordnung der Staatsanwaltschaft Darmstadt, die die Ermittlungen gegen alle in Verdacht geratenen deutschen Firmen übernommen hatte, zu einer Durchsuchung der W.E.T.-Geschäftsräume gekommen. Erst im August 1990 allerdings folgte die Verhaftung der W.E.T.-Gesellschafter Leifer, Krauskopf und Al-Kadhi. In der Untersuchungshaft gestand Leifer, daß die an den Irak gelieferten Chemieanlagen für militärische Zwecke bestimmt gewesen seien.[946] Aber nach einigen Wochen Untersuchungshaft waren die drei wieder frei.

Als der Irak im zweiten Golfkrieg Anfang 1991 Israel mit Giftgasraketen bedrohte, meldeten sich nun auch Politiker zu Wort, die bisher kaum durch Kritik an deutschen Rüstungsexporten hervorgetreten waren. Hamburgs Erster Bürgermeister Henning Voscherau erklärte, »besonders peinigend« sei »der Gedanke, daß jüdische Menschen, in Israel, von Gas und Waffen betroffen sind, an deren Herstellung auch Deutsche beteiligt waren«. Als Konsequenz kündigte er an: »Wir Deutsche werden die legalen und illegalen Exporte von Waffen und anderen kriegstauglichen Gütern schärfstens reglementieren und das ›Geschäft mit dem Tod‹ unter harte Strafen stellen.«[947]

Im April 1992 begann vor dem Darmstädter Landgericht endlich der sogenannte ›Giftgasprozeß‹.[948] Angeklagt waren sechs Geschäftsleute der ›Südschiene‹ (Firmengruppe Karl Kolb) und vier Vertreter der ›Nordschiene‹ (W.E.T.). Das Verfahren gegen die Schlüsselfigur Nazar Al-Kadhi wurde im August 1992 abgetrennt und wegen einer »psychogenen Erkrankung« des Angeklagten vorläufig eingestellt. Damit entfiel die Notwendigkeit, einige besonders heikle Punkte näher zu untersuchen. Das anfangs große Interesse der Medien bröckelte, je länger das Verfahren dauerte, immer mehr ab. Die erste Hauptverhandlung platzte im Juni 1993 aufgrund von Problemen mit den Gutachtern. In der zweiten, im Januar 1994 aufgenommenen Hauptverhandlung sprach das Gericht zunächst drei Angeklagte der Südschiene wegen einer ›Strafbarkeitslücke‹ frei und setzte kurz darauf das Verfahren gegen die drei verbliebenen W.E.T.-Kaufleute erneut aus, um auf Wunsch der Verteidigung exportrechtliche Fragen durch den Europäischen Gerichtshof klären zu lassen.

Über zwei Jahre später, im Mai 1996, ging es in die dritte Verhandlungsrunde. Am 3. Juni 1996 verkündete das Landgericht Darmstadt schließlich sein Urteil. Wegen Verstoßes gegen das Außenwirtschaftsgesetz in mehreren Fällen verhängte es folgende Haftstrafen: 21 Monate für Leifer, 18 Monate für Krauskopf und sechs Monate für Holzer. Alle Strafen wurden auf Bewährung ausgesetzt. Wegen Verjährung wurden verschiedene Geschäfte aus der Anfangsphase (1985/86) beim Strafmaß nicht mehr berücksichtigt.

Von den Leidtragenden der Giftgasgeschäfte und der irakischen C-Waffen-Einsätze spricht kaum noch jemand. Nach iranischen Angaben starben im Ersten Golfkrieg (1980-88) 25.000 eigene Soldaten durch irakisches Giftgas.[949] Von kurdischer Seite wurde die Zahl der durch die irakischen Senfgasangriffe von 1987/88 Getöteten auf über 10.000 beziffert. Ungezählten weiteren Menschen hat das Gas das Leben ruiniert. Die Sprengung eines irakischen Giftgaslagers durch die US-Armee im März 1991 wird von vielen als Ursache für das ›Golfkriegssyndrom‹ angesehen, von dem bis zu 20.000 amerikanische Soldaten betroffen sein sollen. Und nach wie vor ist die Gefahr der irakischen C- und B-Waffen nicht gebannt. Noch immer halte der Irak biologische Waffen vor den Kontrolleuren versteckt, erklärte im Januar 1997 der Vorsitzende der UN-Kommission für die Entwaffnung Iraks, der Schwede Rolf Ekeus.[950]

Mit Eintragung vom 1. Juli 1996 wurde die W.E.T. aus dem Handelsregister gelöscht. Zum Abwickler wurde der Kaufmann und bisherige Geschäftsführer Krauskopf bestellt.

Willbrandt & Co. Gummitechnik

22525 Hamburg (Eidelstedt), Schnackenburgallee 180

Zum Produktionsprogramm der auf Schwingungstechnik spezialisierten Firma gehören: elastische Lagerungselemente, Drahtseildämpfer, Schockdämpfer, Schwingmetall und Wellenlager.

Die Produkte von Willbrandt finden seit vielen Jahren Verwendung in der Rüstungstechnik, so im Bau von Überwasserkriegsschiffen und U-Booten.[951] Um 1982 waren die Marineaktivitäten am Jahresumsatz von zwölf Mio. DM mit 25 Prozent beteiligt. Die von Willbrandt gelieferten Elemente dienen z.B. dazu, Waffensysteme besser gegen den Schockeffekt gegnerischer Treffer abzuschirmen, Vibration und Geräuschentwicklung von Maschinen zu verringern. Allein die Drahtseildämpfer Cavoflex können von Willbrandt in Ausführungen geliefert werden, die acht verschiedenen Militärnormen entsprechen.

York International GmbH

bis Anfang der 90er Jahre: Brown Boveri-York Kälte- und Klimatechnik GmbH
Vertriebsniederlassung: 22767 Hamburg (St. Pauli), Lerchenstr. 16

York International hat seinen Hauptsitz in York, Pennsylvania (USA). Das Unternehmen ist auf Klima- und Kältetechnik in Schiffbau und Industrie spezialisiert. Zu den zahlreichen Kriegsschiffen, die mit York-Anlagen ausgestattet sind, gehören die Fregattenklassen 122 und 123 der Bundesmarine.[952] Beim Bau der neuen Fregattenklasse 124 wird York voraussichtlich als Zweitzulieferer (über ➞ ROM) beteiligt.

ANHANG

Weitere Schlaglichter aus Hamburgs Waffenhandels-Chronik (1988-1997)

März 1988
Das Landgericht Hamburg verurteilt die Hamburger Kauffrau Lisa Gräfin von Schwerin wegen »versuchter unerlaubter Vermittlung von Waffengeschäften« zu einer Freiheitsstrafe von zwei Jahren zur Bewährung. 1983/84 hatte die Gräfin mit Iranern über die Lieferung von 280 bis 400 US-Kampfpanzern des Typs M 48 verhandelt.

Februar 1989
Der Zoll von Savona (Norditalien) beschlagnahmt auf dem dänischen Frachter ›Jenstar‹ 4.200 Kisten mit Schnellfeuergewehren, Pistolen, Munition und Plastiksprengstoff. Die aus der Tschechoslowakei stammende Fracht war im Hamburger Hafen (Schuppen 23/24) an Bord der ›Jenstar‹ geladen worden.

Frühjahr 1989
Am Kamerunkai (Schuppen 62/Jordaberg) beobachten Hamburger Mitglieder der ›Kampagne gegen Rüstungsexport‹, daß ca. 80 Militär-LKWs von Daimler-Benz auf den iranischen Frachter ›Iran Gheyamat‹ verladen werden. An sandfarbenem Tarnanstrich, Schießluke, NATO-Kreuz und anderen Kennzeichen ist der militärische Verwendungszweck der Fahrzeuge zu erkennen. Empfänger im Iran ist entweder das Ministerium für die Pasdaran (Revolutionswächter) oder die Armee.

Februar 1991
Der Hamburger Rechtsanwalt Ralf Ernst Springer wird zu einer Freiheitsstrafe von einem Jahr auf Bewährung und einer Geldbuße von 15.000 DM verurteilt. Er hatte 1984 zusammen mit anderen versucht, 22 Mirage-Bomber und 5.000 chilenische Streubomben an Länder wie Syrien, Libyen und Iran zu verkaufen.

September 1991
Vier Mitglieder einer Hamburger Waffenhandelsbande (zwei Kaufleute, ein Rechtsanwalt und ein Oberstleutnant) werden zu mehrmonatigen Haftstrafen verurteilt – auch sie auf Bewährung. Sie hatten um 1986 riesige Waffengeschäfte mit Ländern der

Golfkriegsregion eingefädelt; u.a. war es um die Lieferung von bis zu 30 Kampfhubschraubern ›Bell-Cobra‹ an den Iran gegangen.

Oktober 1991

Der BND versucht, mehrere Paletten und Container mit Flugabwehrpanzern und weiterem Kriegsgerät aus östlicher Produktion nach Israel zu schmuggeln. Am O'Swald-Kai (Schuppen 48) soll das israelische Frachtschiff ›Palmah II‹ das unter Planen verborgene und als ›landwirtschaftliches Gerät‹ deklarierte Rüstungsmaterial an Bord nehmen. Die Ladung wird jedoch von der Hamburger Wasserschutzpolizei enttarnt. Nach dem Abebben der öffentlichen Empörung erfolgt die Lieferung ein Jahr später. Das Hamburger Landgericht spricht die zwei angeklagten Mitarbeiter des BND im Juli 1995 vom Vorwurf des Verstoßes gegen das Kriegswaffenkontrollgesetz frei. Die Richterin Gertraut Göring verbindet den Freispruch dabei mit einem deutlich politisch gefärbten Statement zugunsten der BND-Aktivitäten.

März 1992

Das Landgericht Hamburg verurteilt Franz-Joseph Underberg (Urenkel des Magenbitter-Erfinders) und zwei Komplizen zu Geldstrafen. Sie waren 1986 aufgeflogen, als sie dem Irak gewaltige Mengen Kriegsmaterial anboten.

April 1992

Es wird bekannt, daß 48 israelische Flugabwehrsysteme vom Typ ›Eagle-Eye‹ über den Hamburger Hafen nach Indonesien verschifft werden. Die Lieferung erfolgt in Einzelteilen und verstößt deshalb (angeblich) nicht gegen das Kriegswaffenkontrollgesetz. Das Geschäft wird von der Münchner Krauss-Maffei-Tochter, Gesellschaft für Logistik (GLS), abgewickelt. Das ›Hamburger Abendblatt‹ zitiert in diesem Zusammenhang einen Fahnder: »Wie so oft mußten wir die Fuhre zähneknirschend passieren lassen. Seit Ende des Golfkrieges boomt der illegale Waffenhandel wieder.«

November 1992

Im Kaiser-Wilhelm-Hafen (Schuppen 73) werden acht Container mit Kriegswaffen und -munition beschlagnahmt. Besitzer der Container ist das ägyptische Verteidigungsministerium. Das Ermittlungsverfahren der Hamburger Staatsanwaltschaft wegen ungenehmigter Durchfuhr von Kriegswaffen wird später eingestellt, weil man die Verantwortlichen nicht habe feststellen können.

Dezember 1992
Vor Sizilien wird das estnische Frachtschiff ›Waalhaaven‹ auf dem Weg nach Syrien gestoppt. Am Afrika-Terminal im Hamburger Hafen war das Schiff zuvor mit Maschinenteilen beladen worden, die nach Erkenntnissen westlicher Geheimdienste zum Umbau von Scud-Raketen bestimmt gewesen sein sollen.

Januar 1994
Am Schuppen 69/70 beschlagnahmt der Zoll einen russischen Schwimmpanzer, der für Angola bestimmt gewesen ist.

April 1994
Es wird bekannt, daß 210 für die Türkei bestimmte ›Stinger‹-Raketen aus der Lizenzfertigung von Dornier (Friedrichshafen) im Hamburger Hafen (Schuppen 69) auf das türkische Frachtschiff ›Kayseri‹ verladen werden sollen. Nach der Ankündigung von Protesten verlegen die Verantwortlichen die Beladung an eine Elbreede in der Nähe von Stade.

Oktober 1994
Bei einer Spedition in Waltershof wird haufenweise hochbrisanter Kriegsschrott aus Angola entdeckt. Darunter befinden sich: zwei Luft-Boden-Raketen, 22 Gefechtsköpfe, über 260 kg Munition für Handfeuerwaffen, Granaten, Treibladungshülsen, Panzerfäuste und Raketenzünder. Mit der Beseitigung und Sprengung des aufgefundenen Waffenschrotts ist der Hamburger Kampfmittelräumdienst monatelang befaßt.

März 1996
Der iranische Frachter ›Iran Kolahdooz‹, der im Steinwerder Hafen (Schuppen 64) festgemacht hat, wird von Zoll und Polizei durchsucht. In Antwerpen war zuvor an Bord desselben Schiffes Plastiksprengstoff entdeckt worden, der für Anschläge bestimmt gewesen sein soll. In Hamburg sollte die ›Iran Kolahdooz‹ vier Container mit Sprengkapseln und Zündschnüren (z.T. aus der Produktion von Dynamit Nobel) an Bord nehmen.

Oktober 1996
Aus dem Schuppen 83 (Chilekai) werden 280 Pistolen und 20 Gewehre gestohlen, die von China aus über den Hamburger Freihafen in den Libanon geliefert werden sollten.

April 1997
Der ›Stern‹ berichtet am 17. April über das Netz iranischer Rüstungseinkäufer in Deutschland; ein Schwerpunkt der Aktivitäten liege in Hamburg und im schleswig-holsteinischen Umland. Es werden jedoch keine konkreten Firmen benannt.

Juni 1997
Im Congress Centrum Hamburg (CCH) wird vom 24. bis 26. Juni erstmalig eine reine Rüstungsmesse veranstaltet. Die ›Undersea Defence Technology‹ (UDT), eine Spezialmesse für die Unterwasserkriegsführung, wird von etwa 100 internationalen Firmen zur Selbstdarstellung genutzt. Von deutscher Seite sind z.B. STN ATLAS Elektronik (Torpedos), HDW/German Submarine Consortium (U-Boote) und Siemens (U-Boot-Antriebe und -Elektrik) vertreten. Zu der Messe sind Marineoffiziere aus aller Welt angereist – z.B. aus der Türkei, Indonesien, Malaysia, den Vereinigten Arabischen Emiraten, Israel, Argentinien, Peru und Kolumbien. Zeitgleich findet zum Komplex Unterwasserkriegsführung eine Konferenz mit zahlreichen Vorträgen von Firmenvertretern statt.

In Kurzform zitierte Literatur – vollständige Titel

Gießmann, Hans-Joachim/Thomas Wehner: Regionale Konversion. Aspekte der zivilorientierten Umwandlung von Rüstungsproduktion, standortgebundener Beschäftigung und Liegenschaften der Bundeswehr in Hamburg, vorgelegt durch das Institut für Friedensforschung und Sicherheitspolitik an der Universität Hamburg, Typoskript 1992

Handbuch der Bundeswehr und der Verteidigungsindustrie, hrsg. von Manfred Sadlowski, Ausgaben 1979, 1982/83, 1985/86, 1987/88, 1990/91, 1992/93 und 1995, Bonn (u.a.) 1979ff.

Hamburg kriegsbereit. Wegweiser durch eine militarisierte Stadt, hrsg. v. d. Hamburger Friedenskoordination, Hamburg 1985.

Hamburger Export-Handbuch, hrsg. v. d. Handwerkskammer Hamburg, Ausgabe 1994 (4. Aufl.), Hamburg 1994

International Defence Equipment Catalogue, Ausgaben 1985/86 und 1992/93, Amstelveen/Niederlande 1985 und 1992

International Defense Directory 1994, (hrsg. v.) Jane's Information Group, Coulsdon/Surrey 1993

Jane's Armour and Artillery, Ausgabe 1996-97, Coulsdon/Surrey 1996

Jane's Fighting Ships, Ausgaben 1995-96 und 1996-97, Coulsdon/Surrey 1995 und 1996

Jane's Underwater Warfare Systems, Ausgabe 1996-97, Coulsdon/Surrey 1996

Mierzwa, Roland: Bundesdeutsche Rüstungsexporte in die Dritte Welt. Verzeichnis nach Empfängerländern, Firmen/Institutionen und Waffensystemen, hrsg. von Pax Christi und Versöhnungsbund, o.O. 1989

Prézelin, Bernard (Hrsg.): The Naval Institute Guide to Combat Fleets of the World, Ausgaben 1993 und 1995, Annapolis/Maryland (USA)

Rüstung in und um Hamburg, hrsg. v. Brigitte Beier, Christel Biebrack u. a., 2. erweiterte Aufl., Hamburg 1981.

Anmerkungen

1 Hamburgische Bürgerschaft, Sitzungsprotokoll v. 27.2.1991, S. 5956.

2 Blohm + Voss: Geschäftsbericht 1988, S. 14.

3 Thyssen Industrie AG: Geschäftsbericht 1995/96, S. 10f.

4 Alle Angaben aus B+V-Geschäftsberichten. Die Rubrik ›Verschiedenes‹ bezieht sich auf sonstige (Außen-)Umsätze abzüglich aller Innenumsätze.

5 Vgl. Eckhard Rohkamm: Das Funktionseinheiten-System am Beispiel einer MEKO-Fregatte, in: Deutscher Kriegsschiffbau heute, hrsg. v.d. Deutschen Gesellschaft für Wehrtechnik e.V., München 1982, S. 23-32; ders.: Perspektiven im Marineschiffbau für die 90er Jahre aus Hamburger Sicht, in: Jörg Duppler (Hrsg.): Hamburg zur See, Herford 1989, S. 159-168; Rohkamm-Interview in Wehrtechnik Nr. 6/1984, S. 68ff. – Rohkamm war bei der ›Wehrtechnik‹ auch langjähriges Mitglied des Redaktionsbeirats (Wehrtechnik Nr. 5/1991, S. 5).

6 Vgl. seinen Beitrag in Naval Forces Nr. II/1982, S. 56/58.

7 Presseinformation Thyssen Industrie AG.

8 Der Spiegel Nr. 46/1996, S. 112.

9 Die Welt (Hamburg) 6.12.1996; Hamburger Morgenpost 19.12.1996; Hamburger Abendblatt 20.12.1996.

10 Hamburger Morgenpost 20.12.1996, zum Folgenden Hamburger Abendblatt 21.1.1997.

11 Vgl. zum Folgenden die offizielle Firmenchronik von Hans Georg Prager: Blohm+Voss. Schiffe und Maschinen für die Welt, Herford 1977, S. 12ff.

12 Hans-Joachim Bieber: Arbeitskämpfe auf den Hamburger Werften seit 1890, in: Arno Herzig/Günter Trautmann (Hrsg.): Der kühnen Bahn nur folgen wir... – Ursprünge, Erfolge und Grenzen der Arbeiterbewegung in Deutschland, Bd. 2, Hamburg 1989, S. 97-129, hier S. 107; vgl. auch Marina Cattaruzza: Arbeiter und Unternehmer auf den Werften des Kaiserreichs, Stuttgart 1988, S. 171ff.

13 Zit. nach Friedrich Jerchow: Politik und Parteien, in: Volker Plagemann (Hrsg.): Industriekultur in Hamburg, München 1984, hier S. 370.

14 Vgl. Hans Walden: Die Entwicklung der deutschen Werftindustrie in der Zeit der maritimen Aufrüstung des Deutschen Kaiserreichs 1898-1914, Magisterarbeit Hamburg 1981, S. 54f.; Michael Epkenhans: Die wilhelminische Flottenrüstung 1908-1914, München 1991, S. 220.

15 Epkenhans (wie vorige Anm.), S. 227.

16 Vgl. Hans Walden: Blohm & Voss und die russische Seekriegsrüstung vor 1914, in: Hamburger Zustände Bd. 1 (1988), S. 161-181.

17 In den Geschäftsberichten wurden als Reingewinne ausgewiesen: Geschäftsjahr 1913/14 (1.7.-30.6.): 665.593 DM, 1914/15: 1.336.200 DM, 1915/16: 1.489.550 DM, 1916/17: 2.319.858 DM, 1917/18: 2.678.888 DM (HWWA Mikrofilm A9 B13).

18 Rita Bake u.a.: Leinen los! Eine Expedition zur neuen und alten Geschichte der Frauenarbeit im und für den Hamburger Hafen, Hamburg 1989, S. 83-85; Prager (wie Anm. 11), S. 109f.

19 Volker Ullrich: Kriegsalltag. Hamburg im ersten Weltkrieg, Köln 1982, S. 123ff.

20 Reinhard Behrens: Die Deutschnationalen in Hamburg 1918-1933, Diss. Hamburg 1973, S. 296.

21 Vgl. auch zum Folgenden Birgit Wulff: Arbeitslosigkeit und Arbeitsbeschaffungsmaßnahmen in Hamburg 1933-1939, Frankfurt a.M. 1987, S. 139ff.

22 Prager (wie Anm. 11), S. 165f. – Hitler hatte 1935/36 wiederholt betont, daß Deutschland seine kolonialen Ansprüche niemals aufgeben werde (vgl. Kurt Johannsen/Heinrich Kraft: Das Kolonialproblem Deutschlands, Hamburg 1936, Vorwort und S. 31ff.)

23 Susanne Wiborg: Walther Blohm. Schiffe und Flugzeuge aus Hamburg, Hamburg 1993, S. 84.

24 Wiborg (wie vorige Anm.)

25 Vgl. Hermann Pohlmann: Chronik eines Flugzeugwerkes 1932-1945, Stuttgart 1979, S. 213ff.

26 Vgl. Carl Vincent Krogmann: Es ging um Deutschlands Zukunft 1932-1939, Leoni 3. Aufl. 1977, S. 183f.; Wulff (wie Anm. 21), S. 180f.

27 Vgl. auch zum Folgenden Richard Vogt: Weltumspannende Memoiren eines Flugzeug-Konstrukteurs, Steinebach/Wörthsee o.J. (1976).

28 Blohm & Voss 1933-1939 (Werftinterne Publikation), Hamburg o.J. (1940), S. 31.

29 Hitlers Rede vor der B+V-Belegschaft am 17.8.1934 ist abgedruckt bei Werner Johe: Hitler in Hamburg, Hamburg 1996, S. 113f.

30 Es gibt ein inzwischen berühmtes Foto, das zahlreiche B+V-Belegschaftsmitglieder mit zum Hitlergruß erhobenen Arm und nur einen Arbeiter mit demonstrativ verschränkten Armen zeigt. Der Zeitpunkt der Aufnahme und die Identität des Arbeiters sind nicht einwandfrei geklärt (Hamburger Abendblatt 15.11. und 24.11.1995; vgl. Irene Eckler: Die Vormundschaftsakte 1935-1958, Schwetzingen 1996, S. 34f.). – Am 27.3.1936 weigerte sich ein Großteil der Arbeiterschaft von B + V, die Reden von führenden Nationalsozialisten anzuhören (vgl. Karl Ditt: Sozialdemokraten im Widerstand, Hamburg 1984, S. 105ff.).

31 Prager (wie Anm. 11), S. 162 und 171.

32 Ebd., S. 187.

33 Vgl. Eberhard Rössler: Die deutschen U-Boote und ihre Werften, Bd. 2, München 1979, S. 41ff.

34 Vgl. Oliver Wleklinski: Marinesonderanlage Wenzel. Ein Bauprojekt des III. Reiches bei Wedel (Holstein) 1943-1945, in: Jahrbuch für den Kreis Pinneberg 1991, Pinneberg 1990, S. 137-144; Sönke Neitzel: Die deutschen U-Boot-Bunker und Bunkerwerften, Koblenz 1991, S. 145f.

35 Brief Dr. Richard Vogt an Hermann Pohlmann v. 3.7.1978, abgedruckt in: Pohlmann (wie Anm. 25), S. 246.

36 Vgl. Kyrill von Gersdorff: Die Blohm & Voss-Flugkörper BV 143, BV 950 und BV 246, in: Theodor Benecke u.a.(Hrsg.): Flugkörper und Lenkraketen, Koblenz 1987, S. 115-121; vgl. auch Pohlmann (wie Anm. 25), S. 193ff.

37 Vogt (wie Anm. 27), S. 151.

38 Vgl. Heinz J. Nowarra: Torpedoflugzeuge. Entwicklung und Einsatz, Stuttgart 1984, S. 66 u. 67.

39 Vgl. Friederike Littmann: Ausländische Zwangsarbeiter in der Hamburger Kriegswirtschaft 1940 bis 1945, in: Frank Bajohr/Joachim Szodrzynski (Hrsg.): Hamburg in der NS-Zeit, Hamburg 1995, S. 175-202, hier S. 189ff.

40 Vgl. Ursula Puls: Die Bästlein-Jacob-Abshagen-Gruppe, Berlin (DDR) 1959, S. 23ff., 50f., 140 u. 158ff.; Ursel Hochmuth/Gertrud Meyer: Streiflichter aus dem Hamburger Widerstand 1933-1945, Frankfurt a.M. 1980, S. 351ff., 384f. u. 618; Hans-Robert Buck: Der kommunistische Widerstand gegen den Nationalsozialismus in Hamburg 1933-1945, München 1969, S. 99f., 162f., 170 und 182ff.

41 Vgl. Ludwig Eiber: Außenlager des KZ Neuengamme auf den Hamburger Werften, in: 1999, Zeitschrift für Sozialgeschichte des 20. und 21. Jahrhunderts, Nr. 2/1995, S. 57-73.

42 Festschrift-Autor Prager beklagt die Sprengung: »Binnen Minuten wurden Millionenwerte zerstört. ...Die Explosionen trafen Hamburg mitten ins Herz.« (wie Anm. 11, S. 178f.) Über die Milliardenwerte, die zuvor durch die Rüstungsproduktion bei B + V zerstört worden waren, verliert er kein Wort. – Vgl. Alan Kramer: Die britische Demontagepolitik am Beispiel Hamburgs 1945-1950, Hamburg 1991, S. 270ff., 294ff. u. 399ff.

43 Brauers Erklärung in der Bürgerschaft am 28.1.1953 (Sitzungsniederschrift S. 54f.); vgl. auch Mitteilung 198 des Senats an die Bürgerschaft v. 1.10.1954.

44 So der KPD-Abgeordnete Kurt Erlebach in der Bürgerschaftsdebatte vom 10.6.1953 (Sitzungsniederschrift S. 494).

45 Wehrtechnik Nr. 1/1977, S. 44, und Nr. 9/1982, S. 69.

46 Vgl. Ulrike Puvogel/Martin Stankowski: Gedenkstätten für die Opfer des Nationalsozialismus (hrsg. v.d. Bundeszentrale für politische Bildung), Bd. I, 2. erweiterte Aufl. Bonn 1995, S. 248.

47 Reproduktion von Rohkamms Schreiben in: Hamburger Stiftung zur Förderung von Wissenschaft und Kultur: Industrie, Behörden und Konzentrationslager. Reaktionen 1988/1989, Hamburg 4. Aufl. 1989.

48 Rohkamm in Klaus Schomacker u.a. (Hrsg.): Zivile Alternativen für die Rüstungsindustrie, Baden-Baden 1986, S. 97f.

49 Hansa Nr. 11/1981, S. 834.

50 Blohm + Voss: Auf unserer Werft 1983, S. 5.

51 Auch das folgende Zitat aus Blohm + Voss: Prisma-Zeitung Nr. 3/1993, S. 1

52 Vgl. Naval Forces Special Supplement Blohm + Voss (1991), S. 40f.

53 Der Bremer Vulkan konnte nur 1980 ein größeres Versorgungsschiff für die malaysische Marine bauen.

54 Vgl. Wehrtechnik Nr. 12/1995, S. 61f. – 1980/81 hatte HDW sechs leichte Fregatten an Kolumbien und Malaysia verkauft, ohne dabei die erwarteten Gewinne machen zu können.

55 Handelsblatt 2.1.1991; Bundesanzeiger 20.2.1992.

56 Vgl. Schiff & Hafen Nr. 12/1996, S. 7; Wehrtechnik Nr. 6/1997, S. 42ff.

57 Zum Folgenden: Naval Forces Special Supplement Blohm + Voss (1991), S. 83ff.; Naval Forces Nr. IV/1993, S. 60ff.; Wehrtechnik Nr. 8/1994, S. 61ff.; Schiff & Hafen Nr. 12/1996, S. 34.

58 Blohm + Voss: Prisma '88, S. 16.

59 Hamburger Abendblatt 31.3.1989.

60 Hansa Nr. 11/12-1989, S. 801.

61 Schiff & Hafen Nr. 12/1996, S. 34.

62 Hamburger Abendblatt 17.2.1997.

63 Hamburger Abendblatt 27./28.1.1990.

64 Die Welt 30.1.1997.

65 Abdruck des ersten Vortrags in Blohm + Voss: Prisma-Zeitung Nr. 2/1994, S. 9ff. und in leicht modifizierter Version in Wehrtechnik Nr. 4/1994, S. 9ff.; Auszüge des zweiten Vortrags in Marineforum Nr. 3/1996, S. 6. Vgl. außerdem den Kommentar von v. Nitzsch in Marineforum Nr. 6/1995, S. 2f. (Marinetechnik-Export im staatlichen Interesse).

66 Wehrtechnik Nr. 4/1994, S. 12.

67 Die Welt, Hamburgteil, 6.4.1977.

68 Blohm + Voss: Auf unserer Werft 1981, S. 30. Bei der Überreichung des Schiffsmodells war auch B+V-Arbeitsdirektor Werner Knödler dabei. In seiner früheren Funktion als B+V-Betriebsratsvorsitzender hatte Knödler zusammen mit Kollegen von acht anderen Rüstungsunternehmen dem Bundeskanzler 1975 eine Stellungnahme übermittelt, in der eine Erleichterung von Rüstungsexporten gefordert wurde (vgl. Die Welt 17.3.1976; Militärpolitik Dokumentation Nr. 1/1976, S. 79f.). Tatsächlich hatte Schmidt dann Rüstungsexportgeschäfte ermöglicht, von denen B + V stark profitierte (Kriegsschiffe nach Nigeria und Argentinien, Panzer in die Türkei – siehe hierzu die entsprechenden Abschnitte).

69 Als neuer Verteidigungsminister besuchte Wörner B + V am 9.12.1982 und erklärte, die Auslastung von Rüstungskapazitäten mit Exportaufträgen läge »im Interesse des Gesamtstaates« (Die Welt, Hamburg-Teil, 10.12.1982).

70 Vgl. Hamburger Abendblatt 23.11.1994; Marineforum 1/2-1995, S. 21; Soldat und Technik Nr. 1/1995, S. 16.

71 Wehrtechnik Nr. 12/1994, S. 3.

72 Wehrdienst Nr. 5/30.1.1995, S. 2.

73 Die Welt (Hamburg) 24.10.1996.

74 Die Welt (Hamburg) und Hamburger Abendblatt 23.1.1997.

75 Zit nach: Die Welt (Hamburg) 23.1.1997.

76 Beispielsweise stellte der Senat 1980-83 für den Umbau der Werftanlagen 31,5 Mio. DM zur Verfügung. Die damit finanzierte Umgestaltung des Steinwerder Kais kam auch dem Kriegsschiffbau zugute. Davon war in der Presse natürlich nicht die Rede; der Öffentlichkeit wurde die Maßnahme mit der Ankündigung nahegebracht, daß mit dieser Finanzspritze 500 Arbeitsplätze geschaffen würden. (Vgl. Hamburger Abendblatt, Die Welt/Hamburg-Teil und Hamburger Morgenpost 30.7.1980, daneben Blohm + Voss: Auf unserer Werft 1980, S. 9)

77 Dieter Stockfisch: Krisenreaktionskräfte der Marine, in: Wehrtechnik Nr. 2/1994, S. 33ff.

78 Die Parallelität damaliger und heutiger Aussagen ist tatsächlich verblüffend. Vgl. z.B. Nauticus: Altes und Neues zur Flottenfrage, Berlin 1898, S. 183ff. (Seehandelsschutz) und 190ff. (Seeinteressen, deutsche). Vgl. auch Wilhelm Deist: Flottenpolitik und Flottenpropaganda. Das Nachrichtenbureau des Reichsmarineamtes 1897-1914, Stuttgart 1976.

79 Zit. nach: Der Spiegel Nr. 39/26.9.1994, S. 20.

80 Vgl. zum Folgenden Andreas Harder: Das Waffensystem Fregatte 122, in: Deutscher Kriegsschiffbau heute, hrsg. von der Deutschen Gesellschaft für Wehrtechnik e.V., München 1982, S. 9-22; Jörg Huffschmid (Hrsg.): Für den Frieden produzieren. Alternativen zur Kriegsproduktion in der Bundesrepublik, Köln 2. Aufl. 1981; S. 34ff.

81 Spiegel Nr. 24/1977, S. 18.

82 Ebd.

83 So der Autor dieses Textes in Ulrich Albrecht/Peter Lock/Herbert Wulf: Arbeitsplätze durch Rüstung?, Hamburg 1978, bes. S. 123.

84 Zitiert nach Szene Hamburg Nr. 11/1980, S. 23.

85 dort S. 48ff.

86 Erklärung der Jugendvertretung von B + V vom 9.6.1981; vgl. die tat Nr. 27/3.7.1981.

87 Zum Gesamtkomplex F 123 vgl. Dieter Prange/Karl-Friedrich Wentorp: Fregatte Klasse 123 – Sachstand des Programms, in: Jahrbuch der Schiffbautechnischen Gesellschaft 88.Bd. (1994), S. 6-10; Wehrtechnik Nr. 3/1994, S. 19ff.

88 Hamburger Abendblatt 10.11.1988.

89 Die Welt (Hamburg) 3.5.1980.

90 Hamburger Abendblatt 5.11.1987.

91 Von den zahlreichen Presseberichten zum ›Fregattenkrieg‹ seien hier besonders genannt: Hamburger Abendblatt 29.10., 1.11., 2.11. und 10.11.1988; Die Welt (Hamburg) 10.11.1988; Handelsblatt 3.11. und 10.11.1988.

92 Zit. nach: Die Welt (Hamburg) 10.11.1988.

93 Hamburger Abendblatt 19.8.1992.

94 Bild (Hamburg) 10.1.1994; Hamburger Abendblatt 21.3.1994.

95 Z.B. in Wehrtechnik Nr. 4/1995, Titel-Innenseite.

96 Wehrtechnik Nr. 3/1994, S. 26ff.

97 Vgl. Wehrtechnik Nr. 3/1993, S. 44ff. – Hinter der RAM-System GmbH stehen alte Rüstungs-Bekannte: die Dasa (50 %), Diehl (25 %) und Bodenseewerk Gerätetechnik GmbH (25 %).

98 Zit. nach Pressedienst Brandenburg: Aktuelles der Woche, 3.9.1992, S. 5f.

99 Manfred Stolpe: Schwieriger Aufbruch, Berlin 1992, S. 277ff.

100 Hamburger Abendblatt 5./6.10.1996.

101 Hamburger Abendblatt 19.2.1997.

102 Vgl. zu diesem Gesamtkomplex: Naval Forces Nr. IV/1993, S. 74-79 und Nr. V/1994, S. 35-38; Jahrbuch der Schiffbautechnischen Gesellschaft 88. Bd. (1994), S. 10-13; Soldat und Technik Nr. 3/1995, S. 140-144; Wehrtechnik Nr. 4/1995, S. 53-61.

103 Wehrdienst Nr. 25/17.6.1996, S. 1.

104 Hamburger Abendblatt 13.6.1996.

105 Wehrdienst Nr. 35/26.8.1996, S. 1.

106 Wehrtechnik Nr. 4/1995, S. 54.

107 Wehrtechnik Nr. 4/1995, S. 53.

108 Jahrbuch der Schiffbautechnischen Gesellschaft 88. Bd. (1994), S. 13.

109 Naval Forces Nr. IV/1993, S. 78.

110 Hamburger Abendblatt 16.3. und 19.3.1996; Frankfurter Rundschau 29.3.1996. Der ›Wehrdienst‹ gab schon bald Entwarnung: »Die Anschubfinanzierung von drei F-124 scheint aus dem laufenden Haushalt möglich, ohne auf eine Entsperrung von Waigel angewiesen zu sein.« (Nr. 13/25.3.1996).

111 Wehrtechnik Nr. 2/1994, S. 35.

112 Wehrdienst Nr. 49/4.12.1995, S. 2.

113 Wehrdienst Nr. 42/16.10.1995, S. 3, Nr. 44/30.10.1995, S. 2, und Nr. 29/15.7.1996, S. 2.

114 Hamburger Abendblatt 15.1.1997.

115 Die Welt (Hamburg) 20.12.1996.

116 Zum Folgenden Wehrtechnik Nr. 4/1995, S. 54ff. u. 62f.

117 Wehrdienst Nr. 12/20.3.1995, S. 2.

118 Schiff & Hafen Nr. 12/1996, S. 30. – Bei der Entscheidung für MTU soll Generalunternehmer B + V, so vermutet man beim Konkurrenten DEUTZ MWM, »auf eher emotional bedingte Wünsche bei potentiellen Exportkunden, die nun einmal den Mercedes-Stern lieben«, Rücksicht genommen haben. Dies ist ein interessanter Hinweis darauf, daß B + V sich aus dem F-124-Programm schon jetzt Exportfolgeaufträge verspricht.

119 Wehrtechnik Nr. 1/1994, S. 30.

120 Die Welt (Hamburg) 2.3.1995.

121 Näheres hierzu im Abschnitt zur MTG Marinetechnik GmbH.

122 Wehrdienst Nr. 26/26.6.1995, S. 1.

123 Hamburger Abendblatt 23.1.1997.

124 Wehrdienst Nr. 13/27.3.1995, S. 1.

125 Zum Folgenden Hamburger Abendblatt 26. und 27.3.1992.

126 Schiff & Hafen Nr. 12/1996, S. 37.

127 Wehrdienst Nr. 29/15.7.1996, S. 2.

128 Wehrtechnik Nr. 3/1993, S. 41.

129 Wehrtechnik Nr. 8/1995, S. 36.

130 Schiff und Hafen Nr. 1/1997, S. 33.

131 Wehrtechnik Nr. 3/1993, S. 38.

132 Schiff & Hafen Nr. 1/1995, S. 37.

133 Wehrtechnik Nr. 8/1995, S. 37.

134 Ebd., S. 38; Schiff & Hafen Nr. 12/1996, S. 35.

135 Wehrtechnik Nr. 7/1993, S. 9.

136 Wehrtechnik Nr. 12/1993, S. 46.

137 Hamburger Abendblatt 23.1.1997.

138 Marineforum Nr. 7/8-1995, S. 30.

139 Zit. nach Hamburger Abendblatt 23.1.1997.

140 Blohm + Voss: Geschäftsbericht 1987, S. 8.

141 Nachweisbar sind folgende Werftaufenthalte: Fregatte ›Niedersachsen‹ 1988 und 1990, Fregatte ›Bremen‹ 1989/90 und 1995, Fregatte ›Köln‹ 1992/93, Fregatte ›Rheinland-Pfalz‹ ca. 1993, Fregatte ›Karlsruhe‹ 1995, Fregatte ›Augsburg‹ 1995.

142 Vgl. Wehrdienst Nr. 13/27.3.1995, S. 1.

143 Blohm + Voss: Geschäftsbericht 1992, S. 18, und Geschäftsbericht 1993, S. 20.

144 Hamburger Abendblatt 13.4.1993.

145 Wehrtechnik Nr. 9/1993, S. 45; Marineforum Nr. 7/8-1995, S. 28.

146 Vgl. Blohm + Voss: Auf unserer Werft, Ausgabe 1985, S. 44; Blohm + Voss: Prisma '87, S. 16 ff. und Prisma '90, S. 7; ferner die B+V-Geschäftsberichte 1984-93.

147 Mierzwa S. 118.

148 List of Guests launching of G.P. Frigate N.N.S. ›Republic‹, 25th January, 1980.

149 Blohm + Voss: Prisma '87, S. 16; B+V-Geschäftsbericht 1984, S. 5.

150 Vgl. auch Gerhard Hümmelchen: Die nigerianische Marine, in: Marine-Rundschau Nr. 12/1982, S. 642-646.

151 Vgl. Gerald Staufer: Nigeria – Deutsche Bastion in Afrika?, in: Mediatus Nr. 11-12/1991, S. 12-21.

152 Bild-Zeitung 10.11.1977.

153 Europa-Archiv Folge 15/1980, D 408; Hamburger Abendblatt 22.7.1980; Frankfurter Rundschau 23.7.1980.

154 Die Welt, 26.7.1980.

155 Ursprünglicher Anlaß für die Aktivitäten war die Absicht des Schah-Regimes im Iran gewesen, ein Marineschulschiff mit einer Verdrängung von 6.000 t auf einer deutschen Werft (Nobiskrug GmbH, Rendsburg) bauen zu lassen (Vgl. Wehrtechnik Nr. 9/1977, S. 38 und Nr. 11/1978, S. 33/35). Dieses Geschäft war dann aber wegen der islamischen Revolution im Iran Anfang 1979 geplatzt.

156 Blohm + Voss: Auf unserer Werft Nr. 2/1979, S. 21. 1984 hat der damalige B+V-Chef, Rohkamm, die Verdrängung der MEKO 360 sogar mit 3.700 t angegeben (Wehrtechnik Nr. 6/1984, S. 68).

157 Bundestagsdrucksachen Nr. 9/2431 (Frage 19 des Abg. Hansen) und Nr. 10/1509 (Frage 23 von Petra Kelly); Bürgerschaftsdrucksache Nr. 10/128.

158 Blohm + Voss: Geschäftsbericht 1987, S. 9.

159 Auch zum Folgenden Blohm + Voss: Prisma '87, S. 16ff.

160 Guardian (Lagos) 28.8. und 5.9.1990.

161 Blohm + Voss: Geschäftsbericht 1988, S. 11.

162 Peter Körner: Nigeria – Politik, in: Munzinger-Archiv/IH-Länder aktuell 21/1996, S. 7; ausführlicher von demselben Autor: Nigeria, in: Veronika Büttner/Joachim Krause (Hrsg.): Rüstung statt Entwicklung? Sicherheitspolitik, Militärausgaben und Rüstungskontrolle in der Dritten Welt, Baden-Baden 1995, S. 573-608.

163 New Nigerian 11.3.1987.

164 West Africa (nigerianische Wochenzeitschrift) 28.8.1989, S. 1411.

165 Prézelin 1993, S. 428.

166 Jane's Fighting Ships 1995-96, S. 471, und 1996-97, S. 471.

167 Vgl. die Berichte von Udo Ulfkotte in der Frankfurter Allgemeinen Zeitung vom 28.10. und 14.11.1996.

168 Frankfurter Allgemeine Zeitung u. Hamburger Abendblatt 2.8.1978.

169 Neue Zürcher Zeitung 10.2.1983.

170 Die Summe von ca. 2 Mrd. DM wurde 1982 auch von der wirtschaftsnahen Presse genannt (Die Welt und Handelsblatt 7.4.1982).

171 Vgl. zum Folgenden Wirtschaftswoche Nr. 20/14.5.1982; zu den Panzerprojekten Annette Hauschild/Helmut Lorscheid: Ermittlungen gegen Rheinmetall, Bonn 1987, S. 62ff.

172 1995 gaben endlich auch frühere Armeeoffiziere zu, daß 1976-78 bis zu 2.300 Gefangene nach Mißhandlungen lebend aus Flugzeugen ins Meer geworfen wurden (Hamburger Abendblatt 9.3. und 26.4.1995).

173 Argentinische Menschenrechtskommission: Argentinien – Auf dem Weg zum Völkermord, Bonn 1977.

174 Vgl. Näheres bei Annegret I. Haffa: Beagle-Konflikt und Falkland(Malwinen)-Krieg. Zur Außenpolitik der argentinischen Militärregierung 1976 bis 1983, München u.a. 1987, bes. S. 125ff.

175 Vgl. Martin Edwin Anderson: Dossier Secreto. Argentina's Desaparecidos and the Myth of the ›Dirty War‹, Boulder/USA 1993, S. 211, 244f. u. 278; Nie wieder! Ein Bericht über Entführung, Folter und Mord durch die Militärdiktatur in Argentinien, hrsg. vom Hamburger Institut für Sozialforschung, Weinheim/Basel 1987, S. 49f. u. 86ff.

176 Der Spiegel Nr. 45/6.11.1978, S. 57ff.

177 Zum Folgenden Anderson (wie Anm.175), S. 87f., 244, 263 u. 280. Zu den kriminellen Machenschaften und Waffenhandelsaktivitäten von P 2 und Gelli vgl. auch Giorgio Galli: Staatsgeschäfte – Affären, Skandale, Verschwörungen. Das unterirdische Italien 1943-1990, Hamburg 1994, S. 165ff. u. 214ff.

178 Wörtlich schreibt Anderson: »Through his control of the Foreign Ministry, Massera wove a net of important international links. His friendship with the shadowy Italian Masonic Grand Master Licio Gelli was a font of contacts – especially business ties – that Massera did not squander. ...Argentine relations with much of Western Europe were to a large extent in Gelli's hands.« (wie Anm.175, S. 244).

179 Thilo Thun: Menschenrechte und Außenpolitik. Bundesrepublik Deutschland – Argentinien 1976-1983, Bremen 1985, S. 142.

180 vgl. Marine-Rundschau Nr. 1/1985, S. 51; taz 11.12.1985. – Die Staatsanwaltschaft hatte lebenslange Haft gefordert; 1990 wurde auch er vorzeitig begnadigt.

181 zitiert nach Vorwärts Nr. 50/15.12.1977.

182 Deutscher Bundestag: Plenarprotokoll 15.6.1978, S. 7808.

183 Deutscher Bundestag: Sitzungsprotokoll 16.2.1979, S. 11057.

184 Vgl. hierzu Blohm + Voss: Auf unserer Werft Nr. 2/1979, S. 12ff.

185 Bürgerschaftsdrucksache Nr. 11/6282 (Senatsantwort zu Fragen 7 und 10).

186 Blohm + Voss: Auf unserer Werft 1981, S. 31.

187 1988 wurde Anayas Strafe auf 12 Jahre Haft heruntergesetzt (Neue Zürcher Zeitung 3.11.1988).

188 Vgl. zum Folgenden: Ione S. Wright/Lisa M. Nekhom: Historical Dictionary of Argentina, Metuchen/London 1978; ferner Jürg Meister: Der Streit um die Falklandinseln, in: Marine-Rundschau Nr. 6/1982, S. 301-307.

189 B + V: Geschäftsbericht 1980, S. 9.

190 Wehrtechnik Nr. 6/1983, S. 80.

191 Jürg Meister: Der Krieg um die Falklandinseln 1982, Osnabrück 1984, S. 174; Prezelin 1993, S. 13.

192 Meister (wie vorige Anm.), S. 84.

193 Handelsblatt 7.4.1982.

194 Vgl. Roland Jaeger: Fregatten für Falkland, in: Szene Hamburg Nr. 6/1982, S. 16f.; Hamburger Abendblatt 1.9.1982.

195 antimilitarismus information Nr. 10/1984, K-19; zur Haltung der Bonner Regierung vgl. auch taz 14.11.1984 (Rüstungsexport-Journal).

196 Die vier U-Boote bot Argentinien u.a. Israel an (Bundestagsdrucksache Nr. 11/4594, Frage 25).

197 Deutscher Bundestag: Plenarprotokoll 19.6.1986, S. 17197ff.; Naval Forces Nr. 4/1995, S. 47f.

198 Naval Forces Nr. I/1993, S. 34.

199 Military Powers. Latin America, Paris 1992, S. 32.

200 Wehrtechnik Nr. 3/1993, S. 50. Zum Folgenden Jane's Fighting Ships 1996-97, S. 14.

201 Naval Forces Nr. 2/1995, S. 24.

202 Zum Folgenden Stern Nr. 21/15.5.1986, S. 60ff.; taz (Hamburg) 20.5., 30.5. u. 13.9.1986; Bürgerschaftsdrucksachen 11/6282 u. 11/6591.

203 Meister (wie Anm.191), S. 283.

204 Süddeutsche Zeitung 27.9.1990.

205 Naval Forces. A Special Supplement on Blohm + Voss MEKO Technology (1991), S. 48.

206 Vgl. zum Folgenden: Die Welt (Hamburg) 12.8.1982; taz (Hamburg) 30.8. und 1.9.1982; Graswurzel-Revolution Nr. 10/1982.

207 Friedenskoordination, Protokoll vom 2.9.1982.

208 taz 18.9.1985.

209 Vgl. zum Folgenden Naval Forces Special Supplement Blohm + Voss (1991), S. 23.

210 Jane's Defence Weekly 9.1.93.

211 Handelsblatt 18.1.1994; Soldat und Technik Nr. 2/1995, S. 98.

212 Military Technology Nr. 5/1982, S. 113.

213 W. Flume: Neue türkische Fregatten, in: Marine-Rundschau Nr. 5/1985, S. 274-282, hier S. 276; Wehrtechnik Nr. 5/1991, S. 17; Frankfurter Allgemeine Zeitung 5.9.1983.

214 Sowohl die Frankfurter Allgemeine Zeitung vom 5.9.1983 als auch die Hamburger Rundschau vom 7.11.1985 berichteten, daß die Türkei für das Fregattengeschäft auch deutsche Militärhilfe in Anspruch nehme. Die Bundesregierung hat dagegen im März 1997 erklärt: »Track I war nicht Gegenstand der Militärhilfe.« (Bundestagsdrucksache Nr. 13/7153, Antwort auf eine Kleine Anfrage der Fraktion Bündnis 90/Die Grünen).

215 Frankfurter Rundschau 3.7.1984.

216 Hamburger Abendblatt 20./21.1.1990; Naval Forces Nr. V/1991, S. 82. – Der in der ›Wehrtechnik‹ (Nr. 5/1991, S. 87) genannte Betrag von 650 Mio. DM bezieht sich offenbar nicht auf das gesamte Geschäftsvolumen.

217 Hamburger Abendblatt 28.3. und 30.3.1995.

218 Zu Kohls Zusage: Deutschen Bundestag, Sitzungsprotokoll 16.2.1995, S. 1453; zu Rühes Ankündigung: Hamburger Abendblatt 3.11.1992.

219 Der ›Spiegel‹ hatte am 6.2.1995 geschrieben, im Haushaltsausschuß hätten sich auch die Vertreter der SPD der 150-Millionen-Beihilfe nicht verweigert, weil der türkische Großauftrag die »krisengebeutelte Werft im sozialdemokratisch regierten Stadtstaat Hamburg fast ein Jahr auslasten« würde. Der SPD-Bundestagsabgeordnete Eckart Kuhlwein erklärte demgegenüber, daß der Türkei-Zuschuß »bei der SPD-Bundestagsfraktion von Anfang an auf Widerstand gestoßen« und durch Beschluß vom 7.2.1995 von ihr abgelehnt worden sei. (Spiegel Nr. 6/6.2.1995, S. 16f., und Nr. 8/20.2.1995, S. 13).

220 Allein die Kreditanstalt für Wiederaufbau hat für elf von der Türkei bestellte Kriegsschiffe, nämlich die acht MEKO-Fregatten sowie drei Patrouillenboote, Kreditzusagen in Höhe von insgesamt 1.091,48 Mio. DM erteilt (Bundestagsdrucksache 13/2237). Davon dürften nach allem, was bekannt ist, über 500 Mio. DM auf die vier neuen Fregatten (Track II) entfallen.

221 Frankfurter Rundschau 15.12.1992.

222 Antimilitaristies Onderzoekskollektief (Hrsg.): Türkei-Connection. Wie die Türkei international aufgerüstet wird, Idstein 1996, S. 77.

223 Bundestagsdrucksache 13/2237, Antwort zu Fragen 2 u. 3.

224 Admiral Nejat Tümer 1984, zit. nach Marine-Rundschau Nr. 3/1984, S. 135.

225 Marine-Rundschau Nr. 3/1984, S. 135f.

226 Bundestagsdrucksache 13/2237, Antwort zu Frage 13.

227 Der Spiegel Nr. 14/3.4.1995, S. 22.

228 Täglicher Hafenbericht (Hamburg) 13.7.1983.

229 Bürgerschaftsdrucksache 11/911 (Juli 1983).

230 Handelsblatt 18.1.1994.

231 Hamburger Abendblatt 2.3.1993; Prézelin 1995, S. 762f.

232 Hamburger Abendblatt 9.2.1995.

233 Vgl. Einschätzungen der Grünen Angelika Beer und Jürgen Trittin in taz 28.3.1995.

234 Bundestagsdrucksache 13/3008 (Antwort auf eine Kleine Anfrage der PDS).

235 Jane's Fighting Ships 1996-97, S. 732.

236 Vgl. Jehuda L. Wallach: Anatomie einer Militärhilfe. Die preußisch-deutschen Militärmissionen in der Türkei 1835-1919, Düsseldorf 1976; Fritz Fischer: Krieg der Illusionen. Die deutsche Politik von 1911-1914, Nachdruck der 2. Aufl., Kronberg/Ts. 1978, S. 424ff.

237 Vgl. Wolfgang Gust: Der Völkermord an den Armeniern, München/Wien 1993, S. 271ff., hier S. 277.

238 Näheres dazu unter der Überschrift ›Feierlichkeiten / Schiffsnamen‹. – Zu den Interessenten am türkischen Militärgeschäft gehörte schon damals B + V: Werftbesitzer Hermann Blohm schrieb 1910 nach Konstantinopel, er hoffe, »auch noch einmal Gelegenheit zu haben, umfangreiche Objekte für die Türkei zur Ausführung zu bringen«. (zit. nach Epkenhans, wie Anmerkung 14, S. 308)

239 Die Welt 5.2.1976; Frankfurter Rundschau 29.5.1976.

240 Naval Forces Special Supplement Blohm + Voss (1988), S. 8.

241 Ebd. S. 34.

242 wichtigste Quellen: Marine-Rundschau Nr. 5/1985, S. 278ff. und Nr. 5/1987, S. 294; Naval Forces Special Supplement Blohm + Voss (1988).

243 Blohm + Voss: Auf unserer Werft 1985, S. 30.

244 Marine-Rundschau Nr. 5/1985, S. 277; Blohm + Voss: Prisma '90, S. 7; Naval Forces Special Supplement Blohm + Voss (1991), S. 23f.; Naval Forces Nr. V/1991, S. 82f.

245 Vgl. Marine-Rundschau Nr. 5/1987, S. 293f.

246 Vgl. Michael Neumann-Adrian/Christoph K. Neumann: Die Türkei, München 1990, S. 227f.

247 Serie ›100 Jahre Blohm + Voss‹ von Dieter F. Hertel in Die Welt, hier Folge vom 1.4.1977. Vgl. auch das Vorwort von B+V-Chef Rohkamm zu Naval Forces Special Supplement Blohm + Voss (1988), S. 1; Bernd Langensiepen/Ahmet Güleryüz: The Ottoman Steam Navy 1828-1923, London 1995.

248 Der Name kommt in verschiedenen Schreibvarianten vor: Chejr ed-Din, Khair-ad-din, Hayruddin u.a. – Zum Folgenden vgl. auch Haji Khalifeh: The History of the Maritime Wars of the Turks, engl. Übers. d. J. Mitchell, London 1831, Reprint USA 1968, S. 28ff.

249 Wehrtechnik Nr. 5/1991, S. 19.

250 Antikriegs-Info Nr. 1, Hamburg 25.01.1991.

251 Hamburger Abendblatt 15./16.11.1994.

252 Marineforum Nr. 11/1996, S. 35.

253 Naval Forces Nr. 4/1995, S. 47; Marineforum Nr. 6/1995, S. 34 und Nr. 4/1996, S. 35; Frankfurter Rundschau 15.11.1996.

254 Bürgerschaftsdrucksache 11/949; vgl. Hamburger Bürgerschaft: Sitzungsprotokolle 21.9.1983 (S. 1074ff.) und 18.1.1984 (S. 1704ff.); Bürgerschaftsdrucksache 11/1305.

255 Zit. nach Hamburger Abendblatt, 29.9.1983.

256 Frankfurter Rundschau 3.7.1984.

257 Deutscher Bundestag, Sitzungsprotokoll 16.2.1995, S. 1452-1460 und 1498-1511; Bundestagsdrucksachen Nr. 13/212 und 13/538.

258 Frankfurter Rundschau 28.3.1995.

259 Die Welt (Hamburg), 11.2.1989; Jane's Fighting Ships 1995-96, S. 264.

260 Frankfurter Allgemeine Zeitung 14.2.1989.

261 Hamburger Abendblatt 19.4.1988.

262 Zum Folgenden Der Spiegel Nr. 26/26.6.1989, S. 89f.; Wehrtechnik Nr. 5/1993, S. 51.

263 Zum Folgenden Hamburger Abendblatt 17.3.1989; Der Spiegel Nr. 26/26.6.1989, S. 89f.

264 Bundestagsdrucksache Nr. 11/5198, Antwort auf Fragen 4 und 5.

265 Die Welt (Hamburg) 12.1.1990.

266 Hamburger Abendblatt 13.7.1995 und 14.7.1995 (Leserbrief).

267 Naval Forces Special Supplement Blohm + Voss (1991), S. 40 u. 44; zum Folgenden vgl. die B+V-Geschäftsberichte ab 1988/89; Blohm + Voss: Prisma '90, S. 12; Prisma-Zeitung Nr. 1/1993, S. 3.

268 Prézelin 1995, S. 246.

269 Germanischer Lloyd: Tätigkeitsbericht 1994, S. 61.

270 Vgl. zum gesamten Kapitel Naval Forces Special Supplement Blohm + Voss (1988), S. 60-71.

271 Täglicher Hafenbericht (Hamburg) 28.7.1983. Ein entsprechender Hinweis findet sich schon in der Wehrtechnik Nr. 11/1982, S. 52.

272 Vgl. den von einem anonymen Autor (***) verfaßten Aufsatz Deutsche Fregatten für Portugals Marine? in: Europäische Wehrkunde/WWR Nr. 10/1984, S. 588ff.

273 Regierungsvorlage vom 19.9.1985 für den Haushaltsausschuß des Bundestages.

274 Auch zum Folgenden: Vorlage der Bundesregierung vom 16.10.1985 für den Haushaltsausschuß des Bundestages; Wehrdienst Nr. 1010 vom 4.11.1985.

275 Zitat aus der Regierungsvorlage vom 19.9.1985.

276 Hamburger Abendblatt 8.11.1985.

277 Vgl. den Aufsatz ›The strategic Relevance of the Azores‹ des portugiesischen Marinebefehlshabers de Sousa Leitao in: NATO's Sixteen Nations, Sonderausgabe 1/1984, S. 80f.; Bundestagsdrucksache 10/3419 (Mai 1985).

278 Vgl. die Regierungsvorlage vom 16.10.1985.

279 Der Stützpunkt Beja wurde tatsächlich erst im Dezember 1993 von der Bundeswehr an Portugal zurückgegeben (Wehrtechnik Nr. 2/1994, S. 66).

280 Hamburger Abendblatt 17.1.1996.

281 Bild-Zeitung (Hamburg) und Hamburger Abendblatt vom 8.11.1985.

282 Hamburger Abendblatt 8.11.1985.

283 Bürgerschaftsdrucksache 11/5918, Antwort des Senats auf Frage C II. 1.

284 taz 9.1.1985.

285 Zu MPLA: Südfrüchte aus Oberndorf. Der Reader zum Film, hrsg. von der BUKO-Kampagne ›Stoppt den Rüstungsexport!‹ u.a., Bonn 1986, S. 71 Anm. 16; zu FRELIMO: Autorenkollektiv St.Pauli-Werftausschuß: Blohm & Voss. Geschichte einer Werft – Beispiel eines Rüstungsbetriebes, hrsg. v.d. SDAJ Hamburg, Dortmund 1971, S. 40f.

286 Vgl. informationsdienst südliches afrika Nr. 4/1977, S. 8ff.; Stern Nr. 32/28.7.1977, S. 112ff.

287 Prisma '87 (Informationen für Betriebsangehörige und Freunde des Hauses Blohm + Voss AG), S. 33; zum Folgenden: Prisma '88, S. 33; Prisma '89, S. 9; Hamburger Abendblatt 27.6.1989; Naval Forces, Special Supplement on Blohm + Voss (1991), S. 11ff.; Jane's Fighting Ships 1995-96, S. 529.

288 Die Welt (Hamburg) 1.8.1990 (Spitzenprodukt ohne Aufgabenfeld?).

289 Zu diesem Abschnitt insgesamt: Jane's Fighting Ships 1995-96, S. 631; Naval Forces, Special Supplement on Blohm + Voss (1991), S. 78ff.; Blohm + Voss: Prisma '88, S. 18f.; Hamburger Abendblatt 3.11.1987, 21.4. u. 3.11.1989.

290 Hamburger Abendblatt 21.4.1989.

291 Blohm + Voss: Prisma '89, S. 8.

292 Blohm + Voss: Prisma '88, S. 19, und Prisma '90, S. 7.

293 Wehrtechnik Nr. 6/1997, S. 43.

294 Zu diesem Abschnitt insgesamt: Blohm + Voss: Prisma '88, S. 17; Denis McLean/Desmond Ball: The ANZAC Ships (The Strategic and Defence Studies Centre: Working Paper No. 184), Canberra 1989; Naval Forces Nr. IV/1993, S. 46ff.; Jane's Fighting Ships 1996-97, S. 26 und 466.

295 Handelsblatt 15.8.1989.

296 Naval Forces, Special Issue: Australian Naval Forces (1995), S. 32.

297 Weserkurier 6.11.1989; Börsen-Zeitung 9.9.1989.

298 Weserkurier 6.11.1989.

299 Die Welt (Hamburg) 15.8.1989.

300 Die Welt 16.9.1989.

301 Vgl. hierzu die zahlreichen Veröffentlichungen des Strategic and Defence Studies Centre an der Universität Canberra. Verschiedenste mutmaßliche Bedrohungen werden z.B. aufgeführt bei Paul Dibb: The Conceptual Basis of Australia's Defence Planning and Force Structure Development, Canberra 1992.

302 Vgl. Gary Smith: Demilitarising Security, in: ders./StJohn Kettle (Hrsg.): Threats without Enemies, Rethinking Australia's Security, Leichhardt (Austr.) 1992, S. 25-52, hier S. 27f.

303 McLean/Ball (wie Anm.294), S. 9.

304 Soldat und Technik Nr. 5/1995, S. 312.

305 Süddeutsche Zeitung 16.8.1989.

306 Süddeutsche Zeitung 22.7.1989.

307 Handelsblatt 15.8.1989.

308 Hamburger Abendblatt 29.3.1980.

309 Die Welt 3.10.1988.

310 Handelsblatt 5.10.1988.

311 Weserkurier 6.11.89 (Fregattengeschäft spielt wesentliche Schrittmacherrolle).

312 Hamburger Abendblatt 4.11.1988; Handelsblatt 18.10.1994.

313 Handelsblatt 18.10.1994.

314 Zum Folgenden Handelsblatt 18.10.1994; Blohm + Voss: Prisma-Zeitung Nr. 1/1995, S. 1.

315 Vgl. Wendy M. Mansfield: Krieg, ANZAC-Tradition und nationaler Gründungsmythos, in: Bernd Hüppauf (Hrsg.): Ansichten vom Krieg, Königstein/Ts. 1984, S. 31-52.

316 Handelsblatt 18.10.1994.

317 Zu Malaysia: Insite (Betriebszeitschrift von Transfield), Nr. 2/1994, S. 6; Naval Forces, Special Issue Australian Naval Forces (1995), S. 36f.; zu Kuwait: Naval Forces Nr. 5/1995, S. 54/56.

318 Hamburger Abendblatt 22.8.89.

319 Graeme Cheeseman/StJohn Kettle: The New Australian Militarism. Undermining our Future Security, Sydney 1990.

320 Publikationen und Flugblätter der ›No Frigates Campaign‹ (Anschrift: P.O. Box 9314, Wellington); vgl. Die Welt 16.9.1989 (Aufrüstung Australiens erschreckt Neuseeland).

321 Hamburger Abendblatt 20.7., 21.7., 27.7. und 10.9.1992. Bei diesem Geschäft soll die deutsche Werft auch taiwanesische Behörden bestochen haben (Hamburger Abendblatt 1.3.1995).

322 Naval Forces Nr. I/1993, S. 34.

323 Wehrdienst Nr. 44/30.10.1995, S. 4.

324 Spiegel Nr. 6/1992.

325 Wehrdienst Nr. 10/4.3.1996, S. 1.

326 taz Hamburg 16.1.1993; Hamburger Abendblatt 22.1.1993; Bürgerschaftsdrucksachen Nr. 14/3308 und 14/3426; vgl. antimilitarismus information Nr. 2/1993, S. 17f.

327 Hamburger Abendblatt 21.1.1993.

328 Kommentar Herbert Wessels im Hamburger Abendblatt 27.1.1993.

329 Bundestagsdrucksache Nr. 12/4341; vgl. antimilitarismus information Nr. 4/1993, S. 8ff.

330 IG Metall, Bezirk Küste (Hrsg.): Rundbrief Arbeitskreise Alternative Produktion Nr. 3/1993, S. 38ff.; Frankfurter Rundschau 3.9.1993.

331 IG Metall, Bezirk Küste (Hrsg.): Rundbrief Arbeitskreise Alternative Produktion Nr. 1/1994, S. 12.

332 Hamburger Abendblatt 27. und 28.4.1994.

333 Staatliche Pressestelle Hamburg: Wochendienst Nr. 47/25.11.1994, S. 22.

334 Hamburger Abendblatt 25.2.1995.

335 Dokumentation in IG Metall, Bezirk Küste (Hrsg.): Rundbrief Arbeitskreise Alternative Produktion Nr. 4/1995, S. 37ff.; vgl. Wehrdienst Nr. 44/30.10.1995, S. 3f.; Hamburger Abendblatt 2./3.10.1995.

336 Dokumentation in Rundbrief Nr. 4/1995 (wie vorige Anm.), S. 39f.

337 Hamburger Abendblatt 22.3.1996.

338 Hamburger Abendblatt 15.3.1996.

339 Zum Folgenden: Blohm + Voss: Auf unserer Werft 1985, Hamburg (1986), S. 35ff.

340 Wehrdienst Nr. 433/73 vom 1.10.1975.

341 Die Welt 15.7.1980.

342 Wehrtechnik Nr. 2/1983, S. 73.

343 Vgl. Naval Forces Nr. II/1994, S. 69ff.; Marineforum Nr. 6/1995, S. 33.

344 Vgl. den PR-Beitrag in Asian Defence Journal Nr. 6/1994, S. 74ff.

345 Hamburger Abendblatt 13.8.1993 und 12.4.1995.

346 Soldat und Technik Nr. 6/1996, S. 372f; Marineforum Nr. 7/8-1996, S. 39.

347 Wehrtechnik Nr. 11/1978, S. 41.

348 Blohm + Voss: Auf unserer Werft Nr. 2/1979, S. 6.

349 Bürgerschaftsdrucksache Nr. 11/2626.

350 Blohm + Voss: Auf unserer Werft 1985, S. 57.

351 Hamburger Abendblatt 30.3.1991.

352 Naval Forces Nr. VI/1991, S. 22.

353 Blohm + Voss: Geschäftsbericht 1994, S. 18.

354 Blohm + Voss: Auf unserer Werft Nr. 2/1977, S. 21.

355 Naval Forces Nr. IV/1994, S. 27.

356 Vgl. Naval Forces Nr. V/1993, S. 61, und Nr. 1/1995, S. 24ff.; Frankfurter Allgemeine Zeitung 23.3.1995.

357 Naval Forces Nr. 1/1997., S. 8 ff.

358 Marineforum Nr. 5/1995, S. 42.

359 Frankfurter Allgemeine Zeitung 23.3.1995.

360 Marineforum Nr. 5/1995, S. 42.

361 Bild (Hamburg) 3.3.1995.

362 Zit. nach Frankfurter Allgemeine Zeitung 23.3.1995.

363 Vgl. auch zum Folgenden Naval Forces Nr. VI/1994 S. 64, Nr. 1/1995 S. 80, Nr. 2/1995 S. 24 und Nr. 4/1995 S. 59; Wehrtechnik Nr. 8/1995, S. 41.

364 Hamburger Abendblatt 5./6.10.1996.

365 Marineforum Nr. 11/1996, S.34.

366 Blohm + Voss: Blohm + Voss – heute. Das Unternehmen im Profil, o.O. (1990), S. 23.

367 Wehrtechnik Nr. 9/1982, S. 69.

368 taz Hamburg 19.4.1986; Hamburger Rundschau 29.5.1986.

369 Wehrtechnik Nr. 8/1977, S. 39.

370 Umsatz Wehrtechnik Land 1990/91: 78 Mio. DM, 1992/93: 38 Mio. DM (Hoppenstedt – Handbuch der deutschen Aktiengesellschaften Jg. 1995/96, S. 876).

371 Wehrtechnik Nr. 8/1984, S. 91.

372 Walter J. Spielberger: Von der Zugmaschine zum Leopard 2. Geschichte der Wehrtechnik bei Krauss-Maffei, München 2. verbess. Aufl. 1980, bes. S. 171; Jane's Armour and Artillery 1996-97, bes. S. 39.

373 Vgl. auch zum Folgenden Der Spiegel Nr. 12/1976, S. 43f.; Michael Brzoska: Rüstungsexportpolitik, Frankfurt/M. 1986, S. 129; Jane's Armour and Artillery 1996-97, S. 60ff.; Mierzwa, S. 100 u. 102.

374 Hamburger Abendblatt 19.9.1996.

375 Wehrtechnik Nr. 9/1982, S. 69f.; Blohm + Voss: Defence Technology Army (Werbebroschüre), o.O. (1983), S. 5.

376 Jane's Armour and Artillery 1996-97, S. 37; taz 2.5.1992; Wehrdienst Nr. 28/1993.- Randnotiz: Die Lieferung von Leopard-Panzern an die Türkei kostete 1992 Gerhard Stoltenberg sein Amt als Verteidigungsminister. Hintergrund: Am 7. November 1991 hatte der Haushaltsausschuß beschlossen, die Lieferung von Kriegsgerät an die Türkei solange zurückzustellen, wie die türkische Armee zivile Ziele angriff. Dieser Lieferstopp betraf auch die letzten 19 der 150 zugesagten Leopard-1-Panzer. Als bekannt wurde, daß diese Panzer trotz des Parlamentsbeschlusses weiter ausgeliefert worden waren, mußten Stoltenberg und seine beiden Staatssekretäre am 31. März 1992 ihre Hüte nehmen.

377 Ulla Frey/Alexander Kauz: Rüstungsexporte in die Türkei (...), in: Rüstungsexport im ›neuen Deutschland‹ (Probleme des Friedens Nr. 4/1993-1/1994), Idstein 1994, hier S. 34; taz Hamburg 4.6.1993; Hamburger Abendblatt 13.4.1994; antimilitarismus information Nr. 5/1995, S. 11.

378 Vgl. zu diesem Programm insgesamt Paul-Werner Krapke: Leopard 2 – Sein Werden und seine Leistung, Bonn 1986, hier S. 65ff.

379 Wehrtechnik Nr. 9/1982, S. 70; Blohm + Voss: Geschäftsberichte 1984, S. 11, und 1985, S. 11.

380 Krapke (wie vorletzte Anm.), S. 199ff.; zum Folgenden Wehrtechnik Nr. 8/1984 S. 92 und Nr. 7/1993 S. 33.

381 Zu Schmidts Haltung vgl. Mainhardt Graf von Nayhauß: Helmut Schmidt. Mensch und Macher, Bergisch Gladbach 1988, S. 395 u. 401ff.; zum Vorstoß von Strauß Frankfurter Rundschau 21.2. u. 26.2.1985.

382 Frankfurter Allgemeine Zeitung 30.7.1985.

383 Blohm + Voss: Geschäftsbericht '91, S. 18.

384 Bürgerschaftsdrucksache 11/5918, Antwort zu Punkt C II. 4b).

385 ARD-Tagesschau 25.6.1986.

386 Hamburger Rundschau 3.7.1986.

387 Blohm + Voss: Geschäftsbericht '95, S. 20.

388 Hamburger Abendblatt 15.4.1997. – Die Bundeswehr hat Spanien bereits 108 gebrauchte Leopard-2-Panzer geliehen. Deren Bereitstellung ist an das geplante Geschäft mit den neuen Panzern gekoppelt.

389 Wehrtechnik Nr. 8/1995, S. 16; Soldat und Technik Nr. 7/1995, S. 396; Jane's Armour and Artillery 1996-97, S. 108.

390 Hamburger Abendblatt 19.11.1984; Der Spiegel Nr. 51/1984.

391 Wehrtechnik Nr. 8/1984, S. 92.

392 Jane's Armour and Artillery Upgrades 1996-97, S. 219.

393 Zum Roland-Programm insgesamt vgl. Jörg Huffschmid/Werner Voß/Norbert Zdrowomyslaw: Neue Rüstung – Neue Armut, Köln 1986, S. 180ff.

394 Wehrtechnik Nr. 8/1984, S. 92; vgl. auch Blohm + Voss: auf unserer Werft Nr. 3/1977, S. 4f.

395 antimilitarismus information Nr. 2/1986 C-2. Von diesen 115 Systemen waren 68 für die deutsche Luftwaffe, 20 für die deutsche Marine und 27 für US-Luftwaffen-Basen in Deutschland bestimmt.

396 Jane's Weapon Systems 1988-89, S. 171f.

397 antimilitarismus information Nr. 10/1982 K-20; Der Spiegel Nr. 39/24.9.1990, S. 196; Stern Nr. 35/1990.

398 Wehrtechnik Nr. 8/1984, S. 92. Die Bundesregierung bestätigte 1991, daß aus Deutschland (über MBB) Startanlagen für das Irak-Geschäft zugeliefert worden waren (Bundestagsdrucksache Nr. 11/487 vom 8.5.1991).

399 Hamburger Morgenpost 25.1.1991.

400 Meister (wie Anmerkung 191), S. 225f.

401 Der Spiegel Nr. 39/24.9.1990, S. 32f.

402 Blohm + Voss (wie Anmerkung 368), S. 18.

403 Vgl. auch zum Folgenden: Jane's Armour and Artillery 1996-97, S. 199ff. u. 287f.

404 Andrea Kolling: Grünes Licht für ›Wiesel‹-Export, in: BUKO-Kampagne ›Stoppt den Rüstungsexport!‹ Rundbrief Nr. 50 (April 1996), S. 19 (dort auch S. 23); Wehrdienst Nr. 19/6.5.1996, S. 4; Bundestagsdrucksache 13/3015 (Kl. Anfrage der PDS-Fraktion 1995).

405 Jane's Armour and Artillery 1996-97, S. 32.

406 Blohm + Voss Holding AG: Geschäftsbericht 1995/96, S. 8.

407 Hamburger Abendblatt 19.9. und 23.9.1996.

408 Vgl. zum Folgenden Jane's Armour and Artillery 1996-97, S. 572ff.

409 Zur Atomfähigkeit der M 109: Hamburg kriegsbereit, Hamburg 1985, S. 10ff.

410 Auch zum Folgenden: Jane's Armour and Artillery 1996-97, S. 33ff.; Wehrtechnik Nr. 9/1982, S. 70 und Nr. 8/1984, S. 91.

411 Vgl. Wehrtechnik Nr. 3/1994, S. 42ff.

412 Jane's Armour and Artillery Upgrades 1996-97, S. 219f.

413 Wehrtechnik Nr. 9/1982, S. 70.

414 Horst Reker: Nuklearschutz von Mensch und Gerät als Teilsysteme gepanzerter Fahrzeuge, in: Jahrbuch der Wehrtechnik, Folge 17, Koblenz 1987, S. 174-184.

415 Blohm + Voss: Prisma-Zeitung Nr. 3/1993, S. 4.

416 Vgl. Peter Körner: Militarisierungsdynamik, militante Konflikte und Entwicklungsdynamik: das Beispiel Pakistan, in: Michael Brzoska (Hrsg.): Militarisierungs- und Entwicklungsdynamik, Hamburg 1994, S. 245-301, hier S. 259; Jane's Armour and Artillery Upgrades 1996-97, S. 140f.

417 Publik gemacht hatte den Fall die Wirtschaftswoche (Nr. 16/12.4.1991, S. 10).

418 Auch zum Folgenden: Sendemanuskript für Hörfunkbeitrag von Otto Köhler am 30.4.1991 in WDR 1.

419 Hamburger Abendblatt 12.4.1991.

420 Antwortschreiben von Wirtschaftsminister Möllemann an den IG-Metall-Vertrauenskörper der B + V AG vom 9.10.1991.

421 Vgl. Rainer Duhm u.a. (Hrsg.): Wachstum alternativ. Kritisches Gewerkschaftsjahrbuch 1983/84, Berlin 1983, S. 11ff; Klaus Schomacker u.a.: Alternative Produktion statt Rüstung, Köln 1987, S. 160ff.

422 Vertrauensleute und Arbeitskreis Alternative Fertigung der IG Metall bei Blohm + Voss (Hrsg.): Zukunftsperspektiven – Aus der Sicht von Beschäftigten, Hamburg 1985.

423 IG Metall, Bezirk Küste (Hrsg.): Rundbrief Arbeitskreise Alternative Produktion Nr. 3/1993, S. 15f. und Nr. 3/1995, S. 3.

424 IG Metall, Bezirk Küste (Hrsg.): Rundbrief Alternative Produktion Nr. 4/1996, S. 16.

425 Ebd.

426 Vgl. Gert Hautsch: Der Elektrokonzern AEG-Telefunken, Diss. Bremen 1982.

427 Ebd., S. 151ff.; Michael Brzoska: Die bundesdeutsche Rüstungsindustrie, in: ders./Andreas Guha/Christian Wellmann: Das Geschäft mit dem Tod, Frankfurt 1982, S.50; Heinz-J. Bontrup/Norbert Zdrowomyslaw: Die deutsche Rüstungsindustrie, Heilbronn 1988, S. 142f.; antimilitarismus information Nr. 9/1985, H-11, und Nr. 6/1986, H-8.

428 Vgl. Wolfram Clavicz: 50 Jahre Deutsche Werft 1918-1968, (Hamburg 1968), bes. S. 91ff. u. 155; Werner Johe: Neuengamme, Hamburg 1981, S. 27.

429 Vgl. Edwyn Gray: Die teuflische Waffe. Geschichte und Entwicklung des Torpedos, Oldenburg/Hamburg 1975, S. 218ff.; Eberhard Rössler: Die Torpedos der deutschen U-Boote, Herford 1984, S. 167ff. u. 243ff.

430 Jahrbuch der Wehrtechnik Folge 18, Koblenz 1988, S. 39 (Anzeige).

431 Jörg Huffschmid (Hrsg.): Für den Frieden produzieren, 2. Aufl. Köln 1982, S. 40; Näheres zur Art der Lieferungen in Marine-Rundschau Nr. 4/1985 S. 199 (AEG-Anzeige).

432 antimilitarismus information Nr. 4/1983 C-1.

433 Süddeutsche Zeitung 3.1.1985.

434 Es wurde von einer Absprache zwischen Kanzler Kohl und dem Bremer Bürgermeister Koschnik gesprochen. Bremen stimmte damals im Bundesrat als einziges SPD-regiertes Bundesland für die Frühpensionierung von 1.200 Bundeswehroffizieren (vgl. taz 4.7.1985; antimilitarismus information Nr. 8/1985, C-8).

435 Die Welt (Hamburg) 19.2.1988.

436 Rössler (wie Anm. 429) S. 236.

437 Naval Forces Nr. VI/1982 S. 67-69.

438 Wolf Perdelwitz/Hasko Fischer: Waffenschmiede Deutschland, Hamburg 1984, S. 263.

439 Wirtschaftswoche Nr. 25/17.6.1983, S. 18.

440 Zusammengestellt nach: Jane's Fighting Ships, verschiedene Ausgaben; Jane's Underwater Warfare Systems 1996-97; vgl. auch Bundestagsdrucksache 13/6922, Antwort zu Frage 7.

441 Meister (wie Anm. 191), S. 203 u. 284f.; vgl. zu den Torpedoangriffen auch Carlos E. Zartmann: Einsätze der argentinischen U-Boote im Malwinen-Krieg, in: Marine-Rundschau Nr. 3/1984, S. 129-131; Paul Eddy/Magnus Linklater/Peter Gillman: Falkland. Der Krieg vor den Toren der Antarktis, Stuttgart/Herford 1984, S. 387 u. 392.

442 Auch zum Folgenden: Stern Nr. 21/15.5.1986, S. 216.

443 Bundestagsdrucksache 13/6922 (Kleine Anfrage Angelika Beer/Fraktion Bündnis 90/Die Grünen, Jan./Febr. 1997), Antwort zu Frage 9c).

444 Indonesien heute Nr. 4/1983, S. 3-12, hier S. 10.

445 Zum Folgenden vgl. Wehrdienst Nr. 884/83 vom 7.3.1983; Naval Forces, Special Issue: Norwegian Naval Forces today and tomorrow (1994) S. 32ff.; Bundestagsdrucksache 13/6922.

446 Naval Forces Nr. II/1993 S. 49.

447 Jürgen Rhades in: Marine-Rundschau Nr. 5/1985, S. 286f.

448 Vgl. Wehrtechnik Nr. 5/1985, S. 40f.; Naval Forces Nr. IV/1991 S. 40-46; Jane's Underwater Warfare Systems 1996-97, S. 207.

449 Marine-Rundschau Nr. 5/1985 S. 287; Marineforum Nr. 9/1996 S. 11.

450 Jahrbuch der Schiffbautechnischen Gesellschaft 82. Bd. (1988), S. 408.

451 Handbuch der Bundeswehr und der Verteidigungsindustrie 1987/88, S. 461.

452 Die folgenden Angaben beruhen auf Krapke (wie Anmerkung 378),S. 65f. u. 107f.; AEG-Telefunken, Geschäftsbereich Schiffbau, Flugwesen und Sondertechnik: Liefer- und Leistungsübersicht, o.O. (1980), S. 30 (zu Roland); Jane's Armour and Artillery Upgrades 1996-97, S. 425.

453 Jane's Armour and Artillery 1995-96, S. 75f.

454 Spielberger (wie Anmerkung 378), S. 172 u. 293.

455 Wehrtechnik Nr. 7/1987 S. 82; zum Folgenden Spielberger (wie Anmerkung 378), S. 159 u. 172; Wehrtechnik Nr. 6/1978, S. 83; Mierzwa, S. 18.

456 AEG-Telefunken: Instalaciones Industriales y Navales, Sistemas Especiales (spanischsprachige Werbebroschüre von 1984), S. 35; zum indonesischen Stützpunkt Teluk Ratai vgl. Rüstungsmarkt Südost Asien, hrsg. v.d. BUKO-Koordinationsstelle ›Stoppt den Rüstungsexport!‹, Bremen 1987/88, Anhang mit Länderübersicht.

457 AEG-Telefunken: Referenzen Radome (Broschüre 1979).

458 AEG-Telefunken: Ice Protection Systems for Aeroplanes and Helicopters (Broschüre 1981); Wehrtechnik Nr. 3/1984 S. 98.

459 AEG Geschäftsbericht 1988, S. 29.

460 Handelsblatt 22.4.1985.

461 Wehrdienst 20.5.1985.

462 Information einer Mitarbeiterin einer AEG-Nachfolgefirma, Januar 1997.

463 taz 9.6.1986 (zit. nach Mierzwa S. 114f.).

464 Joop Boer: Uran aus Almelo für die britische Kriegsführung, in: Atombomben made in Germany?, hrsg. v. Trägerkreis der gleichnamigen Konferenz, Köln 1986, S. 33-37.

465 Klaus Schomacker/Peter Wilke/Herbert Wulf: Alternative Produktion statt Rüstung, Köln 1987, S. 138.

466 Pinneberger Tageblatt 17./18.3.1984.

467 Vgl. zum Folgenden AEG-Telefunken: solar report VII/8/1982; Handelsblatt 7.4.1987.

468 Nachrichten für den Außenhandel 30.12.1986.

469 Hamburger Abendblatt 25.6.1985.

470 Anzeige in Handbuch der Bundeswehr und der Verteidigungsindustrie 1987/88, S. 462, vgl. Wehrtechnik Nr. 2/1983 S. 52f.

471 Handelsregister Hamburg HR B 14471.

472 International Defense Directory 1994, S. 150; Reuss Jahrbuch 1995, S. 465.

473 Hamburger Abendblatt 28.4.1992.

474 Hamburger Abendblatt 5.9.1996.

475 Anzeige in Wehrtechnik Nr. 5/1984.

476 taz 14.11.1984.

477 Vol. III, S. 878.

478 International Defense Directory 1994, S. 166.

479 Frankfurter Allgemeine Zeitung 30.3.1992.

480 Frankfurter Allgemeine Zeitung 7.10.1992.

481 Zu G. Sedlmayr vgl. Heinz J. Nowarra: Geschichte eines deutschen Flugrekordes, in: Köhlers Flieger-Kalender 1961; zum Folgenden vgl. Wehrtechnik Nr. 4/1983, S. 116f., Nr. 12/1983, S. 79, Handelsblatt 22.10.1984.

482 Handbuch der Bundeswehr und der Verteidigungsindustrie 1995, S. 450 (Anzeige).

483 Wehrtechnik Nr. 12/1983, S. 79.

484 Die Welt (HH) 14.6.1990.

485 Hamburger Abendblatt 23.9.1996.

486 International Defence Equipment Catalogue 1992/93, Vol. II S. 144; Wehrtechnik Nr. 12/1983 S. 79.

487 Sicherheit hat einen Namen – Autoflug, Werbebroschüre o.J. (nach 1991), S. 26.

488 Wehrtechnik Nr. 5/1983, S. 76.

489 Wehrtechnik Nr. 11/1993, S. 25.

490 Gießmann/Wehner 1992, Anhang: Übersicht über die Firmeninterviews, S. 4f. (die Fa. wird dort ohne Namensnennung behandelt, ist aber anhand der Produktpalette eindeutig als BKT identifizierbar).

491 Firmenauskunft Juni 1997.

492 dort Vol. III, S. 603, 664 u. 769.

493 taz HH 22.1.1985.

494 Jane's Avionics 1995-96, S. 443, zum Folgenden auch S. 299.

495 International Defence Equipment Catalogue 1992/93, Vol. II S. 336.

496 Auch zum Folgenden Die Welt (Hamburg) 23.11.1983 u. 30.4.1985.

497 Krista Sager in der Hamburger Bürgerschaft, Sitzungsprotokoll v. 27.2.1991, S. 5951.

498 Hamburger Rundschau 8.8.1985.

499 Der Spiegel Nr. 13/1989 S. 173; vgl. Bürgerschaftsdrucksache 13/8085 (Schriftliche Kleine Anfrage der Frauenfraktion, April 1991).

500 Monitor (ARD) vom 19.1.1988; Hamburg und der Golfkrieg, Hamburg 1988, S. 28.

501 Deutscher Bundestag, Sitzungsprotokoll v. 17.1.1990, S. 14453f.

502 Bürgerschaftsdrucksache 13/7599, Antwort zu Frage 24.3.

503 Hamburger Bürgerschaft, Sitzungsprotokoll v. 27.2.1991, S. 5951.

504 Geschichtswerkstatt für Bergedorf und Umgebung: Rundgang durch die Bergedorfer Industriegeschichte, Hamburg 1987, S. 42ff.

505 Munzinger-Archiv/Internat. Biograph. Archiv 43/92 (Kurt A. Körber).

506 Firmenauskunft Juni 1997.

507 Wehrdienst 9.4.1979; Firmenprospekt.

508 Eimsbüttler Wochenblatt 24.10.1996 (Beilage).

509 International Defense Directory 1994, S. 94 u. 168.

510 Der Präsident der Universität der Bundeswehr Hamburg (Hrsg.): 1973-1993. Zwanzig Jahre Universität der Bundeswehr Hamburg, Hamburg o.J. (1993), S. 67.

511 Naval Forces, Special Supplement on Blohm + Voss MEKO Technology (1991), S. 77.

512 Naval Forces, Special Issue: Subcon' 95 (1995), S. 4.

513 Ausstellungskatalog Shipbuilding Machinery & Marine Technology (1.-4.10.1996), S. 675.

514 Tecnologia Militar Nr. 1/1984; International Defence Equipment Catalogue 1985/86, Vol. III, S. 894; Military Technology Nr. 5/1986 mit Special Marketing Supplement Electronics in Defence, S. 20.

515 Der Spiegel Nr. 32/1985 S. 60ff.

516 Ebd.

517 International Defense Directory 1994, S. 159.

518 Vgl. informationsdienst südliches afrika Nr. 4/1977, S. 9 u. 12; taz 18.7.1986.

519 taz 10.7. und 18.7.1986; antimilitarismus information Nr. 8/1986, F-2.

520 Hamburger Abendblatt 26.1.1988; antimilitarismus information Nr. 4/1988, H-3.

521 Hamburger Abendblatt 17.10.1995; Sean Tait: Südafrika als Waffenhändler, in: Rundbrief Nr. 46/47 der BUKO-Kampagne ›Stoppt den Rüstungsexport!‹, S. 16f.

522 Daimler-Benz Aerospace Airbus GmbH: Information, Hamburg Mai 1996, S. 10.

523 Daimler-Benz Aerospace: aktuell (Mitarbeiterzeitung) Nr. 11/1995.

524 Soldat und Technik Nr. 5/1996, S. 288.

525 Hamburger Abendblatt und Hamburger Morgenpost 12.4.1991.

526 Jane's all the world's aircraft 1995-96, Coulsdon/Surrey 1995, S. 138 und 148; Hamburger Abendblatt 17.12.1996.

527 Hamburger Abendblatt 5./6. 7. 1997; vgl auch Soldat und Technik Nr. 3 / 1996, S. 136 u. 185f.; Wehrdienst Nr. 43/23.10.1995, S. 2, und Nr. 42/14.10.1996, S. 1; Der Spiegel Nr. 20/13.5.1996, S. 16.

528 Hamburger Abendblatt 15.9.1994; vgl. auch Tilman T. Reuss (Hrsg.): Jahrbuch der Luft- und Raumfahrt 1995, Mannheim 1995, S. 37.

529 Soldat und Technik Nr. 6/1995, S. 346. Vgl. Der Spiegel Nr. 38/1993, S. 32.

530 Wehrtechnik Nr. 6/1995, S. 22; Wehrdienst Nr. 51/52-1996 v. 16.12.1996, S. 4.

531 Wehrtechnik Nr. 10/1993 S. 26.

532 Hamburg kriegsbereit, S. 50; Internationale Wehrrevue Nr. 6/1986, S. 751.

533 Gießmann/Wehner 1992, Anhang zu Hamburger Rüstungsunternehmen, S. 3.

534 Frankfurter Allgemeine Zeitung 16.6.1995; Soldat und Technik Nr. 5/1996, S. 286ff.

535 Wehrdienst Nr. 15/9.4.1996, S. 3.

536 Daimler-Benz Aerospace: aktuell (Mitarbeiterzeitung) Nr. 9/1996, S. 11.

537 Frankfurter Rundschau 26.2.1996.

538 Hamburger Abendblatt 6.6.1996.

539 Wehrdienst Nr. 43/21.10.1996, S. 2.

540 Hamburger Abendblatt 24.8., 8.9., 25.9. und 28.9.1995.

541 Bürgerschaftsdrucksache 14/2518.

542 Bürgerschaftsdrucksache 15/3367 (Große Anfrage der GAL-Fraktion), Antwort zu Frage 1.3.

543 Bürgerschaftsdrucksache 13/4807 (Mitteilg. des Senats an die Bürgerschaft, 21.11.1989).

544 Jürgen Grässlin: Daimler-Benz. Der Konzern und seine Republik, München 1995, S. 385f.; antimilitarismus information Nr. 2/1995, S. 9.

545 Udo Schuldt: Flugzeugbau ohne Zukunft?, in: Germanwatch Regionalgruppe Hamburg (Hrsg.): Lokal handeln – global denken, Hamburg 1996, S. 140-157, hier S. 153.

546 Marine-Rundschau Nr. 2/1986 S. 109.

547 Rüstung in und um Hamburg, Hamburg 2. Aufl. 1981, S. 21, Bonnkontakt 18.9.1981 (Bundeswehrlieferantenliste).

548 Blohm + Voss: Prisma '87, S. 18.

549 Der Spiegel Nr. 13/1989, S. 170; Hamburger Morgenpost 26.1.1991.

550 International Defense Directory 1994, S. 153; Firmenprospekt.

551 DMT-Lagebericht für 1991 in: Bundesanzeiger 28.08.1992.

552 DMT-Lagebericht für 1990 in: Bundesanzeiger 29.10.1991.

553 Naval Forces Nr. III/1991, S. 85.

554 DMT-Lagebericht für 1991 in: Bundesanzeiger 28.08.1992.

555 Bremer Vulkan AG: Geschäftsbericht 1991, S. 42.

556 Jane's Defence Weekly 3.7.1993, S. 13; vgl. Jane's Fighting Ships 1995-96, S. 401.

557 dort S. 479.

558 dort S. 691; dies wird bestätigt durch Naval Forces Nr. I/1991, S. 9, und Jane's Underwater Warfare Systems 1996-97, S. 190 u. 460.

559 Jane's Fighting Ships 1995-96, S. 489.

560 Bundestagsdrucksache 13/6922 (Kleine Anfrage Angelika Beer und Fraktion Bündnis 90/Die Grünen, Jan./Febr. 1997), Antwort zu Frage 8.

561 Ebd., Antwort zu Frage 9d).

562 Jane's Underwater Warfare Systems 1991-92, S. 209; Bundestagsdrucksache 13/6922, Antwort auf Frage 11.

563 Gießmann/Wehner S. 56.

564 Hinweis des STN-ATLAS-Betriebsratsvorsitzenden Erik Merks (Febr. 1997).

565 Wehrtechnik Nr. 10/1994, S. 52ff.

566 Soldat und Technik Nr. 10/1995, S. 669.

567 Nachruf im Jahrbuch der Schiffbautechnischen Gesellschaft, 86. Bd. (1992).

568 Wehrtechnik Nr. 2/1983, S. 56.

569 Drews-Prospekt (o.J.).

570 Ebd.

571 Hamburger Abendblatt 18.6.1992.

572 Hamburger Abendblatt 3.3.1992 und 13./14.6.1992.

573 Vgl. Firmenporträt in Wehrtechnik Nr. 12/1979.

574 Jahrbuch der Wehrtechnik Folge 17, Koblenz 1987, S. 62f (Anzeige). – Im Januar 1985 wurden 14 oder 15 für die Schweiz bestimmte Simulatoren von einem in Barmbek abgestellten LKW gestohlen, einige Tage später aber bei den Dieben wiederentdeckt (taz 2.1.1985, taz HH 15.1.1985).

575 Wehrtechnik Nr. 7/1987 S. 82.

576 Handbuch der Bundeswehr und der Verteidigungsindustrie 1987/88, S. 496.

577 Hamburger Abendblatt 3.3.1992.

578 Vgl. z.B. die Beiträge von Eichweber-Ingenieuren in den von K. Nixdorff herausgegebenen Tagungsbänden ›Anwendungen der Akustik in der Wehrtechnik‹, Hamburg 1981ff.

579 Schwarzbuch Hamburg – Dritte Welt, hrsg. von der Arbeitsgruppe ›Hamburg – Dritte Welt‹, Hamburg 1983, S. 134.

580 Vgl. zum Folgenden: Flugblatt von ›Autonomen gegen Eichweber‹ (1983) und weiteres Flugblatt (Okt. 1983); taz HH 6.5.1983. Eine ironische Laudatio auf Eichweber ist abgedruckt in taz HH 10.5.1983.

581 Bericht in Antikriegs-Info Nr. 1, Hamburg 25.1.1991.

582 International Defense Directory 1994, S. 154.

583 Firmenprospekt ›Die Welt der ELNA‹ (1992).

584 Frankfurter Allgemeine Zeitung 21.3.1985.

585 z.B. Marineforum Nr. 3/1995, S. 23.

586 Marineforum Nr. 10/1995 S. 42.

587 Schiff & Hafen Nr. 12/1996 S. 36.

588 Wehrtechnik Nr. 11/1995, S. 47.

589 Firmenprospekt (wie Anmerkung 583).

590 Handelsblatt 16.5.1990.

591 Wedel-Schulauer Tageblatt 30.8.1996, Hamburger Abendblatt 30.8.1996.

592 Wehrtechnik Nr. 8/1994, S. 14.

593 Hamburger Abendblatt 30.8.1996.

594 Daimler-Benz Aerospace: Das Geschäftsjahr 1994, S. 32.

595 Daimler Benz Aerospace: Das Geschäftsjahr 1995, S. 28; vgl. antimilitarismus information Nr. 11/1994, S. 16.

596 Wehrtechnik Nr. 2/1995, S. 46.

597 Soldat und Technik Nr. 7/1995, S. 433; Military Technology Nr. 6/1997, S. 35 ff.

598 Soldat und Technik Nr. 7/1995, S. 434.

599 Vgl. Soldat und Technik Nr. 3/1996, S. 161, und Nr. 4/1996, S. 250ff.

600 Wehrtechnik Nr. 2/1995, S. 4.

601 Wehrdienst Nr. 45/4.11.1996, S. 4; Soldat und Technik Nr. 7/1995, S. 434.

602 Betriebsrat Dasa Wedel: Info 43/94 vom 4.8.1994, abgedruckt in: Rundbrief Arbeitskreise Alternative Produktion Nr. 3/1994, S. 19.

603 Wie Anmerkung 594.

604 Hamburger Export-Handbuch 1994, S. 85.

605 Naval Forces Nr. II/1982, S. 64; Naval Forces, Special Supplement Blohm + Voss (1988), S. 77 (Anzeige); Schiff & Hafen Nr. 4/1995, S. 47 (Anzeige); International Defense Directory 1994, S. 152.

606 Vgl. Erich Staisch: Hamburg und sein Stadtverkehr, Hamburg 1989, S. 51, 72f., 121 u. 136; Anne-Kathrin Rehm: Stadtteil Geschichte Falkenried – Bewohner erzählen, Hamburg 1980, S. 107ff.

607 FHH Finanzbehörde (Hrsg.): Die Hamburger öffentlichen Unternehmen, 2. Beteiligungsbericht 1992, Hamburg 1992, S. 10f. und 3. Beteiligungsbericht 1995, Hamburg 1995, S. 14.

608 Foto in der Stadtteilzeitung HH 19, Nr. 1/1996, S. 32.

609 Hamburger Abendblatt 30.8.1990.

610 Hamburger Abendblatt 20.2.1997.

611 Die folgenden Informationen sind, sofern nicht einzeln belegt, den Tätigkeitsberichten des Germanischen Lloyds 1991-96 entnommen.

612 Hamburger Abendblatt 21.7.1992 u. 1.3.1995.

613 Vgl. hierzu Frankfurter Allgemeine Zeitung 4.5.1993, Handelsblatt 11.3. und 11.6.1996; Handelsregister Hamburg HR A 76913 sowie HR B 22647.

614 Wehrtechnik Nr. 2/1983, S. 58.

615 Vol. III, S. 907.

616 Naval Forces, Special Supplement Blohm + Voss (1988), S. 8 u. 45 (Anzeige); International Defense Directory 1994, S. 155.

617 Arbeitskreis Atomwaffenverzicht ins Grundgesetz (Hrsg.): Atomforschung in Geesthacht – Schleichwege zur Atombombe?, Hamburg 1989, S. 40.

618 Jane's Fighting Ships 1996-97, S. 54. Hinzuweisen ist hier auch auf die langjährige, nicht abgeschlossene Kooperation zwischen HDW Kiel und der brasilianischen Marine im U-Boot-Sektor.

619 Vgl. zum Folgenden die Jahresberichte 1984ff. des GKSS-Forschungszentrums. Bis zur Ausgabe 1992 (Geesthacht 1993) waren die Kooperationspartner der GKSS in den Jahresberichten stets genau aufgelistet; dies ist in den neueren Ausgaben nicht mehr der Fall.

620 z.B. Wehrtechnik Nr. 2/1993, S. 62.

621 Wie Anmerkung 617 1, S. 7ff. und 14f.; vgl. Monika Renneberg: Gründung und Aufbau des GKSS-Forschungszentrums Geesthacht (...), Diss. Hamburg 1990, bes. S. 29ff.; zu Schliephake: Susanne Wiborg: Walther Blohm. Schiffe und Flugzeuge aus Hamburg, Hamburg 1993, S. 103.

622 Naval Forces, Special Supplement Blohm + Voss (1988), S. 8 und 70.

623 Angaben nach Hamann-Prospekt (1993 oder später).

624 Wehrtechnik Nr. 2/1983, S. 59.

625 Abbildung des Zerstörers in Hamann-Prospekt (wie Anmerkung 623). Das Kriegsschiff hat Hamburg im März 1995 einen Besuch abgestattet (Wehrtechnik Nr. 6/1995, S. 15).

626 Zum Folgenden Hamburger Abendblatt 9.11., 11.11. und 14./15. 11.1987.

627 Hamburg 76. Ein Buch vom Hamburger Abendblatt, Hamburg 1976, S. 190f. u. 208.

628 Bürgerschaftsdrucksache Nr. 14/2518 (Mitteilung des Senats an die Bürgerschaft, 15.9.1992); Freie und Hansestadt Hamburg, Finanzbehörde: Die Hamburger öffentlichen Unternehmen, 3. Beteiligungsbericht 1995, Hamburg 1995, S. 42f.

629 Bürgerschaftsdrucksache 11/5918 (Große Anfrage der GAL), Antwort zu Frage C I 8.

630 Vgl. zum Folgenden Bild (Hamburg) und Hamburger Morgenpost 5.12.1986; taz (Hamburg) 5.12. und 6.12.1986.

631 Bürgerschaftsdrucksache 12/64 (Schriftliche Kleine Anfrage der GAL).

632 zit. nach Hamburger Morgenpost 5.12.1986.

633 Hamburger Abendblatt 6.2.1996.

634 Vgl. auch zum Folgenden G. Kempf: Geschichte der Hamburgischen Schiffbau-Versuchsanstalt 1910 bis 1945, (Hamburg 1952).

635 Naval Forces Nr. II/1982, S. 8.

636 Frankfurter Allgemeine Zeitung 10.8.1985.

637 Schiff & Hafen Nr. 12/1996, S. 37.

638 Vgl. Jahrbuch der Schiffbautechnischen Gesellschaft 87. Bd. (1993), Berlin u.a. 1994, S. 217ff. und 88. Bd. (1994), S. 378ff.

639 Soldat und Technik Nr. 5/1995, S. 282.

640 Bürgerschaftsdrucksache 11/5918, Antwort zu Frage D 6.

641 Jürgen Friesch: Der Hydrodynamik- und Kavitationstunnel (HYKAT), in: Wehrtechnik Nr. 8/1995, S. 44-46.

642 Ebd.

643 E.-A. Weitendorf, J. Friesch: Der HYKAT, die neue Versuchsanlage der HSVA – Einsatzmöglichkeiten und erste Ergebnisse, in: Jahrbuch der Schiffbautechnischen Gesellschaft 84. Bd. (1990), Berlin u.a. 1991, S. 214-219.

644 Bürgerschaftsdrucksache 15/3395.

645 Bürgerschaftsdrucksache 15/4658 (Bericht des Wirtschaftsausschusses vom 8.1.1996).

646 Die Welt (Hamburg) und Hamburger Abendblatt 5.10.1995.

647 Hamburger Abendblatt 27.5.1997 (Anzeige).

648 zit. nach Hamburger Rundschau 20.10.1983. Zur Ausbildung von Handelsschiffsoffizieren zu Reserveoffizieren vgl. Marine-Rundschau Nr. 4/1987, S. 198f.

649 taz 5.9., 7.9., 20.9 (Hamburgausgabe) und 24.12.1983.

650 Dokumentation von Helmut Pommerenck (ÖTV), Hamburg 1988.

651 Hamburger Export-Handbuch 1994, S. 117.

652 Vol. III, S. 509; vgl. auch International Defense Directory 1994, S. 94.

653 Naval Forces, Special Supplement Blohm + Voss, Ausg. 1988, S. 8 und Ausg. 1991, S. 51.

654 Hans Leyendecker/Richard Rickelmann: Exporteure des Todes, Göttingen 1990, S. 156.

655 Vgl. Jürgen Roth: Die illegalen Waffengeschäfte und ihre internationalen Verflechtungen, Frankfurt a.M. 1988, S. 65 u.166ff.; Hamburger Abendblatt 4.11.1987; Hamburg und der Golfkrieg, Hamburg 1988, S. 7f.

656 International Defense Directory 1994, S. 156; Hamburger Export-Handbuch 1994, S. 121; Firmenprospekt.

657 Hamburger Abendblatt 27./28.7.1996 u. 15.1.1997; Hermes: Geschäftsbericht 1996, S. 14.

658 Vgl. zum Gesamtkomplex Ralf Käpernick/Manfred Kulessa (Hrsg.): Der deutsche Hermes in der Einen Welt (Veröffentl. der Gemeinsamen Konferenz Kirche und Entwicklung), Bonn 1994; Klaus Milke: Die Hermes Kreditversicherungs-AG, in: Germanwatch-Regionalgruppe Hamburg (Hrsg.): Nord-Süd Watchbericht Hamburg 1994, Hamburg (1994), S. 47-69.

659 Deutscher Bundestag, Sitzungsprotokoll 13.5.1982, S. 6034f.

660 Bundestagsdrucksache 12/5083 (Juni 1993).

661 Käpernick/Kulessa (wie Anmerkung 685), S. 90.

662 Hauptquellen: Deutscher Bundestag, Sitzungsprotokolle 14.12.1977 (S. 4786), 15.12.1977 (S. 4913), 27.4.1979 (S. 11953), 13.5.1982 (S. 6028ff.); Bundestagsdrucksachen 10/1089, 11/5550, 13/2237; Wirtschaftswoche Nr. 10/5.3.1982 S. 20 und Nr. 25/17.6.1983 S. 18f.; Informationsbrief Weltwirtschaft & Entwicklung 30.11.1992; Käpernick/Kulessa (wie Anmerkung 658), S. 90; Hamburger Abendblatt 9.3.1994 u. 22.8.1996.

663 Die Bundesregierung hat anfangs behauptet, die Schiffe würden im demobilisierten bzw. demilitarisierten Zustand exportiert. Dagegen wußte die ›Wehrtechnik‹ zu berichten: »Die Schiffe werden übrigens nicht ›demilitarisiert‹, sondern ganz legal `mit aller Bewaffnung' übergeben werden.« (Nr. 6/1993, S. 27).

664 Deutscher Bundestag, Sitzungsprotokoll 20.6.1979, S. 12797; taz 2.11.1984.

665 Wirtschaftswoche Nr. 10/5.3.1982, S. 20; Deutscher Bundestag, Sitzungsprotokoll 11.3.1982, S. 5497.

666 International Defense Review Nr. 6/1991 S. 569.

667 Bundestagsdrucksache 12/5083 (Antwort auf PDS-Anfrage). Der atombombensichere Bunker für Saddam Hussein wurde von der Boswau + Knauer AG (Düsseldorf), einer Tochter der Bank für Gemeinwirtschaft, errichtet. Für den Auftrag legte damals Hans-Jürgen Wischnewski »ein gutes Wort in Bagdad« ein (Hamburger Morgenpost 25.1.1991).

668 Deutscher Bundestag, Sitzungsprotokoll 14.12.1977, S. 4786f.; Gottfried Wellmer: Sichere Geschäfte. Hermes-Bürgschaften für Exporte nach Südafrika, in: informationsdienst südliches afrika Nr. 1/2-1983, S. 11f.; Schwarzbuch Hamburg – Dritte Welt, hrsg. v.d. Arbeitsgruppe ›Hamburg-Dritte Welt‹, Hamburg 1983, S. 102f.

669 taz Hamburg 14.3.1991.

670 Vgl. Entschließungsantrag der SPD-Fraktion (Bundestagsdrucksache 12/5925); Käpernick/Kulessa (wie Anmerkung 658), S. 70ff., 80, 84ff. u. 91f.; Frankfurter Rundschau 16.2.1994; Milke (wie Anmerkung 658), S. 67.

671 Bundestagsdrucksache 12/5949.

672 Käpernick/Kulessa (wie Anmerkung 658), S. 8.

673 Vgl. Naval Forces Nr. VI/1982, S. 22ff.

674 International Defence Equipment Catalogue 1985/86, Vol. II, S. 327f.

675 Diese Angabe aus Hoppenstedt: Mittelständische Unternehmen '95, Bd. II S. 1370, erscheint zweifelhaft.

676 Vgl. Anja Kuhr/Kai von Appen: Irak-Intrigen des BND, in: taz 13.8.1990.

677 Erich Schmidt-Eenboom: Der Schattenkrieger. Klaus Kinkel und der BND, Düsseldorf 1995, S. 84.

678 Zum Folgenden: Protokoll der Vernehmung des Zeugen Ludwig Heerwagen beim Bayerischen Landeskriminalamt, 13.8.1986, abgedruckt in: Waffen für Saddam. Die Irak-Connection des BND, hrsg. v. Medico International u.a., o.O. (1990), S. 50ff.

679 taz 13.8.1990.

680 Handelsregister Hamburg HR B 25781.

681 International Defense Directory 1994, S. 165.

682 Angabe für 1987: Wehrtechnik Nr. 11/1993, S. 27; Angabe für 1989: Hamburger Abendblatt 20.9.1989.

683 Wehrtechnik Nr. 6/1984, S. 24; zum Folgenden Europäische Wehrkunde Nr. 10/1984, S. 585-587.

684 Wehrtechnik Nr. 11/1993, S. 27; Soldat und Technik Nr. 3/1995, S. 141.

685 Hamburger Abendblatt 20.9.1989.

686 Naval Forces Nr. 1/1986 S. 24-27.

687 Auch zum Folgenden Staatliche Pressestelle Hamburg: Wochendienst Nr. 38 vom 19.9.1986, S. 39f.

688 Vgl. Naval Forces Nr. I/1991, S. 26ff und Nr. V/1994, S. 28ff.; Wehrtechnik Nr. 11/1993, S. 27f.; Soldat und Technik Nr. 3/1995, S. 141.

689 taz und Hamburger Abendblatt 9.4.1985.

690 Bürgerschaftsdrucksache Nr. 13/4292; Hamburger Rundschau 7.8.1986 (Nach Schulschluß Schiffe versenken).

691 Zum Folgenden taz Hamburg 21.8.1986; Bürgerschaftsdrucksache Nr. 11/6738 (GAL-Antrag vom 27.8.1986); taz Hamburg 1.9.1986.

692 Staatliche Pressestelle Hamburg: Wochendienst Nr. 38 vom 19.9.1986, S. 39f.; taz Hamburg 13.9.1986.

693 DKP-Bezirksvorstand (Hrsg.): Frieden statt Fregatten, Hamburg 1987.

694 Bürgerschaftsdrucksache Nr. 13/4292.

695 Hamburger Abendblatt 20.9.1989.

696 International Defence Equipment Catalogue 1985/86, Vol. II, S. 330.

697 Vgl. Kurt Nixdorff (Hrsg.): Anwendungen der Akustik in der Wehrtechnik, Hamburg 1990, S. 180ff.

698 Hamburger Abendblatt 27.9.1990.

699 Hamburger Abendblatt 22.11.1995.

700 Tecnologia Militar Nr. 1/1984; International Defence Equipment Catalogue 1992/93, Vol. II S. 342; International Defense Directory 1994, S. 155.

701 Naval Forces Nr. 3/1995, S. 29 (Anzeige).

702 Naval Forces Special Supplement Blohm + Voss (1991), S. 49 (Anzeige).

703 Die Welt (Hamburg) 25.8.1994.

704 ebd.; auch Handelsblatt 12.9.1994.

705 Für Informationen hierzu sei Wolfgang Ehmke gedankt.

706 Niedersächsischer Landtag Drucksache 11/3371 (1988) Anlage 3, Bl. 6.

707 Frankfurter Allgemeine Zeitung 5.1.1994.

708 Wehrtechnik Nr. 8/1995, S. 40.

709 Hamburger Abendblatt 20.9.1995.

710 Alfred Mechtersheimer: Rüstung und Politik in der Bundesrepublik. MRCA Tornado, Bad Honnef 1977, S. 144 u. 192f.

711 Hoppenstedt: Handbuch der Großunternehmen 1996, Bd. I, S. 1128.

712 Wehrtechnik Nr. 2/1995, S. 55 (Anzeige).

713 Vgl. Hamburger Abendblatt 24.4., 25./26.4. und 28.4.1992.

714 Firmenprospekt.

715 Firmenauskunft Mai 1997.

716 Vgl. auch zum Folgenden M.A.N. AG Werk Hamburg (Hrsg.): Hamburg. Die Stadt und unser Werk, Nürnberg 1970, S. 87ff.; Gudrun Schmidt: Wenn wir uns nicht rühren, rührt sich überhaupt nichts. Der Kampf gegen die Schließung des Kesselbaus im M.A.N.-Werk Hamburg, Berlin 1981, S. 129ff.

717 Wehrtechnik Nr. 2/1983, S. 61.

718 Wehrtechnik Nr. 3/1983, S. 60.

719 Vgl. hierzu und zum Gesamtkomplex das MBB-Porträt von Otfried Nassauer in Jo Angerer/Erich Schmidt-Eenboom: Rüstung in Weiß-Blau, Starnberg 1988, S. 38ff.

720 Jane's all the World's Aircraft 1984-85, London 1984, S. 125ff. – 1969 berichtete Der Spiegel (Nr. 18/28.4.1969, S. 41) über laufende Verhandlungen über den Verkauf von 12 Transall an Marokko und 24 Transall an Belgien; diese führten jedoch zu keinem Geschäftsabschluß.

721 ausführlichere Darstellung in: Hamburg und der Golfkrieg, Hamburg 1988, S. 12ff. u. 27; ferner Bundestagsdrucksache 10/6813 (Kl. Anfrage der SPD-Fraktion, Januar 1987).

722 Wehrtechnik Nr. 10/1993, S. 24f.

723 Die Zeit Nr. 38/16.9.1988, S. 63.

724 Naval Forces Nr. II/1982 S. 66 (Anzeige); Naval Forces Special Supplement Blohm + Voss, Ausgabe 1988 S. 8 und Ausgabe 1991 S. 51; vgl. auch Bonnkontakt 18.9.1981 (Liste der Bundeswehrlieferanten).

725 Reuss Jahrbuch 1995, S. 519; Hoppenstedt: Mittelständische Unternehmen 1995, Bd. II, S. 1390.

726 Vgl. Rüstung in und um Hamburg, 2. erweiterte Aufl. 1981, S. 31f.; Soldat und Technik Nr. 7/1996, S. 416.

727 Vgl. zum Folgenden Firmenporträt in Wehrtechnik Nr. 6/1976, S. 42ff.; Klaus Knüpffer: MTG Marinetechnik GmbH – Zentrales Entwurfs- und Planungsbüro für Marineprojekte, in: Jahrbuch der Marine, Folge 16, München 1982, S. 124-131.

728 Handelsblatt 11.9.1989.

729 Knüpffer (wie Anmerkung 727), S. 130.

730 Zum Folgenden vgl. Klaus Knüpffer: Unkonventionelle Marinefahrzeuge, in: Deutsche Gesellschaft für Wehrtechnik e.V. (Hrsg.): Deutscher Kriegsschiffbau heute, Band 1, München 1982, S. 77-90; ders.: SES 700 – Projekt eines schnellen Erprobungsfahrzeuges, in: Jahrbuch der Schiffbautechnischen Gesellschaft 82. Bd. (1988), S. 19ff.; Hans Scheel/Klaus Knüpfer/Heiko Oehlmann: Unkonventionelle Marinefahrzeuge, in: Jahrbuch der Wehrtechnik, Folge 21 (1992), Bonn 1992, S. 129-140; Jane's High-Speed Marine Transportation 1996-97, Coulsdon/Surrey 1996, S. 441.

731 Vgl. Der Spiegel Nr. 39/1994, S. 20ff. (Imperialer Mief).

732 Wehrtechnik Nr. 2/1995, S. 15.

733 Vgl. Wehrtechnik Nr. 2/1995, S. 15-17; Marineforum Nr. 4/1995, S. 2f. u. 11-16; Soldat und Technik Nr. 5/1995, S. 281-286.

734 Frankfurter Allgemeine Zeitung 14.1.1995; Stuttgarter Zeitung 3.5.1995.

735 Die Welt, 2.3.1995 (Wozu ein Kriegsschiff für 500 Millionen?).

736 Wehrtechnik Nr. 4/1995, S. 3.

737 Vgl. auch zum Folgenden Süddeutsche Zeitung 3.5.1995.

738 Der Spiegel Nr. 19/1995, S. 29. Noch Ende März 1995 hatte Rühe in einer Rede erklärt, das Mehrzweckschiff sei das »gemeinsame Anliegen von Heer, Luftwaffe und Marine, eine schwimmende Plattform ... für Krisenreaktionseinsätze zu erhalten« (Wehrtechnik Nr. 5/1995, S. 15).

739 Jane's Fighting Ships 1996-97, S. 251; Wehrdienst Nr. 26/26.6.1995, S. 1; Marineforum Nr. 9/1995, S. 27.

740 Hamburger Abendblatt 11.5.1995.

741 Vgl. Wehrtechnik Nr. 8/1995, S. 36-38.

742 Vgl. Marineforum Nr. 10/1995, S. 30f.

743 Wehrtechnik Nr. 11/1993, S. 13.

744 Vgl. Wehrtechnik Nr. 11/1994, S. 28; Anzeige der MIZ in Soldat und Technik Nr. 3/1995, S. 142.

745 Anzeige in Naval Forces, Special Supplement Blohm + Voss (1988), S. 66.

746 Hamburger Abendblatt 27.7.1992.

747 Hamburger Abendblatt 5.9.1990.

748 Ebd.

749 Wehrtechnik Nr. 11/1993, S. 13.

750 Wehrtechnik Nr. 10/1993, S. 60.

751 Vgl. Wehrtechnik Nr. 7/1995, S. 49; MTU-Geschäftsberichte.

752 Anzeige in Marineforum Nr. 4/1995, S. 19.

753 Naval Forces Special Supplement Blohm + Voss (1988), S. 51 (Anzeige).

754 Zum Folgenden: taz Hamburg 10.8.1983, 3.8., 12.10., 23.10. und 25.10.1984, 8.8.1985, 18.7.1990; Täglicher Hafenbericht, verschied. Ausgaben; Hamburg kriegsbereit, Hamburg 1985, S. 54; div. Flugblätter.

755 Wehrtechnik Nr. 5/1993 S. 43.

756 Handbuch der Bundeswehr und der Verteidigungsindustrie 1987/88, S. 560.

757 International Defence Equipment Catalogue 1992/93, Vol. II, S. 251.

758 Stellenanzeige im Hamburger Abendblatt 8./9.7.1995.

759 Holger Koppe/Egmont R. Koch: Bomben-Geschäfte, München 1991, S. 321.

760 Ebd., S. 331ff.

761 taz 12.1.1991; taz Hamburg 15.1.1991; Bürgerschaftsdrucksache 13/7599, Frage 32.

762 Hamburger Abendblatt 31.12.1996.

763 Wehrtechnik Nr. 11/1995, S. 31.

764 Soldat und Technik Nr. 11/1995, S. 730.

765 Zusammengestellt aus: Wehrtechnik Nr. 7/1985, S. 72ff., Nr. 5/1992, S. 17 und Nr. 1/1994, S. 57; Soldat und Technik Nr. 11/1995 S. 730; International Defence Equipment Catalogue 1985/86 und 1992/93, passim; Jane's Simulation and Training Systems 1996-97, Coulsdon/Surrey 1996, S. 121, 145, 181, 247 u. 498; Jane's AFV Retrofit Systems 1994-95, Coulsdon/Surrey 1994, S. 208f.; Jane's Security and Co-In Equipment 1992-93, Coulsdon/Surrey 1992, S. 337f.

766 Wehrtechnik Nr. 11/1995, S. 52f.

767 Wehrtechnik Nr. 12/1995, S. 41.

768 Wehrtechnik Nr. 10/1995, S. 65.

769 Vgl. Peter Tamm: 50 Jahre Norderwerft Köser u. Meyer, Hamburg 1956; W. Seraphin/Harald Kunick: Hamburger Werften, in: Schiffs-Ingenieur-Journal 1978, Nr. 139 S. 23-26 und Nr. 140 S. 24-32.

770 Hamburger Abendblatt 29.4.1988.

771 Hamburger Abendblatt 28./29.5.1988.

772 Gießmann/ Wehner 1992, Anhang.

773 Blohm + Voss: Geschäftsbericht '95, S. 21 u. 29.

774 Noske-Kaeser: Chronik eines Hamburger Traditionsunternehmens, o.O. (1990), S. 12.

775 Ebd. S. 16.

776 Noske-Kaeser: Grundsätze für moderne lüftungstechnische Anlagen an Bord von Marineschiffen (Prospekt von 1992), S. 7.

777 Noske-Kaeser: ABC-Schutz im modernen Marineschiffbau (Prospekt von 1991), S. 6; vgl. H. Corleis: Klimatisierung und DSK-Systeme, in: Jahrbuch der Schiffbautechnischen Gesellschaft, 83. Bd. (1989), S. 302-307.

778 Zur langjährigen Kooperation mit der Lürssen-Werft vgl. Naval Forces Nr. VI/1983 (Special Supplement Lürssen), S. 65.

779 Vgl. Wehrtechnik Nr. 2/1983 S. 62, Nr. 5/1983 S. 116 u. Nr. 3/1996; Marine-Rundschau Nr. 7/1978, S. 464.

780 Wehrtechnik Nr. 2/1983, S. 62.

781 Anzeige in Handbuch der Bundeswehr und der Verteidigungsindustrie 1987/88.

782 Hans Krech: Projekt Stealth-Schnellboot ›Schwarzer Panther‹, in: Schiff & Hafen Nr. 12/1995, S. 37f.

783 Naval Forces, Special Issue: Subcon' 95 (1995), S. 4 u. 43.

784 Vgl. Wehrtechnik Nr. 2/1983, S. 62, u. Nr. 6/1986, S. 51f.

785 Bürgerschaftsdrucksache 15/3248, Frage 4.11.

786 Burkhard Luber: Abrüstungsatlas, 2. erw. Aufl. Hildesheim u.a. 1991, S. 65.

787 Firmenauskunft Mai 1997.

788 Jane's Defence weekly 14.12.1991, S. 1157; vgl. Rüstung in und um Hamburg, Hamburg 2.Aufl. 1981, S. 32.

789 Hamburger Abendblatt 24.9.1996.

790 Hamburger Export-Handbuch 1994, S. 197 u. 367f.

791 Hans Leyendecker/Richard Rickelmann: Exporteure des Todes, Göttingen 1990, S. 150f.; Holger Koppe/Egmont R. Koch: Bomben-Geschäfte, München 1991, S. 250ff.

792 Hamburger Abendblatt 6.1.1989.

793 Vgl. auch zum Folgenden Hamburger Abendblatt 6.1., 7.1., 13.1. und 27.1.1989; Hamburger Morgenpost 13.1. und 27.1.1989.

794 Die Welt (Hamburg) 15.12.1987.

795 Rüstung in und um Hamburg, 2. Aufl. 1981, S. 16.

796 Tödliche Saat – Landminen, hrsg. v.d. Kampagne ›Produzieren für das Leben – Rüstungsexporte stoppen‹, Idstein 1996, S. 9.

797 Jahrbuch der Wehrtechnik Folge 21 (1992), Bonn 1992, S. 42.

798 Wehrtechnik Nr. 2/1983, S. 64, u. Nr. 8/1983, S. 67f.

799 Wehrtechnik Nr. 2/1983, S. 56 u. Nr. 7/1983, S. 52; Der Kaiser ging, der Führer ging – die Waffenschmieden blieben. Rüstungsproduktion in Bremen vom Kaiserreich bis heute, hrsg. v.d. Arbeitsgruppe Abrüstung an der Universität Bremen, Bremen 1984, S. 37f.

800 Jo Angerer/Erich Schmidt-Eenboom: Rüstung in Weiss-Blau, Starnberg 1988, S. 127f.; Jahrbuch der Wehrtechnik Folge 17, Koblenz 1987, S. 133 (Anzeige des Kölner Werks); International Defence Equipment Catalogue 1992/93, Vol. II S. 283 u. 321.

801 Börsen-Zeitung 30.8.1989; Frankfurter Allgemeine Zeitung 24.2.1990.

802 Die DST ging 1996 in Konkurs. Zum 1.1.1997 übernahm die zu Thomson-CSF gehörende Hollandse Signaalapparaten den Wehrtechnik-Bereich der DST mit noch 130 Beschäftigten (Hamburger Abendblatt 21./22.12.1996).

803 Hamburger Abendblatt 6.12.1996.

804 Hamburger Rundschau 3.4.1986.

805 Gertrud Meyer: Nacht über Hamburg. Berichte und Dokumente 1933-1945, Frankfurt a.M. 1971, S. 160f.; vgl. auch Ursula Puls: Die Bästlein-Jacob-Abshagen-Gruppe, Berlin (DDR) 1959, S. 87f.

806 Der Schriftwechsel ist abgedruckt in: Hamburger Stiftung zur Förderung von Wissenschaft und Kultur (Hrsg.): Industrie, Behörden und Konzentrationslager 1938-1945. Reaktionen 1988/89, Hamburg 1989, o. S.

807 Rüstung in und um Hamburg, Hamburg 2. erweiterte Aufl. 1981, S. 9 u. 32f.

808 Hamburger Abendblatt 10.1.1980.

809 GKSS Jahresbericht 1984, Geesthacht 1985, S. 101.

810 Phoenix: Kautschuk und Kunststoff. Wir machen mehr daraus (Lieferprogramm), Hamburg o.J., S. 26.

811 International Defense Directory 1994, S. 160, 415 u. 560.

812 Der Spiegel Nr. 32/1985, S. 60ff.

813 Vgl. Hamburger Rundschau 28.1., 14.4., 21.7.1988 und 9.2.1989; Hamburger Morgenpost, 17.2.1988; Hamburger Abendblatt 19.2.1988.

814 Focus Nr. 14/1995, S. 40f.; vgl. Maike Hildebrand: Folterwerkzeuge jenseits der Rüstungsexportgesetze, in: Rundbrief Nr. 48 der BUKO-Kampagne ›Stoppt den Rüstungsexport!‹ (Okt. 1995), S. 18f.

815 Frankfurter Allgemeine Zeitung 4.9.1991.

816 Vgl. zum Folgenden Jerchow: Vom Sextanten zur Satellitennavigation. 1837-1987. 150 Jahre C. Plath, Hamburg 1987, S. 126 u. 136.

817 Abb. ebd., S. 126 u. 136.

818 Ebd., S. 130.

819 taz (Hamburg) 2.2.1991.

820 Der Spiegel Nr. 6/1991 S. 35.

821 Bürgerschaftsdrucksachen 13/7599 (Große Anfrage, Komplex III, Antwort zu Frage 11) und 13/7772 (Schriftliche Kleine Anfrage).

822 Hamburger Abendblatt 28.12.1992.

823 Die Welt (Hamburg) 29.12.1992.

824 Vgl. Spiegel Nr. 3/1996 S. 29ff.

825 Hamburger Abendblatt 28.12.1992.

826 Hamburger Rundschau 3.5.1984.

827 Hamburger Abendblatt 2./3.2.1991.

828 taz (Hamburg) 2.2.1991.

829 Frankfurter Allgemeine Zeitung, 30.9.1987.

830 C. Plath GmbH: Die Spezialisten an Land, auf See und in der Luft (Werbeprospekt 1994), o.S.

831 Vgl. auch zum Folgenden Bernd Horstmann: C. Plath GmbH Nautisch-Elektronische Technik 1954-1979, Hamburg 1979, S. 7 u. 15ff.; Jerchow (wie Anmerkung 816), S. 118f.

832 Bernd Horstmann (Hrsg.): funkpeilen gestern, heute, morgen – Maximilian Wächtler 80 Jahre, 2. Aufl. Hamburg 1981, z.B. S. 15 u. 149.

833 Ebd., S. 29 u. 65.

834 Ebd., S. 121.

835 C. Plath GmbH: Funkaufklärung (Prospekt), o.J., S. 4.

836 Vgl. Wehrtechnik Nr. 7/1983, S. 74 u. 78.

837 vgl. dort S. 637ff.

838 Fried. Krupp GmbH: Geschäftsbericht 1987, S. 35.

839 Bremer Vulkan AG: Geschäftsbericht 1991, S. 40.

840 Bremer Vulkan Verbund: Geschäftsbericht 1992, S. 47.

841 Bremer Vulkan Verbund: Geschäftsbericht 1994, S. 39.

842 1973-1993. Zwanzig Jahre Universität der Bundeswehr Hamburg, Festschrift, hrsg. v.d. Präsidenten der Universität (Hamburg 1993), S. 67.

843 Handelsregister Hamburg HR B 9872.

844 Wehrtechnik Nr. 8/1984 und 11/1984 (Patentschauen).

845 Naval Forces Special Supplement Blohm + Voss, Ausgabe 1988 S. 28 und Ausgabe 1991 S. 51.

846 Vol. II, S. 255.

847 Auch zum Folgenden Firmenporträt in Soldat und Technik Nr. 4/1996, S. 256ff.; vgl. Angerer/Schmidt-Eenboom (wie Anmerkung 800), S. 131f.

848 Wehrtechnik Nr. 1/1991 (Anzeige).

849 Soldat und Technik Nr. 4/1996 S. 258.

850 Alan Kramer: Die britische Demontagepolitik am Beispiel Hamburgs 1945-1950, Hamburg 1991, S. 230 u. 380f.

851 Wehrtechnik Nr. 11/1975, S. 604; Handbuch der Bundeswehr, Koblenz/Bonn 1978 (Anzeige).

852 Anzeigen in: International Defence Equipment Catalogue 1985/86, Vol. III S. 493; Naval Forces Special Supplement Blohm + Voss (1988), S. 38.

853 Vgl. Spiegel Nr. 40/1990, S. 16; taz 4.10.1991; Hamburger Morgenpost 31.1.1991; Bürgerschaftsdrucksache 13/7599, Antworten zu II.11 und III.11 d).

854 Bürgerschaftsdrucksache 15/3248, Antwort zu 4.9 und 4.10.

855 Vgl. Firmenporträt in Wehrtechnik Nr. 9/1982, S. 90ff.; Hamburger Rundschau 6.10.1983.

856 taz Hamburg 3.9.1985; taz 4.9.1985 (Bekennerbrief).

857 Firmenprospekte.

858 Hamburger Abendblatt 29.1.1991.

859 Jörg Huffschmid (Hrsg.): Für den Frieden produzieren, 2. Aufl. Köln 1982, S. 41; Firmenprospekt (1996 oder früher); Firmenauskunft Mai 1997.

860 Rüstung in und um Hamburg, Hamburg 2. erweiterte Aufl. 1981, S. 35f.

861 Handbuch der Bundeswehr und der Verteidigungsindustrie, München 1981 (Anzeige).

862 Wehrtechnik Nr. 6/1983, S. 99; zu Tadiran insgesamt vgl. Wehrtechnik Nr. 10/1983, S. 84ff.

863 Hamburger Abendblatt 15.9.1983.

864 Hamburger Abendblatt 15.9., 16.9. und 27.9.1983.

865 Commerzbank: wer gehört zu wem, Frankfurt a.M. 19. Aufl. 1997, S. 920; Handelsregister Hamburg HR B 22341.

866 Vgl. Firmenporträts in: Wehrtechnik Nr. 10/1980 S. 76ff.; Entwicklungspolitische Korrespondenz (Hrsg.): Siemens. Vom Dritten Reich zur Dritten Welt, Hamburg 1983, bes. S. 71ff.; Rundbrief Nr. 15 der BUKO-Kampagne ›Stoppt den Rüstungsexport!‹ (1987), S. 8ff.; Angerer/ Schmidt-Eenboom (wie Anmerkung 800), S. 136ff.

867 Siemens AG: Geschäftsbericht 96, S. 18; Hamburger Abendblatt 3.3.1997; vgl. Soldat und Technik Nr. 8/1995, S. 506.

868 Siemens AG (Hamburg): Elektrotechnik und Elektronik für Marine-Überwasserschiffe (Prospekt, 1997 oder früher), S. 4f.

869 Wehrtechnik Nr. 2/1983 S. 67.

870 Blohm + Voss: Prisma '87, S. 17.

871 Siemens (Hamburg): Marine Report Nr. 2/1996, S. 8.

872 Ebd.

873 Vgl. Naval Forces, Special Issue Subcon '95 (1995), S. 30ff. u. 67ff.

874 Hamburger Abendblatt 16.1.1986.

875 Hamburg und der Golfkrieg, Hamburg 1988, S. 5ff. u. 16f.

876 Schiff & Hafen Nr. 5/1978, S. 463; Bonnkontakt 18.9.1981 (Bundeswehrlieferantenliste); International Defense Directory 1994, S. 169.

877 Stader Tageblatt 24.2.1987.

878 Zum Folgenden: Hamburg und der Golfkrieg, Hamburg 1988, S. 5ff.; Der Spiegel Nr. 9/23.2.1987; Hamburger Abendblatt 9.2., 16.2., 19.2, 23.2., 24.2., 26.2., 10.3., 13.3.1987; Hamburger Morgenpost 23.2.1987; taz Hamburg 13.3.1987; Bürgerschaftsdrucksache Nr. 13/396.

879 Hamburger Abendblatt 1.10.1987

880 Berichterstattung des Hamburger Abendblatts und der Hamburger Morgenpost zwischen 23. und 28.4.1992.

881 Der Spiegel Nr. 9/1991, S. 112; vgl. zum Folgenden: Hamburger Abendblatt 25.10.1990; taz 23.1.1991.

882 Bürgerschaftsdrucksache 15/3248, Antwort zu Frage 4.12.

883 International Defence Equipment Catalogue 1985/86, Vol. III, S. 481; vgl. Rüstung in und um Hamburg, 2. erweiterte Aufl. 1981, S. 36f.

884 Wehrtechnik Nr. 7/1987, S. 84.

885 Burkhard Luber: Abrüstungsatlas, Hildesheim 2. erweiterte Aufl. 1991, S. 57; zum Folgenden: Gießmann/Wehner, S.43 Anm. 76.

886 Wehrtechnik Nr. 6/1993, S. 55.

887 Soldat und Technik Nr. 2/1995, S. 120f., und Nr. 5/1995, S. 313; International Defense Directory 1994, S. 162.

888 Hamburger Abendblatt 13./14.1.1996.

889 Hamburger Abendblatt 12.5.1997; Naval Forces Nr. 4/1997, S. 77.

890 Im Lagebericht 1995 hat STN die hier wiedergegebenen Zahlen zu den Auftragsbeständen, aber keine Zahlen zu den Umsätzen der Geschäftsbereiche veröffentlicht (Bundesanzeiger 28.9.1996). Die prozentuale Struktur der Auftragsbestände – 48 % Marinetechnik, 15 % Simulationstechnik, 21 % Systemtechnik und 16 % Schiffselektronik – muß nicht notwendigerweise der prozentualen Struktur der Umsätze entsprechen, aber sie werden vermutlich nicht sehr stark voneinander differieren. Angenommen, die genannten Prozentzahlen würden auch auf die Umsatzstruktur zutreffen, errechnet sich ein Rüstungsanteil am Gesamtumsatz 1995 von ca. 74 Prozent!

891 Ende 1996 sicherte sich STN Aufträge zur Ausrüstung von zwei thailändischen Kriegsschiffen mit Navigations- und Anti-Seeminen-Systemen sowie einen weiteren Marineauftrag aus Malaysia (Schiff & Hafen Nr. 1/1997, S. 6).

892 Weserkurier 4.5.1995.

893 Wehrtechnik Nr. 1/1995, S. 49.

894 Handelsblatt 29.6.1994.

895 Soldat und Technik Nr. 6/1995, S. 339.

896 Naval Forces Nr. III/1994, S. 14.

897 STN ATLAS Elektronik: Your Partner in Naval Defense Projects (Werbeprospekt 1997), S. 6.

898 Prézelin 1993, S. 198 u. 433.

899 Wehrtechnik Nr. 1/1996.

900 Bundestagsdrucksache 13/6922, Antwort zu Frage 9 b).

901 Deutscher Bundestag, Sitzungsprotokoll 25.4.1997, S. 15643ff.

902 Rundbrief Arbeitskreise Alternative Produktion (hrsg. von der IG Metall Bezirk Küste) Nr. 1/1994, S. 11f.

903 Hamburger Abendblatt und taz (Bremen) 11.3.1996.

904 Naval Forces, Special Issue: Subcon `95 (1995), S. 104f.

905 Jane's Underwater Warfare Systems 1996-97, S. 191.

906 Bundestagsdrucksache 13/6922; zum israelischen U-Boot-Programm Hamburger Abendblatt 28.5.1997.

907 Volker Burggraf in Soldat und Technik Nr. 9/1994, S. 475 (zit. nach antimilitarismus information Nr. 1/1995 S. 6).

908 Carl Könke in Wehrtechnik Nr. 10/1994, S. 25ff.

909 Soldat und Technik Nr. 12/1995, S. 772.

910 Soldat und Technik Nr. 6/1995, S. 339.

911 Wehrtechnik Nr. 9/1993, S. 45; Anzeige von Eurotorp in Marineforum Nr. 3/1995 S. 13.

912 Bundesanzeiger 31.7.1993.

913 Frankfurter Rundschau 10.7.1992.

914 STN-Lagebericht 1992, in: Bundesanzeiger 31.7.1993.

915 Handelsblatt 3.2.1993.

916 Wehrtechnik N. 1/1995, S. 47.

917 Bundesanzeiger 28.9.1996.

918 Kompass: Deutschland 1996/97, Bd. 3, S. 230.

919 Handelskammer Hamburg: Hamburger Wirtschaft Nr. 8/1989.

920 25 Jahre Sanitätsbataillon 3 (Festschrift), Hamburg 1984, S. 40 (Anzeige); International Defence Equipment Catalogue 1985/86, Vol. III, S. 701; International Defense Directory 1994, S. 162.

921 Vgl. Hamburg und der Golfkrieg, Hamburg 1988, S. 16.

922 Hamburger Abendblatt 5.10., 21.10. u. 27.10.1993.

923 Vgl. die Berichte in: Rundbrief Arbeitskreise Alternative Produktion Nr. 4/1993 S. 25f., Nr. 1/1994, S. 18ff., Nr. 3/1994 S. 13ff., Nr. 2/1995 S. 29ff. und Nr. 1+2/1997, S. 46ff.; ferner Hamburger Abendblatt 5.10., 21.10., 22.10., 27.10. und 15.12. 1993, 2.2. und 23.6.1994, 5.12.1995 und 14.2.1996.

924 Hamburger Abendblatt 5.4.1991; vgl. auch die Dasa-Geschäftsberichte 1990ff.

925 Jane's Armour and Artillery Upgrades 1996-97, S. 425.

926 Deutsche Aerospace: Das Geschäftsjahr 1990, S. 42. – Alle bis zur nächsten Anmerkung folgenden Angaben sind den Dasa-Geschäftsberichten 1989 bis 1993 entnommen.

927 Deutsche Aerospace: Das Geschäftsjahr 1992, S. 28; vgl. Soldat und Technik Nr. 3/1995, S. 137.

928 Hamburger Abendblatt 5.4.1991.

929 TST: Lagebericht, in: Bundesanzeiger 25.6.1992.

930 Hamburger Abendblatt 21.9.1991.

931 Vgl. Lutz Oschmann: Kostendeckende Einspeisevergütung für Solarstrom, in: Rundbrief Arbeitskreise Alternative Produktion Nr. 4/1993, S. 27f.

932 Deutsche Aerospace AG: Das Geschäftsjahr 1992, S. 28.

933 Hamburger Abendblatt 24.10.1996.

934 Hamburger Abendblatt 27.10.1993.

935 Jahrbuch der Wehrtechnik, Folge 17, Koblenz 1987, S. 125, und Folge 18, Koblenz 1988, S. 257; Naval Forces Special Supplement Blohm + Voss (1988), S. 13.

936 Jörg Huffschmid (Hrsg.): Für den Frieden produzieren, 2. Aufl. Köln 1982, S. 41; Naval Forces Special Supplement Blohm + Voss (1991), S. 51.

937 Verlagsinformation; Buchbesprechungen in Marineforum Nr. 6/1995 S. 41; Soldat und Technik Nr. 12/1995 S. 815f.

938 Soldat und Technik Nr. 11/1996 S. 712.

939 Verlagsgruppe Koehler/Mittler: Gesamtverzeichnis 1996.

940 Vgl. zum Folgenden Handelsregister Hamburg HR B 32783; Leyendecker/ Rickelmann (wie Anmerkung 791), S. 37ff.; Koppe/ Koch (wie Anmerkung 759), S. 223ff. und bes. S. 238ff.

941 Vgl. Leyendecker/Rickelmann (wie Anmerkung 791), S. 75.

942 Die Zeit Nr. 46/8.11.1996. An anderer Stelle wurden »über 200 Sprengköpfe mit tödlichen Milzbrand-Bazillen« genannt (Hamburger Abendblatt 23.3.1995).

943 Bürgerschaftsdrucksache 12/522.

944 Landgericht Darmstadt, 13. Große Strafkammer: Urteil vom 3.6.1996.

945 Zum Folgenden: Der Spiegel Nr. 37/1990 S. 75f.; Panorama (NDR) 28.8.1990; Leyendecker/Rickelmann (wie Anmerkung 791), S. 39f.; Erich Schmidt-Eenboom: Schnüffler ohne Nase. Der BND – die unheimliche Macht im Staate, Düsseldorf u.a. 1993, S. 401f.

946 Hamburger Abendblatt 8.10.1990.

947 Rede Voscheraus in der Nordatlantischen Versammlung am 14.2. 1991 in Berlin, veröffentlicht an demselben Tag durch die Staatliche Pressestelle Hamburg, S. 4 u. 7.

948 Für die folgende Darstellung wurde vor allem die kontinuierliche Berichterstattung des Darmstädter Echos ausgewertet. Dem Darmstädter Echo und dem Landgericht Darmstadt habe ich für die Überlassung von Informationsmaterial zu danken.

949 Hamburger Abendblatt 4.12.1996.

950 Hamburger Abendblatt 31.1.1997.

951 Vgl. zum Folgenden Wehrtechnik Nr. 2/1983 S. 71; International Defence Equipment Catalogue 1985/86, Vol. III, S. 546; Firmenprospekte.

952 Rüstung in und um Hamburg, 2. erweiterte Aufl. 1981, S. 20; Wehrtechnik Nr. 2/1983, S. 54; Prospekt York International 1996; Firmenauskunft Mai 1997.

Über den Autor

Hans Walden, geboren 1952, ist Historiker (M.A.). Neben der Stadtgeschichte Hamburgs bildet die Thematik ›Militär und Rüstung‹ einen inhaltlichen Schwerpunkt seiner Untersuchungen und Veröffentlichungen. Die aktuelle Entwicklung der Hamburger Rüstungsindustrie verfolgt er seit vielen Jahren; zugleich ist ihm die Aufarbeitung ihrer Geschichte eine wichtiges Anliegen. In seiner Magisterarbeit untersuchte er die Entwicklung der deutschen Werftindustrie im Zeichen der Aufrüstung vor 1914. Hans Walden ist Gründungsmitglied des ›Informationskreises Rüstungsgeschäfte in Hamburg‹.

Die Datenbank

Zusätzlich oder alternativ zu dem Buch können die Ergebnisse der Recherchen auch in Form einer Datenbank (auf Disketten) erworben werden, die es ermöglicht, nach verschiedenen Suchkriterien eine gezielte (Volltext-) Informationssuche zu starten oder eine eigene Datenbank oder Textsammlung (erweiterbar durch eigene Texte) zu erstellen etc.
Die Datenbank enthält zusätzliche Texte/Materialien, die aus Kosten- und Platzgründen im Buch keine Aufnahme finden konnten. Alle Texte können in beliebige Textverarbeitungs- oder DTP-Programme exportiert werden. Interessant ist dies z. B. für Friedensinitiativen, JournalistInnen oder LehrerInnen.
Die Datenbank läuft unter Dos sehr schnell und kann auch mit älteren PCs betrieben werden (ab 386er). Das Programm ist sehr komfortabel (eigene Shell), installiert sich selbst (Installationsroutine) und bedarf praktisch kaum Vorkenntnissen (auch für PC-Laien geeignet). Evtl. Nachlieferungsdisketten (die auch Korrekturen, Ergänzungen, News beinhalten können) können ganz einfach geladen werden.

Preis: DM 30,– (Selbstkostenpreis incl. Porto)

e-mail Bestelladresse: ppf@umwelt.ecolink.org
Postbestelladresse: Hartmut Ring, Gellertstraße 29, 22301 Hamburg

So geht's: Erst bestellen – Rechnung folgt – dann bezahlen - Auslieferung erfolgt sofort nach Zahlungseingang.